LIBERAL
ARTS
COLLEGE

世界のビジネス書50の名著

T・バトラー＝ボードン

目次

CHAPTER 1

起業家精神とイノベーション

顧客を喜ばせる情熱があれば、
短期的に損失を出したとしても
お得意様をつかむことができ、
それが長期的な成功につながる。

16
2013
ジェフ・ベゾス
果てなき野望
ブラッド・ストーン
237

最も成功したビジネスとは、
すぐれたプロダクトによって
市場を自然に独占できる
ビジネスである。

17
2014
ゼロ・トゥ・ワン
ピーター・ティール
255

ビジネスで成功するには、
大胆さや押しの強さと、
忍耐、慎重、柔軟性のバランスが
うまく取れている必要がある。

18
1987
トランプ自伝
ドナルド・トランプ
269

ビジョンを持つ起業家は
ビジネスを創造するだけでは
満足できない。
彼らは未来を創りたいのだ。

19
2015
イーロン・マスク
未来を創る男
アシュリー・バンス
281

CHAPTER 2 マネジメントとリーダーシップ

富を得るための近道というものはない。職業選択を間違えないこと、よい性格であること、何事もあきらめないこと、そして宣伝を忘れないことである。

20 1880 富を築く技術 P・T・バーナム 297

富を創造する者は、あらゆる方法で他の人々の生活を豊かにする道徳的義務がある。

21 1889 富の福音 アンドリュー・カーネギー 307

CHAPTER 3 戦略とマーケティング

42
1997
イノベーションのジレンマ
クレイトン・クリステンセン

顧客の要望に応えることが
企業の存続の鍵だという
思い込みの罠に落ちやすい。
気づいたときには新しい市場と技術に
乗り遅れ、成長の機会を逃している。

43
2011
ビジョナリー・カンパニー4
——自分の意志で偉大になる
ジム・コリンズ

すぐれた会社を判断する基準は、
会社が追い風のときに
どれだけ拡大できるかではなく、
困難と危機に耐えて長期的な未来を
切り開けるかどうかにある。

ある製品やカテゴリーのリーダーのポジションを確立した相手とは、競争しても勝ち目はない。新しい製品やサービスを開発して、一番乗りを狙うべきである。

49
1980
ポジショニング戦略
アル・ライズ／ジャック・トラウト
653

人々や世界を進歩させるために何をすべきかという理念を持つことのできた人や組織だけが、本当の意味で偉大な成果を達成できる。

50
2009
WHYから始めよ！
サイモン・シネック
667

注

○各書の扉の引用には、可能な限り既存の邦訳をそのまま用いた。旧漢字、旧仮名遣いのものについては、旧漢字のみ現代の表記に改め、仮名遣いはそのままとした。未訳のもの、既存の邦訳上で割愛されている部分については、本書訳者が訳出した。

○本文中の引用も、可能な限り既存の邦訳を引用したが、特に短文、単語レベルのものについては、地の文とのつながりなどの制約上、原意をそこなわぬよう配慮しながら、やむを得ず手を加えたところがある。また、既存の邦訳上で割愛されている部分については、本書訳者が訳出した。

○著者により選ばれた五〇冊の書名は、邦訳の出版されているものについては、その書名を引用した。調査の範囲で邦訳が見当たらなかったものについては、本書訳者が訳出した。

○本文中で紹介している文献については、邦訳の出版されているものについては『日本語書名』(出版社名)とした。また、調査の範囲で邦訳が見当たらなかったものについては『English Title(本書訳者による邦題)』としている。

○邦訳は、版元の事情等により、現在流通していない場合がある。しかし図書館などでの閲覧は可能であり、また再配本や復刊の可能性もあることから、絶版、長期品切れ等の表記はしていない。

○本書で紹介している表紙画像は都合により、本書の著者が参考にした原書とは出版社、版などが異なるものもある。

○各書の著者プロフィール欄に記載されている著者の出版年は、邦訳書ではなく原書のものを示している。

※本書でご紹介している作品の中には、現在では当然配慮すべき表現・用語が使用されている場合があります。本書では、原著の表現をそのまま伝えることが作品の正しい理解につながると考え、原文のまま収録している箇所がございます。ご了承ください。

PROLOGUE

すぐれたビジネス書はアイデアの宝庫である

はじめに

「みんなビジネスを難しく考えすぎている。ビジネスはロケット科学ではない。私たちが選んだのは世界で一番シンプルな職業なのだ」

ジャック・ウェルチ、ゼネラル・エレクトリック前CEO

『世界のビジネス書50の名著』は、ビジネスについてより深く考えるきっかけとなる興味深い理論、実際の経営者や会社の例、そして有益な話の数々を集めた。現代にも通用する正真正銘の古典からベストセラーとなった最近の作品まで、きわめて重要なアイデアを選び抜いたつもりだ。読者がその中から価値ある考えに出会い、それをビジネスに応用して、成功にいたる戦略を練るように願っている。

たいていのビジネス書は、一つか二つの主要なアイデアを説明するために図版や実例でページを埋めている。頭に入れた一つのアイデアは、ノートやコンピュータに記録したいくつもの考え方や例に勝るという前提で、私は何冊もの本に目を通し、読者のためにエッセンスを抽出した。マーケティング思想家のセス・ゴーディンはMBAのように高価なビジネスの学位について、「MBAを取るなんて理解に苦しむ。三、四〇冊の書籍をよく読み、実体験を積むほうが、有効な時間とお金の使い方だ」（ジョシュ・カウフマン『Personal MBA』英治出版、三ツ松新監訳・渡部典子訳）と書いている。『世界のビジネス書50の名著』が経営学部の総合的な課程の代わりになると言うつもりはないが、これまで読まなければいけないと思いながら読む機会がなかったたくさんの本にあれこれ手を出す時間の節約にはなるだろう。ビジネスはロケット科学ではないとはいえ、さまざまなアイデアがある。どのアイデアもあなたのビジネスのやり方を一新する力があり、新しい大きなビジネスを発見する手助けになる。本書はそれらのアイデアを発見する近道である。

ビジネスは芸術、科学、学問、実践のどれにあたるだろうか？　二〇世紀初頭にビジネススクールが誕生し始め、マネジメント自体が学問の一分野になったとき、ビジネスは「科学」になりうると盛んに言われた。しかしビジネスは科学にならなかったし、社会科学にさえならなかった。理由の一つは、分析の主要な単位である企業の形態、規模、社風が千差万別な上に、そこで働く人々も多種多様だという点にある。どのビジネスにも通用する「法則」を一般化するのは無理がある。もう一つの理由は、企業は目まぐるしく変化する市場に存在するという点だ。市場の状況をつかんだと思うと、たちまちその市場は破壊され、消滅し、より専門化された分野に分岐する。経済を研究する経済学者が発見したように、人間の期待と意欲の影響を受けるものは何でも、解明したり正確に分析したりするのは難しい。ビジネスもまた、その例外ではない。

ビジネスは正式な科学には決してなり得ないが、同時に、芸術を超えた何かである。「実践《プラクティス》」

というのが最も適した言葉だろう。どの企業、どの市場にも通用するいくつかの知恵や習慣、考え方があり、それらはビジネス書を通じて発見され、広められる。ビジネス書の良書は物事のやり方の新しいアイデアを各自の組織に応用できる実践例とともに紹介する。すぐれたビジネス書はそれだけでなく、想像力をかき立て、飛躍的な前進や画期的な進歩を可能にする。ビジネス書というジャンルはあまりにも自己啓発的で、統計的な基盤に欠けるという批判もある。しかし人々の生活をより便利に、より効率的に、より美しくして世界を変える新しい企業を起こすには、ときにはほんの少しの意欲があれば足りる。そうした崇高な意図があれば、ビジネスは単なる職業ではなく、天職になり得る。価値ある何かを提供しようと努力すれば、私たちはその過程で自分自身を変えることができる。

ぴったりの1冊を見つけよう

本書に収録された本は、大きく三つのテーマに分けられる。

- **起業家精神とイノベーション**
- **マネジメントとリーダーシップ**
- **戦略とマーケティング**

起業家精神とイノベーション

17『ゼロ・トゥ・ワン』ピーター・ティール
18『トランプ自伝』ドナルド・トランプ
19『イーロン・マスク　未来を創る男』アシュリー・バンス

ビジネスの「誕生物語」――ヴァージンやアップル、ペンギン、テスラ、ナイキ、スターバックス、アマゾン、アリババなどの有名企業の初期の裏話――は科学的とは言えないが、強く励まされるものが多い。大企業や、レストランまたはホテルのチェーン店、成功したオンライン小売業などを見ると、初めから成功するに決まっていたのだと思いやすい。しかし多くの場合、成功は確実にはほど遠かった。最初の熱狂が収まった後は、ただ非科学的な根気、情熱、幸運、信念が人々を前進させ、しばしばトラブルに見舞われながらも、信じ続けたものの達成に導いたのである。ナイキのフィル・ナイト、アリババのジャック・マー、スターバックスのハワード・シュルツの物語を読めば、ブランドが有名になった後でさえ、ビジネスとはジェットコースターに乗るような経験だということがわかる。ベンチャーキャピタリストのベン・ホロウィッツは『HARD THINGS』の中で、世界にはすぐれたビジネスアイデアがいくらでもあるが、最終的にものを言うのは実行できるかどうかだと述べている。会社を経営するのがどんなことかは、実際にその立場になるまで誰も理解できない。そしてホロウィッツは、あまり語られることのないリーダーの心理的な負担についても語っている。

起業家があきらめずに事業を続けられるかどうかは、しばしば最初のビジョンの大きさだけにかかっている。リチャード・ブランソンは『ヴァージン』の中で、自分がビジネスの世界に入ったのはお金だけが目的ではなかったと書いている。ビジネスの目的は物事のやり方を変えるためであり、楽しくなければならない。アシュリー・バンスによるイーロン・マスクの伝記は、電気自動車と低価格の宇宙旅行によって世界を変えようとする一人の人間を描いている。マスクの性格は、ほとんど不可能な仕事を周囲の人々に要求したスティーブ・ジョブズに驚くほどよく似ている。どちらも同世代の人々がやっていることをただ真似するのではなく、まったく新しい製品や産業さえも創造し、未来を形づくった。その点で「ビジョナリー」(訳注　先を見通す力のある人)と表現するのがふさわしい。ペイパル創業者でベンチャーキャピタリストのピーター・ティールは『ゼロ・トゥ・ワン』の中で、ビジョンが影を潜め、漸進主義と修正の繰り返しを重視する最近の傾向を憂えている。世界が本当に必要としているのは、大きな問題を解決できる革新的な製品や、まったく新しい産業である。皮肉なことに、それを実現したのは一見ありふれた発明だった。マルク・レビンソンは『コンテナ物語』の中で、輸送用コンテナの発明がどのように世界の貿易に莫大な影響をもたらし、港での無駄を省き、グローバル・サプライ・チェーンをかつてない規模で繋いだかを描いている。

石油産業を独占しようとしたジョン・D・ロックフェラーの粘り強い奮闘は、しばしば欲にかられた行為とみなされてきた。しかし石油の品質を標準化し、安全性と均質性を高めた彼の努力によって、自動車時代の道が開かれたのである。アマゾン創業者のジェフ・ベゾスのような小売業の改革者の功績も忘れてはならない。数百万人のユーザーによる製品の評価システムという見事なアイデアによって、アマゾンは購入の意思決定をより客観的にできるようにし、同時に価格を下げ、買い物を安全にした。同じことを中国の小売業で達成したのがジャック・マーのウェブサイト、タオバオやTモールだ。アリババが登場する前、中国の小売業は国有のデパートと小さな商店、そして露天商という購買欲をそそらない環境にあった。

あらゆる起業家と改革者の存在理由は、利益を上げながら何らかの形で人類の向上に貢献することだ。一九三五年に新しい「ペンギン」シリーズを発売し、一流作家の作品をきわめて安く提供したレーン兄弟の固い信念は、その格好の例だ。それ以来、低収入の人たちが本を買って知識や教養を身につけられるようになった。レーン兄弟は財を成し、世界初のグローバル・メディア・ビジネスを築き上げることができた。

あなたが新しい事業を始めるなら、すぐれた起業書を読むことでたくさんの資源の無駄を省けるだろう。ガイ・カワサキの『完全網羅　起業成功マニュアル』は今でも多くの読者に読まれているし、マイケル・ガーバーの『はじめの一歩を踏み出そう』も、事業経営の本質的な部分に怖気づくのを防いでくれる。エリック・リースの『リーン・スタートアップ』はテストと修正を繰り返す漸進的なイノベーションの手法を説明し、書類上ではよさそうに見えても実際にはうまくいかない自己満足的なアイデアの現実性をチェックするよう説いている。ビジネスの成功は、既成概念にとらわれない独創的な発想と、フィードバックとデータの尊重の絶妙な組み合わせから得られる。それは偉大な起業家なら誰もが知るところだ。

マネジメントとリーダーシップ

35『学習する組織』ピーター・センゲ
36『GMとともに』アルフレッド・P・スローン
37『失敗の科学』マシュー・サイド
38『科学的管理法』フレデリック・テイラー
39『組織に活を入れろ』ロバート・タウンゼンド
40『ジャック・ウェルチ　わが経営』ジャック・ウェルチ
41『リーン生産方式が、世界の自動車産業をこう変える。』ジェームズ・P・ウォマック、ダニエル・T・ジョーンズ&ダニエル・ルース

「マネジメント（管理）」という言葉が実際に使われるようになったのは二〇世紀初頭からで、フランスでは鉱山技師アンリ・ファヨールの著作によって、アメリカではフレデリック・テイラーの『科学的管理法』によって注目を集めた。テイラーは製鉄会社の機械工として働く間に、「職人的」な生産方法に内在するひどい非効率を目の当たりにした。生産工程のあらゆる段階を標準化することによって、より速く、より品質のいい製品の生産が可能になった。テイラーがもたらした効率の飛躍的向上によって、現代の社会は安価な製品の大量生産が可能になった。ヘンリー・フォードの自動車工場はその最高の例だ。

大量生産方式が普及すると、ある企業と別の企業、そしてある国と別の国を区別するのは製品の質だけになった。エドワーズ・デミングは品質管理システムを研究し、その知識を日本の製造業に伝えたが、その当時のアメリカのメーカーはデミングの教えに興味を示さなか

った。品質を何よりも重視し、「リーン」生産方式やトヨタが広めた「ジャストインタイム」方式を生んだ日本企業の台頭については、ウォマックらの『リーン生産方式が、世界の自動車産業をこう変える。』に詳しく語られている。

資本主義社会では、市場の「見えざる手」が需要を牽引すると考えられている。しかしアルフレッド・チャンドラーは、実際に経済活動を調整し、資源の配分を行なうのは、多数の職業経営者を擁する近代企業という形を取った経営者資本主義の目に見える手だと主張した。経営者の力を最もよく示したのがゼネラル・モーターズ（GM）であり、同社の最盛期に三〇年にわたって指揮を執った前CEOアルフレッド・スローンを描いたベストセラー『GMとともに』は、大企業がどうすれば消費者の好みや欲求の変化に敏感に対応できるかという問題に切り込んでいる。

大企業の命令と統制に基づく階層的なマネジメント法は、ダグラス・マグレガーの革新的著作、『企業の人間的側面』によって批判にさらされた。マグレガーは、社員は自律と責任を与えられるほど業績が上がり、満足度も高まると主張した。マグレガーが提唱した「Y理論」に基づく企業は、社員の働く意欲を高めるのは金銭的報酬だけでなく、自己実現や貢献の欲求を満たす必要があると理解している。ピーター・センゲが『学習する組織』で述べたように、偉大な企業はコミュニティであり、メンバー全員が持っている力を最大限に発揮できるように真剣な取り組みが行なわれている。ロバート・タウンゼンドは、自分がレンタカー会社のエイビスの経営に成功したのはマグレガーの原則に従ったからだと述べている。チームワークを重視するマグレガーの教えは今日も実践が続いている。米軍のイラクでの軍事行動で、スタンリー・マクリスタル将軍は情報の徹底した共有と現場の人間への決定権の付与こそが、アルカイダを打ち破る力になることを発見した。

組織であれ自分自身であれ、マネジメントの目的は効率性である。ピーター・ドラッカーの『経営者の条件』は、経営者は「火を消す」ためではなく、組織とその目的を定義する数少ない本当に重要な決断をするために報酬を受け取っていることをあらためて思い出させる。真の経営者は問題が起きたときに対応するだけでなく、常に戦略的に考えている。また、経営者は弱みを正そうとするのではなく、強みを活かして仕事をするべきだ。それはドラッカーから数十年後にトム・ラスとバリー・コンチーの共著による『ストレングス・リーダーシップ』で強調されたテーマでもある。世論調査会社のギャラップ社の研究員であるバリーとコンチーは、各自がすでに持っている自分の才能を高めれば、リーダーシップは必然的に生まれると述べている。

シェリル・サンドバーグは『LEAN IN』の中で、組織は人口全体を代表するように意識して努めなければ、本当の意味で効率的にはなれないと指摘している。そうしないと職場は偏った場所になり、人口の一〇〇パーセントに奉仕する製品やサービスを創造する場所にならない。ある会議に出席したとき、ビル・ゲイツはビジネスの成功の秘訣を尋ねられた。ゲイツは、そもそも人口の半分を占め、能力、才能、異なる視点を持つ女性たちが職場から締め出されている限り、経済力を十分に発達させることはできないと主張した。

偉大なビジネスが築かれると、その影響は思った以上に大きく、しかも長続きする。財政的に豊かになると、人は自然と自分の亡き後に何か大きな影響を残したいと思うものだ。アンドリュー・カーネギーは、「富を持って死ぬ者は、真に不名誉である」(『富の福音』、田中孝顕監訳、きこ書房、六三頁)と述べたが、その言葉どおり、カーネギーは数百の図書館に寄付し、平和機関に資金を提供した。ウォーレン・バフェットは予防可能な病気の根絶に役立てるため、自分の遺産をビル・ゲイツ財団に寄付すると決めている。ビジネスは真空状態に存在するわけではなく、社会の一部である。あなたが成功したとすれば、それを可能にしてくれた社会に感謝と恩返しをするべきだ。

戦略とマーケティング

42『イノベーションのジレンマ』クレイトン・クリステンセン
43『ビジョナリー・カンパニー4—自分の意志で偉大になる』ジム・コリンズ
44『想定外』ジョン・ケイ
45『ブルー・オーシャン戦略』W・チャン・キム&レネ・モボルニュ
46『Simplify』リチャード・コッチ&グレッグ・ロックウッド
47『マーケティング近視眼』セオドア・レビット
48『キャズム』ジェフリー・ムーア

49『ポジショニング戦略』アル・ライズ&ジャック・トラウト
50『WHYから始めよ!』サイモン・シネック

戦略とは本来戦争に使われる言葉だが、企業が大規模化、複雑化し、資源をどこに投入するかについて重要な選択を迫られるにつれて、ビジネスの世界にも戦略が用いられるようになった。戦略とは、突き詰めて言えば集中である。自分が選ばない市場や方向を明確にし、持てる能力と知力のすべてを自社の強みとする分野に注ぎこむことだ。戦略的集中の大きな利点は、競争を避けられることだ。W・チャン・キムとレネ・モボルニュが大ベストセラーになった『ブルー・オーシャン戦略』で説いたように、戦略的集中の目的は他社にない製品やサービスを生み出すことによって、新しいカテゴリーを創造して市場を「独占」することだ。

同様に、リチャード・コッチとグレッグ・ロックウッドの『Simplify』は、フォード、イケア、グーグルなどのビジネスの大成功は価格と製品の徹底したシンプル化の賜物だと述べている。競合他社よりはるかに値下げされた製品、はるかに使いやすい製品、あるいは格段に進歩した製品は、市場をさらうことができる。抜け目ない企業はどっちつかずの位置で埋没するのを避けて、どれか一つの方針を選んでいる。ハーバード・ビジネススクール教授のマイケル・ポーターは『競争の戦略』(一九八〇年)の中で、企業はコスト面のリーダーシップか製品の差別化のどちらかを選ぶべきだと主張した。『Simplify』はエアビーアンドビーやウーバーからフェイスブックまで多数の現代企業の例を紹介し、シンプル化の考え方を今日の読者によりわかりやすく伝えている。

正しい戦略を選ぶ難しさは、クレイトン・クリステンセンによる『イノベーションのジレンマ』によく表れている。クリステンセンは大企業がみずからの成功に足元をすくわれる可能性を示した。大企業は固定費を賄い、さらに利益を出さなければならないため、売れ筋の製品で稼ぎ続ける必要がある。新しい技術が誕生しても、最初は商業的価値が明らかでないため、大企業はなかなか手を出そうとしない。小さな企業は失うものがほとんどないので、限られた市場向けに最新技術を使った基本的な製品を売り出す。そして製品が進歩するにつれて隙間市場を独占し、市場はどんどん成長していく。そうなると、大企業がその市場に食い込もうとしてももう手遅れだ。

しかしジム・コリンズが『ビジョナリー・カンパニー4─自分の意志で偉大になる』で述べたように、インテルからジェネンテックまで多くの企業が、新しい革新的な技術を受け入れると同時に、製品化や売上目標について厳しい規律を守ることで大きな成長を遂げている。そうしたバランスを達成するには、あなたの組織が何のためにあるのかを明確にすることが必要だ。サイモン・シネックの『WHYから始めよ！』は、低迷する企業を奮い立たせる力があり、これから起業を目指す人にとっては必読書である。

戦略とマーケティングはしばしばほとんど同じ意味で使われているが、実際にアル・ライズとジャック・トラウトの重要な著作である『ポジショニング戦略』は、「戦略的マーケティング」という新しい分野を誕生させた。戦略的マーケティングは、企業が市場の中で自社、あるいは自社製品やサービスのポジショニングを確立する方法を明らかにする目的がある。大衆は製品とアイデアを簡単に結びつける（たとえばボルボといえば安全性というように）ため、それを意識すれば最初からマーケティングの視点を製品作りに導入できる。消費者の心理の中にどのようなポジショニングを確立できるかをしっかり理解せずに製品を作ると、マーケティングは戦略の中で十分な役割を果たすことができない。

最後に、イギリスの経済学者ジョン・ケイの『想定外』は、利益や株主を優先しない企業の方が高い収益を上げる傾向があると指摘し、ビジネス戦略に関する新しい見解を披露した。崇高な使命を掲げる企業は、関わり合うすべての人を奮い立たせ、勇気を与えて使命の達成に向かわせる。そして製品やサービスを買う大衆もまた、企業の正当性に好感を持つ。自分の利益しか考えず、社員や社会に対して何の責任も感じていない企業はすぐに見抜かれてしまう。

なぜこの50冊なのか

本書に掲載された五〇冊のうち半分は、誰もが認める古典と言っていいだろう。残りの半分は、あまり知られてないが、もっと広く読まれる価値があり、ビジネスに関する重要な考え方を非常に的確に説明している本だ。同時に、選定に当たっては単に「古典」として有名だからという理由で選ばないように心がけた。古典と呼ばれる本は、出版時期にかかわらず今でも通じる内容を含んでいなければならないし、ビジネス環境は常に変化しているからである。

たとえばジョン・ブルックスの『人と企業はどこで間違えるのか?』という本は、ビル・ゲイツやウォーレン・バフェットの愛読書として知られるが、一九六〇年代のアメリカのビジネスと金融業界の出来事をジャーナリスト的観点から記録した本で、現代社会に通用する点は特に見当たらなかった。トム・ピーターズとロバート・ウォーターマンによる『エクセレント・カンパニー』は、当時としては画期的なビジネス書だったが、例として取り上げられた企業はすでに存在しないか、その後すっかり変貌してしまっている。この本が事例を更新して最新版として出版されていたら、本書に加えていただろう。

最後に

読者がこれまで知らなかったビジネスに関する考え方、本、そして人々を知る手助けをするという目的を本書が果たせるのを願っている。「生半可な知識はかえって危険である」と言われるが、それは生半可な知識のままで満足する人だけに当てはまる言葉だ。多くの人々は知識を欲し、知ればますます知りたくなる。本書の解説を楽しんでいただきたいのはもちろんだが、紹介した本をぜひ実際に読んでみてほしい。著者のメッセージを伝えるには、机の上やベッドサイドに置かれた一冊の本に勝るものはない。

参考図書

ビジネスは経済の中で営まれる。したがって経済学や資本主義について基本的な知識を身につけるのは有意義なことだ。『世界の経済学50の名著』はその手助けになるだろう。『世界のビジネス書50の名著』は、ビジネスの成功における人間的成長の面にも触れている。人生の目的の達成についてもっと深く知りたい方は、『世界の成功哲学50の名著』を読むことをお勧めしたい。

Chapter1

1 起業家精神とイノベーション

01

1998

ヴァージン

リチャード・ブランソン

新しい業界や産業に進出するときは、
常にその業界や産業を揺さぶり、
新しい価値をもたらす努力をするべきだ。

邦訳
[ヴァージン　僕は世界を変えていく]
TBSブリタニカ　植山周一郎 訳

オリジナルで、数ある中で目立ち、永続し、できれば何か良い目的にかなう、そんな何かを創造したいと思ってやるのだ。何よりも、誇りにできるものを創造したいのだ。

これがいつも私のビジネス哲学だった。金儲けだけを追求してビジネスをやったことは絶対にない、と正直にいえる。

利益を得るために会社を設立し、経営するという点では、私はビジネスマンかもしれないが、将来の計画を作り、新しい製品や会社を夢見る時、私は理想主義者だ。

❀

リチャード・ブランソンの名前を知らない者はいない。ヴァージン・グループの創始者であり、熱気球で海を越えた冒険家であり、エリザベス女王によりナイトに叙せられた慈善家でもある。

ブランソンに関する評判の大半は、テレビや新聞で報じられる断片的な情報に基づいている。しかし世間一般のイメージの陰に隠れた真実は、すぐれた自伝によって知るしかない。著名なビジネスマンが書いた「成功物語」は数え切れないほどあるが、『ヴァージン』はその中でも出色の

Richard Branson

リチャード・ブランソン

ブランソンは一九五〇年にイギリスで生まれた。十六歳で高校中退後、雑誌『スチューデント』を創刊し、七〇年にはレコードの通信販売事業を開始。七二年レコード会社のヴァージン・レコードを設立した。八四年にはヴァージン・アトランティック航空を創業。その後、ヴァージン・ブランドを活用した事業多角化を進め、鉄道、金融、携帯電話、旅行、飲料、通信、放送、出版、宇宙旅行などの分野に進出した。世界三四カ国で事業を展開、従業員五万人、売上高約二兆円のヴァージン・グループを創りあげた。事業を拡大する一方で、エイズ撲滅や地球温暖化防止など社会貢献活動にも力を注いでいる。

できばえと言えよう。それはブランソンが豊富な記録を残していた（彼はメモ魔で、日記を欠かさずつけている。本書はその二五年分の覚書の成果だ）おかげだが、自分を実際以上によく見せようとしていないところも功を奏している。野心あふれる起業家にとって、本書から学べるものは大きい。ビジネスの成功を目指すなら、人と違うことは障害ではなく、ほとんど必要条件だというのが本書のメッセージだ。

「君は監獄に行くか億万長者になるかだ」1

ブランソンは一九五〇年に生まれ、幸せな子供時代を過ごした。両親は子供たちを一人前の人間として扱い、独立心を養うためにいろいろなことにチャレンジさせた。ブランソン家は間違いなくアッパーミドルクラスだったが、生活にゆとりはなく、母親はいつも庭の小屋で何か作って売っては生活費の足しにしていた。

入学した私立のストウ校で、ブランソンは勉強のできない怠け者と考えられていた。実は彼は難読症で、八歳まで読むことができず、数学や科学のような学科はまったく理解できなかったという。ストウ校を卒業するとき、校長先生はこんな別れの言葉を述べた。「君は監獄に行くか億万長者になるか、どっちかだと思うね」

ブランソンの起業家としての最初の成功は、『スチューデント』という全国版の学生向け雑誌の創刊だった。この雑誌はミック・ジャガーやジョン・レノンのインタビューにも成功して話題となった。ブランソンは『スチューデント』を金儲けのためというよりは、クリエイティブな活動として楽しんでいたと述べている。実際、利益は出なかったが、雑誌は友人の手助けや若干の広告収入で発行され続けた。

ブランソンは熱狂的な音楽ファンの友人たちを見て、メール・オーダーでレコードを安く、特に目抜き通りのレコード店には置いていないようなレコードを売るアイデアを思いついた。このビジネスは急成長したが、郵便局員のストライキによって、注文を受けることも商品を送ることもできなくなり、メール・オーダー・ビジネスの不安定さが露わになった。そこで彼はレコード店を開ける場所を探し始めた。

「君は監獄に行くか億万長者になるかだ」2

ヴァージン・レコード第一号店は一九七一年に開店し、若者たちのたまり場になった。若者市場に特化したレコード店はそれまでになく、ヴァージン・レコードの店舗はイギリス全土に広がった。

創設期のヴァージンは何から何まで型破りだった。ブランソンは事務所ではなく、友人宅の地下室や教会の地下室、そしてハウスボートでビジネスの采配を振るった。彼の周りにはいつも手を貸してくれる友人が何人もたむろしていたが、ヴァージンの標準的な週給二〇ポンドの給料を手にしているのは数えるほどしかいなかった。友達を仕事仲間にしてはいけないというビジネスのルールにブランソンは従わなかった。創業後の最初の一五年間、ヴァージンの中核を占めていたのはほとんどがブランソンの古い友人たちだった。ときには仲たがいが避けられなかったが、この常識にとらわれない経営戦略は非常にうまくいった。

自由恋愛とドラッグに浸る仲間の中で、誰かが朝早く起きて、請求書や給料の支払いを心配する必要があった。ブランソンは友人たちと違ってドラッグに深入りするのを好まず、「楽しい時を過ごして、そして意識をはっきり保っている時の方が好き」だと述べている。長髪で裸足のヒッピーという外見の裏に、ブランソンは世の中を変えたいと願うビジネスマンの顔を持っていた。

ヴァージン・レコードのチェーン店は成長を続けたが、いろいろな経費がかさんで赤字が増えていた。ブランソンは偶然の出来事がきっかけで赤字を埋める方法を思いついたが、そのせいで以前ストウ校の校長先生がブランソンに言った予言の暗い面が実現しそうになった。ブランソンはベルギーで売るという名目で、購買税抜きで購入したレコードを、イギリス国内で販売するというやり方でイギリスの高額な購買税を脱税したのである。架空の買い手に輸出するふりをしてレコードを積んだ車でイギリス海峡を越えてから、そのレコードを持ち帰ってヴァージン・レコードで売れば大きな儲けになった。この脱税旅行を三回続けたとき、この違法行為が税関に見抜かれた。監獄行きを免れるために、ブランソンは脱税した金額の三倍の六万ポンド（一九七一年には大金だった）の和解金を税関に支払わなければならなかった。大きな重圧の下で、ブランソンはヴァージン・レコードを必死に経営し、何とか全額を支払った。しかしこの経験がブランソンの心に火をつけ、彼は二度と後ろ暗いことはするまいと誓った。弱冠二一歳で、ブランソンは急速に成長していた。

拡大戦略――音楽

独自のレコード会社を持ち、そこで作ったレコードをヴァージン・レコード・ショップで販売するという夢を抱いて、ブランソンはお金をかき集めてオックスフォードシャーの古いマナーハウス（荘園領主の館）を買い、少しずつレコーディング・スタジオに改造した。

ヴァージンが初めて契約した相手は意表を突いていた。マイク・オールドフィールドという若いミュージシャンで、彼は多数のベルや風変わりな楽器を使った歌のない曲を完成させるために、何か月もかけてレコーディングを行なった。ロックミュージックのレーベルを目指すレコード会社の最初の選択としては一風変わっていたが、この決断は大当たりだった。オールドフィールドの『チューブラー・ベルズ』は、一九七〇年代のベストセラー・アルバムの一つになり、初期のヴァージンの収入源になった。その後、ヴァージンはセックス・ピストルズ、カルチャー・クラブ、フィル・コリンズ、ヒューマン・リーグらと契約し、八〇年代の初めには大手レコード会社に成長した。こうしてヴァージン・ミュージックが契約したバンドを有名なヴァージン・メガストアを含むヴァージンのレコード・ショップで宣伝できるようになり、「垂直統合」された音楽会社を持ちたいというブランソンの夢は叶ったのである。

拡大戦略――航空会社

音楽産業に集中していたブランソンは、航空業界への進出はまったく考えていなかった。しかしブリティッシュ・エアウェイズに対抗する大西洋横断路線を運航してはどうかという提案を受けたとき、ブランソンは誘惑に勝てなかった。周囲の賢明な助言を振り切り、ブランソンはこのアイデアがうまくいくかどうか「試してみる」ために、シアトルに本社のあるボーイング社に電話してボーイング747を一年間リースする交渉をした。ヴァージン・アトランティック航空はまもなく現実のものになった。この新しい航空会社は、フレディー・レイカー卿が経営していたレイカー航空がブリティッシュ・エアウェイズによって倒産に追い込まれた後の穴を埋める目的があった。

ヴァージン・アトランティック航空は危うく離陸しそこなうところだった。処女飛行の際に飛行機が鳥の群れに突っ込み、エンジンが爆発してしまったのだ。エンジンに保険をかけていなかったため、新しいエンジンに取り換えるには六〇万ポンド必要だった。この費用を調達するために銀行の当座貸越しの限度額を超えてしまい、ヴァージン・アトランティック航空は破産寸前に追い込まれた。ブランソンはヴァージンの海外子会社から現金をかき集めてようやくこの窮地を脱することができた。しかし一九八四年の就航から一九九〇年まで、ヴァージン・アトランティック航空は数機の飛行機を所有するだけの小さな航空会社でしかなかった。

一九九〇年に始まった第一次湾岸戦争による燃料価格の高騰、そして二〇〇一年九月十一日の同時多発テロ後の乗客の減少は、ヴァージン・アトランティック航空に大きな痛手を与えた。それだけでなく、ヴァージン・アトランティック航空はブリティッシュ・エアウェイズが絶え間なく仕掛けてくる妨害行為と戦わなければならなかった。ブリティッシュ・エアウェイズはヴァージン・アトランティック航空をどんな手段を使っても叩き潰さなければならない脅威とみなしていた。航空会社に注ぎこまれる資金が膨らむにつれて、銀行はしびれを切らし、とうとうブランソンは厳しい現実に直面した。ヴァージン・ミュージックを売却して飛行機を飛ばし続けるか、航空会社を手放してヴァージン・ブランドの評判を傷つけ、しかも数千人の従業員を路頭に迷わせるかだ。

今回もまた家族や友人の賢明なアドバイスに背いて、ブランソンはヴァージン・ミュージックを売る決心をした。ヴァージン・ミュージックはブランソンと仲間たちが二〇年かけて築いた会社だ。これは身を切るような決断だった。とりわけローリング・ストーンズと契約したばかりで、ヴァージン・ミュージックは頂点をきわめたところだった。ブランソンはヴァージン・ミュージックを失ったが、引き換えに五億六〇〇〇ポンド（一〇億ドル）を得た。この資金によって、ブランソンは今や銀行にあれこれ指図されずにヴァージン・グループの進路を決められる自由を手に入れた。売却代金から受け取った彼の取り分は、「自分のとんでもない夢を実現するのに十分な資金」をもたらしたとブランソンは述べている。

ブランソンの流儀

誰が何と言おうと、どんな事業にも当てはまるビジネスの成功の「レシピ」のようなものはないとブランソンは言う。しかし、野心ある起業家にとってブランソンのビジネスの流儀は大いに参考になるはずだ。

本書を全体的に見ても、ブランソンは聡明なビジネスマンという印象ではない。彼の成功の秘密を煎じ詰めると、こういうことになるだろう。

- ◆大きく考え、計算されたリスクを取る。「私の人生に対する興味というのは、大きくて、明らかに達成不可能なチャレンジを自分自身に課して、それを実現しようと努力するところにある」
- ◆不確実なことがあっても、それがあまりストレスにならない。
- ◆人々の間違いを証明しようとする。
- ◆「自分にはできる」というシンプルな信念を持っている。

ブランソンが新しい市場や産業への進出を決める基準は、面白いかどうかだ。古い慣習に縛られた市場に揺さぶりをかけ、何か新しいものをもたらす余地がなければ食指が動かない。残念なことに、この方針はしばしば無謀な戦いを招いた。

ブリティッシュ・エアウェイズとの戦いの間、ヴァージン・アトランティック航空は何度も倒産の危機を噂された。一時は銀行からの借り入れが五五〇〇万ポンドに達し、ブランソンは急場をしのぐために危ない綱渡りをしなければならなかった。「私はこれまでの人生ずっと、当座貸越し額を増額してくれるように銀行を説得してきたように思うことがある」とブランソンは書いている。ヴァージン・グループは利益を常に新規プロジェクトに再投資してきたため、大企業のようにいざというときの余剰資金を持っていなかった。資金繰りができなくなる危険は常にあった。ブランソンがまとめた重大な契約はことごとく会社を危険にさらすように見えた。ヴァージン・グループにようやく少し余裕が生まれたのは、九〇年代のなかばになってからだ。

困難な時期を振り返って、ブランソンはこう述べている。「いかに状況が難しくても、心には、前進するための大きな絵を描いていなければならない」。この言葉は、財政的なプレッシャーに耐えながらビジネスをするすべての人にぴったりのアドバイスになるだろう。苦境に立たされ、周囲の人々が冒険をやめて安全策を取るように助言したときは必ず、ブランソンは逆に危険を冒してきた。

ブランソンの流儀に学ぶものは他にもある。

◆ブランソンは人の品定めも新しいビジネスの提案も、「三〇秒以内に」決断するようにしている。ビジネスプランがすぐれていなければならないのはもちろんだが、最後には直感に頼って決める。
◆ブランソンは流暢に話したり人前でスピーチしたりするのは苦手で、質問に適切に答えるのにしばしば時間がかかると認めている。「立て板に水のような答えよりも、ゆっくりとして、とつとつとした回答のほうを信用してくれるよう望むのだ」
◆ブランソンは自分のために働いてくれる人々を批判したがらない。彼にとって一番嫌な仕事は、社員を解雇することだ。彼はたいてい自分の代わりに他の誰かにその役割をやらせる。
◆ヴァージンの成功の多くは、自分のアイデアから出たものではないとブランソンは言う（「ヴァージン」という社名さえ彼の思いつきではなかった）。一匹狼の起業家というイメージがあるが、他の多くの大企業と違って、ヴァージンは中心となる信頼されたマネジャーや仲間たちの手を借りて作られた。
◆ヴァージンは大きな本社を持たず、イギリスやアメリカの各地にオフィスを購入し、従業員はそこで仕事をする。ブランソンは文字どおり自宅で仕事をしていたので、二人の子供の成長期には彼らと一緒にたくさんの時間を過ごすことができた。ブランソンと妻のジョーンは、三〇代になるまでロンドンのハウスボートで暮らしていた。

仕事と人生に活かすために

ブランソンは本書のかなりのページを割いて、熱気球やモーターボートの世界記録を更新するさまざまな挑戦を描いている。富、成功、そして幸せな家族を手にし、「すべてを叶えた」ひとかどの人物になりながら、ブランソンがそんな冒険（そのために何度か死にかけた）に駆り立てられるのはなぜだろうか。冒険が新たな次元の経験を彼に与え、生きていると感じさせるからだと彼は言う。

四〇歳を迎えたブランソンが人生に迷いを感じるところは興味深い。これまでと同じように会社を設立し、拡大するために人生を費やすのか？　何か違うことを始めるべきではないのか？　一時期は資産を売って大学に行き、歴史を勉強しようと考えたこともあるという。しかしブランソンは現在、仕事に費やす以外のエネルギーを社会貢献に注いでいる。活動の中には地球温暖化の防止やエイズ撲滅、アフリカの野生動物の保護、若い起業家の支援などが含まれている。

しかしブランソンは、主に会社を通じて人々の生活を変えてきた。安い航空券、携帯電話、安いクレジットカードなど、形はさまざまだが、それらは新しい価値を大衆に届ける方法を常に模索してきた成果だ。ヴァージン・ギャラクティックは乗客を乗せて宇宙へ飛ぶ商業飛行を可能にする初めての会社になるかもしれない。この計画はビジネスに対するブランソンの基準を何もかも満たしている。金儲けもするが、面白くてわくわくする事業しかやりたくないというのがブランソンのビジネス哲学である。

02

1998

タイタン

ロン・チャーナウ

社会の利益に最も役立つのは、
消費者に高品質と低価格を提供する
巨大な独占企業である。

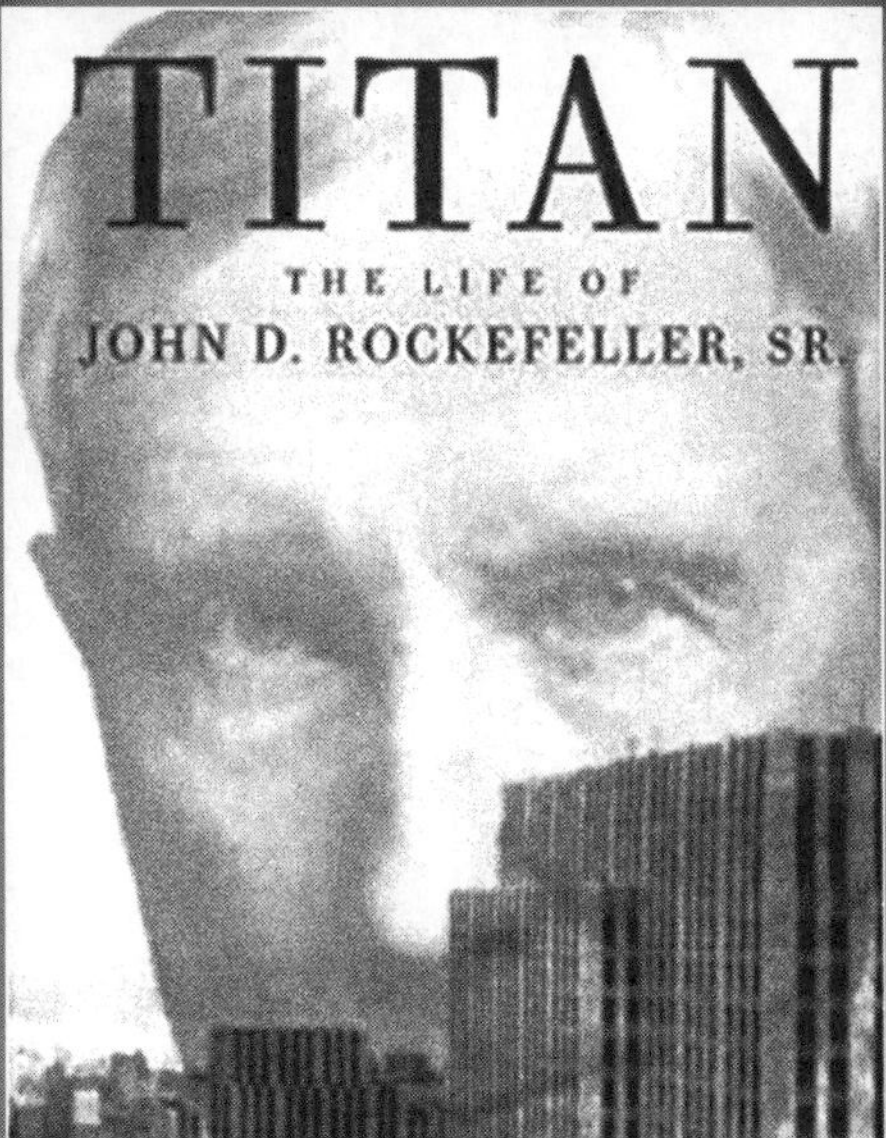

邦訳

［タイタン］

日経BP 井上広美 訳

いつものことながら、騒ぎが大きくなればなるほどロックフェラーは冷静になった。仲間が落ち着きを失っているなか、一人奇妙なほど落ち着き払っていた。（中略）まるで革命家のように、自分は高尚な目的に身を捧げていると強く思いこんでいたし、最初は自分の行為を近視眼的な大衆に誤解されても、最後には必ず自分の考えの正しさが証明されるはずだと信じていた。

❀

ジョン・D・ロックフェラーの伝記を書かないかと出版社から提案されたとき、ロン・チャーナウは乗り気ではなかった。それまでのロックフェラーの伝記は、この財界の大物を「良く言ってずばぬけた才能のロボット、最悪の場合は悪意に満ちたマシン」として描いていたからだ。どれほど富があろうと、一人の人間として本質的に興味を引かれない人物を、何年もかけて調査する気にはなれなかった。

しかし、ある日ニューヨークのロックフェラー・アーカイブセンターを訪れたとき、チャーナウは未公開のインタビュー記録を読んで、その中に一般のイメージよりも奥が深く、関心をそそられる人物を見いだし

Ron Chernow

ロン・チャーナウ

チャーナウは一九四九年にニューヨーク州ブルックリンで生まれ、エール大学とケンブリッジ大学を卒業した。フリーのジャーナリストとなり、進歩的なシンクタンクのトゥエンティース・センチュリー・ファンドで仕事をしたのち、執筆に専念し始めた。

た。その生涯は「多くの謎と沈黙に包まれて」いた。チャーナウは一九五〇年代に書かれたロックフェラーの伝記以来、初めての完全版の伝記を書くことを承知し、愛想のいい冗談好きの祖父のような晩年のロックフェラーのイメージの下にある、強欲な若い独占主義者の顔を暴き出そうと考えた。「ここに繰り広げられている欲望と狡猾のオンパレードを見たら、『金ぴか時代（ザ・ギルデッド・エイジ）』について極端な偏見をもっている研究者でさえ仰天することだろう」と彼は書いている。チャーナウは過去に描かれた聖人君子のようなロックフェラー像に隠された真実を明らかにしようと決意した。

　しかしチャーナウは、正義感を振りかざしたジャーナリストのアイダ・ターベルや、スタンダード石油のやり口を暴いた『Wealth Against Commonwealth（富と共和国）』を書いたヘンリー・ロイドと違って、ロックフェラーを断罪する伝記を書くつもりはなかった。ロックフェラーについて特筆すべき点は、「彼の悪の面が正真正銘の悪であるのと同じくらい、善の面も非のうちどころなく善であるということ」であり、それが彼を非常に興味深い人物にしているとチャーナウは言う。批判の絶頂にさらされていたとき、ロックフェラーは慈善活動に全力を注ぐようになり、人類の利益のために史上最大の寄付をした。

幸運と判断力

ジョン・デイヴィソン・ロックフェラーが生まれたのは幸運なタイミングだった。一八三九年生まれのロックフェラーは、アンドリュー・カーネギー（一八三五年）やジェイ・グールド（一八三六年）、J・ピアモント・モルガン（一八三七年）といった富豪たちと同様に、南北戦争終結後の産業成長期がまさに始まろうとする前に成人に達したからだ。時代は無限の可能性を秘めているように見えた。ロックフェラーはニューヨーク州で福音主義のバプテスト教会に通い、バプテスト派信者として育ったが、口のうまい行商人だった父のウィリアムは、ロックフェラーの子供時代から青年期にかけて家族を連れて何度も引っ越した。ウィリアムは家を空けていることが多かったので、長男のジョンは母のイライザを支え、まだ若いうちから家長の責任を引き受けた。ウィリアムは若い愛人を作ると、家族をオハイオ州クリーブランドに住む妹夫妻の家に居候させ、この女性と結婚してしまった（訳注　重婚である）。各地を放浪して自家製の薬を売り歩くウィリアムを、チャーナウは「いんちき万能薬の行商人であったばかりか重婚までしていた人物」と書いている。その後、ジョンは生涯を通じて父親の悪行を隠すために手を尽くすことになる。しかし、油田のあったオハイオ州は、大人の世界に足を踏み入れるジョンにとって幸運な場所となった。

ジョンは学校では特別優秀というわけではなかったが、数学が得意で、いつもまじめで公正な態度から、級友に「ディーコン（教会執事）」とあだ名をつけられた。ジョンの最初の仕事はクリーブランドで委託販売業を営む会社の帳簿係助手だったが、まもなく独立して食品と穀類を扱う販売会社を設立した。一八六三年にロックフェラーは最新の石油精製業に投資を始めている。当時は商店を開く程度の資金で誰でも精油所を建てることができ、そこで生産される灯油はアメリカ中の家庭や兵舎の灯油ランプに使われた。

弱冠二五歳でロックフェラーはクリーブランド最大の精油所の経営権を手に入れ、裕福で教養ある家庭で育ったセティ・スペルマンと結婚した。セティの両親は、社会的地位のないジョンと娘の結婚に乗り気ではなかったが、彼は粘り強かった。「ビジネス同様、彼は恋愛も長い目で見ることができた」とチャーナウは書いている。

ロックフェラーのビジネスパートナーは、彼が示す倹約精神（母譲り）と金遣いの荒さ（父譲り）の奇妙な二面性にしばしば面食らった。「細かい出費には財布のひもが固いのに、やたら手を広げるのには賛成すること（中略）計画は大胆に、実行は細心に——これこそ、ロックフェラーが一生涯、信条としたことだった」とチャーナウは言う。たとえばパートナーがもっと慎重に行動したいと思うときも、ロックフェラーは自分の判断を信じ、事業を拡大するために銀行から借りられるだけ借りるのを少しもためらわなかった。

合併と協定

当時の石油業界は荒々しい辺境の世界で、油田地帯には売春宿、居酒屋、賭け小屋が並び、手っ取り早く金をつかもうとする人間たちが集まっていた。ロックフェラーは初めからこの荒くれた業界を管理し、合理化し、尊敬に値する産業にしたいと考えていた。彼は「この法も神も存在しない業界に厳しいルールをもうけようとした」とチャーナウは書いている。

せっかちなほど知りたがりで知識欲のかたまりだったロックフェラーは、石油業界では「スポンジ」の異名を取った。ロックフェラーが他の実業家と違うのは、単に自分の事業のことだけでなく、石油産業全体と、石油産業が現代の経済に占める役割について壮大な計画を持っていたところだとチャーナウは指摘する。そのためにロックフェラーは遠い将来まで見越した計画を立て、石油産業を支配するために戦略的にパートナー契約を結んだ。「いつかスタンダード石油はすべての石油を精製し、すべての樽を製造することになる」とロックフェラーはクリーブランドの実業家に語った。

ロックフェラーはクリーブランドでおよそ二〇～三〇の小さな精油所の組織的な買収に着手し、いくつかの主要な精油業者と鉄道会社の間で協定を結ぶためにペーパーカンパニーを設立した。当時は鉄道会社も精油業者も過剰な生産能力と「自滅的な」価格戦争に苦しんでいたので、石油産業の未来と発展を保障するにはカルテルを作るしかないとロックフェラーには思えたのだ。ロックフェラーとビジネスパートナーのヘンリー・フラグラーはエリー鉄道およびニューヨーク・セントラル鉄道を相手に、東海岸への石油の輸送料金に関する有利な秘密協定を結んだ。この鉄道二社が輸送料金の値下げに同意したのは、そうすれば安定した大口取引が確保でき、コストを削減して利益を増やし、最大のライバルであるペンシルベニア鉄道に対抗できるからだ。この都合のいい取り決めによってコストを安定させた結果、スタンダード石油は全米随一の精油業者の地位を固めることができた。ロックフェラーは自分のやり方には何のやましさもなく、むしろ論理的な行動だと考えていた。ロックフェラーの会社は大口顧客なのだから、鉄道会社が有利な輸送料金を提示するのは当たり前ではないか？　ロックフェラーは石油産業を巨大で効率的でハイテクな産業にし、それを自分の会社が牛耳るという野望を持っていた。それは普通の競争ではとうてい達成できない目標だったのだ。

ロックフェラーは正しかったとも言える。石油産業を統合してスタンダード石油の支配下に置き、研究開発に莫大な投資をしたおかげで、生産される石油の質と安定性が高まり、精油にかかるコストは半分に削減され、消費者に提供する価格は下がったのである。ロックフェラーの考えでは、わずらわしい競争を排除したからこそ、質と効率の向上のために長期的な投資ができた。独占がなければイノベーションは不可能であり、自分は公共の利益に奉仕していると彼は信じていた。

巨大な帝国

スタンダード石油が成長するにつれて、悪夢のような二つの可能性が浮上してきた。新しい油田が発見されて市場に出る石油がだぶつき、石油価格が急落するか、新しい油田が発見されず、既存の油田も枯渇してしまうかのどちらかだ。いずれにしても、これまでスタンダード石油が設備や調査に投資したお金のほとんどが無駄になってしまうだろう。幹部からこうした危険を指摘されても、ロックフェラーはただ、「主が備えてくださる」と答えるだけだったという。

一八九一年には、ロックフェラーは石油精製だけでなく、原油生産のために広大な土地を買収し、アメリカの原油生産の四分の一を支配していた。しかしスタンダード石油がタコ（訳注 スタンダード石油に対する当時の罵りを込めたあだ名）のように成長していくにつれて、批判も高まった。アメリカのビジネス界で尊重されてきた個人主義の倫理観が、スタンダード石油のような巨大企業の陰謀によって踏みにじられようとしていると世間には映ったのだ。大衆の批判の多くは的外れではなかった。ロックフェラーは自分の野心に政治が横やりを入れてこないように注意を払い、政党への公の寄付はわずかしかしなかったが、陰ではスタンダード石油は自社の利益に好意的な政治家を「買収」するのをいとわなかった。

スタンダード石油の成長と市場支配によって、アメリカ人は教訓を学んだとチャーナウは指摘する。規制しないで放っておくと、市場は自由を失うという教訓だ。市場は決して自然に任せておけばいいわけではない。独占を防ぐ法律がなくてはならないのだ。現在では当然視されているこの考え方は、規制もなく、ほぼ無課税だったアメリカ資本主義の初期には、ほとんどたわごとに過ぎなかった。ロックフェラーは中小企業の圧力団体の力を見くびり、反トラスト（独占禁止）法の成立に向かう動きを止めることができなかった。一八九二年、ロックフェラーは反トラスト法を逃れるために、スタンダード石油を二〇社に細分化し、再編成しなければならなくなった。しかしこの法律は実効性に乏しく、ニューヨークのブロードウェイ二六番地に本社を持つスタンダード石油の影響力は少しも損なわれなかった。一八九〇年代に不況が始まると、大衆の反資本主義的な感情の高まりの中でロックフェラーは悪の権化とみなされた。それでも照明用の灯油と潤滑油の安定した需要のおかげで、スタンダード石油は繁栄を続けた。スタンダード石油は現金をたっぷり蓄えていたので、もはやウォール街の銀行の助けを必要としなかった。みずから一種の銀行の役割を果たすようになり、自己資金を使って他のどんな会社やトラストも足元にも及ばない大会社に成長し、どんな会社も太刀打ちできない低価格で石油を売った。

一九〇七年にはスタンダード石油は全米の八七パーセントの灯油を生産し、国内市場の九〇パーセントを占有し、輸出市場の大半を握り、業界二位の競争相手の二〇倍の規模があった。この年、セオドア・ルーズベルト大統領の肝いりで、反トラスト法に従ってスタンダード石油に多数の訴訟が起こされた。六〇代になったロックフェラーに、投獄される可能性がのしかかってきた。それだけは避けようと、ロックフェラーはシカゴの法廷で物忘れの激しい老いぼれのふりをした。しかし、そんな見せかけも最高裁の判断を変えることはできなかった。一九一一年、最高裁はスタンダード石油を解体して三四の会社に分割するという判決を下した。分割された会社は互いに競争相手となるはずだった。しかし解体から数年後、分割された新しい子会社の株価が急上昇した。自動車時代の幕開けとともに、石油に対する底なしの需要がロックフェラーを前よりもっと金持ちにしたのだ。

判決当時のスタンダード石油が市場でどれだけ巨大な力を持っていたかは、その頃のスタンダード石油構成会社が分割後にどうなったかを見ればわかる。それぞれの会社は単独で大きな市場シェアを誇る大企業になった。ニュージャージー・スタンダード石油はエクソン、ニューヨーク・スタンダード石油はモービル、インディアナ・スタンダード石油はアムコ、そしてカリフォルニア・スタンダード石油はシェブロンだ。社名から「スタンダード石油」は消えたが、ロックフェラーの指紋はアメリカと世界中の数え切れない給油ポンプや石油缶に今なお残っている。

信仰と資本

ロックフェラーはスタンダード石油を取り仕切る煩雑な仕事や、議会の聴聞会や裁判に召喚される日々に疲れ果てていた。そこにマスコミの中傷が追い打ちをかけたのは言うまでもない。一八九〇年にロックフェラーは一種の神経衰弱を発症し、数か月仕事を休んだ。その上脱毛症を発症して、全身の毛が抜け落ちてしまった。ロックフェラーは五五歳で実質的に引退していたのだが、大衆は彼がまだ実権を握っていると信じていた。ロックフェラーが財産を寄付し始め、シカゴ大学設立のために巨額の寄贈をした後でさえ、彼はアプトン・シンクレアや有名な無政府主義者のエマ・ゴールドマンといった民衆のヒーローに批判され続けた。食肉産業の腐敗を暴いたシンクレアは、今度はロックフェラーに目をつけたのである。ロックフェラーは人目を避け、最悪の場合はテロリストや殺し屋から狙われるのを恐れて、屋敷にこもって落ち着いた規則正しい暮らしを続けた。

アメリカ最大の富豪（一九〇二年には一年だけで五八〇〇万ドル、現在の一〇億ドルに相当する未課税収入があった）となったロックフェラーには、毎日金銭的援助を求める手紙が殺到した。彼は本当に困っているところにはできる限り寄付に応じたが、財産が増え続けるにつれて、責任を持って寄付をするにはもっと大がかりで組織的な方法を採らなければだめだと考えるようになった。

初めて就職した若い頃でさえ、ロックフェラーは慈善家で、給料の六〜一〇パーセントを自分が正しいと思う目的のために寄付した。メソジスト派の創始者ジョン・ウェスレーの、できるだけ儲け、できるだけ蓄え、できるだけ与えよという教えを思い出させるように、ロックフェラーはかつて、「私が神の恩寵を受けて豊かになったのは、いずれ逆にお返しするつもりでいることを主がご存知だったからだろう」と語った。ロックフェラーが全身全霊でビジネスに邁進し、金儲けに良心の呵責を持たずにいられたのは、この信念があったからだとチャーナウは考えている。カルヴァン主義的な「天職」の考え方では、仕事から得られるあらゆるお金は神の祝福のしるしを意味した。

シカゴ大学の創立と黒人教育のための寄付は大事業ではあったが、一九一三年に設立されたロックフェラー財団を通じたその後の寄付のほんの前触れに過ぎなかった。この財団の設立前は、慈善活動とは富豪がお気に入りの機関、たとえば交響楽団や美術館に寄付をして自分の名前を残すとか、学校や孤児院の設立資金を出すというものだった。しかし新しく設立された財団の規模はけた外れに大きかったので、ロックフェラーは個人の気まぐれの範囲を超えた慈善活動ができるようになった。財団の目的は、医学研究や教育を中心に、長期的に最も大きな利益を人類に与えられる知識を創造することにあった。

ロックフェラーの財産が思いがけない目的に使われる場合もあった。末娘のイーディス・ロックフェラー・マコーミックは、一族の中で初めて家族の厳格な宗教的教えに反して派手な結婚生活を送った後、スイスに移住して心理学者カール・ユングの支援者となり、自分自身も精神分析家となった。イーディスは第二次世界大戦中、中立国スイスに避難していた作家のジェームズ・ジョイスにも資金を援助した。ロックフェラーの息子のジョンの妻、アビー・オルドリッチ・ロックフェラーはニューヨーク近代美術館（MoMA）の最大の後援者となった。ジョンは妻がピカソやマチスのような近代美術を愛好する気持ちが理解できなかったが、アビーは堅苦しい夫を何とか説得し、近代美術館の建築のために彼らが暮らす九階建ての豪邸（ジョン・D・ロックフェラーの家でもあった）を取り壊すことに同意させた。ジョン・D・ロックフェラー・ジュニア自身にも情熱を傾ける目標があった。彼はウィリアムズバーグ植民地の復元プロジェクトに数百万ドルをつぎ込み、中世美術を所蔵するニューヨークのクロイスター美術館の展示品の費用をほぼすべて負担した。ロックフェラーの孫のネルソン・ロックフェラーはニューヨーク州知事を四度務め、共和党のリベラル派候補として三度大統領候補の指名を争い、ジェラルド・フォード大統領によって副大統領に指名された。

仕事と人生に活かすために

ロックフェラーのビジネス戦略に対するチャーナウの見解は、やや辛辣過ぎるかもしれない。結局はどんなビジネスも、目指すのは業界を支配すること、少なくとも首位に立つことだ――それは誰にでもできるわけではない。ロックフェラーは石油産業を近代化して効率を上げ、品質を向上させて消費者の金銭的負担を軽くするという目標を実現した。もちろん多数の雇用も創出した。ロックフェラーの飽くなきビジネスへの情熱がなかったら、ロックフェラー財団は存在しなかった。

ロックフェラーは、初期の石油産業の生き馬の目を抜くような競争は誰のためにもならないと考え、小さな業者を買収するのは石油産業が成熟するために避けて通れない公共への奉仕だとみなしていた。現在は独占企業や三〜四社の寡占企業が利益の大半を獲得する一種のレンティア資本主義（訳注　レンティアは金利や地代から得られる不労所得の意味で、レンティア資本主義は知的財産や情報など、労働による生産以外から得られる利益に基づく資本主義を指している。レンティア資本主義は少数者に富が集中しやすい）の時代だという議論がある。ネットワーク効果（訳注　製品やサービスの価値が利用者数の増加に依存する）や支配的プラットフォームがものをいうIT業界（グーグルやフェイスブックの圧倒的な強さを見ればわかるように）はいい例だ。しかしピーター・ティールが著書『ゼロ・トゥ・ワン』（255ページ）で主張しているように、独占が大衆にもたらす利益は大きく、たとえ選択の余地があったとしても、人々はしばしば他の誰もが使っている製品やサービスを使いたいと望むものなのだ。ビジネスにおける最大の勝利とは、市場の独占よりも、その業界の標準となることである。

03

2016

アリババ

— ジャック・マーの帝国

ダンカン・クラーク

ビジネスを成功させる最大の要因は、
ビジョン、忍耐、そして機敏さだ。

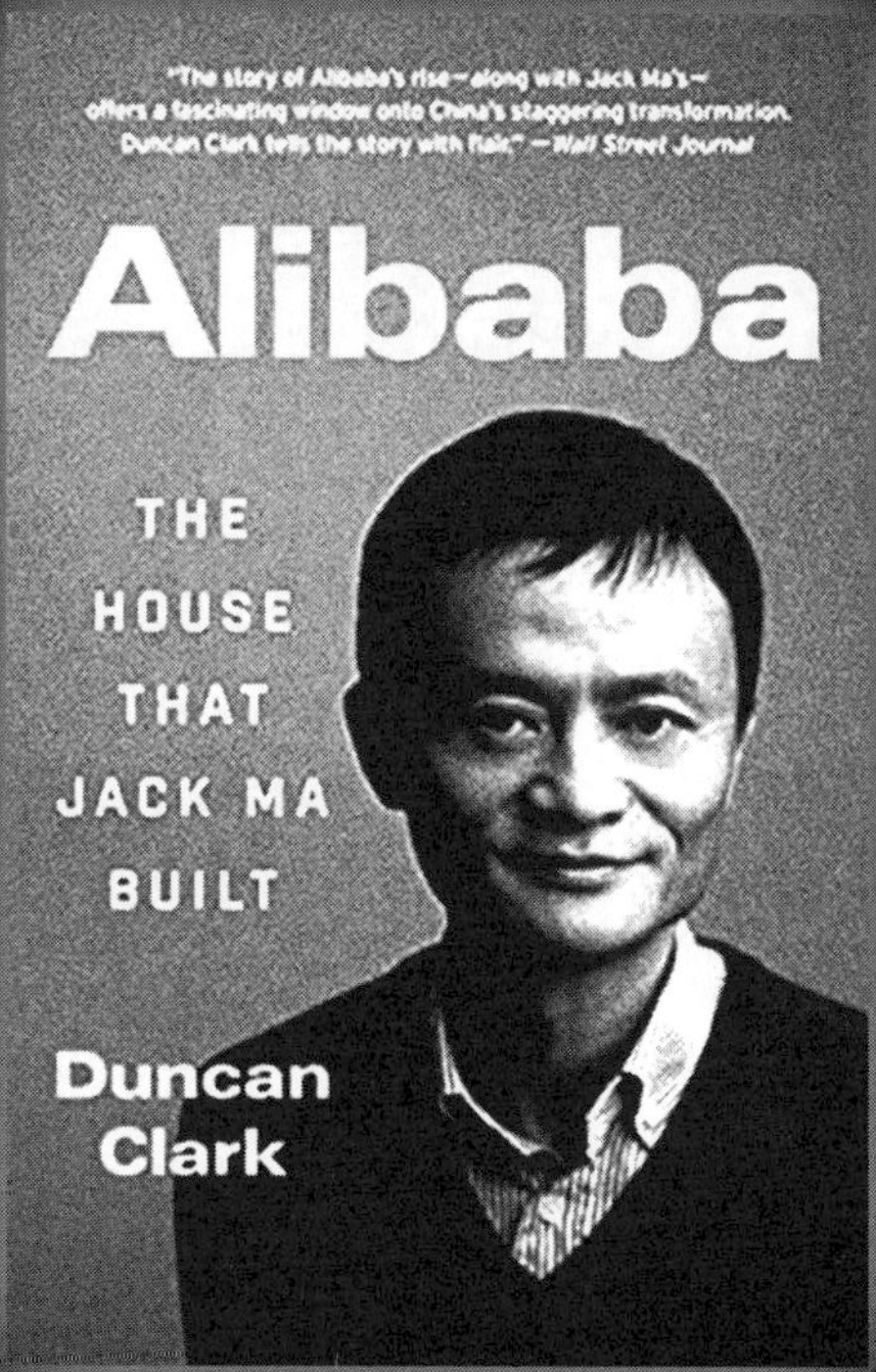
"The story of Alibaba's rise—along with Jack Ma's—
offers a fascinating window onto China's staggering transformation.
Duncan Clark tells the story with flair." —Wall Street Journal
Alibaba
THE HOUSE THAT JACK MA BUILT
Duncan Clark

未邦訳

ジャックの名声は、中国企業がシリコンバレーを打倒したという物語から生まれている。東が西を倒すその物語は、壮大な歴史小説で知られる中国の人気作家、金庸の小説のようだ。しかしマーの快進撃は、次第に南対北の戦いの様相を帯びてくる。起業家精神に富む中国南部にルーツを持つ企業が、北京でにらみを利かせる政治的支配者の我慢の限界を試す物語でもあった。

❀

二〇一四年に中国企業のアリババがニューヨーク株式市場に上場して二五〇億ドルを調達したとき、有名なTV司会者のジョン・スチュワートは、「共産主義者が資本主義で私たちに勝った！」とコメントした。この株式公開はアリババの株式の一二パーセントに過ぎなかったが、過去のあらゆるアメリカ企業の資金調達を上回り、史上最大規模となった。

アリババの電子商取引サイトであるTモールやタオバオ（淘宝網）で買い物をする人は年間四億人を超え、アリババは中国を消費国に変える原動力となった。しかしアリババは単に「東洋のアマゾン」で終わるつもりはない。アリババは創業当時からグローバル市場への進出に意欲を持

Duncan Clark

ダンカン・クラーク

クラークはイギリスで生まれ、一九八六年にロンドン・スクール・オブ・エコノミクスを卒業した。金融業界に就職し、ロンドンと香港のモルガン・スタンレーで四年間働いた後、一九九四年に中国に渡ってコンサルタント会社BDAチャイナを創業し、大口投資家や外国政府、企業などに中国のテクノロジー産業や小売業に関するアドバイスをしている。クラークは在中英国商業会議所の所長を務め、中国のデジタル経済に関してイギリス政府に助言を与えた功績を評価され、大英帝国四等勲爵士を授与された。スタンフォード大学で客員研究員として起業家精神を研究し、スタンフォード大学ビジネススクールで「チャイナ2.0」と題する協議会を設置した。クラークはアリババが創業間もない頃に株の取得を持ちか

ち、過去五年間で急速にその野心を実現しつつある。

ダンカン・クラークの『The House That Jack Ma Built（アリババ―ジャック・マーの帝国）』は、落ちこぼれの学生から大富豪にのし上がったアリババ創業者、ジャック・マーの物語である。一九九四年から中国で暮らしているクラークは、一九九九年にマーに出会う。マーは杭州の暑苦しいアパートの一室でアリババを開設したところだった。マーが事業を国外に拡大するときはクラークが助言を与えた。アリババの業績が振るわなかった二〇〇三年、クラークは協力の見返りとして、少額のアリババ株を買わないかと持ちかけられた。クラークはこの申し出を断った。この判断は「六〇〇〇万ドル相当の過ちだった」と本書の序文でクラークは述べている。クラークは本書でマーの能力と野心を決して過小評価してはいけないと世間に警告したことで、やっと長年の後悔を解消する「カタルシス」を得たと述べている。本書はアリババのドラマチックな成功物語として楽しめるだけでなく、過去一五年間にテンセントやバイドゥ（百度）、シナ（新浪）といった数々のアリババの競争相手を生み出した中国の政治、文化、地理を理解するための有益な情報源でもある。

けられ、そのときは断ったが、二〇〇七年と二〇一四年にアリババが株式公開したときは同社の株を買った。クラークは中国や他の国々で創業間もない企業に投資を続け、バンコク銀行の中国子会社の取締役を務めている。

東が西に出会うとき

一九八〇年、一五歳のマー・ユン（馬雲）は英語を勉強したいと思い、杭州を旅行中の外国人と仲良くなった。その中にオーストラリアのニューカッスルから来たケン・モーリーがいた。ケンはこの少年を気に入り、息子のデービッドとスティーブン、そして娘のスーザンは少年と親友になった。馬雲は彼らに「ジャック」と呼ばれ、モーリー一家はオーストラリアに帰国後も、ジャック・マーと手紙のやり取りを続けた。

ジャックは高校を卒業し、大学に入学するために共通テストである全国普通高等学校招生入学考試（高考）を受験した。しかし数学のひどい点数が足を引っ張って、合格点は取れなかった。ジャックは単純労働をしながら勉強を続け、もう一度高考を受験し……さらにもう一度受験した。三度目の正直でようやく合格したのは、決して名門とは言えない杭州師範学院だった。大学在学中の一九八五年、ジャックと文通を続けていたケン・モーリーは外交上の難しい手続きをかいくぐってジャックをオーストラリアに招待した。これはマーの人生を変える旅になった。それまで中国は世界一豊かな国だと教えられてきたのに、事実はまったく違っていた。モーリー一家はジャックが大学を続けられるように生活費の一部を援助し、ジャックが結婚すると、ケンはジャックと新妻のキャシー（訳注　本名は張瑛）が暮らす新居のアパートを購入する資金を提供した。

ケン・モーリーは社会主義者で、オーストラリア共産党の候補者として公職に立候補した経験があった。そんな彼が、やがて中国の資本主義を象徴するようになる若者を支援したのは皮肉な成り行きだとクラークは言う。後にマーはこの恩義に報いて、ニューカッスル大学の奨学金プログラムに二〇〇〇万ドルを寄付している。

オンライン化する中国

杭州のある浙江省は、古くから中国で最も起業家精神に富んだ地域だ。中国は一九七八年に鄧小平の開放政策によって市場経済への移行を開始した。ジャックは「あなたは豊かになれる。そして他の人々が豊かになるのを手助けできる」という鄧小平の言葉に感銘を受けた。浙江省北部と江蘇省南部にまたがる長江デルタ地帯は、上海を中心に強力な経済圏を形成している。

大学を卒業後、マーは杭州電子工業大学で教職に就き、英語と国際貿易を教えた。教職は性に合っていたが、マーはビジネスへの情熱に駆られて、二九歳で翻訳会社を創業した。経営は苦しく、マーはオフィスの賃貸料を支払うために贈答品や書籍、花を売り始めた。一九九四年にマーはアメリカを訪問し、初めてインターネットに触れた。それは目を見開かされる体験だった。インターネットを利用すれば、数百万の中国企業が商品をアメリカや他の国々に輸出する手助けができる。マーは友人や家族から資金をかき集めてビジネス情報発信サイト、チャイナ・ページ（訳注　中国イエローページとも呼ばれる）を開設した。これは国内企業と契約し、その会社のウェブサイトを作ってインターネット上に載せるというビジネスである。それから数年後、中国政府は西側諸国と中国とのテクノロジー格差を警戒し、アメリカの通信プロバイダー、スプリント社の協力で、国有通信会社にインターネットのインフラ整備を行なわせた。

チャイナ・ページは商業的に成功したとは言えなかった。この会社が国有企業の子会社に買収されると、マーは北京で経済と貿易を管轄する政府機関に職を得て、公式ウェブサイトの作成を任された。マーはその仕事が嫌でたまらず、退職してビジネスに復帰できる日を指折り数えて待った。「公務員では自分の夢を実現できなかった」とマーは当時を振り返っている。それは一九九八年、マーが三五歳のときで、マーは他の中国人起業家にインターネット事業で先を越されるのをじっと眺めていた。アメリカのヤフーに触発されて、これらの起業家（マーと違って全員一流大学の卒業生で、ハイテクに精通していた）はインターネットがもっと簡単に利用できるヤフーのようなポータルサイトを構築していた。政府の仕事からようやく解放されて、マーは一九九九年にアリババを創業した。社名は「開け、ゴマ」の呪文で有名な『アリババと40人の盗賊』の物語から取った。中国語ではない名前をつけたのは、その方が目立つし、世界中で知られている名前だからだ。Alibaba.comというドメイン名はすでにカナダ人が登録していたため、マーが四〇〇〇ドルで買い取って、正式にビジネスを開始した。

一九九九年二月には、中国にはインターネットのユーザーは二〇〇万人しかいなかった。しかし二〇〇〇年末になると一七〇〇万人まで増加し、さらに急速に増加を続けていた。中国政府はインターネット接続をより簡単に安くできる政策を推進し、コンピュータの価格は下がり続けていた。中国企業は外国への販路がほしいはずだとマーは考えていた。マーの無料のウェブサイトなら、動きが遅く権威主義的な国有貿易機関を経由せずに中国企業が世界とつながる手助けができる。上海や北京を拠点とするスタートアップに比べて、アリババのある杭州は地方都市で、賃貸料や賃金が安いという強みもあった。ゴールドマン・サックスや小規模なファンドがアリババに関心を示し、マーは同社の資産の半分に相当する五〇〇〇万ドルの資金を調達した。インターネット・ブームに沸く中国では、インターネット・ポータルのソーフー（捜狐）やネットイース（網易）、シナに流入する大金に比べて、五〇〇〇万ドルはささやかな金額でしかなかった。

西の巨人を倒す

アリババには明確なビジネスモデルがなかったが、ソフトバンク創業者でヤフーへの投資で莫大な利益を得た韓国系日本人の孫正義は、マーに大きな可能性を見出した。孫はアリババに二〇〇〇万ドルを投資し、アリババ株の三〇パーセントを取得した。そのおかげでアリババは長期的な展望を持つことができ、二〇〇〇年にインターネット・バブルがはじけたときも有利な立場に立つことができた。調達した二五〇〇万ドルの資金の内、アリババはまだ五〇〇〇万ドルしか使っていなかったのだ。中国の電子商取引会社の多くが倒産する中で、アリババは拡大を続け、アメリカやヨーロッパにオフィスを設立した。カリスマ性のあるマーは大衆の人気を集め、『フォーブス・グローバル』や『エコノミスト』などのメディアがこぞって特集記事を載せた。アリババを利用する企業は五〇万に達していたが、中国企業に電子商取引の機会を提供することで得られる利益は一〇〇万ドルにも満たなかった。アリババには他の収入源が必要だった。

ＢｔｏＢ（企業間取引）ポータルを作り上げた後、マーはアマゾンやイーベイのような消費者向け電子商取引サイトの立ち上げに熱心になった。すでにハーバード大学卒業生のシャオ・イボがイーチケットを創業し、中国版イーベイの創造に全力で取り組んでいた。イーベイはその動向に注目し、一億八〇〇〇万ドルでイーチケットを買収した。しかし二〇〇〇年を過ぎてから最初の数年間は、中国人消費者はオンラインでの買い物をまだためらっていた。クレジットカードは普及していなかったし、しっかりしたオンライン決済システムもまだなかった。消費者向け電子商取引市場には今でも新規企業が参入し、勝てる余地が十分にあるとマーは感じていた。数人のアリババ社員が新しい消費者向け電子商取引サイト、タオバオの立ち上げに秘密裏に取り組んだ（タオバオは中国語で「宝探し」という意味だ）。孫正義は二〇〇三年五月に営業を開始したこの新しいベンチャービジネスに八〇〇〇万ドルの投資を決めた。

当時、イーベイ・チャイナはタオバオを脅威と考えてさえいなかった。イーベイは売り手の手数料を三パーセントから八パーセントに引き上げてもやっていけると自信を持っていたが、売り手はイーベイから離反し始めた。タオバオは売り手からも買い手からも手数料を取らなかった。強気な大企業のイーベイと、親しみの感じられる国内のスタートアップ企業であるタオバオとの差はますます明確になっていった。クラークは、「ウェブサイトのデザインにも文化を考慮する必要がある」と指摘している。イーベイのサイトはいかにも外国風だったのに対し、タオバオは中国の市場特有の賑わいを感じさせ、買い手と売り手が直接中国式の値段の交渉ができるチャットウインドウも歓迎された。イーベイが犯した致命的な失敗は、中国のウェブサイトを運営するサーバーをカリフォルニアに移したことだ。その結果、イーベイのウェブサイトは中国に張り巡らされた「万里のファイアウォール」の外に出てしまい、読み込みに時間がかかる上に、中国政府の検閲に引っかかるようになった。イーベイの利用者数は急激に減り、国内の機敏なタオバオには追い風となった。アリババが独自のオンライン決済システム、アリペイを立ち上げると、イーベイ傘下のペイパルはすぐに利用者を奪われた。外国の決済システムに課せられた多数の規制のハードルに阻まれたイーベイは太刀打ちできなかったのだ。二〇〇六年までにイーベイ・チャイナは中国でのシェアをほとんど失い、逆にタオバオはアマゾンやイーベイ、ペイパルのいいところをすべて兼ね備え、市場の大部分を握った。

ヤフーも中国の「獲得」を狙っていたが、二〇〇〇年代半ばにグーグルが検索市場を支配した結果、ヤフーの情報ポータルサイトは苦戦を強いられていた。ヤフーの共同創業者で台湾出身のジェリー・ヤンはヤフーの中国事業をアリババに任せることに決め、ヤフーが一〇億ドルをアリババに出資するのと引き換えに、アリババ株の四〇パーセントを取得した。そのおかげでタオバオとアリペイは大規模な拡大が可能になり、経営不振に苦しむヤフーにとっても最高の取引となった。グーグル自体は中国に参入してからわずか四年後の二〇一〇年に、外国企業に対する規制上の障壁と、検索結果に対する検閲への反対を理由に中国市場から撤退した。数年後にはイーベイ、ヤフー、グーグルは完全にアリババとテンセントやバイドゥ（百度）など中国生まれのスタートアップに敗北し、市場を奪われた。欧米企業は、中国では「宣教師になるより商人になる方がいい」という古くからの教えを身をもって学んだ。

アリババの今とこれから

二〇〇六年から二〇〇九年の間にタオバオはますます勢いを増し、売上は二〇億ドルから三〇〇億ドルに急上昇した。タオバオが中国の露店市のオンライン版なら、その後に開設したTモールは華やかなショッピングモールの雰囲気があるとクラークは言う。Tモールは売上額に応じた手数料を出店者に請求してアリババの収入源になっている。ナイキやコストコ、メイシーズ、アマゾンなどのアメリカの小売業者は、Tモールを通じて中国人消費者に知ってもらおうと、多額のお金をつぎ込んでいる。その方が中国各地に実店舗を開くよりはるかに効率的なのだ。

タオバオとTモールが成功したのは、欧米ではオンラインの買い物は選択肢の一つに過ぎないが、中国ではそれがライフスタイルだからだとクラークは指摘している。中国では、昔はほとんどの店が国有企業で、買い物客は見下されていた。政府が地代を最大限に徴収するためにわざと土地の価格を高く設定しているせいで、民営の小売りチェーンはなかなか進出できなかった。そこへアリババが持ち込んだ二四時間年中無休の顧客サービスは、まさに革命的だった。サービスと簡単さ、そして透明性に加えて、アリババはこれまで中国に欠けていたものを生み出した。それは信頼だ。アリペイはアリババで商品を買うときだけでなく、実店舗やレストランでのキャッシュレス決済を含めて、どこで何を買う場合にも利用できる。アリペイのオンライン金融サービスのユエバオ（余額宝）は国有銀行の預金よりはるかに高い金利を得られるため、預金額は莫大な規模に達している。ユエバオは国有銀行制度を揺るがし、世界最大の資産運用会社の一つになった。マーは中国の銀行制度が「独占企業や政府の意のままになるのではなく、消費者のためにあるべきだ」と発言して物議をかもした。ユエバオは次第に融資も行なうようになった。預金者の過去の消費性向はアリババのウェブサイトのアカウント履歴で明らかなので、ユエバオは信用リスクを低く抑えることができる。

ジャック・マーは、アリババには三つの成長分野があると考えている。それはクラウド・コンピューティングと中国の地方都市、そしてグローバリゼーションだ。アリババはクラウド・コンピューティング・サービスやウェブ・サービス分野でアマゾンの成功を追いかけ、やがては追い抜きたいと考えている。また、中国の主要都市以外で暮らし、インターネットを利用していない七億人の人々を顧客にするという目標がある。この目標はアリババにとって、海外展開よりもさらに重要な意味を持つはずだ。他の国々の買い手と売り手を結びつけるというアリババ本来の目的は、アリエクスプレス（AliExpress）というサイトで大成功している。アリババ設立当初の目的は中国製品を外国に売り込むことだったが、現在ではアメリカやヨーロッパ企業が商品を中国で売る手助けをする方向に変わってきている。新たに誕生した中国の三億人を超える中流層は贅沢品を含む商品の大きな市場として期待されている。

アリババは中国映画、TV、スポーツ、そしてエンターテインメントに多額の投資を行ない、TモールでTBO（Tモール・ボックス・オフィス）サービスを提供して映画のストリーミング配信を提供している。カリフォルニア州パサデナに本社を置くアリババ・ピクチャーズは、二〇一五年公開の映画『ミッション・インポッシブル／ローグ・ネイション』などの映画に出資した。またアリババは二〇一五年に香港の有名な日刊英字新聞、『サウス・チャイナ・モーニング・ポスト』を買収し、世界中に読者を広げる目的で、有料だった同紙のニュースサイトを無料にした。この買収は同紙の編集方針を中国寄りに変えることで政府の歓心を買う目的があったと評されているが、マーは世界の人々に中国を理解してもらうためだと主張している。中国の政治制度だけが注目され、この国の成長力や、模倣から創造へと改革を進める企業の姿が目に入らない外国人ジャーナリストが多すぎるとマーは述べている。

同時に、中国共産党はいまだに起業家に相当な警戒心を持っているとマーは感じている。二〇一五年に「中国のウォーレン・バフェット」と呼ばれる大富豪の郭広昌が不意に連絡を絶った（当局に身柄を拘束されたと噂されている）とクラークは指摘する。郭はその後仕事に復帰したが、起業家や富豪はいつ政府ににらまれるかわからないというリスクがある。共産党は中国が経済的な覇権を握るのを望んでいるが、権力や社会秩序の統制は失いたくない。莫大な富（二八〇億ドルからさらに増え続けている）と名声があっても、マーは慎重に事を進めなくてはならない。特に彼の会社が金融やメディアなど、伝統的に国家の領域だった分野を支配しようとするなら、なおさら注意が必要だ。水質や大気汚染、安全性に問題のある食品、がん発生率の増加など、中国の工業発展がもたらす弊害に対するマーの率直な意見は、政府の政策に対する批判と受け取られかねない。

アリババのような民営の大企業は国家権力に対するバランスを取る役割を果たし、取引や買い物がもっと簡単にできるようにして、国民を豊かで幸せにするためにあるとマーは考えている。

共産党の側から見れば、中国の経済力の向上が単に外国企業の中国投資によるものではなく、少なくとも中国企業によって牽引されているという点では満足だろう。

仕事と人生に活かすために

イーベイやヤフーとの戦いから、マーは自分よりはるかに巨大な相手を決して敵に回してはいけないという教訓を学んだ。ダビデは決してゴリアテには勝てないのだ（旧約聖書に描かれたダビデとゴリアテの戦いでは、羊飼いのダビデが巨人のゴリアテを倒している）。今ではアリババがゴリアテに成長したが、アリババは機敏さや独創性を失わず、独特の文化を維持するために努力している。マーは愛読する歴史小説に登場する剣士で、彼が英雄と仰ぐ風清揚のように「予測不能だが愛情のある」経営スタイルを取った。初期のアリババでは誰もが馬車馬のように働いたが、マーはストックオプションの権利を社員（特に六人の女性を含む最初の一八人の社員）に惜しみなく与え、自分が所有するアリババ株が減り続けるのを意に介さなかった。

二〇〇九年にマーは密かに新会社を設立し、わずか五一〇〇万ドルでアリペイの所有権をアリババからマーが支配する新会社に移転した。アリペイの時価総額は少なく見積もっても一〇億ドルはあったから、アリババに投資していたヤフーやソフトバンクは憤った。マーはこの決断に踏み切ったわけを、アリペイが中国最大で最も利用されている決済システムになった今、アリペイを維持するには法的観点から見て完全に中国企業になる必要があるからだと説明した。この行動は透明性で知られるマーの評判に疑いを生じさせたが、他の起業家や投資家はマーがそうした理由に理解を示した。それまでマーのアリババ株の保有率は非常に低く、経営意欲の点で問題が起きる可能性があった。しかしアリペイをアリババからマー個人の会社に移したことで、マーにはアリババとその決済システムであるアリペイを永続的に成功させる非常に強い個人的インセンティブが生じた。

テンセントはメッセージアプリWeChatを提供して中国における「モバイルの王」となり、バイドゥは中国人にとって第一の検索エンジンとなったが、アリババはその社名への絶対的な信頼を背景に、電子商取引を支配し続けるだろう。今後何らかの理由で中国政府がアリババへの規制に乗り出したとしても、そのときにはおそらくアリババは、長期的な展望を持つ他の多国籍企業がそうしてきたように、多数の国々や市場でその地位を不動のものにしているだろう。

04

2015

ロボットの脅威

マーティン・フォード

人工知能と自動化は
ビジネスに新しい可能性をもたらすと同時に、
経済と政治の状況を大きく変えるだろう。

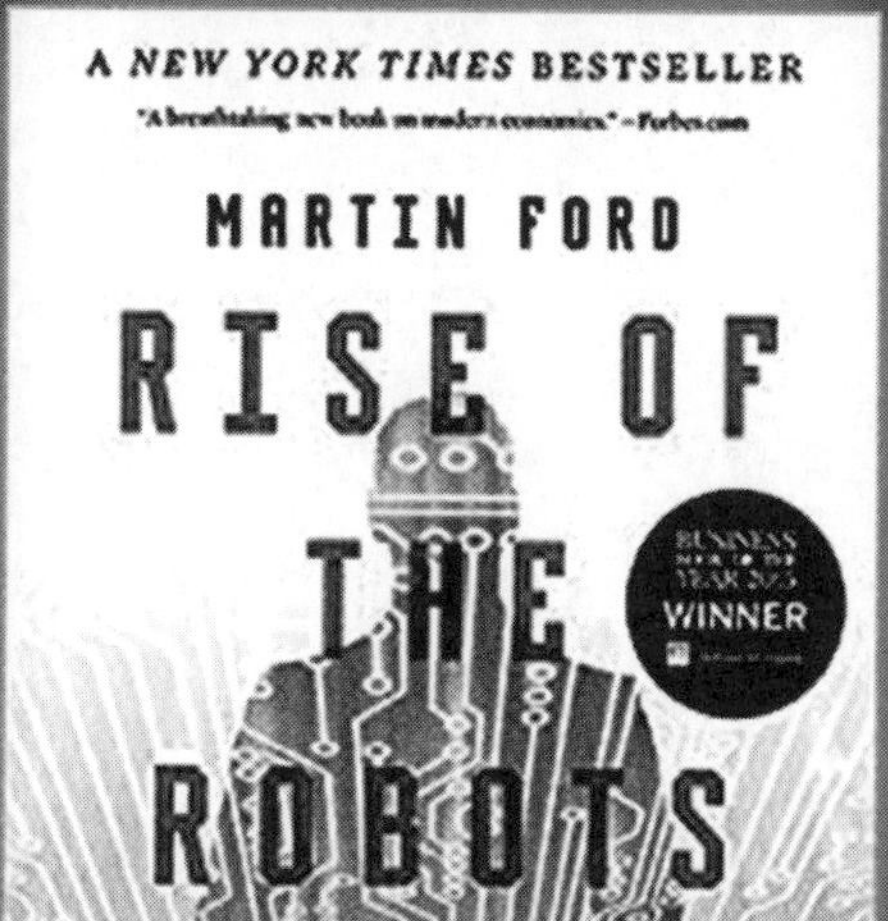

邦訳

［ロボットの脅威］

日本経済新聞出版社　松本剛史 訳

シリコンバレーでは『破壊的《ディスラプティブ》テクノロジー』なる言葉が日常的に飛びかっている。テクノロジーがさまざまな業界全体を破壊し、特定の経済部門と労働市場をひっくり返す力を秘めていることを疑う者はいない。私が本書で問いかけたいのはさらに大きな問題だ。加速するテクノロジーの進歩はやがて私たちのシステム全体を崩壊させ、根本的な再編成を行わなくては繁栄を続けられないという事態にまで行き着くのだろうか?

❀

経済学者はテクノロジーが人間の仕事を奪うという見方にはたいてい否定的だ。歴史を振り返ると、その考えにはれっきとした根拠がある。農業が機械化されると、数百万人の農業労働者が都市部に流出し、新しい産業で仕事を見つけた。製造業に自動化とグローバリゼーションが定着すると、仕事からあぶれた人々を事務職やサービス業が吸収した。技術的イノベーションと生産性の向上により、労働者の価値は高まり、賃金は上昇した。第二次世界大戦後の数十年間は、テクノロジーの進歩と生産性の向上が足並みをそろえ、雇用が増加して、労働者全体が豊かにな

Martin Ford

マーティン・フォード

フォードはミシガン大学でコンピュータ・エンジニアリングの学士号を取得後、カリフォルニア大学ロサンゼルス校のアンダーソン・スクール・オブ・マネジメントでビジネスの修士号を取得した。さまざまな出版物に寄稿し、人工知能や自動化の脅威をテーマに頻繁に講演を行なっている。本書『ロボットの脅威』は、二〇一五年にフィナンシャル・タイムズ紙とコンサルティング会社のマッキンゼーが選ぶ「ベスト・オブ・ザ・イヤー」に選ばれた。他の著書に、『テクノロジーが雇用の75%を奪う』(二〇〇九年)がある。

った。

しかし、経済学者が正しかったのは二〇〇〇年頃までだと、未来学者のマーティン・フォードは本書で主張している。アメリカでは、二〇〇〇年からの一〇年間に新しい勤め先は一切生み出されなかった。さまざまな経済危機の渦中にあった一九七〇年からの一〇年間でさえ、雇用は二七パーセント増加したのだ。要するに、二〇〇〇年からの一〇年間には、生み出されるはずの一〇〇〇万の仕事がまったく作り出されなかったのである。その原因は、情報テクノロジー分野のイノベーションの性質にあるとフォードは言う。過去三〇年間に、多数の労働者がコンピュータ・システムのプログラムと管理の仕事をして報酬を得たのは確かだが、全体として見ると、コンピュータは労働者の価値を高めるのではなく、労働者を不要な存在にした。機械は労働者そのものになったのだ。

止められない自動化——まず製造業と初歩的なサービス業

誰でもムーアの法則（コンピュータの性能はおよそ一八〜二四か月で二倍になる）を耳にしたことはあるだろう。しかしその法則が意味するところを本当に理解している人は少ない。たとえば自動車の性能がコンピュータの集積回路と同じ比率で進歩するとしよう。すると現在では、自動車の速度は時速六億七一〇〇マイル（訳注　およそ時速一〇億八〇〇〇キロメートル）に達している。五分程度で火星まで到達できる速さだ。

今や多くのロボットが人間のように三次元的にものを見る能力を備えているおかげで、同時に複数の仕事をこなしたり、製品を箱詰めしたりといった、何十年間も苦手にしてきた複雑な仕事ができるようになった。ロボティクスの大部分は、ROS（ロボットオペレーティングシステム）と呼ばれるソフトウェアプラットフォームを基礎としている。ROSはソフトウェア開発者が無料で自由に利用できるオープンソースになっている。この標準的なプラットフォームが存在するおかげで、ロボティクスの分野ではこれから数年間で爆発的なイノベーションが起きるだろう。ロボットはかつて開発と製作に数百万ドルの費用がかかったが、現在ではデスクトップコンピュータ並みの価格で買えるロボット組み立てキットも売られている。

ロボットにかかる費用が低下したおかげで、アメリカやイギリスの織物産業の急激な雇用の減少に歯止めがかかった。高いスキルを持つ労働者と機械を組み合わせることにより、衣料品を発展途上国で生産するより、国内に生産拠点を戻す（「リショアリング」）方が何かと好都合になったのだ。結果的に、アメリカの織物産業はふたたび成長し始めた。リショアリングは輸送にかかるコストや時間を減らせるだけでなく、厳しい品質管理が可能になるという利点がある。しかしロボットの性能がますます向上し、工場の自動化が進めば、産業全体の雇用に占める製造業の割合が一〇パーセントに満たないアメリカやイギリスのような国では、リショアリングですら将来の雇用を創出できなくなるだろう。しかし中国のように労働市場に占める製造業の割合がはるかに大きい国では、ロボティクスの進歩は経済と社会に大きな影響をもたらす。たとえばアップル製品の部品製造を請け負うフォックスコンという中国のメーカーは、数千人の労働者の仕事をロボットに置き換える計画を発表した。それが実現すれば、フォックスコンは工場で何人もの自殺者を出した劣悪な労働条件に対する厳しい批判をもう気にする必要がなくなる。アップル、そしてインドネシアで数千人を雇用しているスポーツシューズメーカーのナイキなどは、自動化がもたらす高品質、低コスト、そして労働搾取的な環境の解消を歓迎するだろう。フォードが本書を執筆していた頃、アディダスは一日に八〇万着のシャツを大量生産できる「縫製ロボット」を導入しつつあった。

先進諸国では、自動化による最大の影響はサービス部門、すなわち労働者の大多数が雇用されている部門で起きるだろう。理容室で髪を切り、ハンバーガーショップでハンバーガーをひっくり返すにはまだ人手が必要だとはいえ、ハンバーガーショップの仕事でさえ自動化の脅威にさらされている。サンフランシスコのモメンタム・マシンズ社は、生のひき肉から注文に応じて高品質ハンバーガーを焼き上げる自動システムを開発し、最初の店をオープンする予定だ。マクドナルドは全世界で一八〇〇万人の従業員を雇用し、「ファストフード店の仕事は、高いスキルを要しないその他の小売業の仕事とともに、他にほとんど行き場所のない労働者にとって、民間部門における一種のセーフティネットとなっている」とフォードは言う。それを考えると、ハンバーガーの自動化は労働者にとってかなりの脅威になるだろう。マクドナルドはすでに多くの店舗でタッチパネル式の注文システムを採用している。自動化の兆候はすでに現れているのだ。「エコノミストたちはファストフードをサービス部門に区分するが、専門的な見方に立てば、むしろジャストインタイム生産方式の一形態というのに近い」とフォードは指摘している。

オンライン小売業者もまた雇用破壊の大きな要因になる。レンタルビデオのチェーン店のブロックバスターは、かつて九〇〇〇店舗を持ち、六万人の従業員を抱えていた。オンラインでDVDのレンタルや映像配信を行なうネットフリックスは、ブロックバスターと同じ機能を果たしているが、従業員も実店舗も必要とせず、それに伴う費用も発生しない。店員、レジ係、倉庫で働く人、マネジャーなどの人件費は、以前なら消費者がデパートや雑貨店で買う品物の値段に組み込む必要があった。これらの仕事はますます自動化され、未来の店舗は「スケールアップした自動販売機」になるかもしれない。商品の値段はもっと安くなるとしても、何でもいいから仕事にありついて、商品を買うための賃金を受け取れなければ何の意味もない。

単純な作業や工程に分解できる仕事はすべて自動化できる。そして新しく創業された会社の大多数は、省力化テクノロジーを採用している。テクノロジー企業の最大手のグーグルやフェイスブックを考えてみよう。これらの企業の従業員一人当たりの時価総額は、工業時代の企業とは比べ物にならないほど大きい。グーグルやフェイスブックでは、選び抜かれた数千人の従業員がいれば十分で、その他の仕事はソフトウェア・テクノロジーの進歩のおかげですべてコンピュータに任せられる。グーグルは二〇一二年におよそ一四〇億ドルの利益を上げたが、従業員は三万八〇〇〇人に過ぎなかった。一九七九年にゼネラル・モーターズの利益は一一〇億ドルだったが、従業員は八四万人に達していた。

サービス産業の将来を予想するには、農業の実態を見ればいい。農業はかつてアメリカの労働者の半分を雇用していた。現代ではその割合は二パーセントまで下がり、この数字はさらに減少を続けている。すでにカリフォルニアのアーモンド畑では、木々の間を機械が移動して木を揺らし、地面に落ちた実を別の機械が拾い集めるという収穫法が取られている。自動化はオレンジやトマトの栽培でも進み、人件費の削減と土地や水の最適な利用を通じてすばらしい成果をあげている。また、農業の自動化により移民労働力の需要にも変化が表れている。人口の高齢化が進み、農作物の収穫を移民に頼らざるを得ないオーストラリアやイギリスなどの国々では、自動化が多くの問題を解決すると期待されている。

しかし、テクノロジーが進歩して労働需要が減少するなら、人件費を安く抑えられるため、企業は逆に雇用する人数を増やすかもしれない。機械より労働者を雇う方が有利だという境目があるのだ。だからテクノロジーが労働市場に何の影響も与えなかったように見えるとしても、労働市場は目に見えない影響を確実に受けている。将来はまだ多くの人が職に就けるかもしれないが、労働者の価値が高まらないために、賃金は上昇しないだろうとフォードは主張している。

フォードはテクノロジーによる職務の単純化の例として、ロンドンの黒塗りタクシーの運転手を挙げている。この仕事に就くには、ロンドンの街路の知識を暗記して、「ザ・ナレッジ（知識）」とよばれるとんでもなく厳しい試験に合格して免許を取らなければならない。しかしＧＰＳによるナビゲーションのおかげで、タクシー運転手の知識はほぼ不要になり、ウーバーのようなタクシーを呼べるアプリが急速に従来の黒塗りタクシーの市場を侵食している。ロンドンの黒塗りタクシー運転手の賃金が下がらないのは、規制のおかげだ。これから自動運転車が実現すれば、人や物を輸送するために雇用されている多くの労働者にどれほどの影響が出るかわからない。

中流階級への影響

インターネットが普及し始めたとき、このテクノロジーは平等を実現する大きな力になると期待された。インターネットを使えば誰でもブログを書き、電子書籍を出版し、アプリ開発ができる。しかもコストは低く、教育や訓練も必要としないからだ。しかし、オンラインは勝者ひとり占めの世界であり、インターネットが提供するあらゆる「チャンス」は、私たちの親や祖父母世代が享受していた安全で安定した高収入の仕事に代わるものではないということが次第に明らかになった。

テクノロジーを楽観視する人々はたいてい人口の中の高所得者層に属しているか、インターネットから利益を得られる会社を所有しているかのどちらかだ。その一人である未来学者のレイ・カーツワイルは、数十年前と比較すれば、スマートフォンを所有している一般人は高性能のコンピュータを持ち歩いているのと同じだとよく言っていた。「ただし、平均的な人間がどうすればそのテクノロジーを生かして生計を立てられるのかということについては、何も語らなかった。（中略）実際問題として、中流の職を失った人々の大多数にとっては、スマートフォンを使えたところで、失業者の列に並びながら〈アングリーバード〉のモバイルゲームをやる以上のことはまずできないだろう」

世界中で蓄積されたデータの総量は、ムーアの法則によく似た比率で増加し、三年で二倍になる。「ビッグデータ」と高性能の分析ソフトウェアやアルゴリズムの組合せによって、情報を収集し、分析し、レポートを書くことを含む従来のホワイトカラーの仕事の多くが消えていくだろう。何人もの中間管理職とアナリストのチームの代わりに、「マネジャーひとりに強力なアルゴリズムひとつで済むようになる」とフォードは予想する。しかし、少なくとも分析したデータをレポートにまとめるのは、人間でなければできない仕事なのではないだろうか？　これまでライティングは大学教育を受けた人間の専門領域であり、もっとも自動化されにくい仕事とみなされてきた。しかしソフトウェアは日々進歩しており、これからはライティングの仕事の多くが存在しなくなるかもしれない。すでにオンラインで読める短いスポーツ記事や金融記事の多くが、データの収集と分析を行なうソフトウェアによって書かれている。名文とは言えないまでも、これらの記事はたいてい人間の書いたものに比べて遜色がない。CIA（中央情報局）は膨大な量のデータを人間が理解できる文章に加工するために、この種のソフトウェアを利用している。

他にも多くの中流階級の仕事やサービス分野の仕事が消えると予想される。企業が自社データをすべてクラウド（安価で安全な外部サーバー）に保管できるようになったおかげで、社内のコンピュータ・システムやサーバーを管理するITのプロを雇う必要がなくなりつつある。金融業界では、アルゴリズムがトレーダーやアナリストに取って代わり、IBMが開発した人工知能「ワトソン」のようなとてつもなく有能な自然言語による質問応答・意思決定支援システムがカスタマーサービスを担当する数百万の職を奪って、大規模な雇用の減少が生じるだろう。将来は機械との対話がますます当たり前になる。弁護士やパラリーガルは担当している案件に関連のある文書を「発見する」ために、山のような書類や電子文書に目を通す必要がある。これらの文書がすべてオンライン化されれば、電子文書を分析するeディスカバリーソフトウェアが同じ仕事をより早く少ない費用でこなすことができる。

エリック・ブリニョルフソンとアンドリュー・マカフィーが著書『ザ・セカンド・マシン・エイジ』（『世界の経済学50の名著』参照）の中で主張したように、未来の仕事は機械との生産的な協力によって生まれるという考えは有効だろうか？　フォードは人間と機械との協力はおそらく短期間しか続かないと警告している。人間が機械とともに仕事をすれば必ず、機械は人間の仕事を再現できるように、そしていずれは人間の能力を上回るようにプログラムされるからだ。要するに、あなたは「そのソフトウェアをいずれ自分に取って代わるように訓練しているのだ」。人間と機械が協力する仕事が存在するとしても、人間の役割は「やりがいのない非人間的な仕事」になるのではないかとフォードは考えている。

ベンチャーキャピタリストのマーク・アンドリーセンが言うように、「ソフトウェアは世界を食い尽くしている」。大卒者の初任給は下がっているのに、学生ローンの負債総額は増大している。

受けた教育に見合う職を探すのは困難で、大卒者でさえ専門職に就くのをあきらめてコーヒーショップで働いている。エンジニアリングやコンピュータサイエンスの学位を持った卒業生でさえ例外ではない。二〇〇〇年以降、大卒者の持つ高いスキルに対する需要は急激に落ち込んだ。このままでは、現在の大卒者は親の世代が手に入れていた高収入でやりがいのあるキャリアを見つけるのはかなり難しい。教育は個人と社会に多大な恩恵をもたらすが、かつてのように人生の成功を約束するチケットにはならないとフォードは警告している。

職だけでなく、資本主義も危ない

ヘンリー・フォードは労働者が自分たちの作っている自動車を買えるように、日給五ドルの高賃金を支払った。自動化がもたらす深刻な脅威とは、自動化によって生産されるすべての製品を購入できるだけの十分な所得を得られる消費者がいなくなるということだ。労働者は消費者でもあるが、労働者が機械に置き換わってしまえば、機械は何も買わないとフォードは言う。「私たちの経済の背骨をなす主要な産業（自動車、金融サービス、家電、通信サービス、医療など）のほぼすべてが、何百万人もの潜在的顧客からなる市場を対象としたものだ」とフォードは指摘している。

一人の金持ちは一台の非常に高価な自動車を買うかもしれないし、高級車を何台も買いさえするかもしれない。それでも手ごろな価格の自動車を購入する千人の消費者の代わりにはならない。私たちの経済は、携帯電話から住宅ローン、練り歯磨きにいたるまで、幅広い経済的中間層の持つ十分な購買力から生じる大規模な需要に支えられている。中間層が職を失うか、賃金がどんどん引き下げられて購買力を失えば、現代の資本主義の基礎全体が揺らぐ危険がある。私たちは一九世紀の所得分配に逆戻りすることもあり得る。それは一握りの富裕層が多数の使用人を雇い、ほとんどあらゆるものを買えるだけの財産を持ち、それ以外の人間は最低水準の生活に甘んじるような社会だ。フォードはそのような社会を「テクノ封建主義」と呼び、二〇一三年の映画『エリジウム』はそんな未来をよく表現していると述べた。この映画は、富裕層は地球を周回する汚れのない人工の世界に移住し、数十億の貧困層は地上の悲惨な環境で暮らす世界を描いている。

数億人が失業するか、教育を生かせる職に就けないという問題に対して、フォードはベーシック・インカム、すなわち「最低限所得保障」が効果的な解決策になると考えている。一九七〇年代に、自由市場論者の経済学者フリードリヒ・ハイエクは、解放された市場で何らかの理由で生計を立てられず、伝統的な家族構造にも頼れない人たちに最低限所得保障を与えるよう提唱した。ある一定の豊かさに到達した社会ならそれが可能だとハイエクは考えていた。現在の右派にとって、最低限所得保障は社会の「均質化」を推進し、結果的に自由の制限につながると考えられるかもしれない。しかしハイエクにとっては、所得保障は社会の崩壊を食い止め、機能を維持するための手段だった。すべての人に一定のベーシック・インカム（勤労意欲の妨げにならないよう、低く抑える）を保障するのは、市場システムをむしばむことにはならないとフォードは考えている。所得を保障された人たちは消費者として経済に参加し、商売を始める、学校に戻るなどのリスクに挑戦できるからだ。最低限所得保障が容認できなければ、もう一つの選択肢として伝統的な福祉国家の拡張が考えられる。しかし、福祉国家は定期的な所得調査や官僚体制のために費用が高くつくだけでなく、受給者になることにはマイナスイメージがある。

フォードは「保証所得制」よりも「市民の配当金」という言葉の方が、「誰もが国の経済的繁栄に対して最低限の要求をするべきだという主張をうまく捉えている」と述べている。たとえばインターネットにつながるテクノロジーは国防高等研究計画局（DARPA）が開発したものだが、そのために注がれた膨大な資金は納税者が提供している。また、国立科学財団が交付する研究資金によって半導体の研究開発が進み、ムーアの法則が現実のものとなった。これも納税者の支持がなければありえなかったことだ。

たとえ仕事が減り、給与が下がったとしても、自動化によって製品やサービスの値段も下がっていくのだから、消費は続けられるはずだという主張に、フォードは次のように反論している。実際には教育、医療、住宅のように自動化の影響を受けにくい分野では、費用はむしろ上昇しているし、今後も上昇すると予想される。その結果、私たちは所得があっても自分が育った町で住宅を借りたり買ったりすることができず、大学時代に負った学生ローンを返済できず、アメリカで暮らしている人は医療保険を支払えなくなる。所得の横ばい、あるいは下降傾向が長期的に続けば、需要は長期にわたって激しく落ち込み、政府が財政支出の増加や減税によって「手っ取り早い需要を経済へ注入」しても、需要の回復は期待できない。二〇〇七〜二〇〇九年の金融危機後の数年間に政府が取ったそのような財政政策が、通常は不況の後に続くはずの経済成長を引き起こせなかった理由はそこにある。確かに株式市場は（二〇一七年の時点で）好調だが、これはある長期的な傾向を示している。企業が人件費を節約しているために、需要は低下しても企業の収益は上昇しているのだ。資産の所有者や投資家が手にする利益は増加する一方で、国全体の富に占める労働者の富の割合は減少していく。行き着くところは一種のレンティア経済（訳注　レンティアとは不労所得生活者のことで、レンティア経済は国民所得に占める賃金の割合を地代や利子など生産活動以外で得られる所得が上回る状態を指す）だ。それはすでにトマ・ピケティが『21世紀の資本』（『世界の経済学50の名著』参照）で描いた未来でもある。

仕事と人生に活かすために

所得格差が拡大するというフォードの考えは本当だろうか？　中流階級は実際に消滅しかかっているのだろうか？　『ロボットの脅威』が出版されてから数年後、たとえばイギリスやアメリカでは失業率が四～五パーセントまで下がっている。しかし本書で、フォードは仕事を持っている人の数ではなく、仕事の質に注目するように警告している。たとえばゼロ時間労働契約（雇用主が労働者に週当たりの労働時間を保障しない雇用契約。正規雇用者の持つ権利が与えられず、賃金が安定しないなどの問題点がある）を利用している仕事はどれくらいあるだろうか？　専門的な知識や技術を生かせる仕事に応募しても希望がかなわず、仕方なくコーヒーショップで働いている若者が何十万人いるだろうか？　米国労働統計局はアメリカ経済における毎年の総労働時間を調査してレポートを発表したが、フォードはその驚くべき数字を指摘している。一九九八年にアメリカの労働者は合計一九四〇億時間働いた。二〇一三年には、その数字は……一九四〇億時間だった。しかしこの一五年の間に、生産高（生産された製品やサービスの量）は四二パーセント増加し、数千の新しい企業が創業され、アメリカの人口は四〇〇〇万人増えたのである。

「悲しいかな、すべてを適切に行える――少なくとも、高い教育を受けてスキルを身につけたという意味で――多くの人たちですら、この新たな経済に放り込まれれば、確固たる拠り所を得られなくなる公算が大きいのだ」とフォードは書いている。教育やスキルの点でできる限りの努力をしても足りないとしたら、成功とは何なのだろうか。競争相手が機械だとしたら、人格や個性を磨いても何の役にも立たないのではないか。本書全体から一つの疑問が浮かび上がってくる。フォードは直接その疑問に触れず、答えようとさえしていないが、それは「幸せな人生のためにやりがいのある仕事はどの程度重要だろうか？」という問いだ。ジョン・メイナード・ケインズは、生産の問題がほぼ解決し、人々が生きるための労働から解放されて生活を楽しめるようになる未来が来ると想像した。こうした未来が実現するには二つの障害がある。（1）テクノロジーの恩恵は必ずしも社会全体に行きわたるのではなく、資本主義のもとでは比較的少数の人間が独占する。（2）社会に意義のある貢献ができず、仕事を通じて成長できなければ、人々はやがて「生活を楽しむ」ことに退屈する。

フォードは、彼の予想が完全に実現するにはまだ数十年はかかり、当面の間は、変化は斬新的で、通常の状態が続くように見えるだろうと認めている。しかし、革命の前はたいていそのように見えるものなのだ。

05

2001

はじめの一歩を踏み出そう

マイケル・E・ガーバー

ビジネスを成功させる秘訣は、
ただ仕事をこなすのではなく、
仕事のやり方を考えることだ。

邦訳
[はじめの一歩を踏み出そう]
世界文化社　原田喜浩 訳

人間には驚くべきことをやってのける能力がある。月に到達する能力。コンピュータを開発する能力。人類を一度に滅ぼす威力のある爆弾を作る能力。ところがスモールビジネスをうまく経営する能力は、ほとんど持ちあわせていない。

❀

本書は一九八六年の初版発行以来、百万部以上を売り上げた隠れたベストセラーである。初版は今ではほとんど入手できないが、著者のマイケル・ガーバーは初版の力強いメッセージはそのままに、内容を修正した新版を一九九五年に出版し、さらに二〇〇一年に改訂版を刊行した。

初版からかなりの年月を過ぎても、経営者は実際にどんな仕事をするのか、努力と引き換えに何が得られるのかも含めて、スモールビジネスの表と裏を本書ほど鮮やかに解き明かしたビジネス書は少ない。コンサルタントとしての経験から、ガーバーはスモールビジネスの経営者が、得られる利益に比べて働き過ぎているのを目の当たりにしてきた。彼らは「単調でつらい作業の繰り返し」に追われて、自分の事業を客観的に見直す時間がない。この本は泥沼にはまり込んだスモールビジネスの経営者

Michael E. Gerber

マイケル・E・ガーバー

ガーバーは一九三六年に生まれ、カリフォルニア州で育ち、一時は百科事典のセールスマンをして生計を立てた。本書を執筆する八年前にE-Myth Worldwideという会社を立ち上げ、コンサルティングや研修プログラムを通じてスモールビジネスを支援している。各地に招かれて講演も行なっている。

他の著書に、『The E-Myth Contractor（成功する請負業者）』（二〇〇三年）、『起業家精神に火をつけろ！』（二〇〇七年）、『The E-Myth Real Estate Investor（成功する不動産投資）』（二〇一五年）、『Beyond The E-Myth（あなたの会社を売り出そう）』（二〇一六年）などがある。

に、友人の立場から助言を与える目的で執筆された。

本書は部分的に「サラ」という女性と著者の対話形式で進められていく。サラはパイの店のオーナーで、サラが抱える問題点や困難は、事業を立ち上げる人のほとんどが直面する問題を完全に体現している。本書は特に、スモールビジネスの経営者が労働時間をコントロールする方法を考えるために書かれている。その秘訣はただ仕事をこなすのではなく、仕事のやり方を考えることにある。現代ほど多くの人が起業するアイデアを持っている時代はこれまでなかった。もしあなたがその一人なら、はじめの一歩を踏み出す前に、本書を読むことを勧めたい。

自分を成長させる事業

ガーバーは、事業を始めるときは事業内容そのものと同じくらい、あなたがどんな人間で、これからどうなりたいかが重要だという驚くようなメッセージを伝えている。秩序正しいことが苦手な人、欲張り、あるいは自分の事業の状態を細かく把握できない人は、事業もまたそうした欠点を反映したものになる。事業を成功させたければ、常に自分を成長させ続けなければならない。事業が変わるためには、あなたが変わらなければならないのだ。

事業があなたの人生にどんな意味を持ち、なぜその事業をするのかを十分理解してから起業するなら、きっとすばらしい経験ができるはずだ。しかし明確な将来像を持たずに事業を始めれば、その事業は悪夢に変わるだろう。これまでに多くの起業家がその道をたどったのである。

起業家の神話

スモールビジネスを立ち上げる人は誰でも起業家だと考えるのは間違っているとガーバーは指摘し、それを「起業家の神話」と呼んだ。実際には不屈の富の創造者という華やかなイメージの起業家はめったにいない。たいていは上司の下で働くのに嫌気がさして、独立して仕事をしたいと思っただけなのだ。彼らは「上司をたんまりもうけさせるために、どうしてこんな仕事をしなければならないんだろう?」と考えている。

問題は、起業したがる人は自分の専門の仕事に関しては何でも知っているが、事業そのものについては何も知らないというところだ。起業した当初の興奮はやがて薄れ、彼らは自分が（自分の）上司になったのに気づく。そしてまもなく消耗し、やる気を失ってしまう。専門分野についてなら何から何まで知っていても、それで事業を経営できるわけではない。それどころかその道のプロは自分の仕事を他の誰かに任せるのを嫌がるので、事業にはむしろマイナスなのだ。

高い専門性を持つ人が起業した途端、それまでやり方を知り尽くしていた仕事に加えて、どうしたらいいかさっぱりわからない多種多様な仕事が次々に湧いて出る。スモールビジネスの経営者は、自分の中に次のような三つの人格があるのを発見する。

◆職人――実際に仕事をする。
◆マネジャー――あらゆることが組織的に行なわれるように目を光らせ、職人を管理して目標を達成させる。
◆起業家――将来のビジョンを持つ夢想家で、会社の全体的な方針を決める。

この三つの人格はお互いに主導権を求めて争い、三つのバランスが取れている人はほとんどいない。スモールビジネスの経営者の多くは、人格の一〇パーセントが起業家、二〇パーセントがマネジャー、七〇パーセントが職人だ。

事業がうまくいかなくなる原因

職人の困ったところは、事業に何か問題が生じると、もっと働けば問題が解決できると思い込むことだ。サラは経営するパイの店がうまくいかなくなると、もっとおいしいパイをたくさん作れば事態は好転するだろうと考えた。しかし、そうはいかないのだ。

サラに必要なのは、一歩下がって自分の店を事業として見なおすことだ。ガーバーはサラに、「この店は誰がやってもうまくいくシステムになっているだろうか？」と考えさせる。単に一人の女性がパイを焼いて売っている場所に過ぎないのではないだろうか？　事業を立ち上げる職人がたどる典型的なパターンは、興奮、恐怖、消耗、絶望の順だとガーバーは言う。以前は何よりも好きだったもの――自分の仕事――を憎むようになるのだ。

幼年期のスモールビジネスはすぐに見分けがつく。経営者が一人で何もかもこなしている、あるいはこなそうとしているのが特徴だ。経営者以外にすべてのやり方を知っている人間はいない。しかし事業が大きくなり始めると、従業員を雇わなければどうにもならないときがくる。経営者はほっと一安心する。これでもう自分がやりたくない仕事について考える必要がなくなったからだ（ほとんどの経営者は「帳簿」をつけるのが大の苦手だ）。

しかしこの従業員が辞めてしまうと、事業はふたたび大混乱に陥る。経営者はもっと一生懸命働いて、この難局を乗り切ろうとする。長期的な目標など考える暇はない。商品をなんとか出荷するだけで手いっぱいだ。経営者は、自分と同じように仕事をしてくれる人間は誰もいないと気づく。だからあらゆる仕事を経営者一人でこなせるように、事業を大きくするのは断念しなければばならない。

職人として事業をコントロールできる居心地のいい状態から脱したくないと経営者が思うときが、スモールビジネスにとっては一番危険だとガーバーは指摘する。事業を手ごろな大きさに縮小するのは最悪の選択である。一人で仕事を抱え込んだ経営者は、疲れ果て、やる気を失い、事業は自然に限界に達して死を迎える。

勇敢な経営者になる

職人とは違う事業のやり方もある。ガーバーはサラに、「起業の目的は、仕事から解放されて、他の人たちのために仕事をつくりだしてあげることなんだ」と説明する。起業とは「上司から解放されること」ではなく、自分の専門分野で、一人で達成できる以上の成果を上げること、言い換えれば一生の仕事を通じて世の中を変えられるような偉大な何かを創造することだ。当然、それにはより大きな組織とリソースが必要になる。重要なのは自分の事業をどれくらい小さくしておけるかではなく、適切なシステムと組織があれば、事業はどれくらい大きくなれるかを考えることだ。

勇敢な経営者としてまず取りかかるべきなのは、自分の事業の将来像を明確にして、目標を文章にまとめることだとガーバーは言う。ガーバーが出会ったスモールビジネスの経営者の中で、実際に目標を文章にまとめている人は驚くほど少なかった。しかし、「どんな計画でも、ないよりはまし」だとガーバーは説く。目標や計画がなければ、方向性や組織の欠如と全般的な恐怖によって、企業の経営は混乱してしまう。

成熟期に入った会社は、それ以外の会社とは違うやり方で事業を始めているとガーバーは書いている。ＩＢＭの創業者であるトーマス・ワトソンは、「優良企業になるためには、会社を立ち上げたときから、優良企業のようなしっかりとした経営をしなければならない」と述べたと言われる。ワトソンには会社の将来に関するビジョンや青写真があり、どれほど途方もない目標に見えても、その目標に近づくために来る日も来る日も努力した。ワトソンは「夢やビジョンが実現したときに」、会社がどんな姿になっているのかをはっきり思い描いていた。

職人の事業の目的は好きな仕事をすることだが、起業家にとっては事業そのものを成功させることが目的になる。仕事は二次的なものにすぎないのだ。この違いはワトソンのこの言葉に要約されている。「私はＩＢＭで商売をしていたのではありません。事業を成長させることに精力を注いでいたのです」

仕事をこなすのではなく、仕事のやり方を考えるべきだというガーバーのメッセージがこの言葉にも表れている。

大切なのはシステムだ

マクドナルドは「成功した」スモールビジネスの完璧な例だとガーバーは言う。マクドナルドの事業のすばらしさは、誰がどこで手がけても再現できるシステムにあった。マクドナルド兄弟が経営するハンバーガーショップを巨大なハンバーガーチェーンに育て上げたレイ・クロックは、この店のハンバーガーそのものも気に入ったが、それ以上にマクドナルド兄弟が作り上げたシステムのスピード、単純さ、そして秩序に魅了された。

一般的なスモールビジネスの経営者は、優秀な人間――事業を一段上のレベルに引き上げてくれるマネジャー――を雇えば事業を成長させられると信じている。しかし実際には、気まぐれな個人を頼るのは危険だとガーバーは主張する。本当に必要なのは、平凡な人間でも非凡な結果を出せる簡単明瞭なシステム――個人の能力ではなくシステムそのものによって顧客を満足させられるような仕事のやり方――である。そのような仕事には人間味がないように思えるかもしれないが、マニュアル化されたホテルやレストランのサービスに満足した経験のある人なら、誰でもそのすばらしさに気づくだろう。平凡な人たちが最高の結果を出せるような事業の仕組みを作れば、もう優秀な人材を探すために苦労する必要はなくなる。

秩序ある世界を作る

事業は細部まできっちりとマニュアル化され、組織化され、標準化されていなければならない。さもなければ従業員が勝手な行動を取るようになるからだ。適切な基準、システム、そして責任が定められていれば、そのような危険は避けられる。結果的に顧客はいつも期待どおりの商品やサービスを受け取ることができる。事業は利益を生み出す機械だ。この機械が標準化され、改良されるほど、その価値は誰の目にも明らかになる。

自分は専門分野の熟練工で、標準化など考えられないという人もいるかもしれない。しかしがーバーは、熟練工が学ぶことをすべて学んでしまったらどうするだろうか、と問いかける。彼らはその知識を人に教えるのだ。人に教えることで、熟練工の知識はさらに増えていく。システムを通じたマニュアル化によって、あなたの知識はさらに高まる。マニュアル化は、より高度な熟練を意味している。

多くの人は人生に目的が見いだせないか、他人とのつながりを感じられずに生きているとガーバーは言う。すぐれた事業は失われている仲間意識や秩序をもたらして、その二つの穴を埋めることができる。すぐれた事業は顧客と従業員の両方に活気を与え、「相対的な基準」を提供する。この相対的な基準こそが、無秩序な世界の中で目的意識を持ちながら落ち着きを保つよりどころになる。

仕事と人生に活かすために

ガーバーはサラに、今経営しているパイの店とまったく同じものを五〇〇〇か所で開くとしたら、どんなふうに経営すればいいか想像してみるように促す。サラのアイデアと経営理念をそんなに大きく広げたら、彼女は力尽きてしまうだろうか？　あるいは自分が大切に作り上げ、繰り返し使われる価値のあるシステムなら、それは当然の結果だと感じるだろうか？

本書が高い評価を得たのは、刊行された時期がちょうどフランチャイズビジネスの発展期に重なったのが理由の一つにある。ガーバーはフランチャイズを「事業のパッケージ化」と呼んだ。フランチャイズ契約とは、一つの事業のシステムを利用する権利を買うことであり、契約を結んだ人は「パッケージを開けさえすれば」（いくらかの資金と適切な労働は必要だが）、あとはシステムが自然に事業を経営し、利益を出してくれる。「事業の本当の商品とは事業そのものなのだ」と理解するところからフランチャイズビジネスは始まっている。フランチャイズ契約をして加盟店を経営するのもいいが、サラが理解し始めたように、自分自身で事業のシステムを開発する方がはるかにいい。

本書がベストセラーとして長く支持されている理由は、本質的にビジネス書でありながら、人生の価値や目標を読者に考えさせる点にある。この本はビジネスがテーマになっていても、何度も繰り返し読みたくなる本だ。それは本書の究極の目的がビジネスではなく、あなたがどんな人間で、何を目指して生きているのかを問い直すことだからだ。ガーバーは事業を成功に導く七つのステップの第一は、事業の究極の目標を設定することだと述べている。そして事業の目標を決めるためには、まず人生の目標を決めなければならないと言う。「功績を残す人たちは、明確な人生の目標をもち、それを実現するために毎日努力を重ねている」とガーバーは書いている。

本書は一九八六年の初版からすでに三〇年以上経過し、書かれている経営手法は特に目新しいものではなくなった。しかしガーバーの説くメッセージの力強さは少しも色あせていない。マーケティング戦略を語る章は、あなたが何を売ろうとしているのかを明確にすることがなぜ重要かを解き明かしている。この章だけでも本書のために支払ったお金の価値は十分にあるだろう。

06

1957

ヒルトンの成功の流儀

コンラッド・ヒルトン

大きな夢を持つことが、
あらゆる偉大な事業と富の基本である。

未邦訳

私が大切だと思う夢は、とりとめもない空想や、意味もない夢想とは一切関係がない。それは希望的観測ではないし、偉大な人々だけに与えられる啓示や、夢のお告げとも違う。私が言いたいのは、情熱やバイタリティ、そして期待に裏打ちされ、誰もが熱望する想像力にあふれた思考のことだ。

今日ではコンラッド・ヒルトンは歴史上の人物になり、ヒルトンと言えばほとんどの人はセレブで有名なひ孫のパリス・ヒルトンを思い浮かべる。親や祖父母の勤勉と先見の明がなければ、今の私たちの恵まれた生活はなかったということを、私たちはいとも簡単に忘れてしまうものだ。

ヒルトンの自伝はもっと多くの人に読まれる価値のある本だ。ヒルトン・ホテルに泊まると、たいていベッド脇の小机の引き出しにこの本がしまわれている。しかし本書は企業家が「いかにして成功したか」を語る何百冊ものビジネス書の中でもとりわけ興味深く、ウォルマート創業者サム・ウォルトンの自伝『私のウォルマート商法』などの本に引けを

Conrad Hilton

コンラッド・ヒルトン

ヒルトンは一八八七年にニューメキシコ準州（現ニューメキシコ州）ソコロ郡のサン・アントニオで、ノルウェー系ドイツ人移民の息子として生まれた。ニューメキシコ軍人養成学校で教育を受けた後、第一次世界大戦にアメリカが参戦すると、従軍してフランスへ送られた。退役後テキサス州シスコに移住し、当初銀行を買収して銀行家になろうと思ったが、買収に手ごろな銀行がなく、たまたま見つけたモブレー・ホテルを一九一九年に買収したのが彼のホテル経営の最初である。その後はホテル経営に才能を発揮し、一九三〇年にはヒルトン・ホテル最初の高級ホテルとなるエル・パソ・ヒルトン（現プラザ・ホテル）を開業した。世界恐慌期には破産寸前にまで追い込まれるが、その後立て直し、

取らない面白さである。そしてこの種の本としては珍しいことに、ヒルトンは実際に自分で原稿を書いている。

『Be My Guest（ヒルトンの成功の流儀）』は、二〇世紀になる直前にアメリカ西部に移民してきた家族の生活を伝える魅力あふれる記録であり、有名ホテル・チェーンが少なく、限られた場所にしかなかった時代に、世界最大のビジネスを築き上げた人物の波乱に満ちた物語である。同時に、自分の考えと大きな夢を信じることの重要性を説く、すぐれた自己啓発書でもある。

一九四六年にヒルトン・ホテルズ・コーポレイションを設立し、株式の上場を果たした。

青年時代のコンラッド

コンラッド・ヒルトンは一八八七年のクリスマスに生まれた。父親のガスはノルウェーから来た移民で、ニューメキシコ州（訳注　当時は準州）の辺鄙な土地で働く労働者に日用品を売る仕事をしていた。ガスはニューメキシコの小さな町サン・アントニオ（テキサス州の同名の町ではない）で店を経営し、金を貯めて、ようやく家族を連れて土埃の舞うアメリカ南西部の辺境地帯から脱出した。一家はカリフォルニア州ロングビーチに引っ越し、コンラッドの母のヒルトン夫人はやっと少しは楽な生活ができると期待した。ところが一九〇七年に恐慌が発生し、ガス・ヒルトンが買っていた大量の株が紙きれ同然になった。家族はやむを得ずニューメキシコに戻り、残された財産をじっくり見なおした。鉄道の主要路線が目の前を走るかなり大きな日干しレンガの家、ヒルトン夫人の料理の腕前、そして子供たちはいい働き手になった。ヒルトン一家は自宅をホテルにすることにした。部屋と食事で一日たった二・五ドル。このビジネスは大当たりだった。

二三歳になったとき、ヒルトンは父親の仕事を手伝ってすでに一一年間働いた経験があった。ヒルトンは共同経営者に取り立てられていたが、独立して何か始めたいと熱望していた。商業やホテル業には特に興味がなかったので、彼はニューメキシコの州都サンタフェで州議会議員に立候補した。しかし本当の夢は銀行を所有することだった。二六歳になったヒルトンは、銀行を設立する資金を十分蓄えていた。しかし第一次世界大戦が勃発し、彼は一九一七年に従軍した。従軍中はほとんどフランスにいたが、アメリカに戻って軍務に就いていたとき、父親のガスが交通事故で亡くなったという知らせが届いた。ニューメキシコに戻ったヒルトンの目に、故郷の町は

「空き地にレンガと木材で造られたおもちゃの町」のように映った。

チャンスを求めて

三〇代の初めを迎えていたヒルトンは、父親の残した財産を整理しながら、自分の将来について考えた。彼には五〇一一ドルの貯金と「大きな野心」があったが、何をすればいいのかわからなかった。父親の友人は、「大きな船に乗りたいなら、水が深いところに行かなきゃだめだ」とアドバイスをくれた。そこでヒルトンはアルバカーキへ行った。当時のアルバカーキは人口わずか一万五〇〇〇人の町だったが、ヒルトンが育った場所に比べれば国際的な雰囲気があった。ヒルトンは銀行を所有する夢を何とか実現しようとしたが、壁は厚かった。

父親のもう一人の友人で、死の床にあった人がヒルトンにテキサスへ行くように勧め、「そこでなら君は一財産作れる」と言った。そこで一九二〇年に三三歳のヒルトンはテキサス州の町シスコへ行き、手ごろな値段の小さな銀行を探し回った。そこでふたたび壁に突き当たったヒルトンは、ある日銀行探しに疲れ果て、泊まれる部屋を求めて大勢の人でごった返した小さなホテル、ザ・モブレーに入った。そのとき、銀行を買うよりこの活気に満ちた古いホテルを買う方がよさそうだとひらめいた。ホテルの持ち主と話をしてみると、売上高も利益も上々だったにもかかわらず、ホテルを手放したがっていた。この町は石油で大儲けする夢に浮かされた人の集まりで、ホテルの所有者も石油で一山当てようと狙っていた。モブレー・ホテルを皮切りに、ヒルトンはそれから「老齢の貴婦人たち」を次々に買収する。施設は老朽化しているが、経営は良好で、これから成長できそうな物件をヒルトンはそう呼んでいた。

ヒルトンはテキサス州の各地にホテル・チェーンを持ちたいと思うようになった。ダラスのダウンタウンにあるウォルドルフ・ホテル（ニューヨークの有名なホテル、ウォルドルフ・アストリアではない）は、ヒルトンが買った三番目のホテルだ。このホテルの支配人の書斎には、思想家エルバート・ハバードの『Little Journeys to the Homes of the Great（偉人たちの故郷を訪ねる旅）』シリーズが全冊揃い、ヒルトンは知りたかったことの多くをその本から学んだと述べている。ヒルトンはすでに大きな野心を抱いていたが、この時期にハバードの本でメイアー・ロスチャイルドやアンドリュー・カーネギー、スティーブン・ジラード、ピーター・クーパーのような資本家や企業家、そして偉大な政治家、芸術家、科学者や哲学者の伝記に触れたことで、自分ももっと大きなことができるはずだという思いが強くなった。

ヒルトンはこれらの古びたホテルを数年間経営したが、それでは飽き足らなくなり、自分自身の「ヒルトン」ホテルを作りたいと思い始めた。そして計画したダラス・ヒルトン・ホテルは、それまで経験したこともない巨大なプロジェクトになった。ヒルトンは一気に一〇〇万ドルの資金を調達し、一九二四年に建築が始まった。二度の資金難をくぐり抜け、ダラス・ヒルトン・ホテルはついに一九二五年八月にオープンした。

苦難の日々

自信を深めたヒルトンは、結婚して立て続けに二人の子ども、ニックとバロンに恵まれた。一九二八年に四一回目の誕生日を迎えたとき、ヒルトンは七軒のホテルを所有していた。一九二九年にヒルトンは高級ホテル、エル・パソ・ヒルトンの建設を宣言した。「その一九日後、株式市場が大暴落した」とヒルトンは苦々しげに回想している。

当時を振り返って、ヒルトンは大恐慌後の苦難の日々をよくぞ切り抜けたと感慨深げに語っている。何度も破産寸前まで追い詰められたが、そのたびに「何かが起きて」（家族の友人や仕事上の知り合いが土壇場で資金を提供してくれた）、破産を免れた。大切にしているカトリックの信仰について、ヒルトンはこの苦しい時期に信仰は「唯一の信頼できる債券」だったと述べている。事業を存続させるために注ぎ込んだ時間、エネルギー、そしてたびたびの出張は、一方で妻や家族と過ごす時間を奪い、ヒルトンの結婚生活は終わりを告げた。

遅咲きの成功

ヒルトンは世界的なホテル・チェーンの創業者として知られているが、本書を読んで驚くのは、テキサス州以外で初めてホテルを買ったとき、もう五〇歳になっていたという事実だ。

サンフランシスコの由緒あるホテル、サー・フランシス・ドレイクを買収した後、ヒルトンはシカゴにある名高いスティーブンス・ホテルを買った。当時このホテルは世界最大で、客室は三〇〇〇室あった。ホテル業界では無名に近かったヒルトンがこの買収を実現するには、交渉に六年を要した。これほど大きな買収のために資金を調達し、契約をまとめるのは非常に困難な道のりだった。ヒルトンは「ラディッシュを収穫したければ、種をまいて数週間待てばいい。しかしドングリが芽を出し、枝葉を伸ばした大きなカシの木になるまでには数年かかる。私はすべての庭師が身につけている性質、すなわち忍耐を学び始めた」と述べている。

しかし、当時はスローペースに見えたやり方にも利点があった。正式にフランチャイズ制を始める前にこれらのホテルを買収し、経営したおかげで、ヒルトンはホテル業を熟知し、ヒルトン・ホテルのブランド名を傷つけるのを避けることができた。ヒルトン・ホテルは一九四六年にヒルトン・ホテル・コーポレーションとして上場した。

ヒルトンはホテルを海外に展開し始めてから、ホテル・チェーンはアメリカの自由と民主主義の理想を世界に伝える手段だと思うようになった。人々がビジネスのために集まる場所を提供することで、「国際的な取引や旅行を通じて世界平和」を実現できるとヒルトンは考えた。冷戦期には、ヒルトン・ホテルを通じて「自由社会の成果」を世界に示そうと意気込んだ。ヒルトン・ホテルは発展途上国のビジネスと投資の中心になった。

夢を持て

経営学者ダビッド・シュワルツは、『大きく考えることの魔術』（実務教育出版、桑名一央訳）の中で、「多くの人が人生に失敗する理由は、目標が高過ぎて達成できないのではなく、低過ぎる目標を達成し、そこで満足してしまうからだ」と説いた。ヒルトンの人生はその言葉の正しさを証明している。大恐慌のさなか、莫大な借金を抱え、訴訟に敗れ、着るものを質屋に入れるほどお金に困りながら、ヒルトンはニューヨークに完成したばかりのホテル、ウォルドルフ・アストリアをいつか手に入れたいと願い、その写真の切り抜きを取っておいた。数年後に経営を立て直し、オフィスに新しい机を買う余裕ができたとき、ヒルトンは机を覆うガラスの下にその写真を挟んだ。当時、ウォルドルフ・アストリアを買収するのは途方もない夢物語でしかなかったが、その写真はヒルトンに、人間は常に何か目標を持つべきだということを思い出させた。

母親が教える人生の成功の秘訣は、「祈りなさい」という言葉に尽きるとヒルトンは回想している。父親の人生哲学は、「働け」の一言だった。ヒルトンと兄弟たちは、「祈り、かつ働け」という金言を何百回も聞かされて育った。しかしヒルトンの息子の一人は、「成功には他にも何か必要なものがあるはずだ。でもそれが何かわからない」と言った。七〇歳で本書を執筆したヒルトンは、今では自分のものになったニューヨークの歴史あるウォルドルフ・アストリアの大宴会場に座って、実際に両親の教えにつけ加えることが何かあるだろうかと考えた。そのとき初めて思い当たったのが、「夢を持たなければだめだ！」という考えだった。ヒルトンは「誰も私を夢想家とは呼ばないだろう」と認めながら、偉大なことを成し遂げるには、まず夢を持つことから始めなければならないと確信していた。

「大きなことを成し遂げるには、まず大きな夢を持たなければならないと私は信じている。もちろんその夢は、人間の、あるいは神聖なものの進歩に背いてはならない。そうでなければ祈りが意味を失うからだ。また、その夢は労働と信仰に支えられなければならない。おそらく幸運の要素も少しは関係あるだろう。しかし今なら断言できるが、大きな夢というマスタープランがなければ、何も手に入れることはできない。」

仕事と人生に活かすために

一九七九年に九一歳で亡くなったヒルトンの人生は、何がしたいのかまだわからないが、大きなチャンスを手に入れたいと願っているすべての人に勇気を与えてくれる。モブレー・ホテルとの出会いがヒルトンにとって大きな意味を持っていたように、次に出会う人、購入するもの、あるいは旅行が、あなたにとって人生のターニングポイントになるかもしれない。だから常に目と耳をよく働かせておくことが大事だと本書は伝えている。人生の目的がまだ見つかっていなくても構わない。それが目の前に現れたとき、つかむ準備ができているかどうかが大切だ。また、自分はもうチャンスを逃してしまったと思っても、あきらめるにはまだ早い。ヒルトンが父親の影から脱し、自分で方針を決めて、本当の意味で自分の人生を歩き始めたときはもう三〇代になっていた。そしてテキサス州の外に事業を拡大したのは五〇歳になってからだった。ヒルトンはその後もさらに数十年間の人生と仕事をまっとうしたのである。

現在ヒルトン・ホテルは八〇カ国で五〇〇〇軒のホテルを経営する上場企業である。ヒルトン・ホテルが展開するいくつかの等級のホテルの中でも、ヒルトンの名前であるコンラッドを冠したコンラッド・ホテルは最上級に位置している。

07

2014

HARD THINGS

ベン・ホロウィッツ

組織を率いる方法、
そして必ず起きる危機を切りぬける方法は、
実践する以外に学ぶことはできない。

邦訳

［ HARD THINGS ］

日経BP 滑川海彦・高橋信夫 訳

苦闘とは、そもそもなぜ会社を始めたのだろうと思うこと。苦闘とは、あなたはなぜ辞めないのかと聞かれ、その答えを自分もわからないこと。苦闘とは、社員があなたはウソをついていると思い、あなたも彼らがたぶん正しいと思うこと。

❀

ホロウィッツが読んだビジネス書や自己啓発書には、どんな場面にも応用できるシンプルな対処法が書かれていた。しかし流動的で複雑な状況のすべてに対応できるシンプルな対処法などない。企業をうまく経営すること、夫婦の円満な関係を維持すること、そして社長になることなど、人生で直面する本当に困難な状況に万能の対処法はないのである。「大きく大胆な目標を設定すること」は簡単だが、難しいのはその目標を実現することだ。優秀な人々を採用するのは簡単だが、難しいのは彼らが既得権を主張し、過大な要求をし始めたときにどう対処するかだ。大きな夢を抱くのは難しくない。「その夢が悪夢に変わり、冷や汗を流しながら深夜に目覚めるときが本当につらいのだ」。元CEOで、現在はベンチャーキャピタリストとして最先端テクノロジーのスタートアップ企業

Ben Horowitz

ベン・ホロウィッツ

ホロウィッツは一九六六年にロンドンで生まれ、左翼思想の強いカリフォルニア州バークレーで育った。ホロウィッツは高校では数学でトップクラスの成績を取る一方で、フットボール・クラブに入ってチームメイトの影響でヒップホップを聴くようになり、アフリカ系アメリカ人の文化になじんだ。高校を卒業後、コロンビア大学でコンピュータサイエンスの学士号を取得し、カリフォルニア大学ロサンゼルス校(UCLA)で修士号を取得した。二〇〇九年にアンドリーセン・ホロウィッツを創業し、これまでに三〇〇社を超える企業に投資してきた。投資先にはスカイプ、フェイスブック、ピンタレスト、フォースクエア、ツイッターなどがある。

に助言を与えているホロウィッツは、新しい企業が必ず直面する危機を乗り切るために、彼自身の経験から得た教訓なら語ることができると考えた。

ホロウィッツが自分の考えや助言を公開したブログが評判となり、その背景を知りたいという読者の声が届くようになった。その要望に応えて書かれたのが、本書『HARD THINGS』である。ホロウィッツはこれまでの人生を通じて、家族や友人に加えてヒップホップ・ミュージックに助けられたと語っている。ヒップホップのアーティストは、成功するために「競争すること、金を儲けること、誤解されること」を繰り返し経験している。彼らの経験は、成功を目指す起業家が新しいアイデアを思いつき、賛同してくれる人を探し、ゼロから社会に名を成そうとする過程で直面する困難とほとんど変わらないとホロウィッツは言う。

シリコンバレーの荒波にもまれる

ホロウィッツが一九九〇年代の初めにソフトウェア企業のロータス・ディベロップメントで働いていたとき、新しく開発された「モザイク」というソフトウェアを見る機会があった。モザイクはインターネットにアクセスするほとんど初めてのブラウザだった。ホロウィッツは驚き、その瞬間にインターネットこそ未来だと確信した。モザイクの開発者で弱冠二二歳のマーク・アンドリーセンと、シリコン・グラフィックスの創業者ジム・クラークがネットスケープというスタートアップ企業を創業したニュースを聞いて、ホロウィッツは是が非でもそこに就職しようと決心した。

一九九五年にネットスケープは株式上場を大成功させ、それを機にビジネス界が「新興経済」と「旧経済」に二分されるほどの影響をもたらした。しかしネットスケープはブラウザ市場をめぐるマイクロソフトとの競争に敗れ、ＡＯＬに買収される。ホロウィッツとアンドリーセンはネットスケープを離れ、一九九九年にラウドクラウドという新しい企業を立ち上げた。この会社は数え切れないほどのスタートアップ企業やナイキのような大企業と契約し、安価なサーバーを提供するのが主な業務だった。

ホロウィッツが新米ＣＥＯを務めるラウドクラウドは、潤沢な資金を調達し、急速に成長した。ところが設立から間もない二〇〇〇年にインターネット・バブルの崩壊が起きた。ラウドクラウドの資金は急激に底をつき始め、「私はこれから死んでいくように感じていた」とホロウィッツは回想している。ラウドクラウドはわずかな資金を調達できたが、サービスの売上は急落した。ホロウィッツは投資家の金（母のお金も含めて）をすべて失う瀬戸際に立たされた。彼自身が注意深く選んで雇った数百名の従業員を全員解雇することになるかもしれなかった。ホロウィッツは一見狂気の沙汰とも思える案を思いついた。会社を上場するのだ。同業の似たような企業の価値は軒並み半分に下がっていた。そんなときに上場を計画するとは！　考えられる限り最悪のタイミングだったが、資金を調達するにはそれしか方法がないように見えた。

結局、上場は成功し、ラウドクラウドは危ういところで破産を免れた。しかし、この頃はホロウィッツのキャリアの中で最もつらい時期だった。資金調達はできたものの、ホロウィッツは多数の従業員を解雇する必要に迫られ、収支決算を下方修正して投資家を失望させた。株価は六ドルから二ドルに下がった。そして最大の顧客だったエイトリアクス社が、ラウドクラウドに未払金二五〇〇万ドルを支払わないまま倒産した。クラウドビジネスの終わりは目に見えていた（エイトリアクスを失ったのはさておき、売上も固定費や負債を支払えるほど増加していなかった）。そこでホロウィッツはソフトウェアビジネスへの移行を思いつき、ラウドクラウドが所有する独自のソフトウェアを販売可能な製品にするために内密にチームを招集した。データストレージからソフトウェアビジネスへの転換は、投資家と従業員の大半を困惑させたが、ホロウィッツはそれが唯一の道だと考えた。ラウドクラウドはほぼすべての事業をＩＴサービス業のＥＤＳに売却した。そしてホロウィッツは新会社を立ち上げ、手元に残ったオプスウェアというソフトウェアをＥＤＳが年間二〇〇〇万ドルのライセンス料を払って使用する契約を結んだ。しかし新会社オプスウェアに残った従業員は途方に暮れていたし、株価は三五セントまで下がっていた。

それから数年間で状況は改善し、オプスウェアはソフトウェアビジネス業界のリーダーとみなされるようになった。ほとんどゼロから育てた会社を、ホロウィッツは二〇〇七年にヒューレット・パッカードに一六億ドルで売却した。八年間にわたって血と汗と涙を注ぎ、全身全霊を賭けた会社を売ってしまったことで、ホロウィッツは意気消沈した。この売却が最も賢明な決断だったと気づいたのは後になってからだ。自分と家族の生活を守る資金が手に入っただけでなく、会社の創業者でCEOになるために必要なあらゆる教訓が得られた。ホロウィッツがマーク・アンドリーセンと共同でテクノロジー・ベンチャーキャピタルの草分けとなるアンドリーセン・ホロウィッツを創業したとき、その教訓がおおいに役立った。実際に大きな会社を経営した経験のあるベンチャーキャピタリストはそう多くないが、ホロウィッツはテクノロジー企業の創業と拡大に伴う危険に満ちた心理の動きを隅から隅まで知り尽くしていた。

苦闘

ホロウィッツはかなりのページを割いて、彼が「苦闘」と呼んだ経験について語っている。明るいビジョンが現実と出会ったとき、あらゆる企業の創業者は苦闘の中にいることに気づく。従業員はあなたへの信頼を失い、会社を辞め始める。あなたは自分が語る景気のいい話を自分でも信じられなくなる。市場が変化し、メディアはあなたの会社をこきおろし、アナリストはこの会社はもはや死んだも同然だと考える。なぜうまくいくなんて思ったんだろう？　なんて馬鹿だったんだ。

あらゆる起業家は苦闘を経験するとホロウィッツは言う。違いがあるとすれば、苦闘にどう対処するかだ。ホロウィッツは自分の経験から、苦闘を乗り越えるために役立ついくつかの助言をしている。

◆一人で背負いこんではいけない。創業者やCEOとして、あなたはすべてが自分にかかっているように感じるし、責任を最も重く受け止めるのは確かだ。しかし重荷を一人で抱え込まないことが大事だ。仲間と苦闘を分かち合おう。

◆どんなに絶望的な状況でも、必ず何かできることがある。ホロウィッツは上場には最悪の時期に、収入のあてもビジネスモデルもない状態で会社を上場した。「打つ手は必ずある」

◆「長く戦っていれば、運をつかめるかもしれない」。テクノロジー・ビジネスは絶えず変化している。ゲームから降りなければ、突然風向きが変わるかもしれない。

◆偉大になるために必要な試練がある。今あなたが経験している苦闘がまさにそれだ。「偉大になりたいならこれこそが挑戦だ。偉大になりたくないのなら、あなたは会社を立ち上げるべきではなかった」

会社で最高位にある人間として、ホロウィッツは常にポジティブな態度でチームを元気づけなければいけないというプレッシャーを感じていた。しかし問題を隠し、悪いニュースを共有しない会社は危険だということにホロウィッツは気づいた。状況がどれほど悪いかが全員の目に明らかになる頃には、たいていもう手遅れになっている。自分が失敗者だとみなされる恐怖と向き合って、本当の状況を明らかにする方が、どんな場合でもはるかにいい結果を生む。それができると、面白いことが起きる。従業員はあなたの率直さを評価し、あなたの味方になって、会社を立てなおすためにわき目も振らずに働いてくれる。

どれほどすぐれた会社だろうと、あらゆる会社には存続の危機に直面する時期がある。その時期には言い訳したり、競争相手を出し抜く新しい戦略を考えたり、上位市場や下位市場に移って完全に新しい市場で試してみたいという誘惑にかられる。しかし、困難な時期にあなたの会社を救えるような、何にでも効く魔法の銀の弾丸は存在せず、鉛の弾丸を使うしかないとホロウィッツは言う。鉛の弾丸とは、競争相手と直接、なりふり構わず、徹底して戦うことだ。よりよい製品を作るためにさらに努力するか、激しい販売攻勢をかけるか、あるいはその両方の手段で戦うのだ。あなたやあなたの従業員が何かにつけて言い訳をし始めたら、あらゆる会社には生死を賭けて戦うときが必ずあるのを思い出そう。「戦うべきときに逃げていることに気づいたら、自分にこう問いかけるべきだ。『われわれの会社が勝つ実力がないのなら、そもそもこの会社が存在する必要などあるのだろうか？』」とホロウィッツは言う。

CEOの心理学 ―― あなたはそれを受け止められるか

ＣＥＯが学ばなければならない最も困難なスキルは、「自分の心理のコントロール」、つまり神経衰弱にならないようにすることだとホロウィッツは言う。会社員なら失敗を最小限に抑えながら仕事をこなすことはできるが、変化の激しい市場環境で、突然一〇〇〇人、あるいは一万人の従業員を統率しなければならなくなったら、ひどい誤りを頻繁に犯すのは避けられない。学生時代にオールAを取っていた人間にとって、これはとても耐えがたい経験だ。どんな会社でも、少なくとも二回から五回は、「オレたちはやられた。この会社はおしまいだ」と思う瞬間がある。そしてそれを最も強く感じるのはCEOだ。

ホロウィッツは心理をコントロールする方法として、次のようないくつかの心構えを紹介している。「問題点を書き出す」。重大な手を打つときや大きな決断をするとき、問題点を細かく書き出すことにより、自分の心理状態から抜け出し、その決断の合理的な利点を確認できる。「側壁ではなくコースに意識を集中する」。ホロウィッツが他のCEOにどうやって困難を克服したかを尋ねると、本当にすぐれたCEOは自分の戦略の巧みさやビジネスの手腕を理由に挙げるのではなく、「私は投げ出さなかった」と答えた。意気消沈し、ストレスに押しつぶされそうになり、不安になって、もう辞めた方がいいと思うときがきっとあるだろう。しかしほとんどの場合、投げ出すのは正しい選択ではない。たとえ状況がどんどん悪くなるように見えるときでも、踏みとどまって何か手を打つ勇気があるかどうかが、凡庸なCEOと偉大なCEOの分かれ道になる。

偉大なCEOは生まれつきの資質で、作られるものではないという誤解が今でもあるが、ホロウィッツはCEOとして何とかやっていけるようになるまで、いたるところで無数の間違いを犯したと率直に語っている。CEOの仕事が板についてからも、一つの決断をめぐって悩むことがしばしばあった。組織を率いるのは決して自然にできることではないし、好かれたいという人間の自然な欲求に反する行為を絶えずしなければならない。「良きCEOであろうとするなら、つまり長期的に人々の支持を得ようとするなら、時には短期的に人々を怒らせるような行動を取らねばならない。つまり不自然な行動を必要とする」とホロウィッツは書いている。

重要な意思決定をしなければならないとき、必要なのは知性よりむしろ勇気だったとホロウィッツは言う。彼がスタートアップ企業の創業者に求めるのも勇気（そしてすぐれた知性）だ。困難だが正しい決断をするたびに、人はいっそう勇気を得る。逆に、安易だが間違った決断をするたびに、人はさらに臆病になっていく。それが臆病な企業と勇気ある企業の分かれ目になる。「過去一〇年間にテクノロジーの進歩のおかげで、新企業を立ち上げるための資金的ハードルは大幅に下がった。しかし、優れた企業を築くために必要な勇気というハードルは、以前と変わらず高いままだということを覚えておくべきだろう」とホロウィッツは指摘する。

よい会社を創造する

従業員が会社を辞める理由は次の二つだとホロウィッツは述べている。（1）社員は「マネジャーが嫌い」で、「自分が受けた指導、キャリア開発、そしてフィードバックのなさに愛想をつかしている」。（2）「何も教えられていない。社員が新たなスキルを身につけるため、会社は投資していなかった」

すぐれた教育プログラムはどちらの問題にも取り組み、会社の製品に関する具体的な知識を教えるだけでなく、チームの育成、交渉、勤務評定、面接、会計など、基本的なマネジメント教育も実施する。

社員教育には時間と労力がかかりすぎるという会社の考えは短絡的で、「忙しすぎて教育ができないというのは、腹が減りすぎて食べられないというのと同じだ」とホロウィッツは言う。市場の要求に驚くほど適合した製品を持つ会社を作ることは可能だが、物事は必ずおかしくなる。そして物事がうまくいかなくなったとき、組織や企業文化がぐらついている会社はあっという間に崩壊する。反対に、しっかりした組織や企業文化を持つ会社は、物事がおかしくなったときに回復力の強さを発揮する。「良い会社でいることは、それ自体が目的である」とホロウィッツは言う。「ほかのことはともかく（中略）良い会社をつくってほしい」。よい会社とは、製品や利益より常に人を大切にする会社である。

どんなにすぐれた会社でも、困難に直面し、従業員をレイオフしなければならないときがある。そのときは正直に語らなければならない。「会社が失敗したので、前へ進むために、優秀な人たちを手放さなくてはならない」と伝えるべきだ。そうすれば従業員はレイオフが個人的な理由によるものではなく、会社が計画を達成できなかったせいだと理解できる。部下をレイオフするのは採用した本人でなければならない。レイオフを告げる仕事を人事部門や「サディスティックな同僚」に任せてはいけない。部下をどのようにレイオフするかによって、業界でのあなたの評価が決まる。レイオフされた従業員に対する給付金や支援にできるだけ力を入れよう。会社を去る人たちをどのように扱うかは、会社に残る人たちに大きな影響を与える。誤りを認め、期待に沿えなかった人たちにできる限りのことをする会社でなければ、誰も残りたいとは思わないだろう。

会社を拡大させる方法

成功した会社の創業者は、いつかは会社を拡大しなければならない。同じ志を持つ仲間による厳密な役割分担のない親密なグループから、数百人、ときには数千人の、顔も知らない従業員のいる組織に転換させる必要があるのだ。スタートアップ企業のCEOを想像してほしいとホロウィッツは言う。このCEOは「会社のあらゆる物事についての知識を持っている。彼または彼女は、すべての意思決定を行う。自分以外に誰もいないのだから、社内コミュニケーションの必要もない。ところが、会社が成長するにしたがってこれらの要素は加速度的に困難さを増していく。しかし会社がなにごとか成し遂げるには、とにかく成長を続けなければならない」

CEOは会社のコントロールを失っていくように感じるかもしれないが、「ある程度の後退を許しながら」、組織を成長させなければならない。組織が複雑になりすぎて会社の成長を妨げるようではいけないが、会社が急激に成長して大混乱に陥るのも防がなければならない。組織化のプロセスを適切に進めるには十分な時間が必要で、拙速な対応は命取りになる。

正しい野心を持つ

ホロウィッツはベンチャーキャピタリストとしてスタートアップ企業の創業者と面談するとき、相手がリーダーに必要な三つの資質を持っているかどうかを見定める。社員がついていきたくなるような説得力あるビジョンを生き生きと描写できる能力（スティーブ・ジョブズを考えてみるといい）と、そのビジョンを実現する能力、そして正しい野心の三つだ。正しい野心とは、自分のためでなく、会社のための野心を意味している。テクノロジー企業はたいてい頭のよさで採用を決めるが、社員がみな自分の利益のためだけに行動すれば、会社は何も達成できない。対照的に、常に会社のためを思い、会社が進むべき方向を考えている社員には大きな価値がある。

やっていないことは何だろう？

通常のミーティングでは、あなたとあなたのチームや会社が今やっていることについて話し合い、問題点を解決しようとする。しかし、「われわれが、今やっていないことは何か？」を問い続けることも必要だ。そうすることで、たとえば誰もが見過ごしている重要な製品やサービス、取引などに気づく場合がある。今やっていることに集中すれば、会社はよくなるかもしれない。しかし、今やっていないことは、会社を生まれ変わらせる可能性がある。

仕事と人生に活かすために

どんな経営書を読んでも実際に経験しなければ会社を経営するスキルは身につかないし、「平時のCEOと戦時のCEO」の違いもわからないとホロウィッツは言う。物事がうまくいっているときのリーダーと、会社の危機を乗り越えなければならないときのリーダーでは、求められるものがまったく違う。フレンドリーで親しみやすく、社員思いの態度は、組織に根深い問題があるときや、主要なクライアントを失ったとき、あるいは新しいテクノロジーやライバル会社にビジネスを奪われそうなときには通用しない。そのような危機的状況では、平時には穏やかに接してきた社員や投資家にショックを与えるような、大胆で思いきった手を打つ必要がある。しかし、最終的にはすべてのリーダーの価値は、最悪の事態にどう対処したかによって決まる。絶望的な選択肢しか残されていないときこそ、最高のリーダーは創造性を発揮し、現実に歯向かうような解決策があるはずだと主張する。

『HARD THINGS』は他に類を見ないビジネス書だ。CEOが持つべき心構えを説くとともに、組織経営の方法に関する具体的な助言や経験談を満載している。本書を読めば、組織が成功する秘訣や失敗する原因について多くの教訓が得られる。その教訓を言葉を尽くして伝えるホロウィッツの熱意に感心する他はない。リーダーシップを取るべき立場になったら、本書を読むといい。これからジェットコースターに乗るような経験をするとしても、自分はひとりではないと感じられるだろう。

08

2011

スティーブ・ジョブズ

ウォルター・アイザックソン

すぐれた製品には技術と同じくらい
芸術性が求められる。

邦訳

［スティーブ・ジョブズ］

講談社　井口耕二 訳

スティーブ・ジョブズの性格はその製品に反映されている。一九八四年の初代マッキントッシュからiPadにいたるまで、ハードウェアとソフトウェアをエンドツーエンドで統合するのがアップル哲学の中核であるように、ジョブズも、その個性、完璧主義、悪鬼性、願望、芸術性、中傷、強迫的コントロールといった要素がすべて、ビジネスに対するアプローチにも、そこから生まれる革新的な製品にもしっかりと織り込まれている。

❀

ウォルター・アイザックソンは一九八〇年代からスティーブ・ジョブズと面識があったが、深く知り合う機会のなかったジョブズから伝記を書いてほしいと突然依頼されたとき、アイザックソンは断った。タイム誌の特集記事を担当するライターだったアイザックソンは、故人となった著名人――ベンジャミン・フランクリンとアルベルト・アインシュタイン――の伝記を書いた経験しかなかった。ジョブズの人生とキャリアは明らかにまだ完結していないと思ったのだ。

アイザックソンの気が変わったのは二つの出来事がきっかけだ。ジョ

Walter Isaacson

ウォルター・アイザックソン

アイザックソンは一九五二年にルイジアナ州ニューオーリンズで生まれた。ハーバード大学で歴史と文学の学士号を取得後、ローズ奨学金を得てオックスフォード大学で哲学、政治学、経済学の修士号を取得した。ロンドンで『サンデー・タイムズ』紙の記者となり、一九七八年に『タイム』誌に採用され、一九九六年に編集長となる。二〇〇一年から二〇〇三年までCNNのCEOを務めた後、政策アイデアの創出とリーダー育成のためにいくつかの基金によって創設されたアスペン研究所理事長に就任した。二〇一七年に、ニューオーリンズのテュレーヌ大学教授になるために研究所を辞職すると発表した。

他の著書に、『The Innovators: How a Group of Hackers, Geniuses, and Geeks Created the Digital

ブズの妻のローリーンから、ジョブズが膵臓がんで長くは持たないと告げられたこと、そしてアイザックソンが伝記を書いたベンジャミン・フランクリンやアルベルト・アインシュタインと同様に、ジョブズもまた、技術と人文科学の交差点で生きてきた人物だと気づいたことである。

　ジョブズの「完璧を求める情熱」は「六つもの業界に革命を起こした（中略）六つの業界とはパーソナルコンピュータ、アニメーション映画、音楽、電話、タブレットコンピュータ、デジタルパブリッシングだ」とアイザックソンは言う。この六つに小売店を加えて七つとする場合もある。さらにジョブズは「二度目のトライ」で自分の思想を注ぎ込んだ会社、自分自身よりも長生きする会社を作った。

　原著で六〇〇頁を超える大作を書くにあたって、アイザックソンはジョブズと四〇回を超えるインタビューを重ね、何十人もの友人、親族、仲間、競争相手から話を聞いた。ジョブズはアイザックソンの書く内容に一切口を挟まず、不満も口にしなかった。ジョブズが一つだけ譲らなかったのは表紙だった。最初に提案された表紙のデザインを拒否し、写真家のアルバート・ワトソンが撮影した簡素な白黒写真に、タイトルと著者名を控えめに配置するだけの表紙にしてほしいと主張した。アップル製品と同じく、シンプルそのものだった。

Revolution（改革者たち―ハッカー、天才、ギークはどのようにしてデジタル革命を起こしたか）』（二〇一四年）、『アインシュタイン―その生涯と宇宙』（二〇〇七年）、『Benjamin Franklin: An American Life（ベンジャミン・フランクリン伝）』（二〇〇三年）、『キッシンジャー―世界をデザインした男』（一九九二年）、『レオナルド・ダ・ヴィンチ』（二〇一七年）がある。

子供時代

長年一緒に仕事をしてきたデル・ヨーカムは、ジョブズは生後まもなく生みの親（ジョブズは一九五五年にウィスコンシン大学大学院生だったジョアン・シーブルとアブドゥルファター・ジャンダーリとの間に生まれた）によって捨てられたせいで、極度に環境をコントロールしたがり、製品を自分の延長だと感じるようになったと分析している。ジョブズの心に深く刻まれた出生に関する不安と、養親（ポール・ジョブズとその妻クララ）の深い愛情、そして子供時代の我の強さや頭のよさから、ジョブズは世界を空白の石板だと感じるようになった。その石板の上に自分が世界を新たに作れる、あるいは世界を作り直せると考えたのだ。ジョブズは「捨てられて、選ばれる」という感情を同時に経験したとアイザックソンは言う。さらに自分は特別だという感覚が加わって、ジョブズはしばしば悪鬼にとりつかれたようにつき合いにくい人間になった。

ジョブズは現在シリコンバレーの中心地となっているパロアルトの少し南の、マウンテンビューと呼ばれる新興住宅地で育った。ジョブズの家があるあたりの住宅は、ジョセフ・アイクラーというディベロッパーによって建築された。アイクラーの建てる家はシンプルで安価で、しかもこぎれいなデザインが特長だった。ある日、実家周辺の古い家を眺めながら、ジョブズはアイザックソンに、アイクラーの住宅のようにエレガントで、しかも高価ではない大衆向けの製品を作りたいという思いがアップル製品の発想の源だと語った。

高校に入ると、ジョブズはマリファナやＬＳＤに手を出し、『リア王』やメルビルの『白鯨』、詩人のディラン・トマスやプラトンの本を読むようになった。こうして人文科学に深い関心を持っていた影響で、ジョブズはその後つきあうようになる仲間たちとは一味違う人間になった。高校で知り合った人物に、ギーク中のギーク、スティーブ・ウォズニアックがいた。ウォズニアックはまだ子供の頃から近所の友人の家をつなぐインターホンシステムを構築し、計算機を作っていた。

会社を起こす

高校卒業前後の一九七〇年代の初め、ジョブズはボブ・ディランに夢中になり、果食主義（訳注　菜食主義の一種で、果実や種のみを摂取する）を実践し、リンゴ農園（アップルの社名の由来はこれだ）を運営するコミューンに出入りし、東洋思想に深くはまっていた。ジョブズは大学に行く気はあまりなかったが、両親はジョブズを大学に進学させると生みの親に約束していた。そこで彼はオレゴン州ポートランドにある学費の高い小規模な私立大学でリベラルアーツのリード・カレッジに行くことにした。リードでは、ジョブズはラム・ダス（訳注　アメリカの精神世界の指導者）の書いた『ビー・ヒア・ナウ』や、鈴木俊隆《しゅんりゅう》（訳注　サンフランシスコ禅センター創立者）の『禅へのいざない』（現在は『禅マインド　ビギナーズマインド』と改題して新訳が刊行されている。『世界のスピリチュアル50の名著』参照）に強い影響を受け、大学キャンパスを素足で歩き回っていた。ジョブズは両親に学費を支払わせるのが心苦しくなり、中退してインドへ旅立った。のちにジョブズは、カリフォルニアのカウンターカルチャー（訳注　主流の文化に対抗する反権威的な文化）の最後の時代に大人になり、「禅によって、また、ＬＳＤによって意識が高められた」世代であるのは幸運だったと振り返っている。ドラッグは意識を広げる効果があり、「金儲けではなくすごいものを作ること、自分にできるかぎり、いろいろなものを歴史という流れに戻すこと、人の意識という流れに戻すこと」が重要だと確認できたとジョブズは語った。

ヒッピーの多くはコンピュータを独裁的な中央集権政府が利用する道具とみなしていたが、ジョブズはむしろ個人を解放する道具だと信じていた。アタリという新興のコンピュータゲーム会社で短期間働いた後、ジョブズと友人のウォズニアックは、ウォズニアックの卓越した回路設計技術を生かして「パーソナル」コンピュータを作るというアイデアを思いついた。驚くことに、キーボードをタイプすると文字をスクリーンに表示する最初の機械を一九七五年に作ったのはウォズニアックなのだ。ウォズニアックは回路図とその知識を、当時ジョブズとともに参加していたコンピュータ愛好家クラブに無償で提供しようと考えていた。しかしジョブズはウォズニアックを説得し、製品を作って売ることにした。コンピュータショップからの注文が入り、家族や友人を総動員して、「アップルⅠ」はジョブズの実家のガレージで製作された。製品は完売し、彼らのビジネスが始まった。

ガレージの作業場をアップルコンピュータという企業に変えたのはアップルⅡのおかげだ。アップルⅡはプロフェッショナルな外観のプラスチックケースに収まったコンピュータで、ベンチャーキャピタリストのマイク・マークラから資金を得て開発された。マーケティング・コンサルタントのレジス・マッケンナの手腕で、アップルⅡはその後の六年間でおよそ六〇〇万台を売り上げ、パーソナルコンピュータ産業を誕生させた。マークラは製品の絞り込み、イメージ、パッケージの大切さを強調し、会社はあらゆる面で大衆に会社の価値を「印象」づけなければならないとジョブズに教えた。マークラの教えはアップルの発展にきわめて大きな意味を持っていたとアイザックソンは言う。ジョブズはアップル製品が醸し出す雰囲気、そして美しく手触りのいいパッケージさえ、ユーザーが製品を好きになる決め手になるように考えられていると言い、それはマークラのおかげだと認めている。

主流に躍り出る

アップルはスクリーンのルック・アンド・フィール（訳注　デザインと操作感）をゼロックスから盗んだという有名な説がある。確かにジョブズは仲間を連れて一九七九年にゼロックス社の研究所を見学し、そこで見たスクリーンに心を奪われたが、実はゼロックスは自社が開発した「グラフィカルユーザーインターフェース」の商業化を考えていなかった。ゼロックスのグラフィカルユーザーインターフェースがいかに画期的かを見抜けたのはジョブズだけだったし、その技術を発展させ、ボールを利用した使いやすく値段の安いマウスを開発したのも、前後のウィンドウをずらして重ねられる今では当たり前の技術をアップルのチームに実現させたのもジョブズの功績だった。ゼロックスは一九八一年に「スター」というコンピュータを発売したが、これは動作がきわめて遅く、一万六五九五ドルというとんでもない値段がついていた。アップルならもっと性能のいいものをはるかに安い値段で作れるとジョブズは確信していた。一九八四年、マッキントッシュ（マッキントッシュはリンゴの品種 McIntosh にちなんだ名前だが、スペルを変えて Macintosh になった）は発表の日を迎えた。その前年のスーパーボウルの放送で大反響を呼んだマッキントッシュのＣＭ

が、発売記念イベントでも上映された。ジョブズはプレゼンテーションで、ＩＢＭは情報化時代を独占する邪悪な存在と位置づけ、マッキントッシュはそれに対抗して自由を保障できる唯一の力だと強調した。

マックの成功の理由は、一般人が誰でも簡単にコンピュータを扱えるようにしたことだ。ジョブズがマシンに親しみを持たせるよう主張したため、マックの外観は人の顔を思わせるものになった。ジョブズは、最良の製品とは「すべてがウィジェット」（訳注　ウィジェットはパソコン等で動作する単機能で小規模なプログラム）となっているもの、つまりソフトウェアとハードウェアが一つの製品の中で分かちがたく結びついているものでなければならないと考え、プログラマーやハッカーが製品を好き勝手にいじったり改造したりするのを嫌った。ジョブズはマッキントッシュの製作チームに自分たちはアーティストだという意識を持たせ、四五人のメンバー一人一人に署名を書かせ、その署名が出荷されるすべてのマッキントッシュのケースの内側に刻まれるようにした。ジョブズのフォントへのこだわりは設計チームをいらだたせた。しかしジョブズにとって、フォントの美しさはハードウェアと同じくらい重要だった。彼はチームを引き連れてマンハッタンのメトロポリタン美術館にティファニーの展覧会を見に行ったこともある。大量生産品でも美しいものは作れるし、どうせ作るなら美しいものにしようと伝えたかったのだ。チームの一員だったアンディ・ハーツフェルドは、「目標は競争に打ち勝つことでもなければお金を儲けることでもありません。可能なかぎりすごい製品を作ること、いや、限界を超えてすごい製品を作ることでした」と語っている。ジョブズの偉業は、「ユーザーを集めて話を聞くフォーカスグループ（訳注市場調査の手法の一つ）でそれなりに進化した製品を作るのではなく、消費者自身が『欲しい』と気づいてもいなかった、まったく新しい機器やサービスを開発できた」ことだとアイザックソンは言う。

株式公開した一九八〇年に、アップルの市場価値は一七億九〇〇〇万ドルとなった。アップルで働く三〇〇人ほどの社員が大金持ちになった。そしてジョブズ自身は若干二五歳で二億五六〇〇万ドルの資産を手にした。アップルの仲間たちが豪邸やヨットを買うのを横目で見ながら、ジョブズはデザインのすぐれたものや美しいもの、たとえばポルシェの車やブラウンの家電、アンセル・アダムスの写真などを好んだという。出張に取り巻きを連れて行くこともなく、自宅に専属スタッフを置くこともなければ、ボディガードも雇わなかった。カウンターカルチャーの中で育った人間らしく、ジョブズは生活全般をシンプルにしておきたがった。

基本に立ち返る

株式公開の興奮が収まると、その後の一〇年間でアップルは徐々にパソコン市場のシェアを、マイクロソフトのソフトウェアを搭載したＩＢＭ ＰＣとそのクローン（訳注　他社が生産する互換機）に奪われていく。ジョブズと「父親的な位置付けの」ＣＥＯジョン・スカリーとの関係はぎくしゃくし始め、アップルが進むべき方向に関する意見の食い違いも目立ってきた。二人の間の溝は隠せないほど大きくなり、とうとう一九八五年にジョブズは辞任を余儀なくされる。

ジョブズがアップルを追放された後の数年間と、彼がネクスト（ネットワーク型ワークステーション）

とピクサー（アニメーション会社）という二つの会社を作り上げた経緯は、それだけで一冊の本になる。ブレント・シュレンダーとリック・テッツェリによる『Becoming Steve Jobs －ビジョナリーへの成長物語』は、この時期のジョブズをアイザックソンより詳しく描いている。ジョブズが去った後のアップルが、すばらしい製品を作ることより利益の最大化に焦点を当てた挙句、赤字に転落したのは当然だったかもしれない。

ジョブズは一九九七年にアップルに返り咲き、暫定CEOに就任する。取締役会が本命CEOを探してくるまでという予定だったが、当時のアップルの状況ではジョブズが正式なCEOにならざるを得なかった。その頃のジョブズは結婚して家族が増え、ピクサーでの仕事にも満足していた。彼がアップルに戻ったのは純粋にアップルを愛していたからで、会社を乗っ取る意図はなかったとアイザックソンは言う（訳注　ジョブズは初めはCEOではなく無給のアドバイザーという立場がいいと主張した）。ジョブズは、アップルの再出発には新製品の発売（および採算の上がらない製品の生産中止）だけでなく、アップルとは何かをもう一度人々に思い出させることが必要だとわかっていた。広告会社TBWA／シャイアット／デイのリー・クロウがジョブズの依頼で提案したのは「シンク・ディファレント」（訳注　人と違うことを考えようという意味）というコンセプトの広告だった。「コンピュータになにができるのかではなく、コンピュータを使ってクリエイティブな人々はなにができるのか」を強調するためのスローガンだったとアイザックソンは言う。TVコマーシャルではアインシュタインやガンジー、ピカソ、アンセル・アダムス、ダライ・ラマ、マーサ・グレアム（訳注　舞踊家）などの著名人の映像をバックに、映画俳優のリチャード・ドレイファスが印象的な詩を朗読し、「自分が世界を変えられると本気で信じる人たちこそが、本当に世界を変えている」という有名な一節で締めくくられた。

イギリス人デザイナーで、皆にジョニーと呼ばれていたジョナサン・アイブとジョブズの協力関係は、新生アップルにとって重要な役割を果たした。どちらにとってもデザインは単に表面を覆うベニヤ板以上のものだった。「デザインというのは人工物の基礎となる魂のようなものなんだ。人工物は、連続的に取り囲む外層という形で自己表現するんだ」とジョブズは語っている。彼らは製造方法をデザインや機能と同じくらい重視した。製品全体が「ピュアでシームレス」でなければならなかった。テクノロジーにアートを持ち込むこのデザインセンスこそが、iMacやiPod、iPhone、iPadのような商品を他社と差別化し、アップルを世界で最も価値ある企業にしたのである。

ジョブズはアップルが所有する二〇〇件以上の特許に、他の発明者とともに名を連ねている。美しく使い勝手のいいマックブックのマグネットコネクターもその一つだ。iPodからオン・オフのスイッチを取り去ったのもジョブズの考えだった。ユーザーが何かキーに触れると動作を開始し、使うのをやめれば休止状態になる。この機能はその後のアップル製品の大半に採用された。アイブはiPodの表面をイヤホンも含めて「ピュアホワイト」にしたいと主張した。それは当時としては画期的なアイデアだったが、ジョブズはアイブを支持した。

ジョブズは既存の製品を食ってしまう新製品を作るのを恐れなかった。自分たちがやらなければ、他の会社がやるだろうと信じていたのだ。iPhoneが完成したときはiPodの市場が相当奪われるだろうとわかっていたし、iPadがiMacの売上を大きく減らすだろうとも思った。しかしジョブズにとってそれは問題にならなかった。アップルが新しい市場を作る製品を出し続けさえすればそれでよかったのだ。

ふたたびアップルを率いることになったジョブズは、かつてのように気性の激しいビジョナリー（訳注　事業の将来を見通した展望を持つ人物）ではなく、地に足のついたマネジャーになった。デザインや設計の質にこだわりぬくところは変わらなかったが、堅実なCEOとして製造はすべてアウトソーシングすることを認めた。ジョブズにとってアップルの再建は、すばらしい製品を作るだけでなく、すばらしい会社を作ることだった。ジョブズは最高の人材を手に入れるために時間をかけ、設計からデザイン、マーケティングまで、すべての部門が協力しながら作業する体制を作り上げて、部門間の競争や縦割りの構造を避け、デザイン、ハードウェア、ソフトウェアのすべてが統合された製品を作った。

アートと魔法

歴史に残る製品や音楽ダウンロードサイトのiTunesを作っただけでなく、アップルは巨大テクノロジー企業の聖杯である「プラットフォーム」の創造にも成功した。今では数百万人のユーザーがアップルにクレジットカード情報やメールアドレスを登録している。ジョブズは海賊盤に対抗するためにiTunesの開発を進めた。彼はアーティストも彼らが生み出す音楽も好きだったし、知的財産の重要性を信じていた。レコード会社は創造するのは得意だが、テクノロジーには疎く、テクノロジー企業にはその逆が言えるとジョブズは考えていた。ジョブズはピクサーで学んだことをこのように述べている。

「テクノロジーの会社は創造性を理解できない。(中略)〝直感力〟を信じないんだ。(中略)技術を生み出すには直感と創造性が必要であることも理解していて、なおかつ、芸術的なものを生み出すには修練と規律が必要だとわかっている人は、僕以外、そう何人もいないと思うよ」

ジョブズはビートルズが何か月もかけて「ストロベリー・フィールズ・フォーエバー」の曲を作り上げる過程が録音されたCDを大切にしていた。この曲を完成させるために、ビートルズは何度も修正を繰り返した。それはアップルがアイデアを形にし、改良を重ねて製品を作る姿勢とまったく同じだった。「大変な作業ではあるけど、繰り返すうちにだんだんと良くなり、最後は、こんなのいったいどうやったんだ⁉　ネジはどこに行った⁉　って具合になるんだ」とジョブズは語っている。ジョブズは製品発表会で、新製品にかけられた布を取り去る瞬間が大好きだった。彼はアートと魔法を生み出したいと願っていた。

ジョブズはアップル製品がデルやＩＢＭ、ゲートウェイのようなつまらないブランドと一緒に並べられ、アップル製品に何の関心もない歩合制の販売員によって売られるのは我慢できなかった。コンピュータは値段が高くてめったに買わない品物だから、消費者は町から数マイル離れた大きくて殺風景なエレクトロニクスショップに車で行くのを何とも思っていなかった。しかしジョブズは、すぐれた会社はあらゆる点でその価値を「印象」づけなければならないというマークラの格言を思い出していた。ジョブズはアメリカ中のショッピングモールやメインストリートの最高の場所に、アップル製品だけを売る店舗を開くための投資を取締役会に承認させようとした。アップルがアメリカ最大の衣料品店のギャップより大きなブランドだと思うなら、店舗もギャップより大きくてしゃれていなければならないとジョブズは考えた。アップル直営店の立ち上げを担当したロン・ジョンソンがプロトタイプ店の構成を考えたが、店内のレイアウトから床の素材、そしてアップルストアの象徴のようなガラスの階段まで、あらゆる点にこだわって最終決定を下したのはジョブズだ。

二〇一七年にアップルストアはアメリカ全体と世界で四九八店舗に広がった。売上はアップル全体の総売上高のほんの一部にすぎないが、「ブランドに対する認知の向上や口コミの広がりにより、アップルがすることすべてを間接的に底上げする働きをしている」とアイザックソンは指摘している。

仕事と人生に活かすために

ジョブズが持つ「意志の力で現実を曲げられる」というニーチェのような信念は、おそらくすぐれた起業家に共通する特長だとアイザックソンは考えている。今あるものでは足りない、できることはやらなければならないと彼らは考える。人を意のままに操るラスプーチン（訳注　帝政末期のロシアで皇帝夫妻に信頼され、帝国崩壊の一因を作った人物）のようなジョブズの能力は、「現実歪曲フィールド」という言葉を生んだ。名づけの親は初期のアップルのソフトウェア開発者バド・トリブルだ。ジョブズを前にすると、社員はとうてい無理な期限でも納得させられてしまう。それが可能だとジョブズが感じさせ、実際には根拠のない主張を信じさせてしまうからだとトリブルは回想している。ジョブズはエンジニアやデザイナーの仕事を「くだらないことをやっているな」と言ってはねつける癖があった。こうしたジョブズの態度に耐えられない者もいたが、アップルで働いていた日々は人生最高の経験だったと感じている者もいる。極端で激しい言動にもかかわらず、ジョブズの完璧主義は社員の能力を最大限に引き出した。

アンディ・ハーツフェルドはジョブズについて、「世の中には特別な人間がいるとスティーブは考えていました。アインシュタインとかガンジーとか、自分がインドであった導師とか。そして、自分もそのひとりだったのです」と述べている。ジョブズには人類の未来を見通しているようなところがあった。そうした側面があるからこそ、ジョブズがときにはどうしようもなく傲慢で残酷だったとしても、ガールフレンドだったクリスアン・ブレナンは（どんな証拠を突きつけられてもジョブズは自分がブレナンの生んだ娘リサの父親だと認めなかったにもかかわらず）、ジョブズは「悟りを得た」人間だと評している。

ジョブズは「宇宙に衝撃を与え」たいという強い欲求を持つ一方で、自分は長生きできないだろうと予感もしていた。だからその欲求を実現するために、人一倍生き急がなければならなかった。ジョブズは自分の健康問題の原因が、ピクサーとアップルの両方を経営するために一日一四時間働いていた時期にあると考えていた。二〇〇三年に膵臓がんが発見されたとき、ジョブズは手術と化学療法を拒否し、長年の菜食主義者として、食事療法による体内の浄化を試みた。しかし二〇〇四年手術に踏み切ったとき、がんは肝臓まで広がっていた。ジョブズは生涯を通じて自分の望みどおりの現実を作り上げてきたが、死に打ち勝つことはできなかった。

09

2004

完全網羅 起業成功マニュアル

ガイ・カワサキ

新しい事業を立ち上げる根本的な目的は、
何よりもまず、そこに意義を見出すことである。

邦訳
[完全網羅 起業成功マニュアル]
海と月社　三木俊哉 訳

意義を見出す――組織を立ち上げる最大の理由はそこに意義を見出すこと、世界をよりよい場所にする製品やサービスをつくることだ。何よりもまず、いかに意義を見出せるかをはっきりさせなければならない。

❀

ソフトウェア企業の創業者、ベンチャーキャピタリスト、そしてアップルコンピュータの元チーフ「エバンジェリスト」(訳注　自社製品やサービスの技術的内容や魅力を広く伝える職種)であるガイ・カワサキは、本書を書き始めるにあたって、新しい事業を立ち上げたい人は理屈にこだわりたいわけではない――彼らは世界を変えたいのだと考えた。カワサキの目標は、「四の五の言わずに」、本当に役に立つ情報だけを提供することだ。カワサキは、起業家というのは肩書ではなく「心のありよう」だと見抜き、起業に不可欠な実用的戦略を示すとともに、起業家であるための心理的、精神的な側面にも触れている。

カワサキは本書をシリコンバレーで起業を目指すような人だけでなく、すぐれた組織を作ろうとするすべての人に向けて書いたと述べている。

Guy Kawasaki

ガイ・カワサキ

カワサキは一九五四年にハワイのホノルルで生まれた。高校卒業後、一九七六年にスタンフォード大学で心理学の学士号を取得する。その後ロースクールに入学するが、中退してカリフォルニア大学ロサンゼルス校でMBAを取得した。ビジネススクール在学中に宝石メーカーで働き始める。営業で成功し、ソフトウェアに強い関心を持ったことから、アップルへの入社を決めた。

アップルを離れた後、カワサキはガレージ・テクノロジー・ベンチャーズというベンチャーキャピタル会社を設立した。現在はオンライン・グラフィック・ツールを提供するキャンバ(Canva)というオーストラリア企業のチーフ・エバンジェリストを務め、カリフォルニア大学バークレー校ビジネススクールのエグゼクティブ・

その中には既存の企業の中で新しいすぐれた製品やサービスを生み出そうとする人たちや、学校、教会、非営利団体を始めようとする「聖者たち」も含まれる。組織は金銭的利益を目的として設立される場合もあれば、そうでない場合もある。しかしどんな組織だろうと、意義のある存在理由がなくてはならない。

フェローでもある。二〇一五年から二〇一六年にかけて、カワサキはウィキペディアを運営するウィキメディア財団の理事会に加わり、ジミー・ウェールズ（訳注　ウィキペディア共同創設者の一人）が発案したウィキトリビューン（訳注　二〇一七年に開設されたニュースサイト）のプロジェクトに参加した。カワサキは講演家としても知られている。他の著書に、『神のごとく創造し、奴隷のごとく働け！』（一九九九年）、『人を魅了する』（二〇一一年）、『The Art of Social Media（ソーシャルメディア活用術）』（二〇一四年）、『Word of Mouth Marketing（口コミマーケティング）』（二〇〇六年）、本書を改題・増補した『起業への挑戦』（二〇一五年）などがある。

意義と標語

新しい何かを始める最大の理由は、そこに意義を見出すことだとカワサキは言う。「意義」には単純に世界をよりよくしたいという目標もあれば、悪を正したい、すばらしいものが終わるのを防ぎたいという目標もある。カワサキがアップルで働き始めたとき、彼らの意義はパーソナルコンピュータ市場でＩＢＭを倒し、ＩＢＭを一昔前のタイプライター事業に専念させることだった。その後、彼らの存在理由はマイクロソフトとそのＯＳであるウィンドウズを打倒することに変わった。カワサキが言いたいのは、あなたには朝起きて仕事に行くための存在理由、金銭的報酬や役得とは異なるやりがいが必要だということだ。

企業の「ミッションステートメント」はたいていありきたりでつまらないと相場が決まっていて、そんなものを覚えていたり、本気で信じたりする人はいない。そんなミッションステートメントより、組織の意義を簡潔に表す標語《マントラ》を作る方がはるかにいいとカワサキは言う（マントラとは「神聖なきまり文句」、すなわち力と感情を呼び起こすまじないや呪文のことだ）。標語《マントラ》は覚えやすく説得力がある短い言葉でなければならず、どこかに書いておく必要はない。たとえばコカ・コーラ社のミッションステートメントは、「コカ・コーラ社はみずからが接するすべての人に利益と活力を提供するために存在する」というものだ。しかし仮の標語《マントラ》を考えるとしたら、「世界をさわやかに」という言葉が簡潔で力強くていいだろうとカワサキは提案している。標語《マントラ》（仕事で何をすべきかの指針となる従業員向けの言葉）とうたい文句《タグライン》（製品やサービスをどう使うかの指針となる顧客向けの言葉）は区別しなければならない。ナイキのうたい文句《タグライン》は「ジャスト・ドゥ・イット」で、標語《マントラ》は「本物のアスレチックパフォーマンス」だ。

カワサキは本書で組織にふさわしい人材を選んで採用する秘訣を教えているが、一番大切なのは、たとえ資格や経験が十分でなかったとしても、組織の意義や理想に共感する人を採用することだ。成功した組織を作るのはたった一人のイノベーターの力だと一般に信じられているが、実際にはすぐれた組織の多くが深い絆で結ばれたパートナーによって築かれている。一人の立役者や代表的人物の功績が目立つとしても、よく見れば多くの組織には夢を現実に変えた二人かそれ以上のパートナーがいたことがわかる。

何をするか、どうやるか

成功にはすぐれたビジネスモデル（インターネット関連のベンチャー企業では無視されがちである）が欠かせないとカワサキは指摘している。技術、市場、顧客など、ビジネスモデル以外の部分でどれほどイノベーションを続けたとしても、ビジネスモデル（どうやって確実にお金を稼ぐか）は堅実なものであるべきだ。あなたのビジネスモデルがすでに存在するビジネスモデルの真似であっても構わない。ビジネスモデルは一〇語前後でまとめられるシンプルなものでなければならない。意外な秘訣として、カワサキはあなたのビジネスモデルのよしあしをまず女性に訊くようにアドバイスしている。彼は自分の経験から、あるアイデアが本当に経済的に成功するかどうかは、女性の方がはるかに現実的に見極められると考えている。

起業家はあまりにニッチな市場向けの製品を作るのを恐れるが、どんなに成功した大企業でも、最初の製品はきわめて小さな特定の市場をターゲットにしていたとカワサキは指摘する。この小さな市場が成長した後で、たいてい予想もしなかった他の市場が現れた。マイクロソフトでさえ市場の「ごく小さな分野」（特定のオペレーティングシステムのためのＢＡＳＩＣという特定のプログラミング言語）からスタートし、潜在的な顧客や製品の存在を見つけて事業を拡大した。最初から壮大な目標を掲げるのは現実的な成功の道ではないとカワサキは言う。

カワサキは起業家がすべきこととして、「マット《ＭＡＴ》」を織ることを挙げている。マット（訳注　本来は発破現場で破片の飛散を防ぐための網を指す）とは、マイルストーン（milestones）、仮説（assumption）、そしてタスク（task）の頭文字を合わせたものだ。起業家はマイルストーン、つまり節目となる明確な目標を持ち、自分のビジネスモデルの前提となる仮説を立て、すぐれた組織を作るためにどんなタスク（業務）が必要かを知らなければならない。

売り込みと事業計画

短時間で要領よく自分のビジネスを売り込み、投資してくれそうな相手に頭を下げるのが当たり前の時代に、カワサキは売り込みや事業計画にこだわらず、まず製品を作って売り始めるべきだというエリック・リース（訳注　『リーン・スタートアップ』の著者。２０１ページ参照）顔負けの主張をしている。ビジネスを始める前から顧客をつかめとカワサキは言う。スタートアップ企業の起業家は、どんな製品を作ればいいのか、顧客の望みは何かなど、わからないことだらけだ。だから事業計画を書いてもあまり役に立たない。過去の実績がないものの将来を予測することはできないからだ。重要なのは実際にやってみること、実行することだ。事業計画は関わった人たちが目標を明確にする役に立つし、投資家は事業計画の提出を求めてくるが、事業計画によって投資家が考えを変えることは実際にはあまり考えられない。投資家はたいてい早くから心を決めていて、事業計画はその決心を確認するための資料にすぎないのだ。

売り込みやプレゼンテーションをするときは、肩の上に乗った小男を想像するといいとカワサキは言う。この小男はあなたが何か言うたびに、「それで？」と問いかけてくる。この小男をイメージすることで、あなたは自分の言っていることが自明の理だとか、相手が感心し、興味を持つのは当然だと思い込むのを避けられる。一般的な説明をしたら、小男の「それで？」という問いかけに答えるために、補足的な例を挙げる。あなたの売り込みを聞く人は、あなたの製品やサービスが実際にどう役に立つのかを知りたいのだ。

自己資本経営

事業のためにベンチャーキャピタリストや他の投資家から資金援助を受ける代わりに、コストをぎりぎりまで抑え、手持ちのわずかな資本で起業するのが自己資本経営だ。

自己資本経営で最も重視しなければならないのは、市場シェアの確立、成長、帳簿上の利益ではなく、キャッシュフローだとカワサキは書いている。自己資本経営の場合、少なくとも初期の段階では、長期的に大きな利益が期待できる売り上げ機会を犠牲にしても、定期的な現金の流入を優先しなければならない。そのために製品をできるだけ早く、たとえ完全に仕上がっていなくても市場に出す必要がある。現状の製品を親に使わせてもいいと思うなら、出荷するべきだとカワサキは言う。限定的な市場に売るだけでも、現金収入に加えて実際の顧客のフィードバックが得られる。そうすれば改良したバージョンをより早く市場に出せる。このやり方には、製品に問題があれば評判が傷つくという短所がある。しかし事業がつぶれてなくなってしまうことに比べれば、評判を危険にさらす方がましだろう。

こうしたやり方によって、あなたの事業は成果と実行に重きを置いた効率的な組織になる。ベンチャーキャピタルはステロイドのようなものだとカワサキは言う。ベンチャーキャピタルの豊富な資金を使って事業を始めると、最初は飛躍的に事業が成長するが、後になって副作用が出る可能性がある。自己資本で立ち上げたビジネスは、最初からしっかりした健全なものになる。

マーケティングのルール

あなたが作っている製品が何であれ、それをできるだけたくさん売るためには、効率的でシンプルで的を絞ったものでなければならない。ピーター・ドラッカーは、「やることはひとつだけ。さもないと混乱を招く。シンプルでなければ、うまくいかない」と語っている。

製品を発売するときのキーワードは、「伝染性」だ。伝染性がある製品は、話を聞いたり使ってみたりした人が誰かに話したくなり、口コミでうわさが広まっていく。可能な限り大きな市場を確保するためには、参入障壁を低く（価格を下げる、あるいは使いやすくする）して、お客にその製品について知ってもらい、使ってもらわなければならない。そして顧客の間で評判が広がれば、マスコミが注目して報道してくれる。そうすれば無料で信頼性の高い宣伝ができる。

多くの人は企業というものを堅苦しく考えているが、それは間違いだ。カワサキはマーケティングに「人間味を出す」ようアドバイスしている。たとえばマーケティング資料にユーザーの体験談を載せる、宣伝の中でユーモアをこめて自分を笑い飛ばす、若者をターゲットにする、恵まれない人たちを支援するなどの方法が考えられる。マスコミを引きつけるためには記者といい関係を築くことも大事だ。「転ばぬ先の『友』――それも『友』があなたの力になるかどうかわからないうちから友情を結ぶことが大切だ」とカワサキは言う。アップルで働いていたとき、カワサキは『ニューヨーク・タイムズ』や『フォーブス』のような有名どころではなく、聞いたこともないメディアの記者に肩入れした。数年後にはその記者の多くが大手メディアで働くようになったが、彼らは当時カワサキに助けてもらったことを忘れなかった。

カワサキは組織や製品のネーミングについてもいくつかのコツを伝授している。

- 名前の最初のイニシャルをアルファベット順で早いものにして、どんなリストでも上の方に記載されるようにする。
- 名前に数字を使わない。
- 動詞になる可能性のある名前を選ぶ。（たとえばコピーすることを「ゼロックスする」、検索することを「ググる」と言うように）
- 流行を追わない。（たとえば英語の場合、小文字で始まる名前にしない）

「気高き事業遂行の奥義」

偉大な企業を創造したければ、他人の見本となる高いモラルや倫理基準を持たなければならないとカワサキは言う。つまり正しい行ないをして、人を助ける「高潔の士」になる必要があるのだ。正しい行ないとは、たとえば合意の精神を守る、請求されるか否かにかかわらず受け取ったものに見合う金額を支払うといった行動である。

正しい行ないをするのは必ずしも簡単ではないが、人の道にもとることをすれば罰が当たるものだ。あなたは家族や友人、健康、経済的成功など、数々の恩恵を与えられている。見返りを期待できない人たちを助けるのは、その恩を社会に還元するためだ。

仕事と人生に活かすために

富と成功は常に一つのアイデアから始まるが、アイデアだけでは十分な価値があるとは言えない。カワサキが指摘するとおり、事業を順調にスタートさせるには、実務的な面と心理的な面の両方の奥義《おうぎ》が必要になる。起業の方法を教える本で、信頼性のあるビジネスモデルや健全なキャッシュフローの確立を説きながら、同時に読者に「意義」や「気高き事業遂行」を重視するように教える本はめずらしい。しかしどちらの側面を軽視してもビジネスは立ち行かなくなるか、期待外れの成果しか上げられないだろう。長期的な成功を目指すなら、意義と高潔な志、そして実務を遂行するビジネス上の知恵を両方とも備えている必要がある。こうした実用面と心理面の全体的な目配りによって、『完全網羅 起業成功マニュアル』は起業を目指す人が読む価値のある本として成功している。

本書はテクノロジー産業に重点を置いているが、原書サブタイトルに「新しい組織を立ち上げたい人のための保証済み、百戦錬磨の手引き」とあるように、本書に書かれている情報は新しい何かを始めたい人なら誰にでも当てはまる。子どもを育てることも例外ではない。「子どもは究極の新興企業ならぬ新興個人であり、私にはそれが三人いる。そのことが私の財産だ」とカワサキは献辞に書いている。子どもを育てるのは長年の愛情深い献身と大変な努力を要する仕事で、子どもを持つ決断は決して気軽にはできない。同様に、十分な意欲がないまま起業に踏み切るのは避けるべきだ。起業の心得の第一が「意義を見出す」なのは、そういう理由からだ。あなたに「なぜ」(今していることをする強力な理由)があれば、人生が投げかけるどんな種類の「どうやって」(障害や困難)にも立ち向かい、その先を見通すことができる。

10

2015

ペンギン・ブックスとレーン兄弟

スチュアート・ケルズ

人々が欲しがるものの値段を大幅に下げ、
誰でも買えるようにすれば、
必ず大きな市場が生まれる。

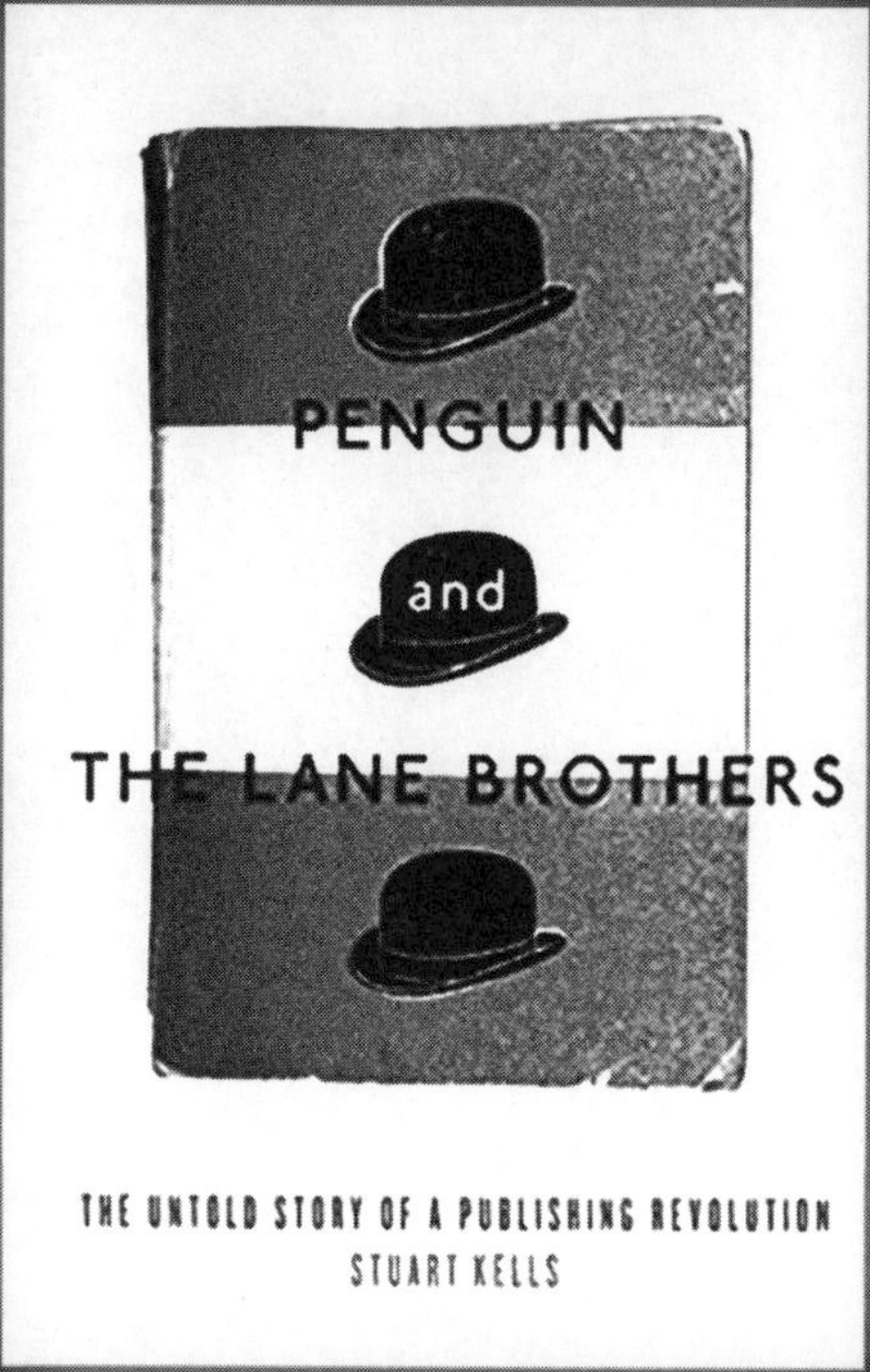

未邦訳

現代的で、進歩的で、入手しやすい本。読者を重視し、読者を魅了し、読者を尊重する本。安価な大量生産方式、文学、科学、政治、ジャーナリズム、教育、児童書、古典、料理、地図、音楽、ゲーム、芸術、建築、歴史、社会学、ユーモア、セックスなど、ありとあらゆる分野の本。ペンギンは巨大な『貧者の大学』となり、紙とインクで現代のインターネットの原型を作った。

❀

ペンギン・ブックスはすでに現代生活の一部になり、あるのが当たり前の存在である。しかし一九三〇年代にペンギン・ブックスが誕生し、一流の小説家の作品や教養書が大衆の手の届くものになったのは、出版界にとって革命的な出来事だった。ペンギン・ブックスはフィクションからノンフィクションまで、非常に魅力的な作品を安価で揃え、「貧者の大学」（図書館を意味する）となった。ペンギン・ブランドの評価は高く、一九六一年の株式公開時には一五〇倍の応募があった。同社の公的な顔であるアレン・レーンは、現代で言えばフェイスブック創業者のマーク・ザッカーバーグと同様に崇拝された。

Stuart Kells

スチュアート・ケルズ

ケルズは一九七二年に生まれた。メルボルン大学を優秀な成績で卒業し、経済学修士号を取得した後、モナシュ大学で法学博士号を取得している。他の著書に、『Rare: A Life Among Antiquarian Books（希書―古書に囲まれた生活）』（二〇一一年）、『図書館巡礼―「限りなき知の館」への招待』（二〇一七年）がある。

ペンギンの創立者であるレーン兄弟の中でも、「最年長で一番知恵が回り、最も強引な」アレン・レーンの伝記はすでに何冊もある。しかしオーストラリアの古書研究者で作家のスチュアート・ケルズは、アレンの二人の弟、リチャードとジョンの果たした役割も、もっと認められていいはずだと考えた。三兄弟の意見の食い違いが創造的な力となってペンギンを成長させ、誕生後の最初の七年間は兄弟が三頭政治で協力してペンギンを経営したとケルズは主張する。末弟のジョン・レーンが第二次世界大戦に従軍中に亡くなると、兄弟間の親密な協力は失われ、その後のアレンとリチャードは友人というより競争相手に変化した。しかしペンギンの理念は非常に強力で、ペンギンは「本当の意味で国際的な最初のメディア・ビジネスの一つ」になったとケルズは言う。ペンギンは二〇一三年に大手出版社のランダムハウスと合併し、ペンギン・ランダムハウス社として売上高二四億ポンドの大企業になった。

本書をビジネス書として読む読者にとっては、『ペンギン・ブックスとレーン兄弟』は、創業者であるレーン兄弟の人生を細かく描きすぎていると感じられるかもしれない。しかし本書を読むと、全盛期の出版業界の熱気が伝わってくるし、革新的なアイデアが伝統に縛られた業界に突然大改革を起こす過程が手に取るように理解できる。

小さなペンギン

アレン・ウィリアムズは一九〇二年に生まれた。続いて一九〇五年にリチャードが、一九〇八年にジョンが、そして一九一一年に妹のノラが誕生した。兄弟はイギリス西部の都市ブリストルと、その周辺の田園風景に囲まれてのどかな子供時代を過ごし、大学入学に必要な資格を得る前に学校を中退した。

アレンは学校を出てから農業をやるつもりでいたが、母方の遠縁でジョン伯父さんと呼ばれていたジョン・レーンが、アレンをロンドンの自分の会社に誘った。ジョン・レーンは有名な出版社ボドリー・ヘッド（ボドリーの名は一六世紀イギリスの外交官で書物を愛好した慈善家トマス・ボドリーにちなんでいる）の経営者で、子供がなかったので、ゆくゆくはアレンに会社を継がせたいと考えていた。家族で話し合った結果、アレンはその仕事を受けることにした。ただしジョン・レーンは条件を一つ出した。アレン・ウィリアムズ（そして弟と妹も）が苗字をレーンに変えることだ。

ボドリー・ヘッドは時代の最先端を行く出版社で、オスカー・ワイルドの小説やオーブリー・ビアズリーのアート作品を出版し、ショーウィンドウの展示や広告でも出版業界のマーケティングをリードしていた。アレンは田舎暮らしから突然ロンドンの活気に満ちた出版業界に放り込まれた。ジョン・レーンの見習いとして、アレンはパリでアナトール・フランスやアンドレ・モーロワに会い、ロンドンのドーチェスター・ホテルでトマス・ハーディとお茶を飲み、ボドリー・ヘッドで作品を出していたアガサ・クリスティーと親しくなった。有名な出版社の後継ぎであるアレンは人気があり、いっぱしのプレイボーイになった。

アレンがロンドン生活を満喫している頃、弟のリチャードはオーストラリアが労働力としてイギリスから青少年を募集したバーウェル・ボーイズ（後に批判の対象になった）の一員として、サウスオーストラリア州やニューサウスウェールズ州の農場で契約労働に従事していた。おんぼろ小屋で一冊の本もない生活をする間に、リチャードはイギリスに帰ったら本に囲まれた生活をしようと心に決めた。ようやく帰国すると、リチャードはまず本屋で働き、次にファースト・エディション・クラブという出版社の秘書になった。この出版社は限られた購読契約者に向けて、美しく装丁された品質の高い本を作っていた。その後リチャードはフリーの立場でボドリー・ヘッドの原稿の下読みを始め、それからボドリー・ヘッドの販売担当者として入社した。しばらくするとリチャードは作家や文芸エージェントとの主要な交渉相手を務めるようになった。リチャードはアレン以上に純粋な愛書家だった。末弟のジョンもロンドンで暮らし始めた。ジョンは保険会社で働き、保険数理表を手際よく処理していた。しかし外国に長期間旅行した後、ジョンもまた国外販売担当責任者としてボドリー・ヘッドに加わった。

兄弟の結束

一九二五年に兄弟の環境が大きく変わる出来事が起こった。ジョン伯父さんが急に亡くなったのである。続いて一九二七年にジョン伯父さんの魅惑的な妻で、夫とは別にかなりの財産を持っていたアニーが世を去った。アニーはレーン家の名を継ぐアレンたち兄弟に十分な財産を遺した。そしてアレンは現金に加えて、ボドリー・ヘッドの株の大部分を相続した。

しかしジョン・レーンの死後の数年間は、ボドリー・ヘッドにとって新たな幕開けとはならず、坂道を転がり落ちるような日々だった。ボドリー・ヘッドはすでに最先端の出版社ではなくなっていた。レーン兄弟は商品と価格のバランスをうまく取れなかった。大恐慌の最中には破産の危機をしのぐのがやっとだった。出版にはコスト（作者に原稿を依頼し、本にする費用）と期待される需要（それによって製本にかけるお金と印刷部数が決まる）のトレードオフがある。コストを過小評価し、需要を過大に見積もる、あるいは本の値段を高く、あるいは低く設定し過ぎて損失を出すといった失敗はいくらでも起こりうる。アレンはしばしばこの手の軽はずみな決断をし、アレンより手堅いリチャードが反対するのが常だった。

ボドリー・ヘッドの経営が苦しくなり、これまでの編集方針やビジネスモデルが通用しなくなると、レーン兄弟は新しいタイプの本や編集方針を試してみようとした。しかしボドリー・ヘッドは彼らだけの会社ではなく、兄弟には他の株主に対する責任があった。そこで株主と兄弟は前例のない取り決めをした。取締役会は、兄弟が新しいアイデアを試すのはいいが、会社の通常の予算とは関係なく、レーン兄弟が自費で費用を負担することと条件をつけた。損失は兄弟が引き受ける——その代わり利益もすべて兄弟のものになる。

レーン兄弟の「企業内企業」が最初に手掛けたのは、漫画家ピーター・アルノーの『Parade（パレード）』だった。このセクシーな風刺画の作品集は売れ行きがよかったので、兄弟は自信を持った。次の成功はジェームズ・ジョイスの『ユリシーズ』のイギリスでの出版である。『ユリシーズ』は長い間悪書としてイギリスやアメリカで出版を禁じられ、一九三三年にアメリカで発禁処分が解かれたばかりだった。レーン兄弟は起訴を避けるため、『ユリシーズ』を豪華な装丁で製本し、限定部数で出版した。

兄弟の結束はロンドンのフラットで共同生活を始めてからいっそう強くなった。面白いことに、彼らは改装した浴室で一人が入浴する間、他の二人は風呂の順番を待ちながら髭を剃り、その場で長時間一緒に過ごした。バスルームは「事実上の取締役会であり、会社の中枢、そして改革が始まる場所」だった。

新しい企画

高級な本を少部数で出版する方法はある程度成功したが、大恐慌をきっかけに、レーン兄弟は新たな企画を考え始めた。有名な既存のフィクション作品を大部数で再販し、廉価で売るというアイデアである。一九三〇年代には、一般的なハードカバーの新作の値段は七シリングで、普通の人にとっては贅沢品だったとケルズは指摘する。文学者・劇作家として名高いジョージ・バーナード・ショーは、出版業界誌『ブックセラー』の中で、庶民のための安価な本が必要だと述べた。一方で出版人のスタンリー・アンウィンは、手ごろな価格の本を作ればハードカバーの売上が下がり、出版社の利益が減ると警告した。

こうした議論は、コストを下げれば品質が犠牲になるという考えが前提にある。コストをぎりぎりまで下げれば、大衆は安い本が買えるだろう。しかし体裁のいい高価なハードカバーに比べて、安い本は外見も手触りも安っぽくなるのは避けられないと考えられていた。しかしリチャードは、「値段が安くて、しかも丁寧に作られた本」がなぜできないのかと考え始めた。

ペンギン誕生のいきさつにはこんな話がある。ある日アレンは駅のプラットフォームで電車を待っていたが、駅の新聞売り場にはろくな本が売られていなかった。そこにあった小説は「リーダーズ・ライブラリー」（訳注　粗悪な紙や装丁で製本された廉価版シリーズ）など、みすぼらしくて小さな安っぽい本ばかりだった。そのときアレンは、一流作家の作品にしゃれた表紙をつけて、手ごろな値段で売る案を思いついたと伝えられている。しかし事実に照らして見ると、この逸話は残念ながら作り話のようだとケルズは主張する。ガレージからスタートしたと言われる偉大なハイテク企業の「ガレージ神話」と同様に、この話は関わりのあった多くの人や出来事を意図的に排除している。たとえばボドリー・ヘッドの若い簿記係のH・A・W・アーノルドは、版権の切れた作品なら、当時すでに存在した廉価版シリーズの「エブリマンズ・ライブラリー」より安く、六ペンス（現代のおよそ二〜三ドルにあたる）でペーパーバックを売れるとアレンに進言している。その頃ヨーロッパの出版社のアルバトロス社は、幅広いジャンルのカラフルで安価なペーパーバックをヨーロッパ大陸で販売していた。アルバトロスはボドリー・ヘッドに印刷コストを両社が共同で負担し、英語圏の読者に幅広い本を提供するために提携しようと提案していた。

レーン兄弟はアルバトロスからの提携の申し出を断り、イギリス版「アルバトロス」を企画し始めた。まずシリーズの名称を考える必要があった。イルカやフェニックスはすでに他の出版社が使用していた。それならペンギンはどうだろう。白と黒のはっきりした体色は黒インクの印刷にぴったりだし、ロンドン動物園に新しいペンギンの展示施設がお目見えしたばかりで、大衆から親しみを持ってもらえそうだった。

採算面で言うと、ペンギン・シリーズが希望どおり価格を六ペンスまで下げても利益を出すには、作家に支払う印税をとことん低くし、大量の部数を売りさばく必要がある。大衆向けの廉価本のアイデアは決して新しいものではないが、そのアイデアがこの時代に急速に実現に近づいたのは、出版業界の技術革新のおかげだとケルズは指摘する。機械植字は正確で経済的な印刷を可能にした。鮮やかな色で表紙を印刷できるようになり、見た目も手触りもいい新しい紙が登場した。ペンギン・シリーズのアイデアに味方したもう一つの大きな要因は、豊かな国の国民のほぼ全員が字を読めるようになったことだ。人口増加に伴って、読書市場はかつてないほど広がっていた。

レーン兄弟は最初に出版されるペンギン・ブックスの表紙のアイデアを練った。文芸小説はオレンジ、推理小説は緑、伝記は青で色分けする。最初の一〇冊には流行作家のアガサ・クリスティー、アーネスト・ヘミングウェイ、コンプトン・マッケンジー、アンドレ・モーロワ、ドロシー・L・セイヤーズの作品が選ばれた。一冊につき一万七〇〇〇部売ってようやく収支が合うとリチャードは計算した。これはかなり難しい目標だった。これらの本はすでにボドリー・ヘッドや他の出版社から出版されたものばかりで、当時、本が数千部以上売れることはめったになかった。

大成功――ペンギンの行進

ペンギン・ブックスのコストを回収するには一冊につき二万部ずつ、合計二〇万部の注文が必要だったが、出版を予定した一九三五年八月までに確保できた注文部数は七万部に過ぎなかった。彼らの大胆な挑戦は傲慢な思い上がりだったように見え、失敗は目前に迫っていると思われた。

しかしペンギンのオレンジ色の表紙は本屋のウィンドウでひときわ目立った。大不況に陥ったイギリスの陰鬱な空気の中で、ペンギンは異彩を放ち、明るい印象を与えた。人々はただ本を集めたいという理由だけで、続々とペンギン・ブックスを買い始めた。安売りチェーン店のウールワースから六万部の注文を受けたとき、兄弟はようやくこれはいけると実感した。通常の書店以外に、ウールワースのようなこれまでにない販売網を持つことは、ペンギンの成功に必要な大部数を売る決め手になるはずだった。

今や重要な問題は注文を取ることではなく、注文に応えることになった。レーン兄弟はロンドンのユーストン通りに面した聖トリニティ教会の地下室を倉庫として借り、窓のない空気のこもった地下室で、昼も夜も出荷作業に追われた。増刷に次ぐ増刷でペンギン・ブックスは四カ月で一〇〇万部を売り上げ、一年間で驚異の三〇〇万部を達成した。一九三六年初頭に兄弟はペンギン・ブックス有限会社を設立し、ボドリー・ヘッドから独立した。同じ年、不振に苦しむボドリー・ヘッドは会社をたたんだ。

一九三〇年代の終わりになると、ペンギンは急速に拡大した。ペンギン・ブックスから派生してノンフィクション・シリーズを出すことになり、まずジョージ・バーナード・ショーの『The Intelligent Woman's Guide to Socialism and Capitalism（知的女性のための社会主義と資本主義の手引き）』、そしてアプスレイ・チェリー・ガラードによるスコット南極探検隊の記録を刊行した。人目を引く明るい青の表紙のペリカン・ブックスも成功を収めた。アレンは軍関係の役人と交渉して「軍隊ブック・クラブ」を立ち上げ、一冊の本を数万部印刷して軍隊に配布することにした。紙が配給制だった時期にこの企画が実現したのは、ペンギンとイギリス国民との深まる絆を象徴している。戦争中、ペンギンは民間企業だったにもかかわらず、BBCと同様に国民の文化的機関となった。どの本屋にもどこの家庭にもあるペンギン・ブックスの出版物は六〇〇点（書下ろしと再販を含む）に上り、子供向けのパフィン・ブックスもスタートした。さらには芸術誌『モダン・ペインターズ』の刊行も開始した。

ペンギンの成熟と功績

第二次世界大戦中に末弟のジョンがイギリスの軍艦に乗船中に戦死すると、残された二人の兄弟の関係に変化が現れた。自信家のアレンはペンギンと自分は一心同体だと思うようになったが、ペンギンの文学面を牽引し続けたのは、堅実な愛書家のリチャードの方だった。戦後のペンギンはグレアム・グリーンやバージニア・ウルフの作品を大部数で売るなどして成功していた。また、レーン兄弟は戦後にアメリカでもペンギン・ブックスを定着させようと努力した。アメリカ・

ペンギン社を経営するために雇われた社員の中の数人が、安価で良質なペーパーバックを出版するペンギンの理念を受け継ぎ、アメリカで新しい出版社を創立してバンタム・ブックスやシグネット・ブックスを刊行した。アレンとリチャードはオーストラリアにも進出し、ペンギンをオーストラリアの主要な出版社に成長させた。やがてオーストラリアはペンギンの世界的な売上高の四分の一を占めるようになった。

大胆な性描写が話題となったD・H・ロレンスの『チャタレー夫人の恋人』をめぐる有名な裁判の後、ペンギンはこの本の出版によってさらに名声と富を獲得した。『チャタレー夫人の恋人』は何十万部も売れ、ペンギンの税引前利益は前年度の三倍に増えた。これで同社の株式公開、あるいは希望者に対するペンギン株の売却の下地ができた。ペンギン株の購入を希望する企業の一つに、新聞社のエコノミスト社があった。エコノミストは早くからペンギンのやり方を支持し、「これまで通俗的で粗悪な読み物しかなかった家庭に、丁寧に作られた真面目な本や立派な文学を届ける」ペンギンの努力を称賛した。

業績だけを見れば、ペンギンの薄利多売の出版方式は利益の点ではいいときも悪いときもあった。しかしペンギンには多数の資産と土地があった。その一つが当時はロンドン郊外の外れに位置していたハーモンズワースの新しい本社である。しかしペンギンの評価額の大部分は、ペンギンというブランドそのものにあった。一九六〇年にペンギンは年間一七〇〇万冊の本を売っていた。翌年の株式公開までにペンギンが売った本は、三二五〇点、二億五〇〇〇万冊に上った。ペンギンのオフィスには株の購入申込書が殺到した。実際に株が公開されると、四五万ポンド分の株に一億ポンド分の申し込みがあった。募集を大幅に上回る応募があったのを背景に、ペンギンの株価は取引初日に五〇パーセント値上がりした。

アレンや他の株主たちは大喜びだったが、リチャードは苦々しい気分を味わっていた。リチャードはアレンに強要されて、自分が所有していたペンギンの二五パーセントの株を上場前にアレンに売り渡していた。リチャードはそれでも相当な金額を受け取ったのだが、自分があれほど力を入れて育て上げた会社に対する世間一般の評価額から見れば、損をした結果になった。ペンギン・ブックスが醸し出す陽気さと、閉鎖的な出版業界の因習を破ってできるだけ多くの読者にすぐれた文学を届けるというペンギンの理念は、主としてリチャードが作ったものだとケルズは主張する。青年期に数年間オーストラリアで過ごした経験から、リチャードはオーストラリア的な気取りのなさや平等な観点を身につけ、それを旧弊なイギリスの出版業界に持ち込んだのである。

仕事と人生に活かすために

レーン兄弟は、自分たちは出版業界ではよそ者だと自覚していた。しかし知識がない人の方が、事情に通じた人よりいい仕事が出来る場合がある。イギリスの伝統的な出版人だったバジル・ブラックウェルやスタンリー・アンウィンは、ペンギンのやり方は絶対にうまくいかないし、たとえ成功したとしても上質なハードカバーの市場を破壊し、ペンギン自身も自滅するだろうと予想した。ジョージ・オーウェルは作者の心配をし、本が今よりはるかに安くなれば、読みたい本を読んで満足した大衆は残りのお金を他の娯楽に使うだろうから、結局本に使うお金は減るだろうと警告した。しかし、値段が大幅に下がれば売れ行きが何倍にも増えるのは、他の多くの製品やサービスに共通する現象だ。これまでよりはるかに安く買えるようになったおかげで、本の需要は爆発的に増えた。

ペンギンは、関わった誰もが勝利を得られるきわめてまれな革命の先導者だった。作者（多数の新しい読者を獲得）、出版社（市場を拡大）、一般大衆（これまでの数分の一のお金でより多く読書が楽しめる）が、それぞれ利益を得た。これまで図書館で本を借りるしかなかった低所得者層が、初めて本を買えるようになった。『Simplify』の著者リチャード・コッチとグレッグ・ロックウッドは、ペンギンは「建設的な妥協」（627ページ参照）を達成したと述べている。レーン兄弟は「本の表紙素材ではなく内容のクオリティを再定義することで、価格とクオリティのどちらを取るかという従来の妥協を回避した」（『Simplify』夏井幸子訳、ダイレクト出版）と彼らは言う。ペンギンの成功は、「本はソフトウェアであって、ハードウェアではない」ということをあらためて示した。コッチとロックウッドは、「ちゃんとした商品の価格を元値の何分の一かに設定すれば、必ず新しい巨大市場が生まれる。（中略）賢い人間でさえ、その市場規模を大きく侮ってしまう」と指摘している。しかしペンギンの理念は廉価本そのものではなく、国民全体の教養や教育を全般的に高めるところにあった。ペンギンはその功績によって、人々に深く愛されるブランドになった。

11

2016

SHOE DOG

フィル・ナイト

ビジネスをするなら、
人々の生活を目に見える形でよりよくしたいという
目標を持つべきだ。

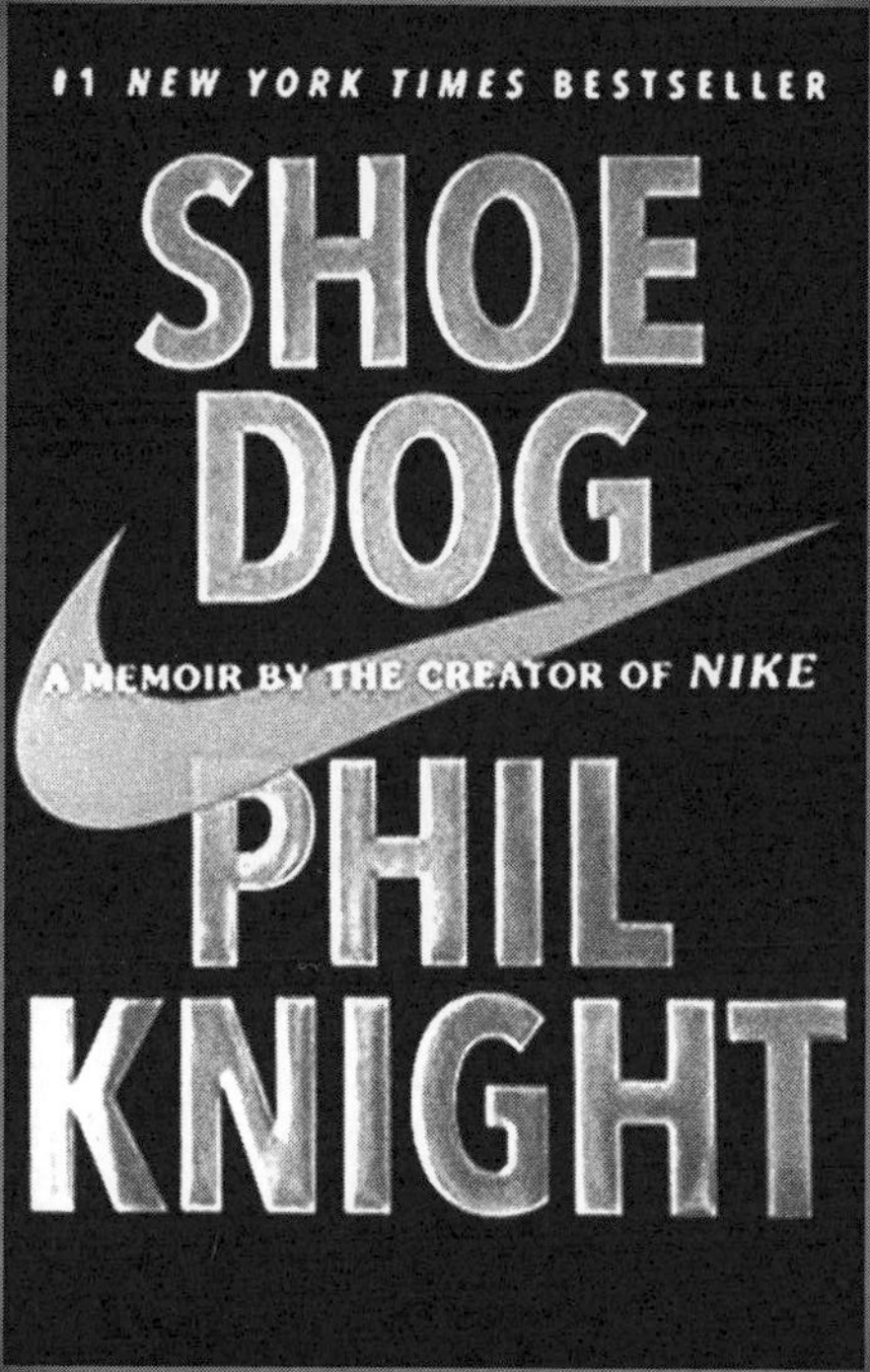

邦訳
[SHOE DOG]
東洋経済新報社　大田黒奉之 訳

私たちはすべての偉大なビジネスと同様に、創造し、貢献したいと考え、あえてそれを声高に宣言した。何かを作り改善し、何かを伝え、新しいものやサービスを、人々の生活に届けたい。人々により良い幸福、健康、安全、改善をもたらしたい。そのすべてを断固とした態度で効率よく、スマートに行いたい。滅多に達成し得ない理想ではあるが、これを成し遂げる方法は、人間という壮大なドラマの中に身を投じることだ。単に生きるだけでなく、他人がより充実した人生を送る手助けをするのだ。もしそうすることをビジネスと呼ぶならば、私をビジネスマンと呼んでくれて結構だ。

❀

ナイキの創業者であるフィル・ナイトが『SHOE DOG』を執筆したのは、ナイキが多数のビジネススクールでケーススタディの課題になっているからだ。しかしナイトから見ると、それらは事実だけを述べて創業時の精神をまったく伝えていないか、精神だけを強調して重要な事実を伝えていないかのどちらかだった。

本書はよく読まれている一般的なビジネス書とはおそらく違うだろう。

Phil Knight

フィル・ナイト

ナイトは一九三八年にオレゴン州ポートランドで生まれた。オレゴン大学卒業。大学時代は陸上チームに所属し、中距離ランナーとして、伝説のコーチ、ビル・バウワーマンの指導を受けた。バウワーマンは後にナイキの共同創業者となる。一年間のアメリカ陸軍勤務を経て、スタンフォード大学大学院に進学し、MBA(経営学修士号)取得。一九六二年、オレゴンの「ブルーリボン・スポーツ」社の代表として日本のシューズ・メーカーであるオニツカを訪れ、同社の靴をアメリカで売るビジネスを始める。その後独自ブランドの「ナイキ」を立ち上げ、社名もナイキと変更。創業メンバーたちとともに、スポーツ用品界の巨人、アディダスとプーマをしのぐ企業へと同社を育て上げる。一九六四年から二〇〇四年ま本書はときには哲学的であり、形而上学的でさえある。ナイキが成功するまでのドラマが生き生きと語られ、文章自体とても読みやすい。本書の大部分は二〇〇七年に書かれているが、実際には二〇一六年まで出版されなかった。家族の事情で出版が遅れたが、ナイトはその数年間もときどき原稿に手を入れていたようだ。

『SHOE DOG』は一九六二年から、ナイキが株式公開した一九八〇年までの出来事を時系列に沿って語っている。企業が最も魅力的なのは創業間もない時期だ。重要人物が一つの使命に情熱を注ぎ、文化を創造する。実際、ナイトはナイキを成功させるために全力を尽くしたが、そのプロセスを楽しんでもいた。ナイトが本書を執筆したのは、読者に伝えたい思いがあるからだ。「せめて浮き沈みの経験を若い人たちに伝え、彼らがどこかで同じ試練や苦境を経験した時、何かしらのヒントと慰めを得てくれたらと思う」とナイトは語っている。

ナイトが常に前を向いていられたのは、自分が単にビジネスを創造しているのではなく、これが天職だという感覚のおかげだった。

で同社のCEO、その後二〇一六年まで会長を務める。

ばかげたアイデア

一九六二年、二四歳のフィル・〝バック〟・ナイト（訳注　〝バック〟は父親がナイトにつけた愛称）は、オレゴン州の両親の家に戻って生活していた。ナイトはルールを破ったことも、反抗したこともなく、女の子とつきあった経験すらなかった。教育だけは十分受けていた。オレゴン大学を卒業してからスタンフォード大学ビジネススクールで学び、陸軍の施設で一年間訓練を受けた。ナイトはずっと一流のアスリートになりたいという夢があり、オレゴン大学では陸上部で伝説的なコーチ、ビル・バウワーマンの指導を受けた。ナイトの才能では大学の部活以上には行けなかったが、アスリートになれなくても、アスリートと同じように高揚感を楽しむ生き方、「常にスポーツをプレーする気分」を味わえる生き方はできないだろうかとナイトは自問した。

ビジネススクールに在学中、ナイトは日本製のカメラがカメラ市場を席巻したように、いつか日本製のランニングシューズがアメリカのランニングシューズ市場を制覇するかもしれないというレポートを夢中になって書いた。ある朝、木々に囲まれたオレゴンの道をジョギングしている最中に、ひらめきが浮かんだ。彼はそのアイデアを真剣に考え、日本へ行って靴会社を訪ねるという計画を立てた。ナイトは旅行資金を借りるために父親を説得しなければならなかった。ナイトの父親は、裕福とは言えないが尊敬に値する新聞発行人で、息子のビジネスアイデアには感心しなかった。しかし世界を見て回りたい、ピラミッドやヒマラヤ、死海、そして各国の大都市をこの目で見たいというナイトの考えには賛同してくれた。一九六〇年代の初めはアメリカ人の九〇パーセントがまだ飛行機に乗ったことがなく、ほとんどの人が州外にも出たことのない時代だった。世界中を旅して回るなど、「ビートニクやヒッピーのやること」だったとナイトは言う。

ナイトは一九六二年九月に大学時代の友人とともに出発した。最初の目的地はホノルルで、ナイトはそこで数カ月間百科事典を売ったり（ちっとも売れなかった）、証券を売ったり（百科事典よりはましだった）する仕事をしてから、日本に向かった。日本に着いたナイトは神社を訪れ、禅の教えに魅了されてから、とうとうタイガーというブランドのスポーツシューズを作っているオニツカの重役に会うことができた。ナイトはアメリカで靴の輸入業をしている「ブルーリボン」（とっさにでっちあげた名前だ）の代表だと名乗り、オニツカの靴のサンプルを自分の業務用の住所（両親の家）に送ってもらう手はずを整えた。

アメリカへの帰路の途中で、ナイトはアジアやヨーロッパを旅して回った。アテネではパルテノン神殿を訪れ、アテナ・ニケ神殿を眺めた。この神殿にはアテナ、すなわち勝利（ギリシャ語で「ニケ（Nike）」）をもたらす女神が祭られていた。去り際に、ナイトは神殿のフリーズ（訳注　建物上部の帯状の装飾彫刻）に目をやった。そこにはアテナが靴ひもを結び直そうとしてかがんでいる姿が彫られていた。

成長か死か

長旅から帰国したナイトは、会計事務所でフルタイムの仕事を始めた。そして空いた時間にさまざまな陸上競技会に出かけては、車のトランクからタイガーのシューズを取り出して選手たちに売った。オニツカに注文した最初の三〇〇足はすぐに完売したので、さらに九〇〇足注文し、銀行から融資を受けて三〇〇〇ドルの代金を支払った。スポーツ用品店はナイトが持ち込んだシューズに興味を示さなかったので、彼は大西洋岸の北西部で開かれる陸上競技会にまめに顔を出した。百科事典のセールスの経験から、自分が腕のいいセールスマンだとは思っていなかったが、靴は別だった。「私は走ることを信じていた。みんなが毎日数マイルを走れば、世の中はもっと良くなると思っていたし、このシューズを履けば走りはもっと良くなると思っていた」とナイトは語っている。一九六四年には、「ジョギング」はまだ世間に広まっていなかった。雨の中で三マイルを走るなど、変わり者のすることだった。ランナーはしばしば車のドライバーから怒鳴られたり、飲み物をかけられたりした。

ナイトはランナーに仲間意識があったし、大学時代の陸上部のつてでタイガーの販売員を増やし、ビジネスは急成長し始めた。ところが銀行が厳しい現実を突きつけてきた。銀行は「健全な収支バランス」を保つよう求め、追加資金の融資の依頼には必ず渋い顔した。当時は急成長を高く評価してくれるベンチャーキャピタルはどこにもなかった。一九六六年にはナイトの従業員第一号となった手紙魔のジェフ・ジョンソンが、ランニングマニア向けにブルーリボン初の販売店をサンタモニカにオープンさせた。この年、ナイトはオニツカの重役にブルーリボンは東海岸にもオフィスがあると嘘をつき、アメリカでのタイガーの販売独占権を獲得して五〇〇〇足を注文した。

最初からナイトのビジネスパートナーになったビル・バウワーマンを、ナイトはスポーツシューズの「ダ・ヴィンチ」と呼んだ。バウワーマンが日本人より大きくて重いアメリカ人の足に合った陸上用シューズの開発を提案してから、アメリカでのタイガーの売上は伸び続けた。一九六七年のビジネスは好調で、目標の収益八万四〇〇〇ドルを達成できた。それでもナイトは共同経営者としてブルーリボンから受け取る給料では暮らしていけなかった。二九歳のとき、ナイトは会計事務所の仕事をやめ、ポートランド州立大学で教える仕事に就いた。勤務時間を減らして、もっとブルーリボンの経営に時間を使いたかったのである。大学での仕事にはもう一ついいことがあった。生徒として教室に現れた若く美しいペネロペ・パークスを、ブルーリボンの帳簿係に採用したのだ。二人は一九六八年にポートランドで結婚した。妻のペニーが妊娠すると、ナイトは安定した仕事に戻った方がいいのではないかと迷った。しかしじっくり考えた後、こう決めた。

「人生は成長だ。成長がなければ死ぬしかない」

成長の痛み

ブルーリボンは毎年二倍ずつ売上を伸ばしていたが、相変わらず銀行は融資の要請に冷淡だった。どうしても流動資産（現金）を手に入れる必要があったナイトは、友人、知人、家族に融資を頼み込んだ。ナイトが従業員に採用したボブ・ウッデルは、オレゴン大学の一流選手だったが、不幸な事故で車いす生活を強いられていた。ウッデルの両親は貯金のすべてをはたいて八〇〇〇ドル融資してくれた。彼らのブルーリボンへの信頼は最終的に報われるのだが、一九七一年を終える頃、ブルーリボンは一三〇〇万ドルの売上がありながら、「生命維持装置」に頼ってやっと生きながらえているありさまだった。そんなとき、取引していたファースト・ナショナル・バンクがもうこれ以上融資できないと最後通牒を突きつけてきた。

同じ頃、オニツカはブルーリボンに代わる代理店を精力的に探していた。会社の存続のため、ナイトはアディダスのシューズを作っていたメキシコの靴製造業者からひそかに三〇〇〇足のサッカーシューズを輸入した。新しいシューズを売るにはブランド名とロゴがいる。ナイトはポートランド大学で油絵を勉強していたキャロライン・デヴィッドソンにロゴのデザインを頼んだ。デヴィッドソンは苦心の末、「スウッシュ」と呼ばれる有名なナイキのマークをデザインした。もっと難しかったのはブランド名だ。最初に有力だったのは「ファルコン」で、ナイト自身は「ディメンション・シックス」を推していた。ところが決定の日の朝、ジェフ・ジョンソンが新しいネーミングが浮かんだと興奮して報告してきた。昨晩見た夢に、「NIKE（ナイキ）」という奇妙な名前が現れたのだという。ナイトはアテネで見たパルテノン神殿の光景とともに、それがギリシャ神話の勝利の女神の名前だと思い出した。メキシコの工場に新しいブランド名を知らせるテレックスを打つために、ナイトは機械の前で最後の瞬間までためらった。テレックスを送った後でさえ、決断が正しかったのかどうか自信がなかった。ウッデルは「きっとみんな気に入るよ」と言った。

急成長

ナイキは一九七二年の全米スポーツ用品協会展示会で初めてお披露目された。一般大衆が、そしてスポーツ用品の販売員がこのシューズを気に入ってくれなかったら、ブルーリボンは終わりだ。しかしシューズを箱から出して陳列しようとしたとき、ナイトは血の気が引く思いをした。日本ゴム（訳注 現在のアサヒシューズ）という日本の靴工場で作らせたそのシューズは、ひどい代物だったからだ。ところが信じられないことが起きた。販売員たちはスウッシュのマークを気に入り、ナイキという名前にさえ好感を示した。大量の注文が舞い込んだ。日本ゴムから製品が出荷される頃には、品質もよくなっていた。

しかしいいことばかりは続かない。オニツカがこの新しい「ナイキ」ブランドの話を聞きつけたのだ。ナイキとタイガーは直接競合する商品だった。オニツカはただちにブルーリボンとの契約を打ち切り、契約違反で訴えると通告した。ナイトはもう何もかも終わりだという心境になっていた。アメリカ経済は落ち込み、ニクソンもベトナムも、まったく進歩していなかった。その上にこれだ。ナイトは会社の将来に自信があるふりを装って、社員にこう告げた。これは私たちにとって大きなチャンスだ。他社のブランドを売るのではなく、自分たちのブランドを作るのだ。

ナイキを履いた選手の活躍も追い風になった。中でも特別だったのはスティーブ・プリフォンテーン、通称プリだった。アメリカでは誰もが、そしてプリの出身地であるオレゴンの人々は特に、この若いランナーに勇気づけられ、熱狂していた。プリは記録を次々に更新し、たとえ重要でない試合でも全身全霊をかけて走った。「走ることも会社の経営も、この情熱のほとばしりから学ぶものが大いにある。（中略）来るべき戦いで、私たちはプリになろう。命を懸けて戦おう」とナイトは書いている。

一九七〇年代にナイキはますます強くなった。バウワーマンは妻が使うワッフルメーカーの格子状の型からヒントを得て、多角形のスタッドが並ぶソールを開発した。このソールをつけた「ワッフル」シューズは人気商品になった。ナイキのコルテッツはアキレス腱の負担を軽くした初めてのランニングシューズで、多くのランナーに選ばれた。スター選手にシューズを提供し、ナイキの広告塔になってもらう契約にも成功し始めた。一九七三年の売上は四八〇万ドルに達した。一九七四年にはオニツカとの泥沼のような裁判に勝ち、賠償金を受け取った。晴れてオニツカとの確執から自由になったナイトは、ナイキをアディダスやプーマのように大きくしたいという夢を追い始めた。

しかし目の前には暗雲が垂れ込めていた。バンク・オブ・カリフォルニアや他の債権者への毎月の返済が重くのしかかっていた。バンク・オブ・カリフォルニアはついにブルーリボンを見放し、口座を凍結し、取引を停止した。それだけでなく、ブルーリボンを粉飾決算の疑いで捜査するようＦＢＩに通告したのである。ナイトにとって人生最悪の時だった。今や家族の生活すら危険にさらしているこれまでの決断を振り返って、ナイトは後悔で立ち上がる気力を失うほどだった。幸い、ナイトは日本の貿易商社、日商との間に数年前から信頼関係を築いていた。日商はブルーリボンがシューズを輸入する資金を融資し、返済はいつもぎりぎりまで待ってくれていた。この危機に直面して、日商はバンク・オブ・カリフォルニアにブルーリボンの借金を全額返済すると申し出た。ブルーリボンはふたたび返済能力を取り戻し、ＦＢＩは捜査から手を引いた。

ようやく安定へ

一九七六年にブルーリボンはナイキに社名を変更した。その年のモントリオール・オリンピックでアメリカ人選手がナイキを履いて活躍したおかげで、年度末会計では売上が一四〇〇万ドルに達した。ナイトは株式公開を検討し始めていた。株式を公開すれば、喉から手が出るほど必要としている巨額の資金が手に入る。しかし、そうなれば何千人もの株主に会社の主導権を奪われ、社内の文化が変わってしまうかもしれない。

ナイキの文化とはどんなものだっただろうか？　経営陣は「バットフェイス（ダメ男）」の集まりだった。こだわりが強く、大酒飲みで、少々タガの外れた若者たち。全員が会社に強い忠誠心を持ち、互いにずけずけとものを言い合った。車いすに乗った男が一人、でっぷり太った男が二、三人（スポーツシューズを売る会社としては誉められたものではない）、誰もが挫折の経験を抱え、けんか腰で、ほとんどがオレゴン出身だった。彼らには「世間に対し、田舎者でないことを何としても示し」たいという気概があった。全員が何らかの点で敗者だったから、勝利を手にするために脇目もふらずに前進した。

ナイキは勝利をつかみかけていた。本当の意味で革新的な唯一のシューズメーカーだという評価が広がり、俳優たちの「御用達」ブランドになった。『刑事スタスキー＆ハッチ』、『600万ドルの男』、『超人ハルク』などの人気ドラマの登場人物がナイキを履いた。人気女優のファラ・フォーセットがセニョーラ・コルテッツを履いて『チャーリーズ・エンジェル』に出演すると、翌日には全米でそのシューズが売り切れた。

しかし、試練はふたたび襲ってきた。ある日ナイトの机に届いた封筒に、米国関税局からの二五〇〇万ドルの請求書が入っていた。輸入品のナイロン製シューズの価格をアメリカ国内で製造される類似の製品より四〇パーセント高くする古臭い関税法が適用され、ナイキは関税を支払う義務があるという。二五〇〇万ドルはその年のナイキの売上額にほぼ等しかった。それを支払ったら、会社は倒れてしまう。長年会社のために死力を尽くしてきたストレスから、ナイトは燃え尽き症候群に陥ったようだった。増え続ける需要に応えるために毎年のように広いオフィスや倉庫を確保しなければならなかったし、ナイキの評判は上がる一方だったが、「明日になれば一瞬で消えるかもしれないんだ」という気分がどうしても消えなかった。ナイキは反撃のため、立派なアメリカ企業が自由、そして規制のない企業活動のために政府と戦っているとコマーシャルで世間に訴えた。さらにナイキの輸入関税を共謀して上げさせようとした国内の競合他社を独占禁止法違反で訴えた。時間のかかる法的手段とロビー活動を経て、とうとう九〇〇万ドルの和解金をナイキが政府に支払うことで結着をつけた。和解しなければ株式公開は不可能だっただろう。売上は毎年倍増していた（一九七九年には一億四〇〇〇万ドルに達した）にもかかわらず、ナイキは成長のために巨額の金を必要としていた。

一九八〇年にナイキは株式を公開した。発行する株はインサイダー、すなわち経営陣や社債保有者向けのクラスAと、一般向けのクラスBの二種類に分けられた。そうすれば現在の経営陣が会社の主導権を失わずに済む。オニツカとの取引のために日本を訪れてから一八年後、ナイトはニューヨーク証券取引所にナイキを上場した。同じ週にアップルコンピュータも上場を果たした。ナイトと苦楽を共にしたバウワーマン、ウッデル、ジョンソンは数百万ドルの財産を手に入れた。ウッデルの両親がナイトに融資した八〇〇〇ドルは一六〇万ドルになった。ナイト自身はナイキの四六パーセントを保有し、一億七八〇〇万ドル相当の株を所有する大富豪になった。しかし上場の翌朝にナイトが感じたのは高揚感ではなかった。夢中で駆け抜けたナイキの第一章が終わったという後悔に似た感情だ。ナイトにとって金儲けがビジネスの動機だったことは一度もない。しかし資金不足のせいで何度となく会社を潰しかけた経験を、ナイトは決して忘れまいと思った。ナイトと仲間たちはゼロから会社を創造し、株式公開によってその成功を永続的なものにした。

未来のために

ナイトは四〇年間ナイキのCEOを務めて二〇〇七年に退任した。その前年、ナイキの売上は一六〇億ドルで、アディダスの一〇〇億ドルを大きく上回った。ナイキの本社は現在もオレゴン州ポートランドにあり、木が生い茂る二〇〇エーカー（訳注　約〇・八平方キロメートル）のキャンパスに五〇〇〇人の従業員が勤務している。

本書の最後に、ナイトはナイキの「搾取工場」論争（ナイキの海外工場の労働条件が劣悪だと批判された）について触れている。この報道はナイキのイメージをひどく傷つけた。ポートランドの旗艦店の前でナイトに似せて作った人形が燃やされ、ナイキは悪徳企業のシンボルになった。初めのうち、ナイトは怒りをあらわにした。ナイキが何年もかけて監督してきた工場の労働条件の改善や、仕事の創造、現地国の近代化についてまったく報道されないのは不当だと思ったからだ。途上国の発展のためには、ナイキが提供するような単純労働を数多く生み出すしかない。それは多くの経済学者の一致した意見だとナイトは指摘している。

しかし、ナイトはナイキの悪評を覆すため、全工場を改革し、最高水準の労働条件を整えて他社の手本になろうとした。その一環として、有害で発ガン性のある煙を除去するためにアッパーとソールを接着する水性の結合剤を開発し、その発明の知的所有権をあらゆる競合他社に提供した。現在、ナイトの関心は社会福祉にある。ナイト夫妻は毎年一億ドルをさまざまな福祉活動に寄付し、ガールエフェクトを支援している。ガールエフェクトは国連や他の企業やＮＧＯ団体とともにナイキが運営するプロジェクトで、世界中の若い女性の教育と地位向上のために活動している。

仕事と人生に活かすために

起業を目指す人々に向けたナイトの最後のアドバイスはシンプルだ。決して止まってはいけない。障害に直面したとき、止まるのは一番簡単だ。しかしナイトが成功したのは、すべてが終わったかのように見えるときでさえ、前に進むのをやめなかったからだ。

成功には運の力も大きいとナイトは言う。人によってはそれをカルマ、あるいは神と呼ぶ。誰もが本能的に気づいていながら、多くの人が運の力を認めようとしない。「アスリートも詩人もビジネスマンも、運をつかんでこそ成功する。勤勉はもちろん大事だが、いいチームも欠かせない。頭脳と決断力はかけがえのないものだが、運が結果を左右することもある。それを運とは呼ばない人もいる。人によってはそれを道、あるいはロゴス、ジュニャーナ、ダルマ、聖霊、あるいは神と呼ぶ」。ナイトが最後に言いたかったのはこの言葉だ。「自分を信じろ。そして信念を貫け」

12

2006

コンテナ物語

マルク・レビンソン

偉大なイノベーションは、後から考えるとシンプルで当たり前に見える。

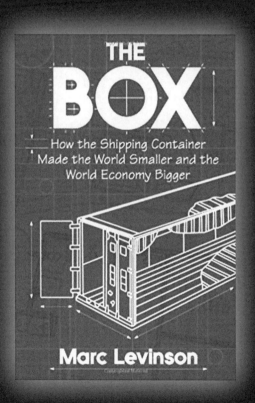

邦訳

［コンテナ物語―世界を変えたのは「箱」の発明だった］

日経BP 村井章子 訳

コンテナが出現する前の世界では、モノを輸送するのはじつにカネのかかることだったのである。輸送費があまりに高くつくせいで、地球の裏側に送ることはもちろん、アメリカの東海岸から中西部に送るだけでも経費倒れになりかねなかった。(中略)コンテナの登場で、モノの輸送は大幅に安くなった。そしてこれが、世界の経済を変えたのである。

❀

「何の変哲もない金属の箱の本を書こうなんて、いったいどういうつもりなんだ?」

ジャーナリストで経済史家のマーク・レビンソンがコンテナ輸送の歴史について書いていると、さもあきれたと言わんばかりの反応があちこちから聞こえてきた。レビンソンはうんざりして、もう書くのをやめてしまおうと思ったほどだ。

しかしレビンソンが『コンテナ物語』を完成させると、驚くほど大きな反響があった。偶然だが、本書の刊行はタイミングもよかった。輸送用コンテナは現代美術のギャラリーや宿泊施設として利用され、一般的

Marc Levinson

マルク・レビンソン

レビンソンは『タイム』誌やグローバル貿易ニュースを扱う『ジャーナル・オブ・コマース』誌でジャーナリストの仕事を始め、『ニューズウィーク』誌の記者兼編集者を務めた。『エコノミスト』誌の金融・経済担当編集者、JPモルガン・チェースのリサーチアナリスト、連邦議会の輸送・産業問題顧問、外交問題評議会の国際ビジネス担当シニアフェローなどを務めている。

レビンソンはジョージア州立大学とプリンストン大学ウッドロー・ウィルソン・スクール(訳注 国際関係論と公共政策大学院)で修士号を、ニューヨーク市立大学で博士号を取得している。

他の著書に、『The Economist Guide to Financial Markets(エコノミストによる金融市場ガイド)』(一九九九年)、アメリカ最大の食品小売りチェーン店だったA&P

には都会的インダストリアル・スタイルの象徴として話題になっていた。

彼の本を読むと、グローバリゼーションとは単にインターネットなどによって世界がどんどん狭くなるという意味だけでなく、物をある国から別の国へ輸送する能力など、もっと物理的な現象なのだとあらためて気づかされる。それを可能にしたのが、輸送を劇的に安くしたコンテナリゼーション（一定の規格のコンテナを利用した貨物の一貫輸送システム）だった。

本書はコンテナの発明者マルコム・マクリーンの伝記的な要素もある。マクリーンのすぐれていた点は、傑出した経営感覚にある。マクリーンは海運会社、鉄道会社、トラック会社は、船、列車、トラックを走らせる産業ではなく、貨物輸送産業だと見抜いていた。コンテナリゼーションは、それらの会社が貨物輸送産業に変わるための必然的な手段だった。コンテナの登場は、港湾労働者の大規模な失業や、活気のあった港の衰退の原因となり、アジアが国際貿易に参加するのを可能にした。コンテナは予期せぬ形で世界を変えた。レビンソンは二〇一六年に刊行された本書の改訂版で、コンテナリゼーションが長距離貿易をどれほど増加させるかを予測できた人は、政府にも産業界にも誰もいなかったと述べている。コンピュータ化と自動化が進んだ巨大な港、超大型コンテナ船、そして運河の拡幅によって、コンテナによる革命は今も続けられている。

の歴史を描く『The Great A&P and the Struggle for Small Business in America（アメリカの中小ビジネスの苦闘）』（二〇一一年）、一九七〇年代に起きた経済変動を中心に経済史を捉え直す『例外時代―高度成長はいかに特殊であったのか』（二〇一六年）などがある。

答えのない問題

コンテナが登場する前は、貨物は箱や樽、木箱などに入れて輸送された。船から貨物を荷揚げするには、船上の作業員がケーブルのついたフックを貨物にかけ、別の作業員がウィンチを操作して貨物を吊り上げて埠頭に降ろした。銅の塊、バナナの房、コーヒー袋、木材、セメント袋はそれぞれ違う運び方が必要で、沖仲仕と呼ばれる港湾労働者は毎年二人に一人の割合でケーブルや吊り下げられた貨物にぶつかって怪我をした。負傷率は建設業や製造業の何倍も高かったが、健康や安全を守る規則はほとんどなかった。

港の仕事は父や息子、兄弟など、血縁でつながった地元の仲間たちで占められ、仕事にありつくにはしばしば現場監督に賄賂をつかませる必要があった。一九五一年にはニューヨークにもロンドンにも五万人の港湾労働者がいたが、常雇いはほとんどいなかった。昔から港の仕事は日雇いだった。ロンドン、マルセイユ、アントワープ、オレゴン州ポートランド、オーストラリアのフリーマントル、リバプールなど、世界中の港湾都市には波止場から二キロ以内に暮らす沖仲仕の緊密なコミュニティがあった。港湾労働者は平均的な肉体労働より高い賃金を得ていたが、社会的には見下されていたし、それにはもっともな理由もあった。積み荷を盗んだり抜き取ったりするのは日常茶飯事で、盗めるものはいくらでもあった。大きな商用船は箱やドラム缶や木箱など二〇万点もの貨物を積み、中身はワインや布からラジオまで多種多様だった。

アメリカからヨーロッパに品物を輸送する場合、運賃と港での貨物の積み下ろしにかかる費用の合計は製品価格の二〇～二五パーセントにも上った。最もコストがかかるのは輸送そのものではなく、陸上から船に貨物を積み込み、目的地で船から積み荷を降ろして、待ち構えている列車やトラックに積み込む作業だった。輸送が非効率的なのは誰の目にも明らかだった。とりわけ港湾労働者の労働条件を守る労働組合の圧力が大きな原因になっていた。一九二〇年代からコンテナを導入しようとするさまざまな試みがあり、第二次世界大戦後には金属製や木製のコンテナが数千個も使われていた。しかしそれらは今日よく目にするコンテナとはまるで違っていた。もっとずっと小さく、たいていは蓋がなくキャンバス布で覆われているだけで、積み込みや積み下ろしを安く簡単にする効果はほとんどなかった。

革命の始まり

トラック運送会社を経営していたマクリーンがあるアイデアを思いついたのは、彼がトラックで港に運んだ積み荷が船に積み込まれるまで、長時間待たなければならなかったときだった。貨物を船に積み込むもっといい方法はないものかとマクリーンは考えた。

マクリーンは一九五四年までに六〇〇台以上のトラックを所有する大運送会社を築き上げていた。年々ひどくなるハイウェイの渋滞に頭を悩ませていたマクリーンは、アメリカ東海岸を航行する船で貨物を運べば渋滞を回避できるとひらめいた。しかし当時の法律では、トラックを走らせるのはトラック会社、船を運航するのは海運会社と決められていた。マクリーンの計画は、マクリーン運送会社が自前のトラックと自前の船で一貫して貨物を輸送するシステムだった。埠頭から船に渡り橋をかけ、トレーラーを引いたトラックを甲板まで運転する。そして船の上でトレーラーだけを切り離し、目的地の港に着いたら別のトラックをトレーラーにつなげばいい。さびれた沿岸海運を回復させたかったニューヨーク港湾局は、マクリーンのアイデアに魅力を感じ、ニューヨークの対岸に位置するニュージャージー州ニューアーク港に新しいターミナルを建設した。トラック運送会社が船会社を経営するのは連邦法で禁じられていたので、マクリーンはトラック運送会社を売却し、海運会社のパンアトランティック海運を買収して全財産を注ぎこんだ。

まもなくマクリーンは、トレーラーを船で運ぶという新しいアイデアでさえ効率が悪いと気づいた。トレーラーにはシャーシ（車台）と車輪がついているため、そのまま積めば船倉のスペースが無駄になってしまう。マクリーンは政府の使い古しのタンカーを買い、トレーラーのシャーシからボディを外して「箱」だけにして積み込めばいいと考えた。箱だけにすれば段積みもできる。これがコンテナ輸送の始まりだった。マクリーンがコンテナ輸送のシステムを完成させるには長い時間が必要だった。埠頭を補強し、コンテナの積み下ろしをする新しい船上クレーンを開発し、州際交通委員会と沿岸警備隊の承認を取らなければならなかった。しかしコスト削減効果は驚くほどだった。「シーランド・サービス」と名づけられたマクリーンのコンテナ輸送事業が一九五六年に運航を開始したとき、中型の貨物船で貨物を輸送するには一トン当たり五・八三ドルのコストがかかっていた。ところがマクリーンのやり方なら二〇セント未満で済むのである。

コンテナ輸送の利益

大きなイノベーションの多くがそうであるように、コンテナリゼーションが受け入れられ、その利点が明確に理解されるまでにはかなりの時間を必要とした。コンテナリゼーションがもたらすチャンスを生かすために世界中の企業や工場が従来のやり方を変えるには、長い道のりがあった。コンテナ輸送への転換の鍵となったのは規格の統一だった。

一九五〇年代末までに輸送用コンテナの数は増加の一途をたどったが、コンテナの形や大きさはばらばらだった。各輸送会社が他社と互換性のない独自のシステムの開発を進めれば、コンテナによるコストや時間の削減はほとんど期待できなかった。幸いにも米海事管理局という小さな行政機関が米国規格協会と連携し、長さ一〇、二〇、三〇、四〇フィートで、幅と高さはいずれも八フィートのコンテナを規格品と定めた。国際標準化機構（訳注 各国の標準化団体が参加し、世界共通の標準規格を提供している国際組織）はコンテナの国際規格と互換性を確立するため、アメリカにならって規格の統一に乗り出した。

規格化の利点は徐々に明らかになった。カンザスシティで貨物を詰めたコンテナが、ほぼすべてのトラックや鉄道や港でスムーズに受け渡されてクアラルンプールに届くのが夢ではなくなったとレビンソンは指摘する。しかし一九六三年になっても、貨物輸送の大部分は旧来のやり方が占め、蒸気船を運航する大手海運会社の経営者たちはコンテナが国際輸送産業に占める割合が一〇パーセントを超えることはまずないと高を括っていた。意外なことに、コンテナリゼーションが実際に普及し始めたのはアメリカ国内で広まってからだった。イーストマンコダックやゼネラル・エレクトリックのような大企業は、製品をアメリカの東海岸から西海岸へ小口のトラック輸送で送るより、鉄道によるコンテナ輸送を利用した方が経費節減になると気づいたのである。

一九六〇年代にはベトナム戦争が追い風になって、国際コンテナ輸送の普及が加速した。コンテナ船で大量の物資をベトナムに輸送できなければ、米軍が地球の反対側で戦う能力には限界があったはずだとレビンソンは主張している。ベトナム戦争の影響はもう一つあった。ベトナムで物資を降ろして空のコンテナを積んだ商船は、日本に寄港し、日本製の一般消費者向け製品を満載して帰国した。日本と西海岸を結ぶ航路は現代の世界貿易の基礎となり、安い中国製品を欧米諸国に運ぶ現代の大型コンテナ船の先駆けとなった。

輸送コストが「急激に低下した」おかげで、後進国が先進国に製品を売る道が開け、小さな企業が輸出によって大会社になるのも夢ではなくなった。昔は部品や原料の海上輸送が高くついたため、メーカーと部品供給業者は寄り集まって工場を建設した。しかしその必要は急速に薄れた。現在では地球の反対側から製品を輸送するコストを計算に入れても、マレーシアのメーカーはアメリカの大型デパートが地元メーカーから仕入れるより安く衣料品を納めている。「一九五六年には、世界は地元で商売する小さなメーカーであふれていた。だが二〇世紀末になると、国産品だけが取引される市場はもうほとんど見かけない」とレビンソンは述べている。消費者には商品の選択肢が大幅に増え、しかもそのほとんどは以前よりはるかに安くなった。

貨物の積み下ろしが予測可能で統一された作業になったおかげで、世界中から製品を供給する側も受け取る側も、必要な在庫をより正確に計算できるようになった。在庫を限りなくゼロに近づけるジャスト・イン・タイム方式が実現したのも、現代の経済の象徴である地球の裏側まで伸びたサプライチェーンも、コンテナリゼーションがなければ不可能だったとレビンソンは言う。今ではバービー人形もｉＰｈｏｎｅもドイツ車のＭＩＮＩも、数か国で生産された部品が最終組み立て工場に輸送され、そこで組み立てられている。

コンテナリゼーションの明暗

コンテナリゼーションは統一性をもたらしたが、そこには社会的コストもあった。世界のどの国でもコンテナ港の風景はほぼ同じで、港湾労働者の集団と彼らの緊密なコミュニティはすっかり昔話になった。かつては海運業の中心として栄えていたリバプールのような都市は、立地や埠頭がコンテナ輸送に適さないため、国際貿易革命によって衰退の憂き目を見た。ロンドンの名高いテムズ川の埠頭は一九七〇年代初頭までにほとんどが閉鎖され、リバプールでは港を利用していた製造業が一斉に移転してしまい、経済が大打撃を受けた。

コンテナ輸送に切り替えるための多額の投資ができない古い海運会社は消えていき、海上輸送はイギリスのフェリクストウ、オランダのロッテルダム、ドイツのハンブルグ、フランスのルアーブルのような少数の大型港にますます集中した。アメリカではシアトル、オークランド、ロサンゼルス、ロングビーチに新しい港が建設され、サンフランシスコやポートランドのような古い港に取って代わった。コンテナ港として建設されたニュージャージー州のニューアーク港やポートエリザベスとは対照的に、マンハッタンやブルックリンにあるニューヨーク港の桟橋は、貨物の積み下ろしを仕切っている港湾労働者連盟の汚職や頻繁なストライキに足を引っ張られて貨物取扱量は減る一方だった。この変化はニューヨークの製造業にも打撃を与え、数千人が失業した。産業と雇用はニュージャージーやニューヨーク州の他の地域、そしてコネチカット州に移転した。

一九七六年に『フィナンシャル・タイムズ』紙は、「コンテナリゼーションは貨物輸送の歴史における飛躍的前進の象徴であり革命的な影響をもたらしたが、もはやそのほとんどは終わった」と論評した。しかし真の革命はまだ始まったばかりだった。一九七〇年代には世界のコンテナ輸送能力は毎年一五～二〇パーセントも増加し、コンテナ船はどんどん大型化した。パナマ運河を航行できる最大サイズの船という意味で「パナマックス級」と呼ばれる大型船は、三五〇〇個のコンテナを運ぶことができた。船が大型化すればするほど、燃料費や港の荷役にかかるコンテナ一個当たりのコストは安くなった。「コンテナ輸送は、規模の経済がモノを言う産業の代表格だった」とレビンソンは言う。一九八〇年代末には「オーバーパナマックス」と呼ばれる巨大船も建造され始めた。この船はパナマ運河を航行できないほど大型で、香港やロサンゼルス、シンガポール、ロッテルダムなど、世界最大の港を結ぶ航路で威力を発揮した。

本書が刊行された後、もっと大きなコンテナ船が就航し始めた。それらの船はなんと一万五〇〇〇個のコンテナを輸送でき、積み荷が重くなければ最大一万八〇〇〇個まで輸送する能力がある。

仕事と人生に活かすために

これまで経済学者は輸送コストの影響を過小評価してきたが、コンテナが世界的に普及した後の一九六六年から一九七六年の一〇年間に、世界の工業製品貿易の伸びは工業生産高の伸びの二倍の速さを記録したとレビンソンは指摘する。この一〇年間の世界経済の停滞とオイルショックをものともせず、輸送コストの大幅な値下がりが貿易を加速したのである（輸送コストが今でも大きな問題となる証拠として、アフリカでは国家間の輸送網が不十分なために経済成長が阻害されている。アフリカから外国へ製品を海上輸送する方が、アフリカ大陸の中で陸上輸送するよりはるかにコストが安いのである）。

コンテナリゼーションは輸入関税のコストを納税者に気づかせることによって、自由貿易の推進と保護政策の見直しを要求する強力な論拠を与えた。このことは予想外の影響をもたらした。昔は外国の工場労働者の時給がいくらだろうと、カンザス州の労働者には何の関係もなかった。しかし輸送コストが安くなったおかげで、アメリカ人の仕事は中国のように人件費が安い国に実質的に「輸出」できるようになった。そう考えると、コンテナリゼーションは反グローバリゼーション、反自由貿易、そしてナショナリズムの高まりの重要な要因になったとも言える。革新的なテクノロジーは国家間の壁を打破することもできるが、そうした進歩はいつでも政治によって覆される可能性があるということを、レビンソンの本はあらためて思い出させる。

13

2011

リーン・スタートアップ

エリック・リース

実験を繰り返して最後に残ったものだけが
市場を勝ち取れるのである。

邦訳
［リーン・スタートアップ］
日経BP 井口耕二 訳

最近の革新的なベンチャー企業に適したマネジメントパラダイムが確立されていないため、（中略）成功の陰に山のような失敗がある状況となっている――発売から数週間で製品が売り場から引きあげられる、華々しく登場したスタートアップが数カ月で忘れられる、誰にも使ってもらえず新製品が消えていくなどの失敗があとを絶たないのだ。その結果、関与した社員や会社、投資家に経済的な損失が発生するが、それに加えて時間や情熱、スキルといった貴重な人的資源もすさまじい無駄づかいとなる。これはとても残念なことであり、そのような失敗を防止することこそ、リーン・スタートアップの目的なのである。

❀

エリック・リースはコンピュータ・プログラマーとして新製品を世に送り出そうとしていたとき、大きな壁にぶつかった。事業がうまくいかなくなるたびに、原因は技術的な問題か、市場のタイミングが悪いせいだと考えた。新製品の開発と発売に関する従来の考え方は、起業家がすごい事業計画を思いつき、新製品を開発し、発表した新製品が大衆に熱狂的に支持されるという筋書きが多い。リースはこの考え方を疑ったこ

Eric Ries

エリック・リース

リースは一九七八年に生まれ、イエール大学在学中に最初の会社、キャタリスト・リクルーティングを立ち上げる。この会社は学生がプロフィールを書いて、条件が一致する就職先をオンラインで見つけられるサービスだった。ドット・コム・バブルが崩壊して会社がつぶれると、リースはシリコンバレーに移り、オンライン仮想空間を提供するゼア・コムで製品開発者として働いた。二〇〇四年にゼア・コムが破綻すると、IMVUを仲間と共同で設立する。二〇〇八年に最高技術責任者の職を辞し、ベンチャーキャピタル会社のクライナー・パーキンスに顧問として加わった。ハーバード大学ビジネススクールのアントレプレナー・イン・レジデンス（訳注 客員起業家。企業やビジネススクールが経験ある起業家を雇用し、相談やア

とは一度もなかった。事業を軌道に乗せるのにことごとく失敗してから、リースははじめて解決方法を探し始め、思い切った新しい方法を試したいと考えるようになった。

リースがオンラインにアバターを使って仮想世界を構築するＩＭＶＵというスタートアップを創設したとき、投資家から、ＩＴエンジニアリングと同様に、マーケティングや顧客も最初から重視しなければいけないとアドバイスを受けた。具体的には、製品が完璧になる前に発売し、早期に顧客を対象に改訂版や新しい機能を絶え間なくテストし、新しいバージョンをリリースするサイクルを極端に短縮することを意味している。出荷前にあらゆるバグを取り除き、完璧に仕上げるように訓練されたエンジニアから見ると、このやり方はどう考えてもおかしい。しかしＩＭＶＵは大成功した。それは徹底した実験の繰り返しの成果だとリースは言う。

リースがこの新しい「リーンな」（無駄がないという意味）スタートアップの方法を広めるためにブログを書き始めると、それが評判となり、彼は短期間で成功する方法を求めている起業家にリーン・スタートアップ方式を伝授しようと世界中で講演するようになった。その成果として生まれたのが本書『リーン・スタートアップ』である。

ドバイスを受けられるようにする制度）でもあり、精力的な講演活動も行なっている。

意外に相性がいい起業とマネジメント

ＩＴ系のスタートアップの世界にいる多くの人たちと同様に、リースはガレージから起業して小さな会社を大企業に育て上げた伝説のアントレプレナー（起業家）に憧れていた。会社が株式を公開し、主人公が一夜にして大金持ちになるストーリーは世の中にあふれていた。しかし彼らが実際にどうやってビジネスを立ち上げたか、どうやって重大な決断を下したか、どんなシステムを使ったかは、ほんの数場面で片づけられてしまう。そういう「おもしろくないこと」は、創造的な才能や不屈の努力、勤勉などに比べれば人の興味を引かないようだった。

しかし、成功とはそんな英雄的な物語ではないのではないかとリースは考えるようになった。起業とはアートではなく、ある程度の知性を持った人間なら誰でもうまく利用できるプロセスではないかと考えたのである。ＩＭＶＵでの経験から、リースは起業を成功させるのはマネジメントだと悟った。つまり、起業とは単にすぐれた製品を創り出すこと（エンジニアの視点）ではなく、最初から市場を重視（経営者や創業者の責任）しなければならないのだ。しかし、事業計画や戦略、市場調査などを重んじる伝統的なマネジメントは、スタートアップには向いていない。顧客がどんな人たちで、市場がどこにあるのかもわからないスタートアップに、旧来のマネジメント手法が対処できるはずがないのだ。「比較的安定した環境で長期にわたる安定操業の歴史があってはじめて、精度の高い計画や予測が可能になるからだ。スタートアップではどちらの条件も成立しない」とリースは言う。

リースはリーン・スタートアップの考え方を使って、新しいものを創造したい人の個人的な才能に加えて、組織的なイノベーションに焦点を当てたいと考えている。ビジネスのどの部分に最大の価値があり、どの部分が資源の無駄になっているかをもっと科学的に分析し、ビジネスの状態をつぶさに観察するように促すリースの考え方は、二〇世紀初めに企業経営の科学的管理を説いたフレデリック・ウィンズロー・テイラー（523ページ参照）の流れを汲んでいる。

生まれたばかりの企業を育てる新しい手法

リースは、スタートアップとは「とてつもなく不確実な状態で新しい製品やサービスを創り出さなければならない人的組織」だと定義している。非常に注意深く言葉を選んだ言い方だ。「人的組織」という表現は、ベンチャービジネスが単に製品だけでなく、持続可能な事業の創造を目指す人とプロセスを指していることをあらためて認識させる。また、アントレプレナーはシリコンバレーのガレージだけでなく、大企業や政府、あるいは非営利団体の中にも存在するという事実を示している。スタートアップの本質はイノベーションであり、体制や組織はその入れ物にすぎない。スタートアップとそれ以外の事業の重要な違いは、スタートアップが本質的に不確実性を持つことである。成功する現実的なチャンスを秘めた不確実性を容認し、受け入れられるのは、スタートアップ（そしてスタートアップに投資する投資家）だけだ。なぜならスタートアップは、お金の無駄になりかねない事業計画を最後まで遂行することに縛られていないからである。

ＩＭＶＵを立ち上げたばかりの頃、売上は情けないほど低かった。初期の売上目標は月に三〇〇ドルから五〇〇ドルだったが、数字はなかなか増えなかった。派手な宣伝を打つ、巧みなマーケティングをしかける、キャンペーンを展開するといった方法で一時的に売上を増やし、投資家を喜ばせることもできただろう。しかしこうした「虚栄の評価基準」や「成功劇場」は、事業の真の状態を見えにくくする。そうなるとリースのチームは実証的な評価基準を用いて、事業が着実に前進しているかどうかを判断することができなかっただろう。

リースは、スタートアップには「大胆なゼロ」を好む傾向があると指摘している。大胆なゼロとは、顧客や売上データに小さな数字を出すよりも、製品をリリースせずに売上ゼロのままにしておくことだ。売上ゼロの方が、バラ色の（しかし未検証の）事業計画に描かれたすばらしい未来を想像する余地がある。社員や投資家、ときには配偶者にさえ、「いまの売上はこうだ」と明かすのは勇気がいる。ときにはその数字があまりにもささやかで、わざわざ製品を販売する意味があるのか疑われるときさえある。しかしいくら夢があっても、大胆なゼロはしばしば膨大な無駄を生む。大胆なゼロを続けるスタートアップの経営者や社員、そして投資家は、すばらしいアイデアに夢中になりながら、実際には誰もテストしようとしない製品のために時間とお金を費やしているからだ。そのいい例が、大失敗したインターネット企業のウェブバン（訳注　食品デリバリーサービス）やペット・ドット・コム（訳注　ペット用品販売）である。これらの企業は大規模な設備投資をした後で、その製品やサービスに対する需要がないという事実を突きつけられた。これに対して、シンプルな機能しかない「実用最小限の製品」を発売して顧客の反応を探る方法がある。しかしアントレプレナーは、「どこに出しても恥ずかしくない」製品を作りたいという考えが染みついているので、不完全な製品を出すのは我慢できない。アントレプレナーはたいてい完全主義者なので、完璧にほど遠いものをリリースすることに抵抗があるのだ。しかし市場のアーリーアダプター（訳

注　他人より早く新製品に手を出す顧客）にとっては、その製品が新しくて誰も試していないことが魅力の一つであり、サービスに欠陥があっても、新しい製品だから仕方ないと受け入れてくれる。

ウェブバンやペット・ドット・コムのような昔ながらの事業計画の対極にあるのが、リースの言う「とりあえず製品をリリースして様子を見よう」という方針だ。前者には規律がありすぎ、後者には規律がなさすぎる。どちらも科学的な起業の方法とは言えない。科学的な手法とは、仮説を立て、それを絶えずテストして、製品のどの部分に価値があり、どの部分はそうでないのかを実証的に確かめるやり方だ。もちろん、製品をいきなり出荷して、成功するかどうか様子を見るという方法もあるが、テストしなければ顧客が製品のどこを気に入り、どこが気に入らないのかを確実に知ることはできない。気に入らないところがわかれば、それを製品から取り除いて、もっと大きな市場を切り開けるはずなのだ。

スタートアップ成功の秘訣――リーンと学び《ラーニング》

ＩＭＶＵでの体験を違う観点から眺めるために、リースは他の業界について学び始めた。そして出会ったのがリーン生産方式（５６１ページ、ジェームズ・ウォマック『リーン生産方式が、世界の自動車産業をこう変える。』参照）と、トヨタ生産方式である。トヨタ生産方式の要点は、バッチサイズ（訳注　ひとまとめに生産される製品の数量）の縮小にある。バッチサイズを縮小することで、トヨタは顧客に合わせてよりカスタマイズした製品、過剰な在庫の削減によるジャスト・イン・タイムの製造、多数の細かい改善を製造工程や製品に導入できるサイクルタイムの短縮を可能にした。

リーン生産方式をスタートアップに応用するにあたって、リースは緊密に結びついた次の三つの原則にたどり着いた。「検証による学び」――スタートアップは特定の製品やサービスを作るためだけに存在するのではなく、顧客にとって何が有益で、何に価値があるのかを常に実験で確かめることで、どうすれば持続可能なビジネスを創造できるかを知ることもスタートアップの存在意義である。「構築―計測―学習」――顧客の反応を正確に計測することにより、今のアイデアや機能を捨てて方向転換《ピボット》するか、辛抱するかを判断できる。「革新会計《イノベーションアカウンティング》」――製品開発と実験の繰り返しがうまくいっているかどうかを確かめるために、「進捗状況の計測方法やチェックポイントの設定方法、優先順位の策定方法」などを考える「おもしろくない部分」である。

伝統的な会社経営が製品やサービスの生産の効率性に重点を置いていたのに対し、リーン・スタートアップの重点は学びにある。つまり、顧客が実際に何を欲し、何を必要とするのかを常に探し続ける会社を作る必要があるのだ。会社のために大きなビジョンを持つことと、実際に作って売るものに頻繁な実験と改良を行なうことは決して矛盾しない。野心が大きければ大きいほど、それを達成する最善の手段の選択には柔軟でなければならない。従来の学びはしばしば高くつき、痛みを伴うものだった。スタートアップが倒産し、投資家を赤字に追い込み、社員を失業させた後で、ようやく何かを「学ぶ」のがこれまでのやり方だった。これに対して検証による学びは、スタートアップが提供する製品について実証的な事実を発見し、その事実をただちに製品の改良や別の選択肢の採用、あるいは製品を放棄する判断に生かせる。いったん事業計画を立てたら、それがうまくいっていないという証拠がいくら積み重なっても、計画を最後まで貫き通すのが従来のやり方だった。

リースは開発に何千時間も費やしたインスタントメッセージのアドオンの経験を語っている。そのアドオンは顧客が普段使っているインスタントメッセージ・サービスをＩＭＶＵにつなげて、友達をチャットに招待できるようにする目的で開発された。結局は（見込み客を招いてＩＭＶＵを使ってもらった結果）、顧客はそんなものを欲しがらないことがわかった。顧客が欲しいと思うのはＩＭＶＵだけで使えるインスタントメッセージ・サービスだった。彼らは初めて出会うアバターとチャットして、新しい友達を作りたいと考えていた。それを学ぶために、リースはアドオン開発に要した時間とエネルギーという大きな代償を払わなければならなかった。彼が作ったシステムを顧客が望んでいるかどうか、最初にテストしていればもっと早く学べたはずだ。

スタートアップの目的は、何らかの形でイノベーションを実現することだ。だからやる気さえあれば、大企業の内部でもスタートアップが可能になる。会計ソフト大手のインテュイットはターボタックスという確定申告書類作成プログラムによって成長した。インテュイットは顧客が毎年ターボタックスを買ってくれるように、このソフトウェアに機能を追加した新しいバージョンを年に一度発売してきた。しかしインテュイットがリーン・スタートアップの考えを取り入れてから、ターボタックスのチームはこのソフトウェアに何百種類もの新しいイノベーションをテストし、変更したものを毎週末にリリースするようになった。次の週には変更の成果を示すデータを確認し、その機能を残すか削除するかを決定する。このチームはインテュイットという組織の中のアントレプレナーであり、彼らは継続的な学びを可能にする仕事に満足している。このやり方になじめないのはリーダーや中間管理職だとインテュイット創業者のスコット・クックはリースに語っている。彼らは巧みな分析力によってその地位に上り詰めたのであり、実証的なテストは自分の仕事ではないと考えているからだ。従来のやり方では新製品を開発して五〇〇〇万ドルの売上を得るのに平均五年半かかっていたが、現在は製品を半年で開発して同じ売上を得られるようになり、以前よりはるかに多種多様な製品が生まれている。「短期間で価値を生まないモノは廃止し、価値を生むモノに大きく賭け」ることが成功をもたらしたとインテュイットのCEOブラッド・スミスは述べている。

仕事と人生に活かすために

ビジネスに科学的手法を応用したことによって、リーン・スタートアップという考え方は一時的な流行に終わらず、世界中に影響を与え続けている。カール・ポパーが『科学的発見の論理』（『世界の哲学50の名著』参照）で主張したように、反証され得ない理論は理論ではない。科学は（そしてビジネスも）、仮説を立て、それを実験とテストによって検証することを繰り返して進歩する。ビジネスのコンセプトや製品、機能、マーケティングキャンペーンを顧客に対してテストし続けなければ、ビジネスは失敗するか、市場シェアを失うのは時間の問題だ。最初のビジネスモデルを守り続けて成功した企業がほとんどないのは周知の事実だ。売上の低迷か、投資家からの圧力、あるいはその両方によって方向転換を迫られた企業が、大衆に引っ張りだこの製品を生み出すことがある。それこそピーター・ドラッカーが『イノベーションと起業家精神』（『世界の経済学50の名著』参照）で述べた「予期せぬ成功」だ。

本書『リーン・スタートアップ』が刊行されてからすでに七年以上たっている。本書に書かれたリーン・スタートアップの原則は時代を超えた普遍性を持っているが、実例として取り上げられた数々の企業（グルーポンやドロップボックス、ザッポスなど）の話は、今ではすっかりおなじみになった。新たに刊行されたリースの『スタートアップ・ウェイ』（二〇一七年）では、本書の出版後にリースの助言によってアントレプレナー的な考え方を取り入れて成長を続けている大企業の例が紹介されている。

14

1997

スターバックス成功物語

ハワード・シュルツ

顧客の1日にささやかな喜びのひとときをもたらすことによって、大企業を作ることができる。

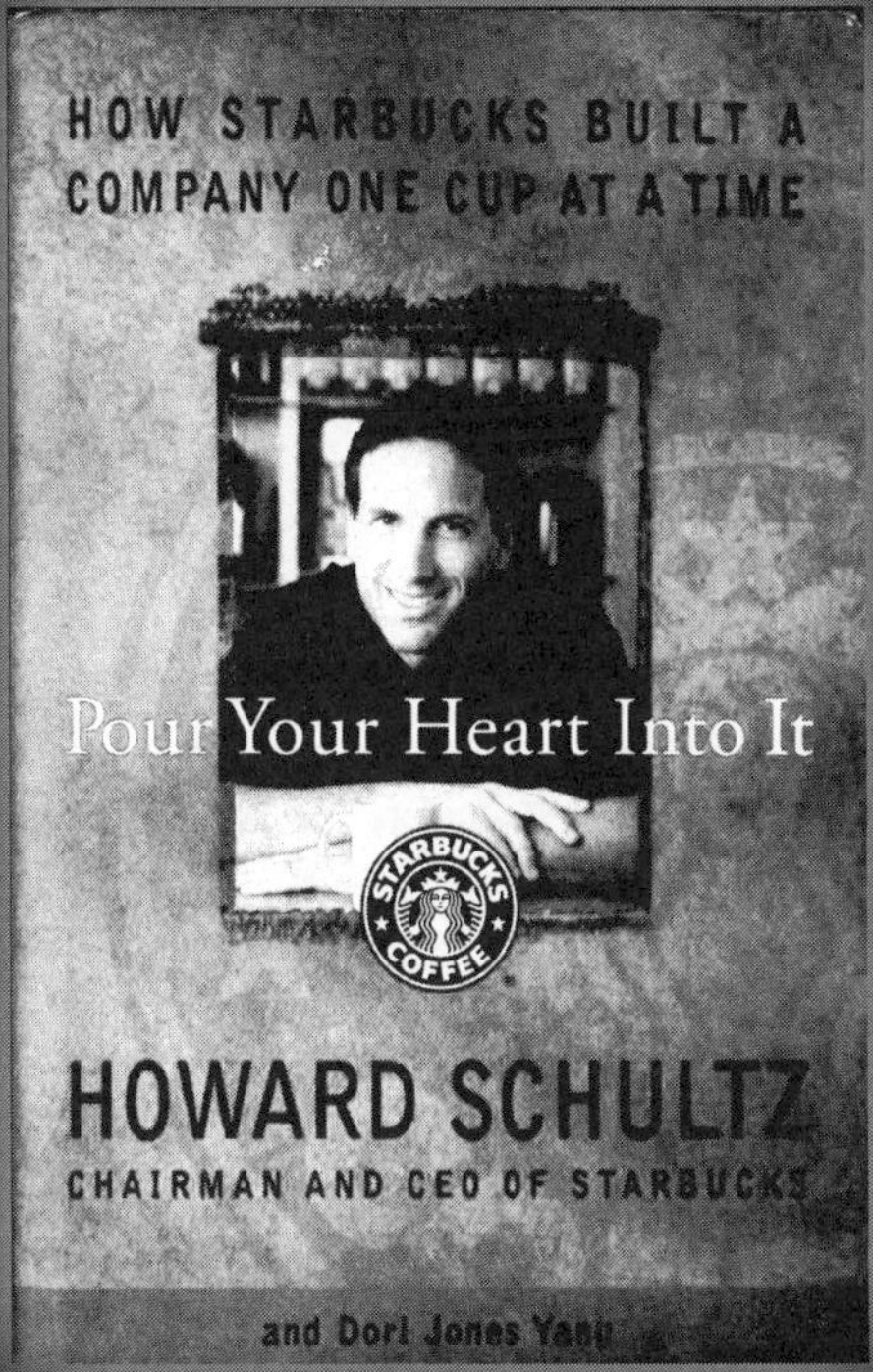

邦訳

［スターバックス成功物語］

日経BP 小幡照雄・大川修二 訳

立派な企業をつくり上げるためには、大きな夢を描く勇気が必要だ。小さな夢を持てば、小さなことはやれるかもしれない。たいていの人はそれで満足している。だが、広い範囲に影響を及ぼし、永続的な価値を生み出すには大胆にならなければならない。

❀

スターバックスがいたるところに開店し、飲料業界のマクドナルド的存在になるにつれ、この会社が利益と世界制覇しか考えていないアメリカ企業の新たなシンボルとみなされるようになっても無理はなかった。しかしスターバックスにはもっと複雑で興味深い真実の物語がある。

スターバックスは店でコーヒーを入れて売るようになる前から、焙煎したコーヒー豆を売る小売店として一〇年間営業を続けていた。創業者たちは純粋なコーヒー愛好家で、利益を追うより人々に本物のコーヒーの楽しみ方を教えたいと考えて店を開いた。カリフォルニア州サンバーナディーノでマクドナルド兄弟が経営するすばらしいハンバーガー店を発見したレイ・クロックと同じように、台所用品と家庭雑貨を売る会社の営業本部長だったハワード・シュルツは、一九八〇年代初めに初期の

Howard Schultz

ハワード・シュルツ

シュルツはニューヨーク・ブルックリンでユダヤ系ドイツ人移民のアメリカ人の子として生まれた。幼いころから苦しい暮らしの中で育ったが、アメリカンフットボールの特待生としてノーザン・ミシガン大学に進学。卒業後、ゼロックスに入社。その後雑貨会社の副社長に転じ、そこで、コーヒーメーカーを大量に仕入れたスターバックス社を知り一九八二年に入社。当時は四店舗であった。一九八五年独立し、エスプレッソ小売店を創業、一九八七年に四〇〇万ドルでスターバックス社を買収した。シアトルの一コーヒーショップに過ぎなかったスターバックスを、世界的な規模に成長させた中興の祖。

スターバックスの店を訪れて衝撃を受けた。それまで「本物とはいえない」アメリカン・コーヒーに慣れていたシュルツは、スターバックスで試飲した本物のコーヒーにすっかり魅了され、その日のうちにこの風変わりで情熱的な会社で働きたいと心に決めた。

『スターバックス成功物語』は、挽いたコーヒー豆を売るチェーン店だったスターバックスをメジャーブランドに育て上げたシュルツの物語であり、それだけでも十分に読みごたえがある。同時に、本書にはスターバックスの社風に知らず知らず影響を与えたシュルツと父親の関係が自伝的に描かれている。スターバックスは好きだが、同社の成り立ちはほとんど知らなかったという読者にとって、本書で明かされるスターバックスの歴史は興味深いはずだ。そして起業を夢見る人にとって、本書は学ぶべき知恵の宝庫である。

スターバックスに惚れ込む

シュルツはニューヨーク州ブルックリンの低所得者層が暮らす地区の国営共同住宅で育った。住宅は新築だったが、そこに住む人たちは見下されていた。父親は高校を卒業せず、劣悪な職場でずっと技能のいらない単純労働をしていた。シュルツは一〇代になると、父親を負け犬としてふがいなく思うようになった。

そういう家庭環境だったため、シュルツがフットボールの実力を――学業成績ではなく――買われて大学に入学を認められたのは、家族にとって画期的な出来事だった。両親は千マイルをドライブしてシュルツをノーザン・ミシガン大学まで連れて行った。彼らがニューヨークを離れるのはそれが初めてだった。シュルツは大学でコミュニケーション学を専攻し、弁論術や対人コミュニケーション、そしてビジネスの講義を受けた。

大学を卒業したシュルツは、特にやりたいことが見つからないままゼロックス社に入社し、一日五〇社に飛び込み訪問してワープロを売った。その仕事を三年間続けて学費のために借りたローンを払い終わると、ペルストップというスウェーデンの会社に転職した。まもなくシュルツはペルストップのアメリカ子会社であるハマープラスト社の営業本部長に昇格した。おしゃれな台所用品や家庭雑貨を売るこの会社で、シュルツは七万五〇〇〇ドルの年俸と専用の車、必要経費の決裁権を与えられ、二〇名の販売責任者を監督する立場になった。シュルツと妻でインテリアデザイナーのシェリーはアパートを購入し、マンハッタンのライフスタイルを楽しんだ。

ハマープラストで働いているとき、シュルツはシアトルの小さな会社が特定のドリップ式コーヒーメーカーを大量に注文しているのに気づいて興味を引かれた。その会社を視察に出かけたのが、シュルツとスターバックスの出会いだった。当時のスターバックスはコーヒー豆を挽いて売る小さなチェーン店で、顧客によりおいしくコーヒーを飲んでもらうためにハマープラスト社のコーヒーメーカーを勧めていた。シュルツはスターバックス創業者のジェリー・ボールドウィンとゴードン・バウカーを紹介された。二人とも教養ある人物で、洗練されたコーヒー愛好家だけのニッチ市場を相手に店を経営していた。シュルツはコーヒーだけでなく、この会社の伝統や設立の精神に心を引かれた。

文学好きなボールドウィンとバウカーは、一九七一年にシアトルに最初の店を開くにあたって店の名前を考えた。思いついたのはハーマン・メルビルの小説『白鯨』に登場する「ピークォド号」という船の一等航海士、スターバックの名前だった。スターバックスという店名は、昔のコーヒー貿易商人の船旅を思い出させると彼らは考えたのである。ロゴは古い本で見つけた北欧神話の版画からヒントを得て、豊かな髪を垂らしたセイレン（訳注　尾が二つある人魚）のまわりに初期の店名である「Starbucks Coffee, Tea and Spice」の文字を配置したデザインにした。開店当初から、スターバックスは顧客が店に足を踏み入れた途端、深煎りコーヒーのアロマと異国情緒あふれる木製の内装に迎えられ、日常生活を忘れられるように作られていた。

シュルツはハマープラスト社で厚遇されていたにもかかわらず、仕事に物足りなさを感じ始めていた。「私は何か大事なものが欠けているような気がしてならなかった。自分自身の運命に挑戦したかったのだ」とシュルツは書いている。シュルツは自分をマーケティング部長として雇ってほしいとスターバックスの創業者たちを説得し、一九八二年に両親の反対を押し切って仕事をやめ、スターバックスに入社した。

思い切った決断

スターバックスに加わって数カ月後、シュルツはミラノの国際家庭雑貨ショーに派遣された。ミラノの町を歩いていたシュルツは、行く先々にある賑やかで温かい雰囲気のカフェが気に入った。そして突然、スターバックスもコーヒー豆を焙煎して売るだけでなく、淹れたてのコーヒーを提供する店になるべきだというアイデアが浮かんだ。この旅行でシュルツは初めてカフェラッテを味わった。エスプレッソに泡立てた温かいミルクを混ぜたこの飲み物は、アメリカではほとんど知られていなかった。

シアトルに帰ったシュルツは、早速スターバックス・カフェを開こうと上司に訴えた。しかしそのアイデアは、はしゃぎ過ぎのマーケティング部長の気まぐれとして却下されてしまった。ようやく一つの店にこじんまりした立ち飲みのエスプレッソ・バーを設けることが認められ、エスプレッソの売上は日増しに増えた。それでも創業者たちは他の店舗にカフェを広げるアイデアには消極的だった。彼らは「レストラン業」には断固反対した。スターバックスをカフェにすれば、会社の本来の理念が守れなくなるというのだ。スターバックスに対する愛着と、アメリカ中にイタリア方式のカフェを開きたいというビジョンとの間で葛藤した結果、シュルツは自分のビジョンを実現するには会社をやめて独立するしかないと決心した。それは最初にスターバックスに入ると決めたときよりも、さらに思い切った決断だった。

ビジョンを売り込む

シュルツは新しい会社の設立資金を得るために、一年がかりでシアトル中の投資家を訪問し、事業計画を説明した。投資を依頼した二四二人のうち、二一七人からそっけなく断られた。コーヒーは成長産業ではないとシュルツは何度も聞かされた。一九六〇年代半ばから、清涼飲料に押されてアメリカのコーヒー消費量は減っていたのだ。今お金になるのはハイテクのスタートアップ企業だと投資家たちは口をそろえた。

やっとのことでシュルツは元手資金をかき集め、シアトルのビジネス街に「イル・ジョルナーレ」一号店をオープンした。イタリア方式のエスプレッソを提供するこのカフェは大成功で、他の場所にも支店を出し始めた。ところが一九八七年に耳よりなニュースが飛び込んできた。スターバックスの創業者たちが事業を売りたがっているという。スターバックスに変わらない愛情を抱いていたシュルツは、なんとしても買収しようと決意した。イル・ジョルナーレのために一二五万ドルを集めるのでさえ四苦八苦したのだ。スターバックスの買収に必要な四〇〇万ドルを集めるのが困難なのは目に見えていた。シュルツは五年以内にアメリカ全体で一〇〇店舗以上オープンさせると投資家に約束して（当時はかなり突飛な計画に思えた）、ようやく資金を確保した。こうしてイル・ジョルナーレとスターバックスは一つになったのである。

コーヒー・ビジネスではなく、人のビジネスだ

一〇年後、スターバックスの店舗数は一三〇〇を超え、社員の数は二万五〇〇〇人に達した。最初の三年間は赤字だったが、毎年五〇パーセントずつ成長し、きわめて価値の高い会社になった。一九九二年に株式公開すると、スターバックスは株式市場の寵児になった。一営業日に一店の割合で新しい店舗をオープンさせたおかげで、利益はほとんどいつも目標を上回った。しかしシュルツにとって、スターバックスを拡大するのは単にビジネス上の「成長」や「成功」のためではなかった。彼は社員を大切にし、彼らに敬意を持って接する会社を作りたかった。顧客が大切なのはもちろんだが、長期的に健全な事業を作るには、バリスタや社員を幸福にする方がはるかに重要だと考えたのである。

スターバックスは週二〇時間しか働かないパートタイマーも含めて、全社員に総合的な健康保険制度を適用する初めての企業になった。また、上級幹部だけでなく普通の社員を豊かにするストックオプション（自社株購入権）制度を導入した。シュルツの父親が得られなかった社風や労働条件を整えることで、スターバックスは「私の父に対する思いを実現する形になった」とシュルツは言う。「経営者が取り替えのきく歯車のように社員を扱えば、社員も同じような姿勢で経営者に対することになる」とシュルツは考えている。スターバックスには大学で学位を取りたい社員に補助金を出す制度もある。

スターバックスの充実した福利厚生は社員の意欲や献身度を高め、離職率は業界の標準に比べてはるかに低い。長期的な事業の成功の秘訣は、社員を「従業員」ではなく、「パートナー」として扱うところにある。スターバックスは今でも全社員をパートナーと呼んでいる。

日常にロマンスを

スターバックスの成功の決め手はコーヒーだけではないとシュルツは考えている。これまでにない新鮮な工夫をすれば、ありきたりな商品でも黄金に変えられる。ナイキが実用品のランニングシューズを他にはない特別なものに変えたように、スターバックスはコーヒーの飲み方を変えた。一ドルか二ドル余計に払えば、顧客は感覚を刺激するすばらしい体験ができる。シュルツは顧客がコーヒーを味わいながら、ジャズを聴いたり人生について思いめぐらしたりできる温かみのある居心地のいい空間を作り上げて、「ありふれた一日にロマンチックな輝き」を加えたいと思っている。顧客がスターバックスを訪れるのは、単調な日々の中で手の届くぜいたくを味わいたいからだ。スターバックスは職場でも家庭でもない「第三の場所」となり、こういうものが欲しかったと人々が気づいてさえいなかったものを提供している。新しいカテゴリーの先駆者として、スターバックスは業界のリーダーとなり、多数の競争相手から挑戦を受けてきた。しかしシュルツは新設された研究開発施設について自信をもって語り、そこから誕生する新製品によってこれからもスターバックスは業界の第一人者であり続けると確信している。

仕事と人生に活かすために

『スターバックス成功物語』には自己啓発書のような要素がある。シュルツは自分が抱いた夢を実現できるとは決して予想していなかった。この本を書いたのは、勇気をもって挑戦し続ければどんなことができるのかを人々に伝えたかったからだ。他の人たちに見えないものを見ることができ、そのすばらしさを心から信じているなら、しり込みせずに挑戦すべきだとシュルツは考えている。あなたの夢を否定する人はいくらでもいるが、誰が何と言おうと行動するべきだ。「自分の心をとらえたものはほかの人たちをも魅了する」とシュルツは信じている。

シュルツは政治的にはリベラルであり、同性婚や銃規制を支持する立場を取っているため、スターバックスはさまざまなボイコット運動にさらされてきた。シュルツはスターバックスの規模が拡大するにつれて、人々から顔の見えない大企業とみなされないように、人間的な存在感を維持するために驚くほど力を注いでいる。

本書が執筆された当時、スターバックスの海外店舗はまだ数えるほどしかなかった。しかし現在では数十カ国で二万四〇〇〇店を超える店舗（直営店とライセンス契約店）を展開している。シュルツは二〇〇〇年にいったんCEOの職を退いたが、二〇〇八年にCEOに復帰した。シュルツはスターバックスが急激に拡大しすぎて、本来の目標を見失ったのではないかと不安を感じていた。シュルツの二冊目の著書『スターバックス再生物語』(二〇一一年)には、経済危機によって業績が低下したスターバックスを赤字から回復させ、同時に同社の核となる価値観を守り抜いたシュルツの奮闘が描かれている。

15

2016

常識を破る
― インドのバイオテクノロジー産業を育てた女性企業家

シーマ・シン

ビジネスの第1原則は、着実に発展し、
将来の成長資金を生み出せる
本物のビジネスを創造することである。

未邦訳

彼女が企業家として歩んできたこれまでの人生で、インドでは当たり前と思われている社会通念を一つずつ打破してきたという事実に彼は感服していた。情報テクノロジーではなくライフサイエンス分野のスタートアップ企業を、技術者ではなく実業家一族の出身でもない一人の女性が四〇年近く前に生み出したのである。

❀

インドの過去二〇年間のハイテク産業の興隆は誰もが知るところだ。インド発祥のIT企業インフォシスのように、国内でも国外でも主要企業となった例はいくつもある。しかしバイオテクノロジーと医薬品産業を興そうとするインドの努力はあまり知られていない。IT分野ほど大きくはないが、インドのバイオテクノロジー産業はアメリカのジェネンテックやアムジェンなどの一流バイオテクノロジー企業で働く多くのインド人を国内に呼び戻している。研究不正、品質、知的財産権の侵害などでさまざまな悪評があったのは確かだが、インドの医薬品企業は徐々に信頼を獲得し、医療のコストを下げて誰もが利用しやすくしている。中でもバイオコンという企業が傑出しているのは、最も歴史のある最大の

Seema Singh

シーマ・シン

シンはベンガルールを拠点とするオンラインのテクノロジー・マガジン『The Ken』の共同創設者である。本書の執筆前、シンは『フォーブス』誌のベンガルール支局長を務め、科学誌『ニュー・サイエンティスト』、ライフサイエンス分野の学術誌『セル』、テクノロジー関連誌『レッド・ヘリング』、そして『ニューズウィーク』や『タイムズ』に寄稿した。二〇〇〇年から二〇〇一年にかけて、シンは科学分野のジャーナリストを対象としたマサチューセッツ工科大学のナイト・サイエンス・ジャーナリズム・フェローに参加している。

企業だからではなく、共同創業者として名高いキラン・マズムダル・ショウの功績である。

本書の著者で科学技術ライターのシーマ・シンは、勇気と意志にあふれた起業家が発展途上国の中でゼロから産業と企業を創造するためにいかに奮闘したかを描き出す。マズムダルは、インドには先進科学の能力がないという社会通念を打破しただけでなく、その能力が女性にあるということを示した。実際、台湾の王雪紅（スマートフォンと携帯情報端末メーカーHTCの共同創業者）、中国の周群飛（タッチスクリーン・メーカー社長）、韓国のパク・ソンギョン（衣料品小売業）、日本のエバ・チェン（トレンドマイクロ社CEO）（トレンドマイクロ社は本社が日本にあるが発祥は台湾で、チェンも台湾出身）など、アジアでは過去一五年間に女性起業家が次々に台頭しており、マズムダルもその一人だ。

シンは本書でマズムダルの「思いがけない起業」（マズムダル自身の言葉を借りれば）から数十億ドルの資産家になるまでの軌跡をたどる。マズムダルは「面白みのない」酵素メーカーだった会社を大手医薬品企業に育て上げ、不幸にも現代のインドで患者数が増加中の糖尿病や癌を含む現代病に取り組んでいる。

オーストラリアでの経験

マズムダルはオーストラリアのバララット大学で醸造学の修士号を取得した後、インドで醸造の仕事を探した。父親がインドのベンガルール（バンガロール）にある大手ビール製造会社ユナイテッド・ブリュワリーの醸造主任を務めていたため、同じ道を進みたかったのである。しかしインドの醸造会社は上級技術職に女性を採用したがらなかったため、仕方なくマズムダルはスコットランドの麦芽製造会社に就職を決めた。

しかし出発を目前に控えて、マズムダルはアイルランドの産業用酵素メーカー、バイオコン・バイオケミカルズの創業者、レスリー・オーキンクロスから電話を受けた。インドに子会社を設立する計画があるので、マズムダルにその仕事を引き受けてほしいという依頼だった。弱冠二四歳だったマズムダルは驚き、「ご冗談でしょう」と答えた。オーキンクロスはスコットランドの仕事を辞退してアイルランドに行くようマズムダルに勧め、インドに豊富にある魚の浮袋やパパイヤを原料に、ビールの醸造工程で使われる化合物のアイシングラスとパパイン（訳注　どちらもビールの濁りを取る清澄剤）を生産する工程を学ぶように説得した。ベンガルールに本社を置く会社を設立する費用として、彼はマズムダルに三〇〇〇ドルを提供した。オーキンクロスがマズムダルに白羽の矢を立てたのは、バララット大学で醸造学を学んだマズムダルの同窓生で、バイオコン・バイオケミカルズのオーストラリア子会社の社長を務める人物から推薦されたからだ。マズムダルは学部で唯一の女性だったが、意欲的で非常に誠実な性格だと彼は請け合った。それこそオーキンクロスが望んでいる資質である。オーストラリアでの学生生活はマズムダルに自信を与えたとシンは指摘する。自分が他の学生より頭が切れるのを自覚し、何事もやればできるという西欧的な感覚を手に入れたのである。

スタートアップ

バイオコン・インディアは一九七八年に設立され、バイオコン・アイルランドが会社の三〇パーセントを、マズムダルと銀行が残りの七〇パーセントを所有することになった。当時インド政府は外国資本の参入を強く警戒し、厳しい投資規制を設けていた。

社員を採用し、オフィスや工場として使うお粗末な建物——古いガレージ——で、マズムダルはマーケティングと事業の発展に取りくんだ。新会社が生産する酵素の一部はバイオコン・アイルランドが買う予定だったので、売上は最初から確保できていた。マズムダルは醸造技師である父親の伝手をたどって、インドの多数の醸造所に醸造用酵素を売り始めた。一九七九年にはインドの酵素メーカーとして初めてアメリカへの酵素の販売に成功した。着実な売上を背景に、マズムダルは工場を建設し、首脳陣を採用し、研究開発所を作った。研究開発所の設立はマズムダル個人の強い希望であり、バイオコンの成功に重要な役割を果たすことになる。

バイオコンはペクチナーゼの開発に取りかかった。ペクチナーゼは果実のピューレからジュースを抽出する工程や醸造工程で使用される酵素で、日本のメーカーが市場の大半を占めていた。クランベリージュースの世界最大のメーカーであるオーシャン・スプレーというアメリカ企業が、ベンガルールに建設されたバイオコンの新工場で個体培養法（従来の液体培養法よりすぐれていた）

によって生産されるペクチナーゼを使用し始めた。バイオコンは製パン工程で用いられるアルファアミラーゼとアミログルコシダーゼの生産にも進出した。

支配権をめぐる争い

一九八九年にオーキンクロスは今や多国籍企業となったバイオコン・グループをユニリーバの子会社であるクエスト社に売却した。バイオコン・インディアもクエスト社の傘下に入ることになったが、マズムダルと経営陣はユニリーバからの口出しを嫌い、大企業の社風と自分たちの起業家精神との差に苛立った。マズムダルはマネジメント・バイアウト（訳注　経営陣が自社株を株主から買収し、会社から独立すること）のために資金を集めようとしたが、必要な三五〇〇万ポンドを用意するのはとうてい無理だった。一方でユニリーバ側の経営陣はマズムダルの所有するバイオコン株の割合を引き下げ、経営の主導権を握ろうとした。両者の関係が緊張する中、ユニリーバから代表団がベンガルールを訪れたとき、マズムダルは「企業の三つのタイプ」を次のように分類するプレゼンテーションを披露した。

◆変化を起こす企業
◆変化を見守る企業
◆変化に驚く企業

バイオコンは第一のタイプだが、ユニリーバは第三のタイプだとマズムダルは居並ぶ人々に向かって断言した。

マズムダルは先進国の同類の企業に比べてバイオコンが持っているコスト優位性を活かし、事業の拡大と外国市場への売り込みを推し進めようとした。クエスト／ユニリーバは一九九五年にバイオコンが新工場を開設する資金を提供したが、それはバイオコンがユニリーバの多角的な食品事業に必要な食品加工用酵素を供給しているという理由が大きかった。ユニリーバは今や「戦略的に重要」になったバイオコンに対して、これまで以上に支配権を強めようとした。

独立

一九九〇年代の半ばにバイオコンは多用途に用いられる酵母、真菌、バクテリアの生産に乗り出し、酵素より市場が急成長している医薬品産業への参入を目指した。しかしその計画はリスクが大きすぎるとユニリーバが反対したため、マズムダルと経営陣は新事業を担当する子会社ヘリックスを創設（後にバイオコン本体に吸収された）し、医薬品の生産に着手した。製品開発には数年を要したが、ヘリックスは菌が生産する免疫抑制剤の製造を開始し、米国食品医薬品局（FDA）の承認を得た。

結局ユニリーバはバイオコンの株を総合化学会社のICIに売却することにしたが、マズムダルはこの決定にも不満を募らせた。マズムダルと経営陣は、たかが「塗料会社」（訳注　ICIは塗料の製造販売で有名だった）にバイオコンを支配されるのは我慢ならなかった。救いの手は思わぬところから差し出された。マズムダルは繊維会社を経営していたインド在住のスコットランド人、ジョン・ショウと親しかった。ICIからバイオコン株を買収する資金を工面するため、ショウはロンドンの自宅を売却し、マズムダルの公私にわたるパートナーとなった。二人は一九九八年に結婚した。

医薬品企業へ

一九九三年にバイオコンは他の企業からの依頼を受けて分子生物学的試験を行う新しいベンチャー企業、シンジーンを創設した。二〇〇〇年までに、大手医薬品企業は研究開発の四分の一をアウトソーシングするようになっており、アメリカの大手製薬会社ブリストル・マイヤーズ・スクイブ（BMS）はシンジーンに大量の試験を委託した。シンジーンはBMSやファイザーなどの大手製薬会社と提携しながら、バイオコンの医薬品研究・製造能力の発達を支え、同社の成功に重要な役割を果たした。

マズムダルはスタチンの開発に力を入れた。スタチンは血液中のコレステロールを減少させる低分子化合物群で、心筋梗塞のリスクを低下させる医薬品であり、バイオコンが強みを発揮できる分野でもあった。バイオコンはアメリカのメルク社が開発し、二〇〇一年に特許が失効したロバスタチンの生産に着手した。バイオコンは同社のスタチンをカナダとアメリカに販売するためにカナダ企業のジェンファームと契約し、FDAの承認を取った。マズムダルは思い切ってスタチンを生産する大規模な工場を建設し、スタチンの世界的生産者として名乗りを上げた。一九九九〇年代末から二〇〇〇年代にかけてバイオコンは急成長し、売上が前年の二倍を記録する年もあった。

二〇〇四年にバイオコンがインド株式市場に上場すると、発行する株式総数の三三倍の応募があった。バイオコンの時価総額は一一億ドルに達し、マズムダル夫妻がその七〇パーセントを所有した。マスコミの話題はマズムダルが手にした資産に集中したが、マズムダルは、バイオコンの目的は「私的財産ではなく、知的財産の創造である」と主張し続けた。マズムダルを支える経営陣も莫大な富を手に入れた。

株式公開後

二〇〇七年にバイオコンは酵素事業をデンマーク企業のノボザイムズに一億一五〇〇万ドルで売却した。ノボザイムズの目的は、バイオコンが持つインドの酵素市場のシェアを握ることだった。その前年、バイオコンは頭頸部癌（訳注　顔から首までにできる癌の総称）の治療に用いられる抗体医薬バイオマブを発売した。インドには噛み煙草の利用者が多いため、この部分の癌の発症率が一番高かった。こうしてバイオコンは酵素メーカーから医薬品専門企業への転換を果たし、インドの他の医薬品企業だけでなく、アメリカやヨーロッパの企業とも競争する立場になった。

バイオコンは後発医薬品を主な事業とするアメリカの医薬品企業マイラン社と提携し、「バイオシミラー」市場に参入した。バイオシミラーとはバイオ医薬品の特許が失効した後に製造販売される後続バイオ医薬品である。二〇一〇年にファイザーはバイオコンの四種類のインスリン製剤を販売する世界的ライセンスを取得するため、バイオコンに二億ドルを支払った。この提携関係は結局白紙に戻されたが、マズムダルはその資金をもとに、政府がバイオテクノロジー関連産業の育成を推進しているマレーシアに工場を設立した。

バイオコンは折り紙付きの研究開発部門や開発段階の新薬候補を背景に、成長を続けるベンガルールのバイオテクノロジー産業の中心であり続けている。同社は世界の総生産量の三分の一を超えるスタチンを生産し、糖尿病治療薬であるヒトインスリンの主要メーカーの一つになっている。

仕事と人生に活かすために

マズムダルは三〇年間バイオコンの舵取りを続けた後、二〇一四年に最高経営責任者を退き、後任のアルン・チャンダバルカルに道を譲った。この人事はカリスマ経営から能力主義への転換とみなされたが、その結果バイオコンから大切なものが失われたとシンは指摘する。「確率を度外視して豪胆な賭けに出られるのはキランだけだ。その大胆さがイノベーションを強力に推進する力になる」とシンは言う。アップルの現CEOティム・クックはアップルにとって優秀な人材かもしれないが、彼は決してスティーブ・ジョブズにはなれないとシンは述べている。

一方、二〇〇四年の株式公開で大成功を収めたにもかかわらず、バイオコンはルピンのように中規模のインド医薬品メーカーが成し遂げた一〇倍から二〇倍の時価総額の増加を達成していない。バイオコンの発展はもっと一定で着実なものだ。企業が改善と向上を続けて成長の勢いを獲得し、年々着実な発展を遂げていく状態を、ジム・コリンズ（訳注 585ページ参照）は「フライホイール効果」と名づけたが、バイオコンはその典型的な例だと言える。コリンズが『ビジョナリー・カンパニー2――飛躍の法則』で描いた企業の飛躍的成長の法則どおり、バイオコンはマズムダルの指揮下で、地味だが堅実な酵素メーカーから、インドを先端技術国家に発展させる役割を担う企業に変身した。バイオコンは今やインドの人々の健康に貢献しながら、世界の国々に手ごろな価格の医療の見本を示している。『ビジョナリー・カンパニー4――自分の意志で偉大になる』に沿って言えば、バイオコンはあえて度を越した急成長を避けようとしている。過度な成長にはそれ自体の問題があり、持続的ではないからだ。望ましいのはむしろじっくり成長し、四〇年先、五〇年先も業績を上げ続ける企業である。

16

2013

ジェフ・ベゾス 果てなき野望

ブラッド・ストーン

顧客を喜ばせる情熱があれば、
短期的に損失を出したとしてもお得意様をつかむことができ、
それが長期的な成功につながる。

邦訳
［ジェフ・ベゾス　果てなき野望］
日経BP 井口耕二 訳

アマゾンは史上最高の魅力を持つ会社だと言えるかもしれない。しかも、まだ若い。アマゾンは伝道師であると同時に金の亡者である――事業はもとより人間の歴史において、これは強力な組み合わせだ。

❀

オンラインで買い物をするのは今では生活の一部であり、当たり前になった。世界最大のオンライン小売業者であるアマゾン・ドット・コムは三億人の会員を持ち、売上高は一三六〇億ドルに達している。しかし、これほど人々の日常生活に浸透していながら、この巨大なテクノロジー企業が舞台裏でどのように発展してきたのかを知る人は少ない。その始まり、苦闘、成功、そしてアマゾンのトレードマークであり、今では多くの企業が模範とする過激なまでの顧客中心主義、非常に長期的な視野、新しいものを発明しようという飽くなき欲求は、これまで知られる機会がほとんどなかった。

ジャーナリストのブラッド・ストーンはアマゾン創業から一八年間の歴史を、息を呑むような筆致で描き出している。これは絶好のタイミングでつかんだチャンスが、いかにして時代を代表する事業の一つに成長

Brad Stone

ブラッド・ストーン

ストーンは一九七一年生まれのテクノロジー専門ジャーナリストで、ブルームバーグのサンフランシスコ・オフィスで主要なハイテク企業を担当している。『ジェフ・ベゾス果てなき野望』は、『フィナンシャル・タイムズ』とゴールドマン・サックスが年間最優秀ビジネス書に与える賞を二〇一三年に受賞した。ストーンの調査により、ジェフ・ベゾスの実の父親の消息が明らかになった。本書の第一一章に書かれているとおり、父親のテッド・ジョーゲンセンはアリゾナ州フェニックスで自転車店を営み、二〇一二年まで自分の息子がアマゾン創業者だとは知らなかった。ジェフの母親と別れるときに息子の人生には関わらないと約束し、息子の消息を知る日が来るとは思っていなかったという。

したかという物語だ。本書の執筆に先駆けて、ストーンは『ニューズウィーク』、『ニューヨーク・タイムズ』、『ブルームバーグ・ビジネスウィーク』の記事でアマゾンを取り上げている。ストーンはアマゾンの役員、社員、創業者ジェフ・ベゾスの友人や家族に三〇〇回を超えるインタビューを行ない、ベゾス自身にも一〇回以上会って話を聞いた。しかしストーンはあくまでも客観的な視点から、ベゾスの終わりのない野心がアマゾンをどれほど強く駆り立てたか（ベゾスは最初、「終わりがない」という意味のrelentlessを社名につけてrelentless.comにするつもりだった。今でもrelentless.comを検索するとアマゾンのサイトが表示される）を明らかにしている。ベゾスは特有のけたたましい笑い方と、スティーブ・ジョブズやビル・ゲイツに比べて陽気なイメージで知られているが、ベゾスが目標を達成できたのは、不断のイノベーション、激しい交渉、そして社員を限界まで追い込む苛酷さがあったからだ。マッケンジー・ベゾス（ジェフの妻）がアマゾンのレビューで本書を批判したのは有名だが、『ジェフ・ベゾス　果てなき野望』は、アマゾンという会社の真実に驚くほど大胆に迫っている。

ストーンによる他の著書に、『UPSTARTS-UberとAirbnbはケタ違いの成功をこう手に入れた』（二〇一七年）がある。

留まるべきか、進むべきか

ベゾスは一九六三年に、ニューメキシコ州のアルバカーキでジェフリー・プレストン・ジョーゲンセンとして生まれた。母親のジャッキーはまだ一六歳、父親のテッド・ジョーゲンセンはやや年上だった。この結婚は長続きせず、ジャッキーはテッドと別れてから、カストロ政権から逃れてアメリカに移住してきた若いキューバ人のミゲルとつきあい始めた。ミゲルはエンジニアとしてエクソンに入社し、幹部まで昇進した。頭のいい意欲的な子供だったジェフがミゲルを血のつながらない養父だと知ったのは、一〇歳のときだった。

プリンストン大学を卒業したベゾスは、一九九〇年代初めにD・E・ショーというヘッジファンドに入社してウォール街で働き始める。この会社は世界中の金融市場に存在する株や証券の価格差を利用して利益を得るのを目的としていた。ベゾスは二九歳でバイスプレジデントになり、一九九四年に急成長するインターネットの商業利用に関する調査を命じられた。ベゾスはインターネット・ショッピングのアイデアに「エブリシング・ストア」と名づけて検討を進めた。このアイデアはそれ以上発展しなかったが、調査をきっかけに、ベゾスはインターネットで書籍を売るアイデアを温め始める。

一九九四年にはすでにいくつかオンライン書店があったが、サービスが悪く、実店舗の補助的な存在に過ぎなかった。本当の意味で顧客中心のオンラインだけの書店を作るという考えに夢中になり、ベゾスはD・E・ショーの創業者でメンターとして信頼するデビッド・ショーに計画を語り、今の会社の子会社にするのではなく、独立して起業したいのだと打ち明けた。歩きながら話そうとショーがベゾスをセントラルパークに誘ったのは有名な話だ。ショーはベゾスに考え直すように勧めたが、独立したいというベゾスの思いには理解を示した。

年度の途中で退職すれば多額のボーナスをあきらめなければならないが、ベゾスは迷いを振り切るために「後悔最小化理論」というものを編み出した。愛読するカズオ・イシグロの小説『日の名残り』に登場する執事が昔を振り返って思い悩んだように、八〇歳になって人生を振り返ったとき、自分がどう感じるかを想像してみるのだ。D・E・ショーを辞め、ウォール・ストリートで財を成す機会を棒に振ったら後悔するだろうか？　ノーだ。インターネット業界に進まなかったことを後悔するだろうか？　イエス、後悔するだろう。仕事を辞めるという息子の決心は軽はずみだと両親は思った。新しい会社の仕事は週末や夜にしてはどうかと母親は提案した。ベゾスの答えはこうだった。インターネット時代は夜明けを迎えた。世界は急速に変化している。やるなら徹底的に、しかも急いでやらなければいけない。

アブラカダブラ！　アマゾン誕生

書籍の価格を低く抑えるには、人口の少ない州に拠点を置く必要があるとベゾスは判断した。当時、売上税は実際に店舗や事務所などの拠点がある州に限って徴収することを義務づけられていたため、人口が少ない州に拠点を置けば、売上税を徴収しなければならない顧客の割合が少なくなるからだ。ワシントン州のシアトルを選んだのは、好調なマイクロソフトの本社があり、コンピュータ科学を学んだ学生を多数輩出する大学に近く、書籍取次大手のイングラム社が車で数時間のオレゴン州に倉庫を持っているという利点があったからだ。当時ベゾスは三一歳、妻のマッケンジーは二四歳だった。二人はテキサス州（ベゾスが育った場所で、両親の家があった）から西部に向かい、途中でグランドキャニオンに泊まった。

ベゾス夫婦はシアトルのガレージを急ごしらえの仕事場に変え、ジェフがホームセンターのホーム・デポから買ってきた安いドアで机を手作りした。ジェフの両親は、事業に失敗してすべてを失う可能性もかなりあると前もって警告されたが、生まれたばかりのこの会社に一〇万ドルを出資した。小説家志望のマッケンジーは経理を担当し、採用を手伝った。一九九四年一一月、辞書で「A」で始まる単語を探していたベゾスは、「アマゾン（Amazon）」を見つけて、これだと思った。アマゾン川は単に世界最大であるだけでなく、他の川よりけた外れに大きい川だ。運を味方につければ他の書店の何倍も大きくなるはずの書店（訳注　最初は「カダブラ」という名前が有力候補だった）の名前として完璧だった。この頃、ベゾスは仲間を連れて近くの書店のバーンズ＆ノーブルに併設されたカフェに休憩や会議をしに出かけた。アマゾンの成長とともにアメリカ最大の書店チェーンであるバーンズ＆ノーブルが苦境に立たされたのを考えると、これは皮肉な話である。

アマゾン・ドット・コムのベータ版（訳注　試用してもらうためのサンプル）は一九九五年三月に出来上がった。ウェブサイトはまだ粗削りな状態のままだった。文字ばかりで魅力的ではなかったが、ショッピングカートや基本的な検索エンジンは備わっていた。重要なのはレビュー機能だった。ユーザーが書く書評が増えれば他のオンライン書店と差別化できるとベゾスは考え、実際にそのとおりになった。当時、出版社の役員からはアマゾンが否定的なレビューを掲載するのは出版業界の利益に反するという批判もあった。しかしベゾスは、アゾンの使命は単にモノを売るのではなく、人々が買い物をするときに客観的な判断ができるようにすることだと信じていた。

アマゾンがサイトをオープンするとすぐに注文が殺到するようになり、ベゾスたちは倉庫に入って夜更けまで総出で梱包作業を手伝った。ヤフーがアマゾンをディレクトリ（訳注 ウェブ上のコンテンツをジャンル別に分類したリスト）に掲載すると、注文はますます増えた。しかしアマゾンの現金は尽きかけていて、資金調達の必要に迫られていた。ベゾスは興味を持ってくれそうなシアトルの投資家を回り、二〇〇〇年までに売上は一億一四〇〇万ドルに達するはずだと力説した。会社の評価額は六〇〇万ドルと見積もったが、この数字も売上高の予想も、どちらも現実離れしていた。しかし一九九六年には『ウォール・ストリート・ジャーナル』に掲載された特集記事が追い風となり、アマゾンは月に三〇〜四〇パーセントというありえない成長率を実現し、数か月ごとに目標を大きく更新した。

急成長

シリコンバレーの有力なベンチャーキャピタル、クライナー・パーキンスのジョン・ドーアがアマゾンの持ち分一三パーセントに対して八〇〇万ドルを投資すると、ドーアから信任投票を得たことでベゾスの野心は実現に向けて弾みがついた。ベゾスは積極的に人を雇い、アマゾンを数十年先まで続く巨大インターネット企業にしようと考え始めた。

アマゾンのビジネスモデルは、急速に拡大し、低価格を実現し、さらに拡大するという考え方だ。ベゾスは頭のいい最高の人材だけを採用しようとし、候補者が面接で「ワークライフバランスを重視する」などと言おうものなら即座に不合格にした。ベゾスは社員が一心不乱に働くのを求め、自分と同じように「業界の常識や慣行など気にしない人物」でなければすぐに辞めさせた。

バーンズ＆ノーブルがオンライン書店を立ち上げてアマゾンを叩き潰すと脅しをかけてきたときは、さすがにベゾスは心配になった。そこでアマゾンでの買い物を顧客にとってすばらしい体験にするために、顧客サービスを充実させろと社員に発破をかけた。ふたを開けてみれば、バーンズ＆ノーブルのウェブサイトはアマゾンほど見た目も効率もよくなかった。書籍一冊当たりの利益率はオンラインより実店舗の方がはるかに高いので、バーンズ＆ノーブルは実店舗に力を集中し、オンライン事業まで手が回らなかったのである。当時のアマゾンの売上高は書店チェーンのバーンズ＆ノーブルやそのライバルであるボーダーズに比べればごくわずかだったが、一九九七年のＩＰＯ（株式公開）でアマゾンは五四〇〇万ドルを調達できた。すでにアマゾンの株を購入していたベゾスの両親と弟妹は一夜にして億万長者になった。

一九九八年から二〇〇〇年のバブル期にアマゾンは社債を三回発行し、さらに二〇億ドルを超える資金を調達した。インターネット・バブルに熱狂した人々でさえ、アマゾンが小売業をどのように変えていくかというベゾスの予測に比べれば視野が狭かった。アマゾンが株主に配布したレターには最初から、市場リーダーシップの強化と売上増加、そして何よりリピート購入率と顧客忠誠心の向上のため、短期的な利益率を狙わないという、非常に長期的な観点が表れている。

ベゾスは物流のインフラストラクチャーを構築するために全力を注ぎ、アメリカだけでなくイギリスやドイツにも多数の倉庫を新設した。また企業を次々に買収するが、そのほとんどは損失を出して終わった。ベゾスは物流システムの拡大のためにウォルマートの幹部を引き抜き始め、ウォルマートから「企業秘密を盗もうとしている」として提訴された。実際にベゾスはウォルマートの創業者サム・ウォルトンに心酔し、ウォルトンの自伝『私のウォルマート商法』(『世界の成功哲学50の名著』参照)を読んで参考にしていた。ベゾスはウォルトンが唱える経費の節約と「行動重視」(うまくいくかどうかとにかくやってみる)、そして他の会社のすぐれたところを真似する姿勢をアマゾンに取り入れた。インターネット業界のクールで新しいスターであるベゾスは、古い小売業界の巨人から学べるものは何でも学ぼうとした。

画期的なサービス

一九九八年にアマゾンは二つの代表的なサービスを開始した。一つは売上ランキングで、アマゾンで売られている本や商品が売れるたびに順位が変動するようになっていた。刻一刻と変化する本の売上ランキングから著者や編集者が目を離せなくなるのがベゾスにはわかっていたし、実際そのとおりになった。ベストセラーリストと言えばせいぜいトップ二〇位か五〇位、最大でも一〇〇位までだった時代に、二〇〇万冊の書籍のすべてにランキングがつくのがどれほど革新的ですばらしいことだったか、今では理解しにくいだろう。

一九九八年に導入されたもう一つのサービスは「1クリック注文」で、アマゾンはこのシステムの特許を取得した。顧客がクレジットカード情報をインターネット企業に教えるのを警戒していた時代に、このシステムは画期的だった。リピート購入が安全で手軽にできるとなれば、顧客のアマゾンへの信頼は増す一方だった。

「エブリシング・ストア」になるというアマゾンの野望に影を落としたのは、インターネット・オークションサイトのイーベイだった。イーベイの方がインターネット時代に適しているように見えた。イーベイは単に売り手と買い手が取引するプラットフォームであり、コストのかかる流通センターを持つ必要がない。アマゾンのような定価販売はもう時代遅れで、イーベイのオークション方式に取って代わられるのではないかという懸念が広がった。ベゾスは一九九九年にアマゾンオークションを立ち上げたが、これは大失敗だった。イーベイにはすでにオークションに慣れている売り手が十分集まっていたのに対し、普段アマゾンを利用する顧客には、商品を買うために入札するやり方が合わなかったからだ。オークションの代わりにアマゾンを通じて売り手が固定価格で商品を販売できるｚＳｈｏｐというプラットフォームが作られたが、これもうまくいかなかった。次にアマゾンは玩具と家電の販売に乗り出すが、これまた問題が山積みだった。大手玩具メーカーのハズブロや電機メーカーのソニーに「販売店として認めてもらう」ために頭を下げなければならなかったのだ。そしてメーカーから割り当てられた商品を売り切ることができなければ、しばしば大量の在庫を抱える羽目になる。たとえば一九九九年にアマゾンは売れ残った玩具で三九〇〇万ドルの損失を出した。

一九九九年、ベゾスは『タイム』誌の「今年の人」に選ばれるという栄誉を手に入れたが、二〇〇〇年から二〇〇一年はアマゾンが栄光から転落する試練の年になった。ドット・コム・バブルがはじけてアマゾンの株価はピーク時の一〇七ドルから一桁まで急落した。アマゾンに後から入社した人たちのストックオプションは無価値になり、ベゾスはアマゾンの破滅を予測する宿敵の投資アナリスト、ラビ・スリアのレポートを否定するのに大忙しだった。

しかし電子商取引と、その分野でアマゾンが果たす役割に対するベゾス特有の長期的な視野は決してぶれなかったとストーンは言う。すばらしい顧客体験をいっそう強化すれば、アマゾンは必ず成長し続けるとベゾスは社員に言い続けた。ベゾスの過剰なまでの顧客重視をよく表す例がある。『ハリー・ポッター』シリーズの第四作目が発売されると、アマゾンはこの本を四〇パーセント値引きした上に、通常料金で特急配送にした。一冊当たり数ドルの損失が出る条件で二五万冊の注文を受けたわけで、アマゾンの幹部やウォール・ストリートは難色を示した。しかし、長期的なお得意様をつかむには思い切ったサービスが必要だとベゾスは譲らなかった。

絶え間ないイノベーション

二〇〇二年にアマゾンは、一〇〇ドル以上の買い物をすれば配送料が無料になるサービスを導入する。一〇〇ドル以上買うために、顧客はさまざまな商品をまとめてカートに入れて買うだろうと期待された。ベゾスはアマゾンをすべての買い物が一度にできる場所にしたかったから、このサービスに大喜びだった。その後、配送無料の条件は一〇〇ドルから二五ドルに下がり、Ａｍ azonプライムのアイデアもここから生まれた。Amazonプライムは冒険だった。プライム会員が一年間に何度も注文すれば、配送料の合計が登録料金を超えてしまい、アマゾンはコスト負担を強いられる。プライムはとてつもなく高くつく過ちになるかもしれなかった。結局、プライムを利用する人々はさまざまな特典（映画やドラマ見放題が後に加わる）や注文したものがすぐ届く便利さに魅かれて、「アマゾン中毒」になったとストーンは言う。また、アマゾンはマーケットプレイスの出品者（アマゾンを通じて商品を販売する外部の売り手）に対しても、アマゾンが商品を預かって配送センターから発送する場合は特急配送を適用できるようにした。倉庫ではアルゴリズムを利用して類似の注文をグループ分けできるようにして、コスト削減を可能にした。アマゾンは配送と物流を改革し続けた。ベゾスは社員に絶えずイノベーションを要求し、二〇〇三年に「サーチ・インサイド・ザ・ブック」という新しい機能を開発した。書籍の中身を自由に検索できれば本が売れなくなるのではないか。そんな心配から反対する声は多かったが、実際にはただで読める部分を制限するよう工夫された。

こうしたイノベーションの成果は「いまふり返って見るからわかること」であり、アマゾンが一〇周年を祝う記念式典を開いた頃は、メディアの注目はもっぱら時代を代表するテクノロジー企業、グーグルに注がれていた。アマゾンは利益率が低く、グーグルのように大きな利益を生み出すオンライン企業に比べて見劣りがした。グーグルは株式公開から一年しかたたないのに、時価総額はアマゾンの四倍に達していた。その上アマゾンは自社サイトに顧客を導くために、グーグルに数百万ドル払って検索結果に広告を出さなければならなかった。また、アマゾンに比べて充実した社員の特典や好戦的でない企業文化に魅力を感じて、アマゾンから大量の社員がシアトル近郊のグーグルに移籍した。アマゾンがテクノロジー企業の先駆者とみなされるのをベゾスはいつも望んでいたが、ウォール・ストリートやメディア、そして一般の消費者から見れば、アマゾンは単なるオンライン小売企業でしかなかった。

組織が大きくなると、大胆でリスクが高い賭けを自然に避けるようになる。ベゾスは幹部にそう指摘し、「アマゾンが現在の難局を乗り切って長期的な目標を達成するには、「出口を作る」しかないと語った。うまくいきそうな試みの一つがアマゾンウェブサービス（AWS）だった。AWSは何千という小規模な企業やスタートアップ企業に安価なサーバースペースを提供するクラウドコンピューティングサービスの先駆けである。これらの企業はAWSを利用することで、独自に高性能サーバーを設置しなくても強力な処理能力が使えるようになる。ベゾスは二つのチームに命じて無限にスケールアップできるサービスの開発に当たらせた。AWSはネットフリックスやピンタレストなどの企業、そしてNASAなどの政府機関に利用され、今や売上高は数十億ドルに達している。AWSはサン・マイクロシステムズのような巨大ハードウェアメーカーを「完璧に出し抜き」、グーグル会長のエリック・シュミットも、「本屋さん」のアマゾンがクラウドコンピューティングの覇者となったことに敬意を表したとストーンは指摘している。

長続きするものを作る

二〇〇〇年代の半ば、アマゾンはもう一つの革新的なサービスを世に送り出している。二〇〇四年にはすでにマイクロソフトやアドビのフォーマットを使った電子書籍が商品化されていたが、あまり売れていなかった。ダウンロードの手順が面倒だったし、ほとんどがデスクトップで読むしかなかったからだ。アマゾンにはハードウェア開発の経験がなかったにもかかわらず、ベゾスは専用電子書籍リーダーを開発するという予想外のアイデアを発表した。すでに売られていたソニーの電子リーダーやパームのトレオといった携帯情報端末で本を読むのと違って、ベゾスは操作が著しく簡単で、ユーザーが通常の携帯電話と同じ回線で書籍をダウンロードできる端末にしたかった。いわば本をダウンロードできる携帯電話のようなものを作りたかったのだ。

二〇〇七年一一月の「キンドル」発売に先駆けて、ベゾスの部下たちは出版社にあの手この手で圧力をかけ、あらゆる書籍の電子版を出すように要求した。初代キンドルがお披露目されたとき、対応する電子書籍は一〇万冊あり、キンドルには二〇〇冊入れて持ち歩くことができた。最も物議をかもしたのは電子書籍を九ドル九九セントの均一価格に設定したことだ。出版社はこの決定に騙されたような気分を味わった。この価格では利益率が下がり、アマゾンの市場支配力はいっそう強くなる。そしてリアル書店はさらに苦境に立たされるだろう。アマゾンは出版社に対してより攻撃的な手段を取るようになり、抵抗する出版社の本を検索ランキングから除外すると脅して利益率の引き下げを強要した（「書籍事業にアマゾンが訪れつつあるわけではない。書籍事業に未来が訪れつつあるのだ」というのが、ベゾス一流の言い分だった）。大手出版社各社は反発し、アップルと手を組んでアマゾンを出し抜こうとした。アマゾンはこれらの出版社の本に対して、紙版は「カートに入れる」ボタンをなくして外部の出品者からしか買えないようにし、電子書籍はウェブサイトから削除して反撃した。この衝突は最終的に和解で終わるが、出版社やサプライヤーに対して「片方が常に勝つようにするのが交渉だ」という冷酷な態度で臨むアマゾンの文化に嫌気がさして、多数の社員が会社を去った。

オフライン小売業の巨人であるウォルマートやコストコと違って、アマゾンは何年も国内の売上税を回避しているという批判を浴びてきた。景気後退で悪化した税収を補うために各州が売上税の課税対象を広げようとすると、アマゾンは課税によって商品が値上がりするのを防ぐためにあらゆる手段で対抗した。ヨーロッパでは、アマゾンは国税の支払いを免れるために税率の低いルクセンブルクに本部を置き、すべての売上をそこに集中させた。ベゾスはこうした批判に対して、「ちょっととまどっているという態度」で臨んだとストーンは言う。批判する人たちはアマゾンが伝道師であって金の亡者ではないことが理解できていないのだとベゾスは言いたげだった。顧客を喜ばせたいという信仰のような情熱は、何物にも止められないというのだ。アマゾンが市場支配力を強めれば強めるほど、顧客により大きなメリットを与えられるとベゾスは信じていた。

アマゾンは大通りの個人商店を破滅に追い込んでいるという批判の集中砲火を浴びて、ベゾスはアマゾンがゴールドマン・サックスやエクソンのように搾取的な会社とみなされるのではなく、ナイキやディズニーやホールフーズのように「愛される」会社になるにはどうすればいいか考え始めた。愛される存在になるためには、発明家や開拓者とみなされる必要がある。それがアマゾンのパブリックイメージになれば、他のことはすべて正当化されるはずだとベゾスは結論を出した。

仕事と人生に活かすために

がむしゃらな創業者がいるアマゾンのような企業の強欲さをどう考えるべきなのだろうか。低価格や幅広い品ぞろえ、革新的な製品によって顧客がより有利な買い物ができるなら、目的は手段を正当化すると言えるのだろうか。大きなテクノロジー企業の舞台裏を見れば、不可能に近い仕事や目標に取り組んだ結果、燃え尽き症候群や失意に苦しむ社員が必ずいる。ストーンは、アマゾンで長い間働いた書籍グループの幹部、エリック・ゴスにインタビューした。ゴスはアマゾンを退職した後、一年ほどPTSD（心的外傷後ストレス障害）に苦しんだという。

アマゾンの創業間もない頃、ベゾスがまだ自分のアイデアが成功するかどうか確信できなかった時期は、アマゾンにはおおらかな社風があった。しかしいったん成功を、しかもとてつもない成功を手に入れた後、ベゾスは大胆になった。アマゾンの初代最高財務責任者となったジョイ・コーヴィはベゾスの行動を弁護し、周りに合わせてばかりでは革命など成し遂げられないと述べた。

小売業の株価が軒並み下落していた頃、二〇一七年にアマゾンが一三七億ドルで大手スーパーマーケットチェーンのホールフーズを買収すると、アマゾンの株価は過去最高を記録した。アマゾンはそれまでに手をつけた商品と同様に、生鮮食品の購入もまったく新しいやり方に変えようとしている。アマゾンの時価総額は五〇〇〇億ドル（訳注　二〇一七年現在。二〇一八年には一兆ドルを突破した）で、ウォルマートの二倍、そしてフェイスブックとほぼ等しい。アップル、グーグル、マイクロソフトは今のところアマゾンを上回っているが、追いつかれるのは時間の問題だ（訳注　アマゾンは二〇一九年にマイクロソフトを抜いてトップに立った）。途方もない資産を手にしたベゾスは、今では自分が興味を持った事業に投資する余裕がある。一つがジャーナリズム（ベゾスは私財を投じて『ワシントン・ポスト』紙を買収した）で、もう一つは宇宙だ（ベゾスが作ったブルーオリジンというロケット会社は、アマゾンがテクノロジーと小売業を改革したのと同じように、宇宙旅行に革命を起こそうとしている）。

ベゾスとアマゾンの歴史から教訓を二つだけ選ぶとしたら、一つは「長期的に考えること」だ。ベゾスの長年の友人である発明家のダニー・ヒリスは、ストーンにこう語っている。「インターネット時代が始まったころ立ち上がった他社とアマゾンが大きく異なる理由は、ジェフが最初から長期的なビジョンをもって取り組んだからです。何十年もかかるプロジェクトですからね。ぶれずに進めば長期にわたって大きなことがなし遂げられるというのが、彼の基本的な哲学なのです」。そして二つめの教訓として、アマゾンのリーダーシップ一四カ条からこの原則を紹介したい。

大きく考える――考え方が小さければ、結果もおのずと小さくなる。リーダーは大胆な方針を立て、それをチームに伝え、成果を引き出さなければならない。リーダーは今までにない新しい考え方で、顧客の利益のためにあらゆる可能性を探らなければならない。

アマゾンの創業メンバーの一人であるシェル・カファンは今、スタートアップにかかわるすべての人にこうアドバイスしている。君の会社は君が予想するよりずっと大きくなれる。いつもそう考えていなければいけない。

17

2014

ゼロ・トゥ・ワン

ピーター・ティール

最も成功したビジネスとは、すぐれたプロダクトによって市場を自然に独占できるビジネスである。

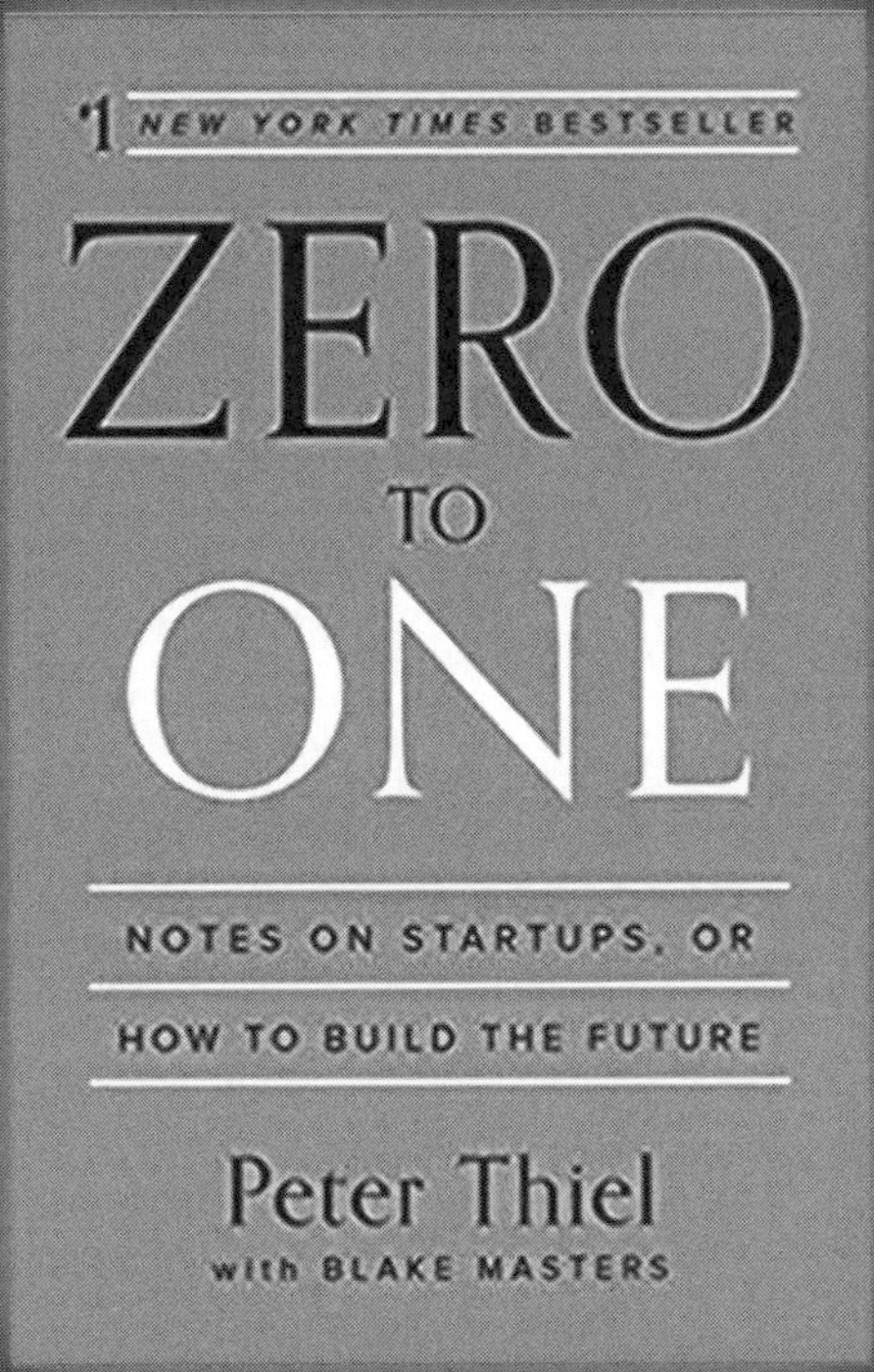

邦訳

［ゼロ・トゥ・ワン　君はゼロから何を生み出せるか］

NHK出版　関美和 訳

ビジネスに同じ瞬間は二度とない。次のビル・ゲイツがオペレーティング・システムを開発することはない。次のラリー・ペイジとセルゲイ・ブリンが検索エンジンを作ることもないはずだ。次のマーク・ザッカーバーグがソーシャル・ネットワークを築くこともないだろう。彼らをコピーしているようなら、君は彼らから何も学んでいないことになる。

❀

ナスダック総合指数は二〇〇〇年三月に五〇〇〇ポイントを超える最高値を記録した後、二〇〇二年一〇月に一一一四ポイントまで下落した。多くの人がテクノロジー企業に幻滅を感じ、テクノロジーに代わってグローバリゼーションが富を築く手段としてもてはやされ始めた。投資家はふたたび伝統的ビジネスに戻った。スタートアップ企業は多額の投資を避けるために、「世界を変えたい」などと大きなことを言うのをやめて、ニッチな市場の獲得に集中し、製品やサービスに対する顧客の反応を探りながら、一歩一歩慎重に前進するべきだという大原則が広まった。

本書『ゼロ・トゥ・ワン』において、ペイパル創業者でベンチャーキャピタリストのピーター・ティールは、こうした漸進主義への転換は間

Peter Thiel

ピーター・ティール

ティールは一九六七年にドイツのフランクフルトで生まれた。両親はティールが一歳のときにオハイオ州クリーブランドに移住した。化学エンジニアだった父の仕事のため、家族で南アフリカやナミビアで生活した経験もある。帰国後は発展しつつあったシリコンバレーに近いカリフォルニア州フォスターシティで暮らし始めた。

一九九二年にスタンフォード大学ロースクールを卒業後、ティールはニューヨークで弁護士として働き、それから金融派生商品のトレーダーになるが、仕事に満足感を見出せなかった。ティールはカリフォルニアに戻り、友人や家族から資金を集めてベンチャーキャピタルファンドのティール・キャピタル・マネジメントを設立した。一九九九年にはマックス・レヴチンととも

違いだと述べている。ドット・コム・ブームの中で大きな夢を描くだけで終わった企業は確かに多かったし、産業を変革する、新しい産業を創造するといった身の程知らずな目標を掲げた企業もたくさんあったとティールは認めている。しかし、「小さな違いを追いかけるより大胆に賭けた方がいい」とティールは言う。ビジネスの世界で起きている変化の大半は、過去の成功例のコピー、漸進的な進歩だ。しかし本当の意味で新しいものを創造するのは「ゼロから一」を生み出す進歩なのだ。

進歩の形には二つあるとティールは考えている。その一つはテクノロジーだ。ティールの定義によれば、テクノロジーとは「ものごとへの新しい取り組み方、より良い手法」を意味している。もう一つはグローバリゼーションで、すでに成功したやり方やテクノロジーを世界中に広めることだ。ティールは、進歩の原動力としてははるかに重要なのは、グローバリゼーションよりテクノロジーだと断言する。

あらゆるテクノロジーの進歩の鍵はベンチャー企業、つまりスタートアップだとティールは主張する。独力で新しいものを開発するのは難しいが、既存の大企業から世界を変える新しいものが生まれることもめったにない。

にペイパルを創業し、二〇〇二年にペイパルをイーベイに売却する。その後、二つの投資ファンド、ミスリル・キャピタルとクラリウム・キャピタルを設立した。二〇〇四年にティールはフェイスブックに五〇万ドルの創業資金を出資し、同社の株の一〇パーセントを取得して取締役に就任した。同じ年にティールはデータ解析企業パランティアを創業した。同社の不正取引検知技術や犯罪抑止技術はアメリカの情報機関で利用されている。二〇〇五年に設立されたティールのファウンダーズ・ファンドは、エアビーアンドビー、リフト（スマホアプリ配車サービス）、スポティファイなどに投資している。最近では延命テクノロジー、大麻産業、海上都市建設にも投資を開始した。

イデオロギーとしての競争VS進歩の原動力である独占

アメリカの航空業界は二〇一二年に一六〇〇億ドルもの売上を上げたが、航空会社の取り分は一回の運航につき乗客一人当たりわずか三七セントだった。同じ年にグーグルは五〇〇億ドルを売り上げ、そのうち二一パーセントが純利益となった。その結果、グーグルの時価総額はアメリカ航空業界全体をはるかに上回っている。航空会社とグーグルの差は、航空会社が熾烈な競争を繰り広げているのに対し、グーグルはネット検索とネット広告業界を支配しているところにある。

経済学者は、完全競争の状態では商品と価格が均衡に達するという理由で、競争には利点があると主張する。しかし完全競争のもとでは、市場に参加するすべての企業はわずかな利益しか手に入らないか、まったく利益が出せないとティールは言う。その対極にあるのが独占だ。ティールの言う独占は、不正や政府との癒着によって市場を支配することではない。ティールの考える独占企業は、誰にも真似のできないプロダクトを生み出した結果、市場を独占できる企業である。「アメリカ人は競争を崇拝し、競争のおかげで社会主義国と違って自分たちは配給の列に並ばずにすむのだと思っている。でも実際には、資本主義と競争は対極にある」とティールは主張する。

企業は大体どれも同じに見えるが、よく見れば独占企業と競争企業はまったく違っているのがわかる。独占企業は競争を強いられている企業に比べてはるかに成功しているが、独占に対する規制や批判が広がるのを恐れて、成功している事実をわざと隠そうとする。企業の社会的使命や従業員の幸福といった商業以外の目標を掲げ、社員の福利厚生を手厚くする余裕があるのは独占企業だけだ。トルストイは『アンナ・カレーニナ』の冒頭で、幸福な家族はみな似かよっていると書いたが、ティールはそれを引用して、幸福な企業はみな違っていると述べている。「それぞれが独自の問題を解決することで、独占を勝ち取っている」からだ。反対に、「不幸な企業はみな同じだ。彼らは競争から抜け出せずにいる」とティールは言う。独占を敵視する従来の考え方とは反対に、よい独占は社会の進歩と幸福に貢献できる。たとえばジョン・D・ロックフェラーのスタンダード・オイルは、二〇世紀初めに灯油の品質と安全性を格段に向上させ、さらに自動車エンジンの潤滑油の品質を安定させた。グーグルもまた、社会にとって有益な独占企業の一つだと言える。

競争が成長と幸福の原動力だと私たちが思いこんでいるのは、それがイデオロギーだからだ。ビジネス上の競争だけでなく、人生における競争も同じだとティールは言う。学生たちはいい大学を目指して競争し、いい成績を取るために張り合い、一流の銀行や弁護士事務所、コンサルティング会社に採用されるために競い合う。希望の就職先にもぐりこめれば「上がり」だ。ティールもかつては同じ道を歩んでいた。ロースクール卒業後、最高裁の法務事務官になれなかったとき、ティールの落ち込みは激しかった。しかし振り返って見れば、それは人生で最高の出来事だったとティールは考えている。最高裁の法務事務官になり、神経をすり減らす競争に一生を費やしていたら、ペイパルのように新しい何かを創り出すことはできなかっただろう。もちろん、ときには競争し、ライバルを倒さなければならない（あるいはティールがイーロン・マスクとペイパルで手を組んだように、ライバルと合併しなければならない）ときもある。しかしほとんどの場合、競争はエネルギーの無駄遣いだ。それよりも独占企業を創る方がはるかにいい。

持続的な優位性を持つ企業、または独占企業の特徴は何だろうか？　一つは、プロプライエタリ・テクノロジー（訳注　開発した企業が独占的に保持し、公開していないテクノロジー）を持っていることだ。プロプライエタリ・テクノロジーは他社より一〇倍以上すぐれていなければならない（たとえばグーグル検索は他の検索エンジンより一〇倍すぐれているし、アマゾンは実店舗を持つ書店より少なくとも一〇倍の書籍を揃えていた。アップルのｉＰａｄはマイクロソフトやノキア製のタブレットに比べてはるかに性能がよかった）。また、独占企業になるには規模の経済も必要だ。独占企業の特徴は、規模が拡大すればするほど強くなることだ。多くの企業は規模を拡大しようとすると困難に突き当たるが、フェイスブック、グーグル、ツイッターの成長には限界がない。

スタートアップ企業はしばしば、「一〇〇〇億ドル市場の一パーセント」を手に入れれば成功できると考えるが、それは間違いの元だ。大きな市場にはすでにライバルがひしめいている。それよりも特定の少人数の顧客層を対象に、新しい市場を作るべきだ。アマゾンの創業者ジェフ・ベゾスはオンライン小売市場を支配したいと考えていたが、最初は書籍から始めた。書籍は形状がほぼ同じで発送しやすいからだ。イーベイは素人コレクターを相手にするところから始めた。それにしてもちろん「みんなが使っている」フェイスブックは、一つの大学のキャンパス内のサービスとして始まった。「失敗するなら、小さすぎて失敗する方がいい。理由は単純だ。大きな市場よりも小さな市場の方が支配しやすいからだ。最初の市場が大きすぎるかもしれないと感じたら、間違いなく大きいと思った方がいい」とティールは言う。ティールと彼の仲間たちはペイパルのユーザーを広げるために、最初は一般大衆ではなく非常に限られたグループ、すなわちイーベイの取引量が多い数千人の「パワーセラー」に焦点を絞った。彼らが大量の取引をやりやすいようにして、利用者を増やしていったのである。

最近ビジネスの世界では、「破壊」が必要以上に強調されているとティールは指摘する。スタートアップの創業者はまったく新しいものを創造することより、巨大企業や産業という「ダークフォースと闘う」ことに集中しているように見える。しかし敵を意識しすぎれば、創造性が阻害される。「破壊」は否定的な意味合いの強い言葉だ。そこから伝わるイメージは破壊的で、決して創造的ではない。スタートアップの創業者の仕事は競争を避けることで、競争をあおることではない。

明確な楽観主義者はどこにいる？

ティールはリバタリアン（訳注　個人の自由と経済的自由の両方を重視する立場）を自認しているが、政府が人間を月に送り、数年で原子爆弾を完成させた過去の壮大な計画には敬意を表している。今日では、政府は進歩を実現することより社会保障の問題で頭が一杯だとティールは批判している。現代は左派リベラル平等主義もリバタリアン個人主義も、どちらも明確な未来の計画を持ち合わせていない。一方は公平と平等な分配にこだわり、もう一方は個人的自由を強調しているが、どちらも未来のための壮大で具体的な計画を立てるつもりはないようだ。企業は「新しいプロジェクトに投資せずに現金を手元に積み上げている。未来への具体的な計画がないからだ」。未来は今よりよくなると考えながら、具体的な計画や明確な目標を立てようとしない「あいまいな」楽観主義に対して、未来はデザインし、創造できると信じる「明確な」楽観主義こそ重要だとティールは主張する。

ダーウィンは、生命は誰が意図したわけでもないのに進歩するという進化論を唱えた。このダーウィン的な考え方がスタートアップの文化に浸透し、起業家は「先のことは何もわからない」と思い込まされているとティールは指摘する。起業家は、「MVP（実用最小限の製品）以外は作らず、うまくいったやり方を反復すべきだ」と教えられる。しかし哲学的に考えるなら、自分のしていることが未来への大きな一歩にならないとしたら、それをする意味がどこにあるのだろうとティールは問いかける。

アップルの成功の秘密は、すぐれた製品だけでなく、その長期計画にあったとティールは言う。アップルは何年も前から新製品の発売を計画していた。そしてフォーカス・グループ（訳注　複数の消費者を集めてインタビュー形式で実施する市場調査）の意見に頼ることも、他社の成功を真似することもせず、まったく新しい製品を開発した。しかし、「未来をランダムだと見る世界では、明確な計画のある企業はかならず過小評価される」とティールは言う。長期計画はほとんどの人の目に映らないからだ。二〇〇六年にヤフーがフェイスブックを一〇億ドルで買収すると持ち掛けたとき、フェイスブックCEOのマーク・ザッカーバーグはその提案をあっさり拒絶した。ザッカーバーグには自分の会社に対する大きな計画があったからだ。ザッカーバーグは正しかった。計画が遠大であればあるほど、長い目で見る必要がある。現在生み出している利益だけに目を向けていては、すぐれたテクノロジー企業は評価できない。その企業が新しい市場の支配的プラットフォームになる計画を立てているなら、今から一〇年後、一五年後のユーザー数を考慮に入れて評価しなければならない。市場を創造する、あるいは市場を変革する壮大で明確な計画を持つ企業の価値は、とてつもなく大きい。

最強のチーム

ティールの法則の一つに、「創業時がぐちゃぐちゃなスタートアップはあとで直せない」というのがある。どんな製品やサービスを売り出すかに加えて、創業者に要求される最も重要な決断は、誰をパートナーにするかだ。パートナー同士が補完的なスキルを持っているのは大切だが、もっと重要なのは、創業者たちが以前一緒に働いてうまくいった経験があることだ。交流会で出会ったばかりの相手と会社を立ち上げるのは、パーティーで出会った相手といきなり結婚するのと同じくらい無謀だと言える。

新しい社員を雇うときは、候補者が本当にあなたや他の同僚たちと一緒に働きたいのかどうか、お互いの相性がいいかどうかを見きわめる必要がある。あなたが候補者に提供しなければならないのは、「素晴らしい仲間と独自の問題に取り組める、替えのきかない仕事のチャンス」だ。一九九九年のグーグルや、二〇〇一年のペイパルのような環境なら申し分ない。創業当時、ペイパル・チームの仲間意識は信じられないほど強く、彼らは社内でも社外でもほとんどの時間を一緒に過ごした。チームを作るとき、ティールはできるだけ似かよった人間を集めた。「全員が同じタイプのおたくだった」と彼は言う。みなSFが大好きで、資本主義を強く支持し、米ドルも含めて政府が発行する通貨に代わる新しいデジタル通貨を創るという使命に燃えていた。最も成功しているスタートアップ企業は、外から見ればほとんどカルトに近い。実際のカルトとの違いは、ジム・ジョーンズ（訳注 人民寺院と呼ばれる新宗教の教祖で、信者とともに集団自殺した）のカルトのような狂信的な死への願望の代わりに、有益な使命を教義のように固く信じていることだ。「成功するスタートアップは、外の人が見逃していることを正しく信奉している」とティールは書いている。「優秀な起業家は、外の人が知らない真実の周りに偉大な企業が築かれることを知っている。偉大な企業とは世界を変える陰謀だ」とティールは言う。

「ペイパル・マフィア」と呼ばれるようになったメンバーには、イーロン・マスク（後にテスラ・モーターズやスペースXを創業）、リード・ホフマン（リンクトイン）、スティーブ・チェン、チャド・ハーリー、ジョード・カリム（三人でユーチューブを立ち上げる）らがいた。ペイパルは二〇〇二年に一五億ドルでイーベイに売却された。

すべてのタマゴを一つのカゴに入れろ

ベンチャーキャピタルは指数関数的に成長する見込みのある初期段階のスタートアップを見つけて投資し、そこから利益を得るのが仕事だ。成功したスタートアップは、それ以外のスタートアップの何倍もの利益をもたらす。アメリカで起業した会社の中でベンチャーキャピタルの支援を受けられるのは一パーセントにも満たないが、これらの企業が成功すれば、経済全体に大きな影響がある。ベンチャーキャピタルが支援する企業は民間部門の雇用の一一パーセントを創出し、GDPの二一パーセントを生み出している。アメリカの上位一二社のテクノロジー企業はすべてベンチャーキャピタルの資金提供を受け、この一二社を合わせた企業価値は二兆ドルを超えている。

プロの投資家でさえ、成功するスタートアップとそれ以外の企業との差を過小評価する過ちをよく犯す。投資した企業のリターンが正規分布（訳注　左右対称な曲線を描くグラフ）になる（たとえばポートフォリオに入れた六社のうち、二社は潰れ、二社は収支がトントンになり、残り二社が投資の二倍から四倍のリターンをもたらす）と期待して、投資家は勝ち組が負け組の損失を補うのを前提にして、いろいろな企業に分散投資する。しかしこのやり方では、ポートフォリオはゴミだらけだ。必要なのは、大きく成功できるたった一社のスタートアップであり（たとえばティールが設立したベンチャーキャピタルのファウンダーズ・ファンドがフェイスブックに投資したように）、他に二〇社から三〇社の企業に投資していたとしても、最も成功した企業はそのすべてを上回るリターンを生み出す。このことから、ベンチャーキャピタルの投資家にとっては「度胸がいる」鉄則が生まれる。ポートフォリオに入れたすべての企業の価値を上回るリターンを叩きだすスタートアップだけに投資する、つまり「大規模に成功できる可能性があるスタートアップだけを組み入れる」という鉄則だ。数百社のスタートアップに二五万ドルずつばらまけば、たちまち破産してしまう。ティールのベンチャーキャピタルでは、投資先のファンダメンタル（訳注　企業の業績や財務状況に関する基礎的情報）を検討し、大規模な独占企業に成長する見込みのある五社から七社だけを一つのファンドに組み入れている。

ビジネスと同様に、人生にも同じことが言える。あれこれ手を出し、分散し、未来のためにへッジ（訳注　損失を回避すること）をかけることばかり考える人は、自分の将来に自信がなく、未来は不確実だと認めているのと同じだ。「人生はポートフォリオじゃない――スタートアップの創業者だろうと、誰であろうと」とティールは言う。

意外なことに、ティールは起業する前にもう一度よく考えるように勧めている。急速に成長している超優良企業に入社する方が、起業するより賢明かもしれないからだ。起業すれば自分の会社を一〇〇パーセント所有できるが、失敗すればすべてを失う。創業間もないグーグルに入社していたら、グーグルの株の〇・〇一パーセントを所有するだけで、今ではその価値は三五〇〇万ドルになっている。

仕事と人生に活かすために

成功への方程式は存在しないし、起業を教えるには限界があるとティールは言う。新しくて価値があるものを創造するプロセスには、今でも謎に包まれた部分があるからだ。しかしティールは、成功者は「思いがけない場所に価値を見出している」という明確なパターンを発見した。新しいオペレーティング・システムやソーシャルメディアのプラットフォームを作れば大きな事業になると考える人は多いが、ティールが指摘するように、「ビジネスに同じ瞬間は二度とない」のである。未来のビジネスのスタープレーヤーになるのは、そんなものが必要になると今は誰も信じてさえいないものを創造する人だ。「誰も築いていない、価値ある企業とはどんな企業だろう?」というティールの質問は、起業を志すすべての人がまっさきに考えなければならない問いである。

本書の終わりに、ティールは「シンギュラリティ」(訳注　人工知能が人類の知能を超える転換点)に達した未来に、テクノユートピア(訳注　テクノロジーの進歩がユートピア的理想を達成するのに役立つという思想)が実現するかどうかを予測している。しかしテクノロジーの進歩によって生活水準が劇的に向上する未来が訪れるかどうかより、大切なのは私たち一人一人が、「ただこれまでと違う未来ではなく、より良い未来を創る」ために、自分の力を最大限に発揮して新しいものを生み出す一度限りの方法を見つけることだとティールは言う。段階的な進歩ではなく、〇から一を生み出す進歩を達成する最もよい方法は、スタートアップ企業である。

18

1987

トランプ自伝

ドナルド・トランプ

ビジネスで成功するには、大胆さや押しの強さと、
忍耐、慎重、柔軟性のバランスが
うまく取れている必要がある。

邦訳

［トランプ自伝―アメリカを変える男］

早川書房　枝松真一 訳

私は金のために取引をするわけではない。金ならもう十分持っている。一生かかっても使いきれないほどだ。私は取引そのものに魅力を感じる。キャンバスの上に美しい絵をかいたり、素晴らしい詩を作ったりする人がいるが、私にとっては取引が芸術だ。私は取引するのが好きだ。それも大きければ大きいほどいい。私はこれにスリルと喜びを感じる。

❀

自分を売りこむ力と華やかなライフスタイル、そして大規模な取引のおかげで、ドナルド・トランプは『トランプ自伝―アメリカを変える男』が出版されたときはすでに有名人だった。資本主義の象徴、ニューヨーク、そして一九八〇年代の輝きを一身に体現していたのがトランプだった。

本書はタイミングに恵まれていた。本書の出版から間もない一九八〇年代末から一九九〇年代にかけて、トランプは苦境に立たされ、破産寸前に追い込まれた。しかし商売敵の期待に反して、トランプは何とか窮地を抜け出し、復活していっそう大物になった。スコット・フィッツジェラルドが「アメリカの人生に二回目のチャンスはない」という名言を

Donald Trump

ドナルド・トランプ

トランプは一九四六年にニューヨーク州クイーンズで五人の子供の四番目として生まれた。

一三歳のときニューヨーク州北部の陸軍幼年学校ニューヨーク・ミリタリー・アカデミーに入学し、最終学年まで在学した。卒業後はカリフォルニアの映画学校に入学しようと考えたが、実家の近くに留まりたかったために断念し、ブロンクスのフォーダム大学に進学した。トランプはペンシルベニア大学ウォートン・スクールに転入し、一九六八年に経営学士号を取得して卒業した。卒業後は父親の会社であるエリザベス・トランプ・アンド・サンに入社し、一九七一年に社長を引き継いでトランプ・オーガニゼーションと社名を変更した。

一九七七年にトランプはチェコ出身のモデルでスキーヤー

残したとき、フィッツジェラルドはブランドの威力をよくわかっていなかったのだろう。一世紀前の偉大な興行主P・T・バーナムと同様に、トランプの富の大部分は彼の名声から生まれたものだ。

TVプロデューサーが起業家精神をテーマにした新しいリアリティ番組のホストをトランプに依頼したとき、トランプはそれを新しい世代に顔を売るいいチャンスだと考えた。『アプレンティス』（訳注「見習い」を意味する英語）というその番組が成功したのに乗じて、トランプは次々に本を出版した。しかしビジネスマンとしてのトランプの核心に迫るには、やはり本書『トランプ自伝』（トニー・シュウォーツとの共著）に勝るものはない。すでに執筆から三〇年たっているが、本書を読むとトランプが数十年間保ち続けてきた本質的な思想や働き方がよく理解できる。事業の規模はずっと大きくなったとしても、一九八〇年代のトランプと今日のトランプは大体において変わらない。たとえ苦しい時期にあってもトランプを成功と繁栄に導いた取引や信念、そして戦略を本書でたどってみよう。（トランプがワシントンDCに転居する理由となった職業上の転機はこの本に含まれていないが、それについては歴史が審判を下すだろう）。

のイヴァナ・ゼルニーチコヴァーと結婚し、イヴァナは数年間トランプの所有するホテルの経営を任された。二人の間にドナルド・ジュニア、イヴァンカ、エリックの三人の子供が誕生したが、トランプとモデルのマーラ・メープルズの浮気が発覚したことから一九九二年に離婚が成立した。トランプは一九九三年にメープルズと再婚し、娘のティファニーが生まれた。二〇〇四年にトランプはスロベニア出身のモデル、メラニア・クナウスと結婚した。

トランプは大統領選でヒラリー・クリントン候補を破り、二〇一七年一月二〇日にアメリカ大統領に就任した。

アメリカの経済誌『フォーブス』が二〇一七年に発表した長者番付によると、トランプの資産は三五億ドルと推定され、世界で五四四番目の富豪にランクインした。

大きく考える

トランプの父親のフレッドはニューヨーク州のいくつかの区でレントコントロール物件(訳注　借主保護のため家賃の値上げが規制されているアパート)を扱う不動産デベロッパーだった。レントコントロール物件は利幅が低く、うま味が少ないが、フレッドは粘り強く自分の不動産会社を成功に導いた。少年時代のトランプはたびたび父親の後をついて物件を見て回ったが、彼は常にマンハッタンに憧れ、誰もが知るような大規模プロジェクトをやりたがった。

トランプの最初のプロジェクトは、賃貸料の低い地域にあるさびれた巨大なコモドア・ホテルの再生だった。このときトランプは「当時はまだ二十七の若造で、ホテルに泊まったことすらほとんどなかった」と書いているが、彼が手がけた一四〇〇室の高層ホテルは、それから二五年間ニューヨーク最大の地位を守り続けた。

売りたければ目立て

不動産業界では立地がすべてだというのは誤解だとトランプは言う。もちろん立地は重要だが、どんな不動産でも(アパートは特に)最大限に生かすためには、人々にそれを買いたいと思わせる価値や特別な雰囲気を作り出す必要がある。トランプはこう述べている。

人は自分では大きく考えないかもしれないが、大きく考える人を見ると興奮する。だからある程度の誇張は望ましい。これ以上大きく、豪華で、素晴らしいものはない、と人びとは思いたいのだ。

自分のプロジェクトに注目を集めたければ、自分自身が人と違う人間、ときには常軌を逸しているとさえ思われる人間にならなければいけない。そしてその度合いが増せば増すほど、メディアで話題になる機会が増える。宣伝のための宣伝を望んではだめだとトランプは言う。『ニューヨーク・タイムズ』に小さな記事が掲載されれば、たとえそれが批判的な内容であろうと、一〇万ドルの広告費を払って全面広告を打つよりはるかに効果がある。

じっと我慢し、時期を待って飛びかかれ

派手なイメージとは裏腹に、トランプの成功の主な要因は、待つ必要があるときはいくらでも待てることだ。たとえばトランプが後にトランプ・タワーを建設する土地には、ボンウィット・テラーという古いデパートが店を構えていた。何年も前からその土地を高く評価していたトランプは、所有者に何度も手紙を書き、その土地を買いたいと伝えた。トランプがあきらめなかったのは、「あくまで粘るかどうかが勝敗のわかれめになることが予想以上に多いのを知っていたからだ」と書いている。土地を所有する会社が経営不振に陥ると、経営者が交代し、新しい経営者はトランプにその土地を売ることに決めた。

またあるときトランプは経営難に陥った会社の記事を読んでいて、その会社の経営陣がぜいた

くに暮らし、どこへ行くにも会社所有のボーイング727を飛ばしていたのを知る。当時新品のボーイング727は三〇〇〇万ドルだった。トランプはその飛行機をたった五〇〇万ドルで買おうと持ちかけた。最終的には八〇〇万ドル支払ったが、とてつもない安値には違いなかった。どう見ても法外な要求でも、すました顔でいれば交渉は有利に進められるとトランプは言う。

トランプは、資産が市場に出る前に買収を提案することで数々の成功を手に入れている。多くの売り手にとって、「明日の百より今日の五十」ということわざは本当だ。「取引で禁物なのは、何が何でもこれを成功させたいという素振りを見せることだ」とトランプは指摘する。取引を成立させるには、自分の優位性を高める決め手が必要だ。売り手が何を必要とし、何を望んでいるのかを見抜いて、価格だけでなく、相手にとって得になると思わせる条件を出さなければならない。

交渉の達人の秘密

ニューヨークでは、大規模不動産開発は複雑な問題をはらんでいる。ニューヨーク市には厳密で複雑な都市計画・区画法があり、開発許可を申請してもほとんどの場合、特に大きな案件は必ずと言っていいほど却下される。トランプが五番街の五七丁目にトランプ・タワーを建設（大理石張りのロビーを流れ落ちる滝、一流の店舗、スターや大富豪が所有するマンションがある）したのは、結果的には大成功だった。しかし建設にこぎつけるために、トランプはビルの高さ、美観（ニューヨークの目抜き通りという場所柄）、そして公共の利益をどの程度提供できるかをめぐって、市当局とさんざんやり合わなければならなかった。既存のビル（当時はボンウィット・テラーが入居していた）、そのビルが立つ土地の借地権、隣接するティファニーの空中権、そして新しく建設する建物の裏庭となる狭小な土地（ビルとビルの間にスペースを確保するために市が定める建築条件の一つ）を買収するために、長期にわたる、しばしば危うい交渉が続いた。トランプはプロジェクトの資金を調達する必要があったが、銀行はすべての交渉が終わってからでなければと資金を出し渋った。ようやく融資を承諾させることができたのは、トランプがハイアット・ホテルと提携して成功させた以前のプロジェクト、コモドア・ホテルの実績のおかげだった。

トランプの成功を理解する鍵は、彼が複雑な案件に立ち向かうのを心から楽しんでいる点にある。他の人々には大きな問題に見えるものが、トランプの目には彼の独創的な能力を存分に振う最高の機会として映る。彼の交渉はどれも多数のボールを一度に操るお手玉のような行為であり、しかも着工のめどさえ立たないまま進行する。交渉が複雑であればあるほど、興味を示すデベロッパーの数は減る。しかしそういう案件は、成功すればより大きな利益につながるとトランプは言う。一般的にそうした不確実さは嫌われるが、トランプはそれを利用して富を築いてきた。

傲慢なほどの自信はトランプのトレードマークの一つとされているが、実はトランプは常に失敗の可能性を視野に入れて交渉に臨む。「最悪の事態に対処する方法を考えておけば、つまり最悪を切り抜けることができれば、何があっても大丈夫だ。うまくいく場合は、放っておいてもうまくいく」と彼は言う。どんな交渉にもいざというときの代案を準備しておかなければならないのだ。たとえば土地や建物を買う場合、トランプはいつも自分の計画が思い通りにいかない場合に備えている。高層ビルの居住区画は、必要とあればオフィスやホテルに変更できるようにする。交渉の達人になるには、個人的な好みを後回しにして利益を確保する意志を持たなければならない。

トランプの手腕

トランプについて本書から学べることは他にもある。

◆大学で友人たちが漫画やスポーツ記事を読みふけっている間、トランプは不動産の競売目録に没頭していた。
◆トランプが初めてマンハッタンで暮らした住居は、中庭に面した賃貸のワンルームだった。
◆パーティーや世間話にはあまり関心がなく、夜はさっさと寝てしまう。
◆一日にたくさんの会合を詰め込むのは嫌いで、その日にどんなことがあるだろうと期待するのを好む。一日に五〇回から一〇〇回の電話をかけたり受けたりする。
◆清潔好きで、自分の持ち物はすべてピカピカでないと気がすまない。
◆直感を信じ、書類上はいい取引に見えたとしても、「何か妙な気がする」場合は交渉を中止する。一方で、反対する助言を押し切って交渉を進めた場合もしばしばある（たとえばアトランティック・シティのヒルトン・カジノは成功を収めた）。
◆トランプがカジノ・ビジネスに関心を持ったのは、ヒルトン・コーポレーションは世界中に一五〇軒のホテルを所有しているのに、全体の利益の四〇パーセントはラスベガスにある二軒のカジノから得ていると知ったからである。

◆自分の主義を守るためには徹底的に戦う。「自分が不当な扱いを受けていると感じた時は、徹底的に戦う。その戦いがどんなに困難で危険が大きく、高くつこうと、そうせずにはいられない」
◆華やかな女性が好きなのは母親の影響で、勤勉な性格は父親譲りだと述べている。
◆自分の会社のトップレベルの地位の多くに女性を就任させるのを好む。
◆トランプのお気に入りの場所は、フロリダにある広大で豪華なマール＝ア＝ラーゴ（現在は会員制クラブで、トランプはその一部を別荘にしている）である。穀物で財を成したポスト家の遺産相続人が一九二〇年代に建設した巨大な不動産を、トランプが格安で買い取った。
◆トランプはセントラルパークのウォールマン・スケートリンクの再建を自慢にしている。市当局による改修工事が数年間も遅れていたため、トランプが私費を投じて四カ月で完成させた。

仕事と人生に活かすために

本物のドナルド・トランプはどんな人物なのだろうか？　誇張した話を好み、自己顕示欲が強いことで知られているが、その下には仕事を愛するビジネスマンの顔がある。財界の著名人の伝記を執筆している作家のロバート・スレーターは、トランプの伝記『No Such Thing As Over-Exposure（目立つほどいい）』の中で、トランプが経営するトランプ・オーガニゼーションでは、解雇される人は（テレビ番組『アプレンティス』で有名になった「お前はクビだ」という決めゼリフに反して）ほとんどいないと述べ、トランプは一般のイメージよりも大体において寛容だと指摘している。また、トランプは誠実な人柄で、金融・法律面で長年にわたって彼に助言してきた人々を信頼している。トランプ自身、「これまでの人生で、私は得意なことが二つあることがわかった。困難を克服することと、優秀な人材が最高の仕事をするよう動機づけることだ」と述べている。

ニューヨークが昔の活気を取り戻した今、一九七〇年代から八〇年代のほとんどを通じて、この都市が荒廃し、破産寸前で治安も最悪だったことはすっかり忘れられている。しかしトランプはこの都市にゆるぎない愛情を持ち、ここが世界の中心だと考えていた。そしてその信頼に対する見返りとして、低価格で価値ある物件を見つけることができた。トランプはしばしば虚栄心の塊だと評されるが、それは強い自己信頼と表裏一体だ。自分を信じる気持ちがなければ、彼は単なる中小の不動産デベロッパーで終わっていただろう。

本書の終わりに近づくにつれて、トランプは次第に哲学的な考えを深めていき、彼の築いた帝国は結局どんな意味があるのかと考え始める。トランプの率直な答えは、わからない、というものだった。はっきりしているのは、トランプは自分で交渉するのが好きで、いくら財産があろうとそれは変わらないということだ。人生に絶対確実なものはないのだから、何事も楽しんでやるべきだとトランプは主張している。

本書にはロマンス小説家のジュディス・クランツ、テレビ番組の名司会者デヴィッド・レターマン、投資家マイケル・ミルケンやアイヴァン・ボウスキー、伝説のディスコ、スタジオ五四の経営者イアン・シュレーガー、ニューヨーク市長エド・コッチ、デザイナーのカルバン・クライン、セント・パトリック大聖堂の枢機卿など、一九八〇年代のニューヨークを彩った著名人の興味深い記述があちこちにちりばめられ、教訓を学べるだけでなく、読み物としても面白い。トランプのファンは、本書から一〇年後に執筆された続編の『敗者復活―不動産王ドナルド・トランプの戦い』や、『大富豪トランプのでっかく考えて、でっかく儲けろ』（二〇〇八年）もぜひ読んでみるといい。

19

2015

イーロン・マスク 未来を創る男

アシュリー・バンス

ビジョンを持つ起業家はビジネスを創造するだけでは満足できない。彼らは未来を創りたいのだ。

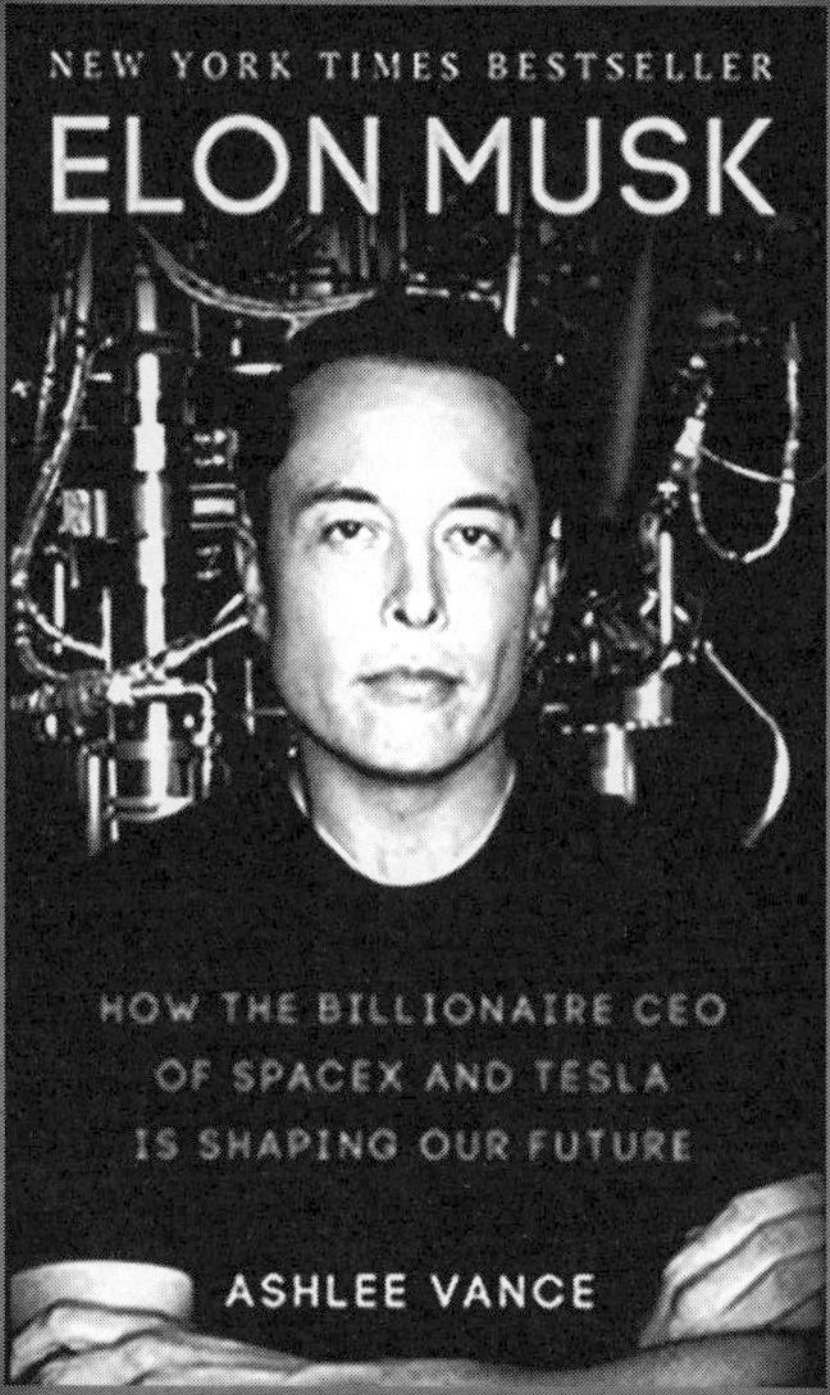

邦訳

［イーロン・マスク　未来を創る男］

講談社　斎藤栄一郎 訳

シリコンバレーの起業家の多くは「社会的に意味のある世界観」が欠けているものだが、マスクには確たる世界観がある。（中略）マーク・ザッカーバーグの目指したものが、可愛い子供の写真を世界に披露できる場所だったとすれば、マスクは何を目指しているのか。人類を自滅行為や偶発的な滅亡から救うことだろう。

❀

二〇〇二年にオンライン決済会社のペイパルがイーベイに一五億ドルで売却されたとき、ペイパルの共同創業者で筆頭株主だったイーロン・マスクは新たなインターネット長者の一人になった。オンラインの世界で成功した他の人たちの例にならって、マスクもシリコンバレーのスタートアップ企業に投資し、いくつかの会社の取締役に名を連ね、車を何台も所有し、ゴルフ三昧の日々を過ごしてもおかしくなかった。

しかしペイパル売却で得た資産（一億八〇〇〇万ドル）は、マスクのとびきり野心的な計画の元手に過ぎなかった。マスクは世界を変える事業になると長年信じてきた三つの分野にこの金をすぐさま投じた。それは電気自動車、宇宙ロケット、そして太陽光エネルギーだ。マスクが電気自

Ashlee Vance

アシュリー・バンス

バンスは一九七七年に南アフリカで生まれ、テキサス州ヒューストンで育った。カリフォルニア州にあるポモナ大学を卒業している。二〇〇八年までの五年間、テクノロジー関係のウェブサイト『ザ・レジスター』で記事を書いていた。現在は『ブルームバーグ・ビジネスウィーク』誌に主要なハイテク企業に関する特集記事を書いている。また、科学技術に関する話題や各国の最新の科学的発展を取り上げたブルームバーグ制作のビデオ・シリーズ『ハロー・ワールド』の取材や司会を担当している。最初の著書に、シリコンバレーを彩るハイテク企業やスタートアップ企業にまつわる逸話を紹介した『Geek Silicon Valley（シリコンバレーのオタクたち）』（二〇〇七年）がある。

動車と太陽光エネルギーに関心を持ったのは、政治的にも環境保護の面からも炭素系燃料は完全に有害と見られていたからだ。ロケットを作ろうと思ったのは、人類が「惑星をまたにかけて活躍する種」に進化しなければならないと思うからだ。

シリコンバレーのハイテク企業に関する記事を書いているジャーナリストのアシュリー・バンスは、本書『イーロン・マスク　未来を創る男』の冒頭で、ドット・コム・バブル崩壊後、人々はもう未来を変える技術に投資する意欲を失い、目の前の問題を少しずつ改善することしか考えず、消費者を楽しませたり便利なアプリを開発したりすることに集中していると指摘している。真のイノベーションはもう存在しないのだろうか？　世界が抱える問題を解決するモノを作ることに情熱を注いだハワード・ヒューズ（二〇世紀アメリカの実業家・発明家で、航空機の開発などで知られている）からバトンを受け継ぐのがイーロン・マスクだ。

本書はマスクがビジョンを実現する力となった強烈な性格やマネジャーとしての資質を掘り下げながら、一人のテクノロジー・オタクから実業家へと成長していく過程をたどる物語である。

少年時代

マスクは一九七一年に、まだアパルトヘイトが残る南アフリカの都市プレトリアの富裕な地域で生まれた。少し変わった内向的な子供で、見たものを写真のように覚え込む驚異的な記憶力があった。読書量もすさまじく、『指輪物語』から『ブリタニカ百科事典』まで、片っ端から読み漁った。一〇歳で初めてコンピュータを手に入れ、早くからロケットや電気自動車に興味を持った。プレトリアでは知的好奇心が満たされない閉塞感から、マスクはアメリカへの移住を夢見るようになった。

マスクはプレトリア大学で五カ月間だけ物理学と工学を学んだ後、一七歳でカナダに旅立った（母親のメイがカナダ国籍を持っていたため、マスクはカナダのパスポートを手に入れられた）。一年間カナダ各地でさまざまな肉体労働に従事した後、一九八九年にオンタリオ州にあるクイーンズ大学に入学し、ビジネス、経済学、心理学を学んだ。二年後にマスクは奨学金を得てアメリカのペンシルベニア大学に編入し、経営学部であるウォートン・スクールで経済学を学びながら、物理学の学士号も取得した。夏季休暇中はシリコンバレーのスタートアップ企業でインターン生として働き、シリコンバレー流の働き方を学んだ。弟のキンバルと全米を回る長旅にも出た。一九九五年、マスクは普及し始めたインターネットを利用し、Zip2というベンチャー企業を立ち上げる。「イエルプ（訳注　ローカルビジネスの口コミサイト）とグーグル・マップを融合させたようなサービス」で、当時のマスクは資金を節約するためにオフィスに寝泊まりしていた。

インターネット・ブームが始まった一九九九年、大手コンピューター・メーカーのコンパックが三億七〇〇〇万ドルでZip2の買収を持ちかける。この買収によって、マスクは大株主として二二〇〇万ドルを手にした。ほんの数年前はカナダでバックパッカーをしていた青年が今やシリコンバレーの寵児になったのである。マスクは高級アパートと一〇〇万ドルのマクラーレン（訳注 イギリスの自動車メーカー）のF1スポーツカーを購入した。マスクはまるで普通のフォード車に乗るようにこの車でシリコンバレーを走り回り、あげくの果てに事故を起こしてめちゃめちゃにしてしまった（しかも保険に入っていなかった）。

カナダにいた頃、マスクはノバ・スコシア銀行でインターンをした経験があった。そこで得たのは、「銀行には金があるが、無能な連中ばかり」という結論だった。金融業には改革の余地が大いにあると判断し、マスクはX．comというドメイン名でネット銀行を立ち上げ、このベンチャー企業に一二〇〇万ドルの個人資金を投じた。金融監督機関から認可を得ると、X．comは一九九九年の感謝祭に銀行サービスを開始した。アメリカの大手銀行に対抗して、X．comは簡単で速やかな送金サービスが売り物だった。開業からわずか数カ月で二〇万人がX．comに口座を開いた。しかし、まもなくライバルが登場した。ピーター・ティールとマックス・レヴチンが立ち上げたインターネット決済サービスのコンフィニティというスタートアップ企業だった。もともとコンフィニティはX．comのオフィスの一部を借りてシステムを開発していたが、両者のライバル関係が明確になると、コンフィニティはオフィスを移転した。X．comとコンフィニティはインターネット決済サービスの市場を激しく争い、最終的に合併してX．comとなった。この合併はソフト開発や経営上の衝突を引き起こし、マスクはティールのクーデターによってCEOの座を追われ、社名もペイパルと変更された。

マスクは怒りを抑え、ペイパルへの投資額を増やして筆頭株主になり、ティールを支持さえした。二〇〇二年にイーベイが一五億ドルでペイパルを買収すると、マスクは税引き後で一億八〇〇〇万ドルを手にした。しかしペイパル時代の経営を称賛されたのはティールであり、メディアはマスクを判断力のないうぬぼれやと決めつけた。しかし歴史を振り返って見れば、マスクの功績は明らかだとバンスは指摘する。ペイパルの成功にマスクが果たした役割はティールと同じくらい大きい。バンスの言い方を借りれば、マスクは「知ったかぶりで対立的な言動」にもかかわらず成功したのである。

スペースX

ペイパルを追われた後、マスクはロサンゼルスが気に入って、家族（妻のジャスティンと息子）とともに生活をロサンゼルスに移した。ロサンゼルスを選んだ理由の一つは、この都市が歴史的に航空宇宙産業の中心地だったからだ。マスクの関心は宇宙旅行の未来に向かっていた。インターネット・サービスよりもっと「意義のあること」、一般大衆が科学と進歩に夢を抱けるようなことをしたいと思うようになっていた。NASAでさえ火星探査の具体的な計画を持っていないのがマスクは不満だった。

マスクはロシアから中古のICBM（大陸間弾道ミサイル）を購入してロケットに転換しようと考え、ロシアに二回足を運んでいる。それから自前のロケットを製造する計画に切り替え、小型人工衛星や実験用搭載物《ペイロード》の打ち上げという隙間市場に狙いを定めた。マスクには新しい目標ができた。宇宙旅行を大幅に安くすることだ。

ロケット開発の専門家、トム・ミューラーを研究開発の責任者に据えて、スペースXは二〇〇二年に誕生した。この会社のミッションは、低コストで確実に、しかも短期間に何度もロケットを打ち上げられるようにして、「宇宙分野のサウスウエスト航空」になることだ。肥大した政府の宇宙開発機関や、ボーイング、TRW、ロッキード・マーティンなどの民間の大企業の宇宙開発部門にはない発想だった。

二〇〇八年までにマスクはスペースXに一億ドルの個人資金をつぎ込んだが、打ち上げは失敗に次ぐ失敗だった。さらに追い打ちをかけるように、結婚生活は破綻しつつあった。二〇〇八年九月、スペースXは四度目の打ち上げでようやく成功した。民間会社が製造したロケットが初めて地球の大気の外に出たのだ。スペースXは国際宇宙ステーションへの物資補給用宇宙船一二回分の打ち上げをNASAと契約し、一六億ドルを獲得した。困難続きのスタートだったが、スペースXは軌道に乗ったのである。

普通の人にとってスペースXだけでも手に余る頭痛の種だったはずだが、マスクは同時期に電気自動車を世界に広める計画に着手していた。

ゼネラル・モーターズが電気自動車EV1を発表し、トヨタはハイブリッド車のプリウスを出したが、これらの車は堅苦しくて面白味がなかったし、商業的にも先行きは不透明だった。その頃、スタンフォード大学卒業生のJ・B・ストラウベルが、通常はノートパソコンなどに使われているリチウムイオン電池を使って高速走行が可能な電気自動車を作るアイデアを提案していた。マスクはストラウベルの話を聞きつけると、速く走れて走行距離も長く、高級車市場向けの車に搭載するバッテリーパックの開発に出資した。しかしマスクが本格的に電気自動車事業に乗り出すのは、テスラ・モーターズ（電気モーター技術の先駆者ニコラ・テスラにちなんでいる）というスタートアップ企業を二〇〇三年に立ち上げたマーティン・エバーハードとマーク・ターペニングに出会ってからだった。彼らはすぐに意気投合した。三人は石油に依存しているアメリカの現状に終止符を打ち、他の誰にもできなかった大衆市場向けの電気自動車の製造を実現しようと意気込んだ。マスクはテスラに六五〇万ドル出資し、まもなくストラウベルもテスラに入社した。

テスラ

二〇〇六年にはテスラの社員は一〇〇人に達した。この時点でマスクはさらにテスラに投資し、グーグル共同創業者のラリー・ペイジとセルゲイ・ブリンやベンチャーキャピタルの投資家もテスラへの投資に加わった。テスラ・ロードスターの試作車の完成発表会で、マスクは「これまでの〝100％電気自動車〟は実にお粗末だった」と述べた。ロードスターの価格は九万ドル、走行距離は約四〇二キロメートルだった。しかし試作車はすぐにオーバーヒートしてしまうので、まだ量産できる段階ではなかった。サプライチェーンと製造上の問題でロードスターの出荷予定日がどんどん延期され、マスコミがテスラの抱える問題点を書き立てると、混乱を収拾するために投資家が送り込んだ新CEO（訳注　CEOだったエバーハードは解任された）は、テスラに残された最善の方法は大手自動車メーカーにテスラの知財を売ることだと考えた。しかしマスクはテスラに賭けた自分のビジョンをあきらめるつもりはなかった。マスクはロードスターに続いて、四ドア高級セダン――「モデルS」――の開発を考え始めていた。

テスラは最終的にロードスターを二五〇〇台販売したが、数千台の自動車を生産できる設備の整った工場を建設し、何億ドルもの資金を集めるには、まだ数多くの困難があった。ダイムラーが五〇〇〇万ドルを出資し、テスラの株一〇パーセントを保有すると発表したことで状況は改善した。ダイムラーはテスラのバッテリーパックとモーターに感銘を受け、自社の車に搭載することも考えていた。さらにエネルギー省がテスラに四億六五〇〇万ドルの融資を決定し、テスラは主要な自動車メーカーに向かって大きく前進した。大衆市場向けの自動車を発売するために必要な一〇億ドルにはまだ足りなかったが、アメリカを襲った景気後退がテスラには逆にチャンスになった。ゼネラル・モーターズとトヨタは、アメリカ市場向けの低価格で高品質な自動車を生産するため、一九八四年にカリフォルニア州フリーモントにハイテク工場を建設していた。しかし二〇〇八年にゼネラル・モーターズが破綻寸前に追い込まれ、工場を売却せざるを得なくなった。

テスラは四二〇〇万ドルという割安な価格で工場を買収することでトヨタと合意した（同時にトヨタにテスラの株の二・五パーセントを譲渡した）。足りなかったモデルSの開発資金は最終的に二〇一〇年の新規株式公開によって調達された。上場でテスラが得た資金は二億二六〇〇万ドルに上った。アメリカの自動車メーカーの新規上場は、一九五六年以来初めてだった。

マスクはテスラのモデルSの開発にあらゆる面で口をはさんだ。たとえばマスクには五人の息子がいたので、七人乗りを主張して譲らなかったが、同時に高性能車としての見た目も要求した。モデルSのドアハンドルはドライバーが近づいたときだけせり出してくる埋め込み式で、これまでにないデザインだった。しかし技術的なイノベーションが進んだにもかかわらず、テスラの生産台数は一週間に一〇台程度にとどまり、投機筋は株価の値下がりを見越して空売りをしていた。大量のオーダーがキャンセルされ、二〇一二年の大統領選に共和党から出馬したミット・ロムニーはオバマ大統領とのディベートで、政府の金をつぎ込んだグリーンテクノロジー（訳注　地球環境問題の解消を目指す技術）企業の中で、テスラは「負け組」だと批判した。そんな悲観的ムードの中でも、マスクはテスラが「世界一儲かる自動車メーカーになる」と威勢よく語り、アメリカ中に太陽光発電装置を利用した充電スタンド・ネットワークを構築し、テスラのオーナーなら無料で充電できるようにすると発表した。「ゾンビに石油施設が攻撃されても」テスラのオーナーなら燃料の心配をせずにアメリカ中を走り回れるとマスクは記者にジョークを言った。

初期のモデルSは信頼性に問題があり、一〇万ドルもする車ならあって当然のオプションや機能や内装が満足な水準に達していなかった。二〇一三年には「口コミがあまりにひどかった」とマスクは認めている。予約客がいつまでも本契約をしてくれなければ、テスラが破産するのは目に見えていた。マスクはグーグル創業者のラリー・ペイジに連絡を取り、最悪の場合はテスラを買収してほしいと頼んだほどだ。ところが奇跡が起きた。マスクはおよそ五〇〇人の社員を集め、全員が(所属部門に関係なく)営業マンになって予約客に電話をかけ、今すぐ売買契約を成立させろと発破をかけた。すると彼らが大量の契約を獲得してきたのだ。突然テスラに現金がどんどん入るようになり、二〇一三年の第一四半期には一一〇〇万ドルの黒字さえ計上し、この四半期の販売台数は四九〇〇台になった。グーグルとの買収交渉は白紙に戻された。

現在マスクは何種類かの車の製造を計画している。その一つが大衆市場向けのモデル3だ。マスクはモデル3で電気自動車を自動車の本流にしたいと考えている。ガソリン車を買うのは「過去にお金を払うようなものだ」とバンスは言う。一般大衆と投資家も同じ考えだ。出荷台数は比較にならないほど少ないが、テスラの時価総額はフォードやGMを上回っている。

宇宙への挑戦

スペースXのファルコン9は月に一回のペースで打ち上げられるようになり、インターネットや天気予報、テレビやラジオ、ナビゲーションシステムの運用に必要な衛星を打ち上げるほか、国際宇宙ステーションに補給物資を輸送し、大手のライバル各社よりはるかにコストを削減している。人工衛星は現代の生活に欠かせない基盤であり、スペースXの事業には確かな将来性がある。

スペースXは自社で人工衛星を開発し、打ち上げ回数を増やして打ち上げコストを削減し、打ち上げ後、地上の任意の場所に帰還（訳注　洋上に着水）する再使用可能な有人宇宙船「ドラゴンV2」の開発に取り組んでいる。ドラゴンV2の内装はまるでSF映画に出てくる宇宙船の内部のようで、NASAの宇宙船のせせこましい空間とは大違いである。

火星に五〇トンの物資を輸送できるように開発されたファルコンヘビーの打ち上げは二〇一八年に予定されている（訳注　二〇一八年に試験飛行が成功、二〇一九年には初の商業飛行に成功した）。二〇二〇年には初めて火星を目指してロケットを打ち上げる計画で、二〇二〇年代後半に火星に人類を送り込む前に、火星への定期的なロケット打ち上げによって安定した物資の輸送ルートを確保する考えだ。NASAはスペースXとは別に火星探査ミッションを計画しているが、具体化するのは二〇三〇年代半ばになると見られている。

マスクの太陽光エネルギーへの野望を実現するために、テスラは二〇一六年に太陽光発電装置の設置や販売を手がけるソーラーシティという会社を買収した。ソーラーシティはマスクのいとこのピーター・ライブとリンドン・ライブが兄弟で設立し、太陽光発電の最先端に立つ企業で、マスクは会長に就任している。

仕事と人生に活かすために

こうして見ると、マスクの成功が決して必然的ではなかったのがわかる。スペースX

やテスラは何度も技術的な失敗に直面し、破産寸前まで追い込まれた。元妻のジャスティンは、「あれだけの成果を出すために彼がどんな犠牲を払ってきたか、誰もわかっていませんでした」とバンスに語っている。ハワード・ヒューズ、スティーブ・ジョブズ、そしてイーロン・マスクのような人たちを見てわかるのは、人間的にひどく欠けている部分があるからといって、世界をよりよく変えられないわけではないということだ。突出したイノベーションは、突出した個性とともに生まれてくるのかもしれない。

現在は政府が主導する宇宙産業だが、『アイアンマン』のトニー・スタークを地で行くようなマスクの活躍で、将来はスペースXがこの分野を制するかもしれない。マスクはロケットや電気自動車のほかに、ロサンゼルスからサンフランシスコまで結ぶハイパーループという次世代交通システムや、高速かつ広域な衛星通信技術を利用して宇宙から全世界をインターネットでつなぐ宇宙インターネット、送電網なしの生活が可能になる家庭用バッテリー・システムなどの構想を練っている。「私は投資家ではない。未来に必要な技術、有益な技術を実現したいだけなんだ」とマスクはバンスに語っている。

グーグルの共同創業者でマスクの友人であるラリー・ペイジは、マスクが傑出しているのはエンジニアリングの限界を超える能力だけでなく、ビジネス、リーダーシップ、統治などの面でも卓越しているところだと指摘している。夢想家のような発想と、泥くさい仕事をいとわない意欲が結びついてこそ、人は起業家たりうるのだ。「すばらしいアイデアはいつもクレイジーです。クレイジーじゃなくなったら、つまらない証拠」とペイジは言う。マスクもきっと同じことを言うだろう。

2

マネジメントとリーダーシップ

Chapter2

20

1880

富を築く技術

P・T・バーナム

富を得るための近道というものはない。職業選択を間違えないこと、よい性格であること、何事もあきらめないこと、そして宣伝を忘れないことである。

邦訳

［富を築く技術］

パンローリング　関岡孝平 訳

人生において成功を収めるための基盤となるのは、心身の健康である。健康こそが私たちにとって最も基本的な財産であり、幸せを手にするための要《かなめ》である。病気を持っていたら、財産を築くのは難しい。人にはみな、自分に合った仕事というものがある。それは断言できる。われわれの知性や性格は、顔つきと同じくらい人によって違う。生まれながらのエンジニアもいれば、機械は見るのもいやという者もいる。（中略）生まれながらにしてなるべき職業、自分の能力に一番合った仕事というものがある。そうした職業に就かないかぎり、成功することはできない。

サーカスや「珍奇な物」を集めた博物館で知られるP・T・バーナムは、おそらく史上最も偉大な興行師と言えるだろう。バーナムのショーは一九世紀の商業娯楽を一変させた。彼は宣伝の達人と仰がれ、マーケティングの世界では今でも彼のアイデアを学ぶ人たちがいる。バーナムのドラマチックな生涯は、映画『グレイテスト・ショーマン』（二〇一七年）で主役を務めたヒュー・ジャックマンの見事な演技を通じて一躍有

P. T. Barnum

P・T・バーナム

フィニアス・テイラー・バーナムは一八一〇年にコネチカット州ベセルで、五人の子供の長子として生まれた。バーナムは早くから商才を発揮し、一二歳ですでに宝くじを売って稼いでいた。バーナムが一五歳のときに父親が亡くなり、その後の数年間にいろいろな事業を試みる。

一八三四年にニューヨークに移り住むと、バーナムは「ショービジネス」に天職を見出した。最初の興行はジョイス・ヘスという元奴隷の女性を目玉にした見世物で、この女性はジョージ・ワシントンの元乳母で一六一歳を超えていると宣伝された。一八四一年にバーナムはニューヨークにあった博物館を買い取り、「バーナムのアメリカ博物館」を開いた。この博物館は博物学的な展示物や歴史的記念品、そして奇妙な人や物を

名になった。

バーナムの自伝（未邦訳）は彼の波乱万丈の生涯を伝えているが、本書『富を築く技術』は、事業を成功に導く秘訣を書いた本だ。凄腕マーケターの名に恥じず、この書名は内容に対してやや誇大表現である。本書には金持ちになるための具体的なアイデアや技術は書かれていない。その代わり、バーナムは人間的な成長とよい性格があれば経済的成功は自然についてくると考え、そのために必要な二〇のルールを挙げている。常識外れの興行師というイメージのあるバーナムだが、意外にも本書はまじめなビジネス倫理の入門書である。

見せて人気を呼び、数百万人のお客を楽しませ、世界中の珍しいものを知る機会を提供した。バーナムは六〇歳になってからサーカス事業に進出した。「地上最大のショー」と銘打ったサーカスは五エーカーの広さがあり、アメリカ中を巡業した。

バーナムは政界にも進出し、一八六五年にコネチカット州議会議員に選出され、二期務め、一八七五年にコネチカット州ブリッジポート市の市長になった。バーナムは一八九一年に亡くなった。

バーナムは数冊の著書を出しており、本書の他に『The Life of P. T. Barnum: Written by Himself（P・T・バーナム自伝）』（一八五四年。その後改版された）、『The Humbugs of the World（世紀のペテン師）』（一八六五年）、『Struggles and Triumphs（苦難と栄光）』（一八六九年）などがある。

健康、富、幸福

バーナムはまず、成功するためには健康でなければならないという、一見当たり前だが見過ごされがちな心構えを説いている。財産を築くには活力が必要だが、病気は人から活力を奪ってしまう。だから成功している人がこれからも成功し続けたいなら、健康を無視してはならない。

彼はかつて一日に一〇本から十五本も煙草を吸っていたが、あるときからこの「汚らしい雑草」を嫌悪するようになった。煙草は味覚を麻痺させ、芳醇な果物の味を楽しむといった人生の単純な喜びを喫煙者から奪う。煙草好きな人は、早く次の噛み煙草を口に入れるか、次の一本をふかすことしか考えられなくなる。しかし、彼は酒にはさらに手厳しい言葉を浴びせている。

> ビジネスで成功するためには、事業計画を立てることのできる頭脳と、それを実行するための理性が必要だ。
> どれだけ優れた知性の持ち主であっても、酒を飲んで酔っぱらって、自慢の知性がくもり、判断力が損なわれていては、事業で成功を収めることは難しい。考えてみてほしい。友人と『つきあい酒』をしている間にどれだけ多くのチャンスを逃していることか。

「酒は災いのもと」という格言を持ち出して、バーナムは酒を飲むと人は気が大きくなり、飲んだ後は仕事をする気力が失われると指摘している。それだけでなく、酒を飲む人は勉強や事業のチャンスを広げるために使える時間を無駄にしているのである。

正しい職業を選べ

バーナムは本書の冒頭で、アメリカのように「人よりも土地のほうが多い国」では、適切なやり方で働けば、誰でもお金を稼ぐのは難しくないと述べている。まじめに働く気さえあれば、どんな仕事でも見つけられる。しかし大切なのは正しい職業を選ぶことだ。

当時としては時代を先取りした考えだが、彼は自分がやりたい仕事を選ぶ大切さを強調し、「自分に合った職業を選ぶこと」が、若者にとって成功するための最も確実な方法であるとさえ述べている。「人にはみな、自分に合った仕事というものがある」とバーナムは言う。人によって知性や性格に大きな違いがあることが、人にはそれぞれ向き不向きがあるという事実を示している。

生まれながらにしてなるべき職業、自分の能力に一番合った仕事というものがある。そうした職業に就かないかぎり、成功することはできない。ましてや、両親が決めた職業に就いていては自分の才能が発揮されにくいだろう。ほとんどの人がそういう職業に就いていると私は信じたい。

しかし現実には、鍛冶屋から聖職者に至るまで、職業の選択を誤っている人は少なくない。

いい例が、『学識ある鍛冶屋』と呼ばれた天才的な言語学者エリヒュー・バリット（訳注　生活費を稼ぐために鍛冶屋として働きながら多数の言語をマスターした）だ。彼は最初から言語学の教授になるべきだった。

逆に、鍛冶屋か靴職人のほうが向いているのではないかと思われる弁護士や医者、聖職者もよく見かける。

正しい場所を選べ

バーナムは、今ではありきたりになった「好きな仕事をやれ」という忠告からさらに進んで、どこでその仕事をするのかという、もっと現実的な問題に助言を与えている。

あなたは、時計のように正確で迅速にホテルを経営し、毎日５００人の客を見事にさばくことができる。ところが、鉄道もなければ公共交通機関もない小さな村にホテルを構えたとしたら、すご腕も宝の持ち腐れだ。

バーナムはロンドンで見世物小屋をやっていた男の話を例に挙げている。この男は優秀な見世物師だったが、客の入りは少なかった。バーナムは、アメリカに来ればもっと客を呼べると言ってこの見世物師を誘った。彼はバーナムの申し出を喜んで受け入れ、最初の二年間はニューヨークのバーナムの博物館で働き、その後は「旅芸人」として成功した。それから数年で彼は一財産築いたが、「それもこれも、正しい商売と正しい場所を選んだからだ」とバーナムは述べている。

仕事に集中し、全力を投入せよ

一つのことに集中できない人はたくさんいる。バーナムは、「1本の釘を打ち続けていれば、いつかは必ず奥まで打ち込まれ、抜けなくなる」と説いている。一つのことだけに集中すれば、いつかは腕前が上がり、価値のある仕事ができるようになる。一度にあれもこれもやりたくなる気持ちはわかるが、広く浅くいろいろなことに手を出せば、幸運は通り過ぎてしまう。

自分の仕事を何から何まで知り尽くしていなければ成功は期待できないとバーナムは言う。バーナムが生きていた一九世紀のアメリカ人に関する発言は、どの時代のどの国でも通用するだろう。

> 国としてアメリカはまだまだ底が浅い――アメリカ人は手っ取り早く金儲けしようとし、自分の仕事に全力を投入して徹底的に取り組む、ということをしない。だから、上層階に空きが出るのだし、ほかの誰よりも優れた仕事をする人は――行いがよく誠実という条件つきで――ひいきにしてくれる客にはこと欠かず、自然にお金が入ってくる。

「慎重、かつ大胆」であれ

この明言を残したのは銀行家のロスチャイルド家を興した一族の一人、ネイサン・ロスチャイルドだ。一見矛盾しているように見えるが、計画を立てるときは慎重に、実行するときはためらわずに行え、という教えである。

失敗から学べ

人から借りたり与えられたりした資金で事業を始めるのは簡単だが、「自らの経験を通してそのありがたみを身にしみて感じないかぎり、お金は何の役にも立たない」とバーナムは言う。ジョン・ジェイコブ・アスター（訳注　毛皮貿易で財を成し、アメリカ一の大富豪となった人物）は、最初の千ドルを稼ぐ方が、その後で数百万ドルを稼ぐよりも難しかったと述べている。最初の資金を稼ぐ間に学んだ教訓――克己心や勤勉、粘り強さ、忍耐力――はお金には代えられない値打ちがある。バーナムの時代でさえ、事業で成功した人の大半は一代で財を築いた人たちだったし、現代にもそれは当てはまる。他人の資金を当てにする、特に遺産が転がり込むのを待つのはやめた方がいい。そんな「あぶく銭」は、かえって身を滅ぼす元になる。

いい物なら、それをお客に知らせよう

当代随一の興行師とうたわれたバーナムが、宣伝についてどんなアドバイスをするのか読者は期待していることだろう。しかしバーナムの意見はきわめて常識的だ。

客が喜ぶに違いない品物、お金を払うだけの価値があると感じるような品物を手に入れたときは、そのことを客に知らせる必要がある。いくらいい物を持っていても、誰もそのことを知らなければ、何の意味もない。あの手この手で宣伝することを心がけよう。

不運に近づくな

バーナムは、「ついていない人間や場所には関わるな」というロスチャイルド家のもう一つの家訓を紹介している。どんなに誠実で頭のいい人物でも、物事がうまくいかない人にはちゃんと理由があるからだ。表に出なくても、そういう人にはたいてい何らかの欠点があって、その人を成功から遠ざけているのである。

信頼できる新聞を読もう

新聞を読まない人は、「世間から隔絶させられているも同然だ」とバーナムは言う。当時でさえ技術の進歩や産業の変化のスピードは速かった。どんな分野にいても、成功するためにはこれからどんなことが起きるのかを知らなければならない。

仕事と人生に活かすために

ここで紹介したいくつかのルールはいかにも十九世紀のアメリカ人らしい内容で、当時の有名な大富豪への称賛もあちこちに見られる。しかし『富を築く技術』は、今日でも自分の才能とチャンスを最大限に活かしたいと願う人なら誰でも読むに値する本だ。

バーナムの説く心構えは当たり前に思えるものもあるが、あらためて思い出してみるのは大事なことだ。特に誠実さが富の基本だという考えは忘れがちである。誠実さと評判のよさがなければ、財産は一夜にして消えてしまう。反対にそうした長所が備わっていれば、その人の会社やサービスは、関わるすべての人を豊かにするだろう。バーナム自身は人生の中で苦難と栄光の両方を味わっているが、バーナムが言ったとされる「カモになりやすい人間は世間にいくらでもいる」という言葉は、実際にはバーナムの発言ではない（言ったのはバーナムの競争相手だ）。誠実さを大事にするバーナムのルールにしたがえば、もしバーナムがこんなことを言う人間だったら、決して成功することも富を築くこともできなかったはずだ。本書でバーナムが二度にわたってロスチャイルド家に触れているのは不思議ではない。ロスチャイルド家は「人の弱みにつけこむ」のではなく、信頼の上に財産を築いたからだ。

21

1889

富の福音

アンドリュー・カーネギー

富を創造する者は、
あらゆる方法で他の人々の生活を豊かにする
道徳的義務がある。

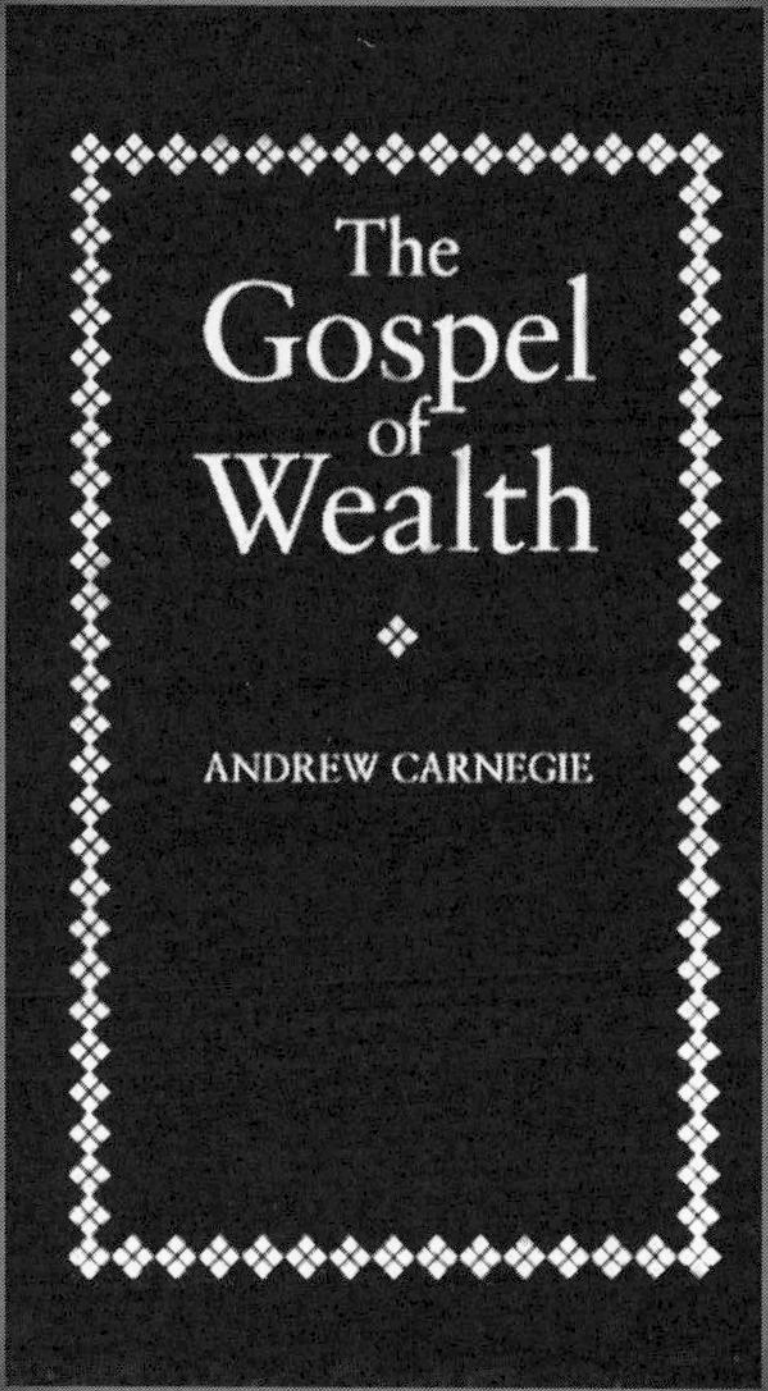

邦訳

［富の福音］

きこ書房　田中孝顕 監訳

富を持って死ぬ者は、真に不名誉である。

❀

もしもあなたが信じられないほど金持ちだとしたら、死ぬときにそのお金をどうするだろうか？

所有する巨大鉄鋼会社の株を一九〇一年にジョン・ピアモント・モルガンに売却し、二億二五〇〇万ドルを超える収入を得ると、アンドリュー・カーネギーは個人としては当時最大の富豪になった。

カーネギー一家はピッツバーグで暮らし始めた。当時のピッツバーグはアメリカ産業革命の揺籃の地で、まだ少年だったカーネギーは、成長しつつあった電信会社や鉄道会社に就職した。カーネギーはのちに産業界のリーダーとして、低賃金と長時間労働の問題を放置したという鋭い非難を浴びた（一八九二年にホームステッドにあったカーネギー鉄鋼会社の工場で大規模なストライキが発生し、一〇人の死者が出て、組合は弾圧された）。しかし彼はヨーロッパ的な「公共の利益」の感覚も持ちあわせ、晩年は公共の最大の利益のために財産をいかに使うかに心を砕いた。

彼の祖父は、生まれ故郷のスコットランドのダンファームリンという

Andrew Carnegie

アンドリュー・カーネギー

カーネギーは一八三五年にスコットランドに生まれ、ダンファームリンで大家族に囲まれて幼少期を過ごした。一〇代の初めに、父が家族を連れてアメリカに移住した。カーネギーは一三歳になるかならないかのうちに紡績工場で最初の仕事に就き、続いて電信会社で電信技手となり、また転職して今度は鉄道会社の事務員となった。彼はペンシルベニア鉄道会社でまたたくまに出世し、ついにはピッツバーグで鉄鋼会社を設立した。

南北戦争が勃発すると、カーネギーは合衆国政府の鉄道と電信網の責任者に任命された。彼は共和党員で奴隷制に反対していたので、この職務は奴隷制廃止のために働くチャンスを彼に与えた。

カーネギーは鉄鋼会社を売却すると、引退後は愛するスコットランドのスキボ城で暮らし

町で、初めて小さな貸し出し図書館を設立した人物だった。公共の図書館などなかった時代である。書物から得られる知識を大切にする気風は幼いアンドリューに刻み込まれた。のちに財産を築いてから図書館に莫大な寄付をしたのは、カーネギーの公共精神にとって当然の選択だった。

一八六八年のある夜、ニューヨークで暮らしていた三三歳のカーネギーは、自分のために覚書を書いた。それは「三三歳で年収五万ドル！」という宣言から始まり、毎年五万ドルの収入が得られるようにビジネスをして、五万ドルを超える利益は「慈善目的」に使うつもりだと述べている。さらに、三五歳で引退して、余生は読書と勉強に捧げたいと書いている。実際にその年齢で引退することはなかったが、ここには彼の晩年の慈善活動の萌芽が見て取れる。読書と学習から得た知識には真の価値があること、よい人生とは開かれた心を持って生きること、そして金儲けだけでは何の価値もないことを、カーネギーは信じていた。『富の福音』は、もともと『ノース・アメリカン・レビュー』誌に掲載されたエッセイだ。エッセイを読んだイギリス前首相ウィリアム・グラッドストンが夕刊紙『ポール・モール・ガゼット』への掲載を働きかけたおかげで、このエッセイは大西洋の両側で有名になった。今日でもこのエッセイはその短さ（数千語の）に不釣り合いな長い影響力を保ち続けている。

た。彼は一九一九年にマサチューセッツ州レノックスで亡くなった。カーネギーの寄付は主としてアメリカとイギリスの公共図書館の建築に使われ、大学にも多額の寄贈をした。また、彼はカーネギー国際平和基金も設立している。

カーネギーは熱心な文筆家で、他の著書に『Triumphant Democracy（民主主義の勝利）』（一八八六年）、『Round the World（世界をめぐる）』（一八八四年）、『The Empire of Business（ビジネスの帝国）』（一九〇二年）、『James Watt（ジェームズ・ワット）』（一九〇五年）、『Problems of To-day（現代の問題）』（一九〇七年）などがある。

また、カーネギーは成功したアメリカのビジネスマンに取材して成功哲学をまとめる仕事をナポレオン・ヒルに依頼した。その成果として書かれたのが、『成功を約束する17の法則』（一九二八年）と『思考は実現化する』（一九三七年）である。

自由、平等、富

カーネギーはエッセイの冒頭で、近代社会には大きな貧富の差があると指摘した。この激しい格差は世の中の自然なあり方であり、「適者生存」と、最も有能な者が出世するという自明の原則の表れだと主張しているが、それは当時の一般的な見方でもあった。人の運勢に幸運が味方することは確かにあるとカーネギーは認めているが、自由な社会では能力と野心のある人間が成功し、そうでない人が取り残されるのは当然だと考えた。あらゆる富は健全な個人主義と、創造と行動の自由から生まれる。自由主義国家では、大金を稼ぐ自由もあれば、飢える自由もあるのである。

これらはすべて当然の事実だとカーネギーは言う。しかし資本主義体制が直面する大きな問題が一つある。それは、もしこの体制が必然的に少数者の手に富の集中を招くとすれば、個人が必要とする以上の富をどのように使うべきか、という問題だ。ある人々が才能や性格の点で「幸運に恵まれた」としても、彼らが事業によって生み出したものは、社会の支援がなければ達成できないのもまた事実である。したがって莫大な富は、最終的にはそれを生み出すのを助けた社会のものだとカーネギーは考えていた。

富をどのように使うべきか

「なにほどの富であれ、天国にも地獄にも持ち込めない」という明白な事実を指摘して、カーネギーは富豪が富を処分する三つの方法を挙げている。

◆家族に残す。

◆死後に公共のために遺贈する。

◆生存中に富を社会のために提供し、分配する。

富を家族に残しても、いいことは何もないとカーネギーは言う。巨額の富が相続人にとって恩恵よりもむしろ重荷になるのは歴史を見れば明らかだ。家族の財産を立派に管理する相続人もいるが、富豪の子供は懸命に働く意欲がないため、凡庸な人生を送り、財産があるせいで身を持ち崩してしまう例も多い。妻と娘には十分な生活ができる資産を残したいのは当然としても、息子に多くの資産を残すのは考えものだとカーネギーは述べている。

一般的に、富を家族に残す人は、子供たちの幸福よりも家族の体面を考えているとカーネギーは指摘する。しかし、死んだ後に体面が何の役に立つだろうか？ それよりも富を創造したときに発揮した想像力と勤勉さを活かして、生存中に富を分配した方がはるかにいいとカーネギーは感じていた。つまり普通の慈善家がするように、何も考えずにただ慈善活動にお金を寄付するのではなく、自分が差し出したお金に対して最大限の公共の利益が得られるように、自分自身で積極的に働きかけなければならないのだ。

富をどこで使うべきか

貧しい人に直接お金を与えれば、彼らは「怠惰」にふけり、「無計画に消費」するだろうから、そんな慈善行為はお金の無駄だとカーネギーは考えていた。「個人だろうと国民だろうと、施しによって向上することは決してない」とカーネギーは厳しく指摘している。資金はみずからを助ける努力をしている人、そして政府に予算がないために実現できない公共の事業だけに与えられるべきだ。

カーネギーは企業家の公共心にふさわしい事業として、大学、図書館、公園、博物館や美術館、病院、コンサートホール、スイミングプール、教会の建設などを挙げている。富は、「少数者の手に受け継がれた方が、一般大衆に少しずつ分配されるよりはるかに国民にとって有益な力になる」とカーネギーは考えていた。大衆は与えられたお金を最大限に活用する能力がないが、志の高い施設や必要な設備を与えれば、彼らはそれをよい目的のために利用するはずだ。カーネギーは公共図書館への寄付（世界におよそ五〇〇〇か所）と、平和に貢献する機関への資金提供（彼は第一次世界大戦を防ぐためにあらゆる手を尽くした）で知られている。

当時、ニューヨーク市にはすでに富豪の寄付によってアスター図書館とレノックス図書館が存在した。この二つを統合して（富裕な弁護士で政治家のサミュエル・J・ティルデンからの資金提供により）完成したのが有名なニューヨーク公共図書館である。カーネギーは公共施設のために資金を提供した慈善家に敬意を表し、ティルデンの他にクーパー（訳注　クーパー・ユニオン大学を創設）、プラット（ボルチモアに図書館を建設）、スタンフォード（スタンフォード大学を設立）、そしてヴァンダービルト家の名を挙げている。ヴァンダービルト家は当主がまだ存命で富の絶頂にあるうちに、巨額の寄付によってヴァンダービルト大学を創立した。

仕事と人生に活かすために

裕福な人々は常に、「富める者が天国の門をくぐることより、駱駝《らくだ》が針の穴を通るほうが易しい」という聖書の言葉を何とか覆そうとしている。しかしカーネギーはこの聖書の箴言に反論するのではなく、この言葉は「富豪の抱える深刻な問題」を象徴していると述べた。彼自身は、富を持って死ぬ者は「不名誉である」と断じた点で、『富の福音』はキリストの言葉の意図を現代的に表現したものだと考えていた。

巨額な資金を賢明な目的で寄贈する方が、その資金が無数に分割されて大衆に「ほんの少額ずつ」分配されるより、はるかに社会のために役立つというカーネギーの考え方は、しばしば家父長的態度とみなされる。しかしカーネギーは、人類全体の進歩にとって個人はほとんど役に立たないと心の底から信じていた。その点では自分自身も決して例外ではないと思っていたのである。

現代の最高の資産家であるIT王者ビル・ゲイツと投資家のウォーレン・バフェットは、どちらも『富の福音』に影響を受けている。ビル・ゲイツ夫妻とウォーレン・バフェットの資産を合わせて、史上最大の慈善基金団体ビル・アンド・メリンダ・ゲイツ財団が創設された。この財団は現在では主として健康や教育などの価値ある活動のために、年間数十億ドルを支出している。免税店を創業して大富豪となったチャック・フィーニーは、やはり『富の福音』に啓発されて慈善団体アトランティック・フィランソロピーズを創設した。カーネギーは巨額の寄付をする大富豪の近代的な手本となった。それは彼が残した図書館などの施設によって啓発された数百万の人々にも勝るカーネギーの遺産である。

22

1977

経営者の時代

アルフレッド・チャンドラー

現代文明は資本主義文明であると同時に、経営者の文明でもある。

邦訳

[経営者の時代]

東洋経済新報社　鳥羽欽一郎・小林袈裟治 訳

経済学者だけでなく歴史家たちもまた、近代企業の台頭のもつ意味を、考察することができずにきた。彼らは、近代企業を生み出した企業家については研究したが、その研究は、企業家の実体についての分析であるよりも、むしろ、道義的な見地から行なわれたものであった。彼らの関心は、企業家は搾取者（泥棒貴族）であったのかそれとも創造者（産業の指導者）であったのか、という点におかれていた。歴史家たちはまた、ごく短い期間、輸送、通信、および若干の産業企業に資金を割り当て、その結果、経済の主要部門を支配するようになった金融業者に興味をもった。とはいえ、基本的にまったく新しい経済機能を遂行したために、泥棒貴族とか産業の指導者、あるいは金融業者よりも、アメリカ経済の運営においてはるかに中心的な役割を演じ続けた経営者という階級に対して、歴史家たちは、ほとんど注意を払ってこなかった。

❀

アルフレッド・チャンドラーは一九七八年にピューリッツァー賞を受賞した本書『経営者の時代』において、アメリカのビジネスの担い手が、

Alfred Chandler

アルフレッド・チャンドラー

チャンドラーは一九一八年にデラウェア州で生まれた。ハーバード大学で学び、一九五二年に歴史学の博士号を取得した。マサチューセッツ工科大学、ジョンズ・ホプキンス大学で教鞭をとった後、一九七〇年にハーバード・ビジネススクール教授に就任した。チャンドラーは二〇〇七年に亡くなった。

チャンドラーは経営戦略と経営史をテーマに幅広い著書を執筆している。特に初期の鉄道事業、化学および医薬品産業、家電およびコンピュータ産業に強い関心を持っていた。初期の名著『組織は戦略に従う』（一九六二年）では、企業は戦略の変化に応じて組織変更をすべきであると主張した。チャンドラーは実業家のピエール・デュポンや、格付け機関スタンダード＆プアーズの共同創業者でチャンド

多数の小規模な家族経営の会社から大企業に移った過程を描いている。それだけならどんな経済史家にもできるが、チャンドラーが独創的なのは、「経済活動の調整と資源の配分にあたって」、近代的な企業が市場の力に取って代わったという視点にある。言い換えると、マネジメントという目に見える手が、アダム・スミスが見えざる手と呼んだ市場の力に取って代わったのである。このチャンドラーの主張は画期的だった。もちろん市場が製品やサービスに対する需要を生み出す点では何ら変わりはないが、製品やサービスを供給するのは、次第に官僚的な構造を持つ近代企業の役割になった。近代企業は、今の生産と流通を調整するだけでなく、将来の製品やサービスの供給を見越して行動した。こうして「経営者資本主義」の時代が幕を開け、職業経営者が経営する大企業が、アメリカ経済を――そしてあらゆる先進国の経済を――象徴する存在になった。

ラーの曽祖父にあたるヘンリー・バーナム・プアーの伝記を書いている。また、セオドア・ルーズベルト大統領やドワイト・アイゼンハワー大統領の書簡や文書の編纂に協力した。チャンドラーがスローン財団から資金援助を受けて研究に着手し、その成果をまとめた本書『経営者の時代』は、ピューリッツァー賞とともに、権威あるコロンビア大学のバンクロフト賞も授与されている。

企業の形態の変化

近代企業の特質は、「多数の異なった事業単位から構成されているということ」、そして「階層的に組織された俸給経営者によって管理されている」ことだとチャンドラーは定義する。各事業単位、すなわち企業の各部門は、理論的には独立した企業として運営できる。これに対して伝統的な商店や工場、銀行などは、通常は一つの場所で単一の製品やサービスを提供し、単一の家族または個人の所有者が経営していた。かつて経営者は必ず企業の所有者だったのに対し、近代企業では持ち株を持たない中間の管理者や経営者が登場し、多数の労働者を管理する責任を負った。昔は、ある銀行の管理者が州外へ引っ越そうとすれば、別の銀行に職を見つける必要があったが、今では同じ企業内で移動できる。

小規模な家族経営の企業は市場の影響をもろに受けて、価格や市場の変動に従って絶えず生産や投資を調整した。ところが新しい大規模な経営者企業（訳注　所有者ではなく俸給をもらって雇われた管理者が経営する企業）は、地域やときには国全体の多数の市場の要求に応えるようにできている。それらの企業の市場シェアは大きく、しばしば特定の製品やサービスの市場を独占したため、市場にあまり翻弄されなかった。大規模化した企業は、小規模な企業がそれぞれ市場で果たしていた生産、流通、販売などの機能を内部化し、統合することができた。

この変化は驚くべき速さで起こった。一八四〇年代から一九二〇年代までのほぼ一世紀の間に、アメリカは農業経済から都市型の工業経済に移行した。アメリカのビジネスの状況は完全に変化した。経済学者はこの変化をなかなか受け入れることができなかった。生産と流通は市場の力に従って、多数の小規模な企業によって調整されるという前提が、経済学の基礎だったからである。地理的に広い範囲で事業を展開し、社内で複数の機能を遂行するデュポンやゼネラル・モーターズ、シアーズ・ローバックといった大企業は、それまで経済学者が信じてきた経済の仕組みに疑問を生じさせた。しかし大規模な経営者企業が台頭したとき、経済学者は、それらの企業は常軌を逸脱した存在であり、独占力獲得の欲求から生まれた悪しき制度とみなした。それらの企業は本質的に、競争や市場の見えざる手の神聖な力を妨害し、資源の効率的な配分を妨げると考えられていた。一方、歴史家たちも大企業にはほとんど関心を持たなかった。彼らが好んで研究したのは企業家個人であり、「企業の創設者たちが泥棒貴族であったのか、それとも産業の指導者であったのか、いいかえるならば、悪玉か善玉か」という議論に終始した。経済学者も歴史家も、近代経済を一変させた大きな変化、すなわち経営者階級の台頭に注目することができなかったとチャンドラーは述べている。

経営者革命

近代企業が成功し、さまざまな産業に広がった理由の一つは、近代企業のマネジメントの構造が、企業に永続性をもたらす原動力になっていたことだとチャンドラーは言う。伝統的な企業はたいてい所有者の死とともに終わりを迎えたが、新しい大企業は個人の寿命を超越した。「人は来りそして去った。しかし、制度と施設は、存続したのである」とチャンドラーは書いている。近代企業の管理者は、企業の成功と存続に彼らの職業上の人生がかかっているため、長期的に見て企業のためになる決断をしようと努めた。実際、所有者（生活を維持する資金を手に入れられる定期的な配当があれば満足した）に比べて管理者は、短期的な利益より企業の将来の成長を重視し、将来を見越した手を打つ傾向が強かった。

大規模な経営者企業と伝統的な企業のもう一つの大きな違いとして、伝統的企業では所有者と個人的な関係のある人間や投資家が管理者になったのに対し、大企業では能力や経験に基づいて管理者が雇用された。第一次世界大戦まで、デュポン社は所有者である創業者一族が経営していたとチャンドラーは指摘している。その後、デュポン社は職業経営者によって経営されるようになり、デュポン家の人間といえども、レベルの高い工学系の学校を卒業し、社内で経験を積んだ者でなければ管理者になれなくなった。大企業は優秀な管理者への投資を進めたため、大企業の管理の質は向上した。家族経営の企業の後継者は、大企業と同じ水準の職業上の教育や経験を得ることはおそらくできなかった。必然的に、伝統的形態の企業からは「人材」が失われた。ビジネススクールが登場すると、企業の管理は職業の一つになった。管理者の能力が向上するにつれて、資源の科学的な配分の上に成り立つ近代的な経営者企業は、賢明な家族の良識によって、あるいは投資家の利益追求の意欲によって経営されていた企業をすみやかに駆逐した。

経営者革命はなぜアメリカで起きたのか

イギリスの産業革命は世界に大きな影響を与えたが、管理よりむしろ技術的な側面が強かったとチャンドラーは言う。イギリスでも、しばしば大銀行の支援を受けた企業の創業者家族は、生産や流通、販売を遂行する有能な監督者や職長を任命した。しかし一八四〇年代から一九二〇年代の間にアメリカで台頭した経営者階級は、イギリスではそれほど発達しなかった。なぜアメリカが経営者資本主義の発祥の地になったのかという疑問に対して、チャンドラーはアメリカの国内市場の大きさを理由に挙げている。一九〇〇年までにアメリカの市場はすでにイギリスの二倍の規模があり、一九二〇年には三倍に達していた。さらに、アメリカの市場は主要なヨーロッパ諸国の市場に比べて急速に成長しただけでなく、より同質的(所得の差は小さく、階級の違いは重要な意味を持たなかった)でもあった。また、アメリカは社会的にも政治的にも新興の国家で、ビジネスのやり方が硬直的でなかったため、技術革新とともに生産、流通、マーケティング、管理に関する新しいアイデアが受け入れられやすかった。

大企業の内部で生産と流通が調整されるようになると、伝統的なビジネスのやり方に比べてコストは下がり、生産性と利益は高まった。コスト削減の大部分は、これまで別々の事業の間で行なわれていた多数の取引を、一つの企業で内部化し、統合した成果である。製造業者の場合、常勤の賃金労働者を大量に雇い入れることで、必要に応じて市場で雇用と解雇を繰り返すコストが節約できた。販売、マーケティング、流通を担当する企業内の部門は、市場の情報を入手する費用を削減できた。また、供給業者を所有することにより、供給源が確保でき、生産から不安定さを取り除くことができた。原材料の供給と生産の調整が大規模に行なわれるほど、工場や設備、労働力を集約的に利用できるようになった。

アメリカで経営者革命が実現した重要な条件として、一つの製品の大量生産を可能にする新しい技術と、大量生産品の市場の継続的な拡大という二つの事情が挙げられる。大量生産技術と新しい市場は、新しい形態の企業の登場をほとんど余儀なくしたとチャンドラーは指摘する。人口が急速に増加し、増加した人口がアメリカ全体に広がったため、生産の増加と、製品やサービスを管轄地域全体に流通させる管理的調整の両方が必要になった。一人当たりの所得の増加により、人々は布、衣類、靴、馬具、食料品、菓子、タバコ、家具、医薬品、宝石、食器など、新しく大量生産された規格品を購入する資金があった。大量生産と規模の経済が大規模な産業企業に利益をもたらし、その利益の大半が新しい生産ラインや生産能力向上のために再投資された。こうして人口増加と賃金の上昇の好循環が起きる一方で、消費財のコストは下がった。このような流れは、大規模な産業の担い手による市場支配をさらに強化した。

市場の拡大がもたらした最大の恩恵は、職業経営者による調整がいっそう進んだことだろう。州内の鉄道網に比べて、大量の旅客や貨物を輸送する広域の、あるいは大陸を横断する鉄道網の経営は、より高度な管理的調整を必要とした。経営に無駄が多ければ、たちまち損失が累積した。

スタンダード・オイルやフォードのような巨大企業は独自の販売・流通網を作り、原材料の供給から消費者への販売にいたる生産の流れを調整できるようになった。全国的な電信網の管理にも調整が必要だった。電信に代わって電話が普及し始めたときは、すでに新しい技術に対応できる管理のシステムができあがっていた。流通とマーケティングでは、小規模な委託販売業者は、大規模な卸売商や商品取引商、大型小売商によって追いやられた。いくつかの州では小規模小売商を保護する法律が作られたが、チェーン店や百貨店は巨万の富を築き、百貨店のワナメーカー家、クレスギ家（のちのKマート）、シュトラウス家（メイシー百貨店）、ウールワース家などの名前は全国に知れ渡った。大型小売商は事業が拡大すると、商品を供給者から直接仕入れてみずから卸売商になる場合も多かった。金融業でも規模がものを言った。支店や店舗の数を増やすことによって、銀行はすでに設立されていた集権的な本店の業務をより集約的に利用できるようになった。

鉄道、蒸気機関、通信、エネルギー、小売り、金融などの業界では、伝統的な企業とは対照的に、新しい大企業は常に拡大を志向し、集権的な計画決定と、地域事務所が各地の事情に合わせて判断する裁量の自由をうまく両立させた。規模が拡大すればするほど、これらの企業は生産性と利益率を増大させ、企業を経営するミドルとトップの管理者は安定を確保できた。

管理者による支配

企業が成長するにつれて、成長を持続し、競合する企業に市場シェアを奪われまいとする圧力が生まれた。管理者の努力が安定を確保する防衛的な方策に注がれた場合、結果が消費者や国家に最適なものになり得ないのは容易に理解できる。たとえば一九世紀には多数の鉄道が入り乱れ、乗客は何種類もの切符を買い、何度も乗り換えるという不便を強いられた。スタンダード・オイルは照明と輸送用燃料の品質を標準化することによって消費者に恩恵をもたらす一方で、競争相手が現れるのを防ぐために多大な努力と資金を費やした。

大衆や政府には大企業に反対する意見が多かったとチャンドラーは指摘する。機会の自由がすべての人に、とりわけ小企業の所有者や工場主や農民に与えられなければならないというアメリカの価値観に、大企業は反しているように見えたからだ。新たに登場した経営者階級は近代社会に大きな影響力を持っていたが、彼らは大衆や政治家ではなく、自分の上役や株主にしか責任を負わなかった。大衆の反発によって、大企業に対抗するための法律が成立した。しかしこうした反動も、アメリカや世界で大企業が次々に台頭するのを止める力はほとんどなかった。人口増加、そして製品やサービスに対する需要の増大によって、「管理技術」は、需要を満たすために必要な生産技術そのものと同じくらい重要になった。

アメリカの国内市場は比較的大きかったため、大量生産技術の発達はほとんど必要不可欠だった。対照的に、市場が小さいヨーロッパや日本では、小売り、卸売り、生産、管理の伝統的な構造は急速に変化する必要がなかった。これらの地域では、家族経営の企業が市場と供給源を確保するために合同したとしても、その構造は集権的というよりは、職業管理者を必要としない連合体だった。こうした企業が管理者を雇用したとしても、家族や投資した金融業者は依然としてその企業を支配していた。

第二次世界大戦後、市場が拡大し、各階級に繁栄が広がると、ヨーロッパと日本、そしてアメリカの違いは消滅した。経営者資本主義は経済力を求めるあらゆる国に広がり、「専門家協会、専門誌、教育機関、コンサルタントといった、専門的経営にとって必要な付属物一式が出現した」とチャンドラーは言う。

近代企業の歴史の中で重要な役割を果たしたのは、強力で大きな政府であるとチャンドラーは指摘している。大恐慌と第二次世界大戦による衝撃の後、ケインズ経済学による知的革命をきっかけに、政府は国家支出と金融政策を通じて完全雇用と需要の安定を維持する機能を期待された。民間部門は強い力を持っていたにもかかわらず、需要を調整できず、新たな恐慌の脅威を回避する役割を政府に頼らざるを得なかった。大量生産・大量販売の経済を安定させるには、政府もそれ相当に大きくなる必要があったようだ。

言い換えると、現代の文明は厳密な意味で資本主義文明とは呼べず、経営者資本主義文明であることを意味している。アダム・スミスが述べたように、価格と市場は資源をどう配分すれば最適かを判断する重要な情報を提供しているが、現代の消費者基盤の大きさ、そして製品やサービスの種類の多様さを考えると、私たちが必要な食べ物、衣料品、住宅、娯楽を手に入れるには、大規模な調整が不可欠だ。大企業と、そこで働く無数の管理者の存在がなければ、そのような調整が実現するとは想像さえできない。だからこそ、こうした企業の利益を保護し、契約上の権利を守り、研究、開発、テクノロジーへの企業の莫大な投資の成果である知的所有権を強化する法的規制のある社会が必要なのだ。ヨーゼフ・シュンペーター（『世界の経済学50の名著』参照）が主張したように、経済と社会が拡大すればするほど、研究開発や技術革新は日常的で組織的な業務になり、個人の企業家の役割ではなくなる。豊かな国では、新しい事業を興す企業家や、一風変わった小規模企業の経営者が憧れの目で見られるが、発展途上国では、職業経営者と大企業がもたらす管理の洗練化と効率性の増大こそが求められている。

23

1982

危機からの脱出

W・エドワーズ・デミング

品質は個々の労働者の責任ではなく、
生産システムの中に品質が
組み込まれていなければならない。

未邦訳

経営者の業績は四半期ごとの配当ではなく、未来の配当や雇用を安定させる能力に基づいて評価されるべきだ。そのために経営者は事業を継続し、投資資本を守り、将来に備えて製品やサービスを向上させる努力をしなければならない。

❀

一九四七年には日本の都市の多くがまだ焼け野原のままだった。わずか数十年後に日本製の自動車や電気製品が高品質の象徴になるとは、欧米諸国では誰も想像すらしなかった。しかし一九五〇年代にW・エドワーズ・デミングと、もう一人のアメリカ人ジョセフ・ジュランが、日本のエンジニアや経営者を対象に講演や講義を開き、品質管理と生産性向上に役立つ統計的手法を伝えた。

デミングの職業上の経歴は皮肉に満ちている。高品質な製品を作る方法を日本人に伝授した結果、日本はアメリカの製品を凌駕し始めた。日本では師と仰がれたが、アメリカではほとんど顧みられなかった。母国アメリカでは、肥大化し、無駄の多い製造業が、関税によって保護された国内市場向けに欠陥だらけの製品を製造していた。『Out of the Crisis

W. Edwards Deming

W・エドワーズ・デミング

ウィリアム・エドワーズ・デミングは一九〇〇年にアイオワ州スーシティで生まれ、ワイオミング州で育った。ワイオミング大学に入学して電気物理学の学士号を取得し、後にイェール大学で数理物理学の博士号を取得した。さらに一九三六年に一年間ユニバーシティ・カレッジ・ロンドンでも学んでいる。

デミングはイェール大学在学中にベル研究所でインターンとして働き、アメリカ農務省に勤めた後、統計責任者としてアメリカ国勢調査局に勤務した。第二次世界大戦中は工業製品の規格を向上させる統計的技法を広めた。終戦後はニューヨーク大学の統計学教授に就任し、一九九三年に亡くなるまでその地位にあった。

デミングは一九四七年にマッカーサー将軍に招かれ、一九五一年の日本の国勢調査の計

（危機からの脱出）』はそうした現状に警鐘を鳴らし、アメリカが品質、価値、そして仕事への誇りを見いだすために書かれた本だ。品質や生産性に関するデミングの「一四の原則」は、最後にはアメリカの経営者にも受け入れられた。

デミングの研究は、「品質とは何か？」という問題を私たちに問いかけてくる。『禅とオートバイ修理技術』という本の中で、著者のロバート・パーシグは品質を理論的に定義するのは難しいが、品質のいいものに触れればすぐにわかると述べている。品質とは単に「すぐれていること」ではなく、対象の中に思想が注ぎ込まれているということだ。仕事に心をこめる人とそうでない人の違い、私たちの生活を豊かにする機械やサービスと、簡単に壊れて買い直さなければならないものとの違いである。デミングは自分の思想が工学や統計学を超えて哲学の領域に入っているのを十分理解していた。その思想には、個人の潜在能力に対する信頼とともに、偉大な組織はどれほど優秀な個人にも勝るシステムであるという信念があった。世界中の成功した製造業者は、ほとんどがトヨタの有名な「リーン生産方式」（561ページ参照）を模倣している。その根源をたどれば、デミングの哲学に行き着く。

画立案を支援するために、アメリカの占領下にあった日本を初めて訪問した。日本滞在中、彼は日本科学技術連盟の依頼で、統計的技法とマネジメントに対する考えを講義することになった。彼は日本の聴衆に向かって、品質管理の原則を取り入れればすぐに製造技術が向上し、ゆくゆくは世界中が買いたがる高品質の製品を生産できるようになると語った。デミングの講義を受けた聴衆の中に、ソニー創業者の盛田昭夫もいた。その後、デミングは民間企業へのコンサルティングを続けた。デトロイトのフォード社が一九八〇年代に高品質の車を生産する高収益の自動車メーカーとして復活したのは、デミングの助言の功績と考えられている。他の主要な著書に、『デミング博士の新経営システム論――産業・行政・教育のために』（一九九三年）がある。

経営者の責任

ビジネス上の大失敗は、将来の計画を立てられないこと、あるいはこれから起きる問題が予想できないことから生じるとデミングは言う。「アメリカの産業の弱体化とそれに伴う失業の根本的な原因は、経営陣による経営の失敗である。（中略）一般的に企業が業績不振に陥る原因とされるのは、創業時にかかる費用、コスト超過、過剰在庫の減価償却費、競争などだ。しかし実際には、間違った経営こそが真の原因なのである」とデミングは書いている。

デミングは、「経営者は事業を継続し、社員に仕事を与え、雇用を増やすために、将来の方針を明確にしなければならない」と主張する。何世代も先を見ている点で、これはほとんどヨーロッパ的な感覚だ。変化の激しいアメリカ社会の風潮、古い産業や企業が倒れて新しいものに道を譲るというシュンペーターの「創造的破壊」とは対照的な考え方である。

デミングは、「消費者は製造ラインの最も重要な一部である」という名言を残している。消費者が望んでいるものは何だろうか？　ちゃんと使えて、長持ちして、価値のある製品だ。この考え方は戦前のアメリカやヨーロッパの製造業者の考えとは大きな隔たりがある。戦前は製品やサービスに対する需要が非常に大きかったため、製品の品質が少々悪くても売れた。しかし一九七〇年代に日本製の製品が欧米の市場に入ってくると、消費者はその価値を理解し、買い求めるようになった。

戦後の日本は国家としては抜け殻同然だったとデミングは言う。対外純資産は赤字で、多くの国々が当たり前のように享受している天然資源にも乏しかった。国民を十分養える食料を生産することさえできなかった。日本の消費者向け製品は品質が悪いことで知られていた。日本が食料や物資を輸入して生き延びるためには、品質のいい製品を作るしかなかったのだ。日本にとって幸いなことに、「国家の富は天然資源以上に、その国の国民と経営者、そして政府の力によるところが大きい」とデミングは言う。日本人はまず品質を「手に入れ」、その恩恵を十分に受け取ることになった。

品質と生産性は表裏一体

アメリカの経営者は昔から、「品質向上のために投資を増やすと、コストがかさんで競争力が落ちるのではないか」という考えを持っている。この単純な疑問の中には「多大な誤解が含まれている」とデミングは言う。

一九五〇年以降、日本の製造業者は表面的なコストを度外視して品質向上に資源を注ぎ込んだ。その後の三〇年間、「品質向上が無駄と欠陥を減らし、コスト削減につながる」という好循環を認めなかったアメリカは、日本に追いつかれ、引き離された。

デミングは、「品質が向上するにつれて生産性も上がるのはなぜか」、と繰り返し問いかける。その答えは、欠陥品の手直しが減れば無駄が減り、問題の解決に費やされていた資源をよりよい製品やサービスの提供に向けられるからだ。コストが下がれば競争力が上がり、雇用が増えて、労働者はより幸福になる。労働者は自分の労働の成果は自分のものだと感じるようになり、仕事に誇りを持ち始める。会社の業績が順調なら安心して働くことができ、自分が会社からどれだけもらえるかだけでなく、会社の持続的な将来について考えられるようになる。経営者は欠陥品に対処するだけでなく、欠陥が出ないようにシステムを創造したり改善したりできるようになる。

まず、容認できる品質とそうでないものの基準を明確に定義する必要があるとデミングは言う。そして品質のばらつきを測定して初めて、問題解決のために何をしなければならないかが明らかになる。デミングはコピー用紙などを製造していたナシュア社を例に挙げて説明している。ナシュア社はノーカーボン紙の生産に細かい統計的測定を導入してから、紙に塗布する化学薬品の量を減らし、製品の安定性と品質を上げることができた。品質の向上には測定と確認が欠かせない。

欠陥率がゼロになるまで着実に下げていくことは決して不可能ではない。あらゆる欠陥は、元をたどれば根本的な原因に行き着くからだ。それは工場に納入される原料の問題であったり、機械の不具合だったり、容認できるかそうでないかの基準があいまいなせいだったりする。最も安い業者から部品や原材料や備品を購入するのをやめて、品質を主な基準にして取引先を選ばなければならない。品質に基づいて選べば、供給業者との間に長期的な関係を築くことができ、あなたの会社はより細かい仕様を指定できるし、業者の側からあなたの要求に沿ってよりよい提案ができるようになる。そうした関係が最終製品の品質に反映するのである。

新しい機械や装置を導入しても、生産性や品質が魔法のように向上するわけではないとデミングはたびたび指摘している。人間と機械がうまく調和して仕事が出来るように考え抜いたシステムがなければ、無駄な労力や作業の中断は決して減らせないだろう。「企業は品質を買うことはできない」とデミングは書いている。本書の執筆当時、コンピュータはすでに企業の中で重要な役割を果たしつつあった。しかしデミングは、コンピュータにどれほど大量のデータを入れようと、実際に分析しなければ役に立たないと警告している。重要なのは、誰かがデータを分析し、製品やサービスの品質のばらつきがどこで、どれだけ発生しているか、そしてそれはなぜなのかを明らかにすることだ。予期しないばらつきは製品にとって致命的である。消費者はたいてい品質について苦情を言う前に、黙って別の会社の製品に切り替えてしまう。あなたが自社製品の品質が悪いことに気づくまで、数カ月、あるいは数年かかるかもしれない。品質のばらつきを限界まで減らせば、生産性はたちまち上昇する。結果的に削減されたコストは、消費者に利益として還元できる。

問題は労働者ではなく、システムである

あるときデミングは自分の論文を何部も印刷したものを受け取った後で、すぐに中の一、二ページが白紙なのに気づいた。印刷業者はこのミスをした部下を叱りつけた。この印刷業者は決して認めようとしないだろうが、真の問題はマネジメントにある。この印刷会社が品質を生み出すためにどのような経営をしているか、あるいは品質を生まないどのような経営をしているかが問題なのだ。

問題は常に労働者ではなく、システムにあるとデミングは指摘する。アメリカの経営者はQCサークル（訳注 職場内で自発的な品質管理活動を行なう小グループ）を導入し、労働者が製造工程で起き

る問題について情報交換をすれば、品質は飛躍的に向上するはずだと考えていた。しかしこうした活動は、欠陥の原因が特定の労働者ではなく、製品の設計や仕様、訓練の欠如、あるいは機械の性能の問題であるという事実から目をそらさせる結果になった。

デミングは個人の業績評価や人事考課、年次査定は実質的に不安による管理だとして強く反対した。これらの評価は最終的な結果だけを重視し、その結果を生んだ本来の原因である社員や製造工程の抱える問題をないがしろにする。個人の業績を評価する前に、システム全体に改善の余地があるということを理解しておかなければならない。業績評価は大ブームになったが、デミングはこの評価法は職場をむしばむだけだと感じていた。業績評価よりも、組織はまず、(a)すぐれた人材の採用と(b)徹底したリーダーシップ教育に集中する必要がある。社員の評価は次の二点に絞って行うべきである。

◆社員が「システムの管理限界」(訳注　あるシステム内の個々の社員の業績の平均値やばらつきが収まるべき上限または下限)を上回る仕事をしたか。
◆社員が「システムの管理限界」を下回る仕事をしたか(この社員を支援するのがマネジメントの仕事である)。

アメリカでは労働者の流動性や経営者の交代があまりにも多いとデミングは指摘する。労働者が一つの職場に留まる期間が非常に短く、経営者がほんの数年先の展望しか持てない環境では、長期間継続する実質的な変化を起こすのは難しい。社員が潜在的な能力を十分発揮するためには、雇用の安定と安全が必要だ。デミングは本書が書かれた当時の過去八〇名のノーベル賞受賞者について、「全員が終身在職権を持ち、安心して仕事に取り組めた。彼らが責任を負うのは自分自身に対してだけだった」と指摘している。彼らは自分の仕事に責任を持ち、自分が誇りに思える成果だけを発表した。欧米では日本の終身雇用や年功序列に対する批判が強かったが、日本のシステムには多くの利点がある。対照的にアメリカの労働市場のあまりの流動性の高さは、「自分の身は自分で守るしかない」という風潮を生んだ。仕事の目的は昇給や昇進、そして上司の機嫌を取ることがすべてになった。そうした風潮では、社員は会社の利益や長期的な未来について考える気になれないし、ましてや仕事に誇りを持つことなどできない。

サービスにおける品質

一九八〇年代でさえ、アメリカ人の仕事の七五パーセントは、レストラン、ホテル、銀行、保険、ジャーナリズム、聖職、建築、情報通信産業など、サービス業に属していた。この数字が増加の一途をたどっているところから見ても、私たちの生活水準がサービス部門の品質と生産性に依存しているのは明らかだ。デミングはサービス業における組織の品質向上について、次のような提言をしている。

◆組織の全員がサービスとその目的についての新しい考え方を明確に理解し、訓練を通じてその考えを実行する。大企業に対する世間の見方は、しばしばその企業を代表する一人の社員、たとえばトラック運転手やコールセンターのオペレーターによって決まるのを忘れてはいけない。
◆経営者と労働者のコミュニケーションを妨げる障壁を取り除き、労働者の不安を解消する。たとえば上司が部下の話にちゃんと耳を傾ける態度を明確にする。
◆部や課の間の障壁を取り除く。
◆スローガンやポスターを使って労働者に「もっとがんばれ」と要求する代わりに、社員が仕事を果たすのを支援するために経営者が何をしているかを明らかにする。
◆量より品質を重視する新しい考え方を受け入れる。品質が向上すれば、量は自動的に増加する。
◆すべての労働者に数値分析の教育をする。そうすれば品質が標準に達しているかどうかを全員が確認でき、機敏な対応ができる。

言うまでもないことだが、あらゆるすぐれたサービスの鍵は計画と立案にある。「計画が万全でなければ、製品に品質を組み込もうとしても遅すぎる」とデミングは言う。たとえばホテルで体験する品質のほとんどは、客室、配管、エレベーター、空調設備などの設計によって、オープニングの日にすでに決定している。もしこれらの一つでもうまくいっていなければ、いくらホテルの従業員が愛想よくふるまっても取り返しはつかないとデミングは指摘している。

仕事と人生に活かすために

アメリカの産業を前進させるのは、修復ではなく変革であるとデミングは述べた。これは将来を鋭く見越した意見だ。変革とは、既存のシステムをほんの少し改善するのではなく、新しいプロセスやシステムを使って、何もないところから想像力を働かせて作り上げることを意味している。経営陣が配当目標を達成し、短期的な利益を追求することだけを考えていては、変革を実現することはできない。また、デミングは合併、組織変更、企業乗っ取り、買収は、「癌」のようなものだと考えていた。乗っ取りに対する不安があると、企業は「目標の一貫性」を保つのが難しくなる。そうした「書類上だけの起業家」が横行すると、経営者は生産的な基盤を作ることに力を集中できない。経営者は「投資資本を守る倫理的義務がある」とデミングは言う。経営者の第一の役割は、会社が次の世代も存続するように経営することだと覚えておかなければならない。

個人よりチーム、上司より会社、そして生活を維持するために、遠い将来の見通しを持った健全で持続可能な企業を重視するデミングの思想は、欧米の個人主義や短期的な企業文化に対する批判であり、個人より共同体を大事にするアジア的な考え方に非常に適していると言われてきた。実際、デミングが本書を執筆したのは、日本が目覚ましい成長を遂げ、高品質で低価格な製品によってアメリカの製造業者を震撼させていた時期だ。しかし本書で紹介された失敗例のいくつかは日本の事例であり、今日では日本でも透明性やリーダーシップの欠如によると思われる不祥事が多くの企業で起きている。品質は「アメリカ製」とか「日本製」とかではなく、それぞれの会社で、それぞれのシステムで達成されるものである。

24

1967

経営者の条件

ピーター・ドラッカー

成果を上げる能力は、
明確な目標と貢献する意欲によって生まれる。

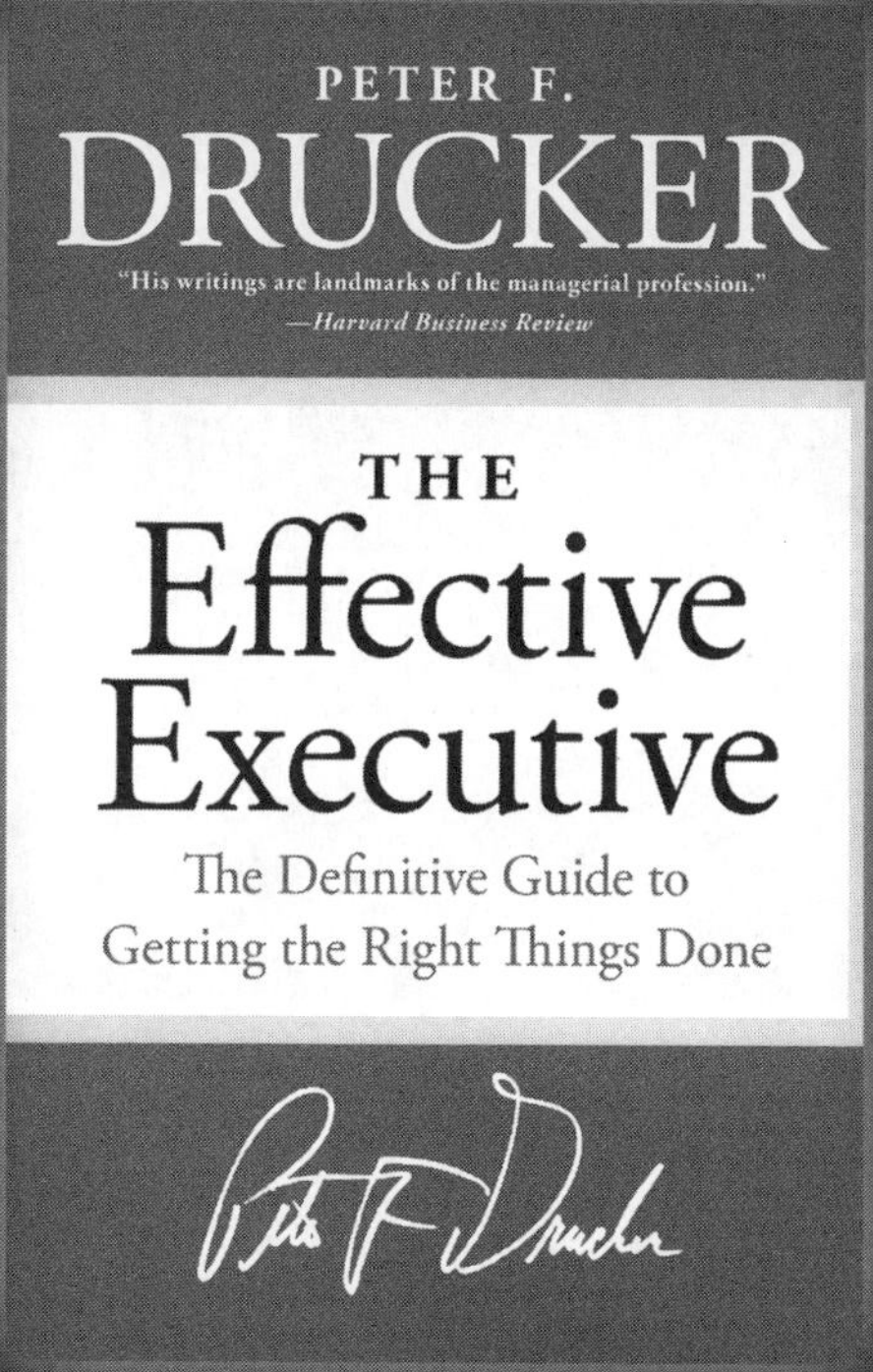

邦訳
[経営者の条件]
ダイヤモンド社　上田惇生 訳

日常の仕事の流れに任せたまま、何に取り組み、何を取り上げ、何を行うかを決定していたのでは、それら日常の仕事に自らを埋没させることになる。いかに有能なエグゼクティブであろうと、それではいたずらに自らの知識と能力を浪費し、達成できたはずの成果を捨てることになる。

彼らに必要なのは、本当に重要なこと、つまり貢献と成果に向けて働くことを可能にしてくれるものを知るための基準である。だがそのような基準は日常の仕事の中からは見出せない。

❀

一世紀前までは、地位や仕事は階級や社会的地位に基づいて与えられるのが普通だったとドラッカーは指摘する。政府機関、宗教団体、軍隊など、どんな組織でも「成果をあげるための能力」があるかどうかより、誰がその地位に就くかが重視された。

現代は実力主義によって組織が運営される時代だ。企業でも政府機関でも非営利団体でも、つねに成果や進歩がチェックされる。生まれながらの有利や不利とは関係なく、重要なのはその仕事で成果を上げられる

Peter Drucker

ピーター・ドラッカー

ドラッカーは一九〇九年にウィーンで生まれた。ギムナジウム卒業後、ドイツのフランクフルト大学で公法と国際法の博士号を取得した。ロンドンでジャーナリストとして働いた後、一九三七年に渡米し、一九四三年にアメリカ市民権を得た。一九五〇年から七一年にかけてニューヨーク大学で教授を務め、一九七一年にカリフォルニア州のクレアモント大学院大学で社会学・マネジメント教授に就任し、二〇〇五年に死去するまでその職にあった。

ドラッカーは生涯に三九冊の著書を執筆し、一九七五年から九五年まで『ウォール・ストリート・ジャーナル』紙のコラムニストも務めた。一九四六年にゼネラル・モーターズの組織の内幕を研究して書いた『企業とは何か』によって名を知られるようになっ

かどうかだ。しかしドラッカーは、「物事をなすべき者のうち大きな成果をあげている者は少ない」という衝撃的な意見を述べている。上層部には頭がいい人がたくさんいるし、本当の想像力に恵まれた人もいる。所属する業界や分野に精通している人もいる。しかしこうした人々の多くが、なすべきことをなすのがあまり得意とは言えない。一方で同じ組織の中には、それほど頭がいいわけでもなく、想像力やカリスマ性に秀でているわけでもないのに、それでも成果を上げる地道な人たちがいる。

た。他の著書に、『現代の経営』(一九五四年)、『ポスト資本主義社会』(一九九三年)などがある。
九〇代になったドラッカーは二〇〇二年にジョージ・W・ブッシュ大統領から大統領自由勲章を授与されている。

エグゼクティブは何のためにいるのか

ドラッカーの時代には、成果を上げる能力について関心を持つ人はほとんどいなかった。軍隊でも病院でも企業でも、マネジメントは指示を出す少数の者の役割で、多数の労働者はただ指示されたことを遂行すればよかったからだ。多くの人は、物事がうまくいっているかどうかを考える必要はなかった。彼らはただ指示された仕事を能率よくできればよかったのである。

現代の知識労働者は考えることで報酬を支払われている。彼らの仕事は組織がなすべきことを判断し、それを実行に移すことだ。単に多数の部下を「管理」しているという理由で「エグゼクティブ」と呼ばれる人もいるが、真のエグゼクティブは地位や部下の数に関係なく、本質的な意味で組織に貢献する人たちだとドラッカーは言う。たとえば研究所を運営し、企業が将来進むべき方向を決める研究成果を出す人や、市場がどう変化していくかを見越して、すぐれた戦略を考え出す人はエグゼクティブである。

状況の変化に対応して、「すばやくたくさんの決断を下す」のがすぐれた経営者だという考え方がある。しかし、これは誤解だとドラッカーは言う。真のエグゼクティブは「トラブルを解決する」ためではなく、組織の意義と目的を決める本当に重要な少数の決断をするために報酬を支払われている。これらの決定は熟慮の後に、慎重になされる。後手に回って問題を解決するのではなく、常に将来を予見して先手を打とうとするのが真のエグゼクティブだ。

ドラッカーはコンサルタントとして数十社の企業と仕事をした経験から、「成果をあげる人のタイプ」など存在しないと気づいた。ドラッカーが出会った成果を上げる人は、気質も能力も関心もさまざまだった。外交的でおしゃべりな人、物静かで学究肌の人、いかにも「リーダー」らしい人、特色がなく目立たない人もいる。直感に頼る人もいれば、一つ一つの決断に思い悩む人もいる。成果を上げる人たちの唯一の共通点は、なすべきことをなすために必要ないくつかの習慣だ。ドラッカーは成果をあげるために次のような習慣を身につけるべきだと述べている。

時間を管理する

成果をあげるエグゼクティブは、自分の時間がどのように費やされているかを正確に知り、本当の意味で自分のために使える時間をきちんと管理している。

成果をあげる人たちは、まず自分の時間の使い方を分析する。時間は最も足りない資源だからだ。資本はいつでも増やせるし、適切な人材がいなければ探せばいい。しかし時間はどこからも「調達」できない。「時間に対する愛情ある配慮ほど成果をあげている人を際立たせるものはない」とドラッカーは書いている。

ほとんどのエグゼクティブは、職務の一部として要求される実際には何の価値ももたらさない仕事に多くの時間を費やしている。何か重要な仕事をするにはまとまった長い時間を必要とする。途中で中断されると思考の流れが途切れてしまい、また最初からやり直さなければならないからだ。たとえば報告書の下書きを書くには六〜八時間かかるだろう。一日二回、一五分ずつ、三週間かけて書くわけにはいかない。同様に、部下との信頼関係を築くためには、一〇分ずつ小刻みに話をしても無駄だ。しっかりした人間関係を作るには、少なくとも一時間はかける必要がある。それだけ時間をかければ、上司が部下の組織内の役割をどう考えているか、仕事の仕方を改善するにはどうすればいいかを伝えることができる。逆に上級管理職の仕事のように見えて、実際には他の誰がやってもいい瑣末な仕事もある。これは「権限委譲」とは違う。権限委譲は、自分の仕事を他の人間にやらせることだが、むしろ、「これはそもそも本当に私がやるべき仕事だろうか？　私個人が必要とされているのだろうか？」と問い直す必要がある。たとえば出張には若い部下を行かせればいい。彼らにはいい経験になるし、長旅の疲れも回復しやすいだろう。

成果を上げるエグゼクティブは、仕事の成果の八〇パーセントが、そのために費やした時間の二〇パーセントから生まれているのをよく知っているので、真剣に時間を管理している。週に一日は自宅で仕事をする人もいるし、午前中は電話や会議をしないと決めている人もいる。大切なのは、長期的に見て重要でない事柄に時間を浪費しないこと、そして組織の業績を左右しかねず、あなたの能力と判断力を必要とする問題に十分な注意を払うことだ。結局、エグゼクティブはそのために報酬を支払われているのである。

貢献に焦点を合わせる

ほとんどのエグゼクティブが、成果ではなく努力に焦点を合わせているとドラッカーは言う。彼らは組織が自分の仕事に対して何をしてくれるかを考え、地位や権限を気にする。どんな仕事をしているかを聞かれると、彼らは「三〇〇人の営業チームの責任者です」、「設計部門を統括しています」などと答える。それは事実かもしれないが、成果を上げるエグゼクティブなら、「顧客が将来欲しがる製品はどんなものかを考えています」と言うだろう。このようなエグゼクティブは、自分に与えられた権限ではなく、明確な目標に対して自分がどれだけ貢献できているかで自分の仕事を評価する。成果を上げるエグゼクティブは、「私はどんな貢献ができるだろうか？」と常に問い続けている。彼らは、「今日は一〇時間働こう」ではなく、「この仕事を達成しよう」と考えて一日を始める。

最もよくあるエグゼクティブの失敗の原因は、新しく任命された職務の要求に対応できないことだ。しかし、最初に「私はどんな貢献ができるだろうか？」と考えれば、新しい知識を学んだり、仕事のやり方を変えたりする必要があったとしても、組織に重要な影響を与えるためには何をすればいいかわかるだろう。成果に焦点を合わせれば、エグゼクティブは自分の専門分野だけでなく、組織全体の目標を考えられるようになる。その目標を実現させるためには、エグゼクティブは組織が顧客のため、クライアントのため、あるいは患者のために、社会でどんな成果を上げようとしているのかに焦点を合わせなければならない。組織が表明した目的を達成できないなら、エグゼクティブがどんな肩書を持っていても意味がない。

エグゼクティブが貢献に焦点を合わせていれば、その下で働くすべての人たちの水準が自動的に向上する。彼らは常に高い目標を意識し、雑事に妨げられずに目標に向かって働くからだ。貢献に焦点を合わせれば、エグゼクティブは日常的な変化や危機に翻弄されずに仕事ができる。そして貢献に焦点を合わせることは、すぐれたチーム作りにも欠かせない。明確な目標がなければ、一致団結するのは難しいからだ。

強みを生かす

リンカーン大統領が南北戦争でグラント将軍を最高司令官に任命したとき、将軍は酒好きだと心配する人がいた。しかしリンカーンが求めているのは禁酒家ではなく、戦いに勝てる人だった。それまでにリンカーンが任命した「可もなく不可もない」将軍たちは期待に応えられなかった。リンカーンはようやく、狭い分野で大きな強みを持つ人が必要だと理解したのである。

得意でないことに焦点を合わせて人事を決めるのは、「人という資源の浪費である。濫用とまではいかなくとも、誤用である」とドラッカーは書いている。現代の勤務評定は部下を弱みに基づいて評価するため、上司と部下の関係が損なわれてしまう。しかし上司が部下の弱みは大目に見て、強みに気づいて評価してくれると感じられれば、部下は上司のために全力で働くだろう。杓子定規な勤務評定をしないエグゼクティブは、正しいことをしているのである。

エグゼクティブの仕事は単純だ。一つのことが「非常によくできる」人を集めてチームを作ることである。専門的な仕事はできるが対人関係が苦手な税理士がいるなら、この税理士をできるだけ人と接触しないですむ部署に置き、自分の仕事に集中させればいい。組織には対人関係が得意な人が他にいるからだ。

ドラッカーは、その仕事に最適な能力があると証明できた人だけを昇進させるよう助言している。「若すぎる」とか「職場に受け入れられないだろう」という懸念があったとしても、また、「現場を経験していない人間は配置できない」という内部規定に反したとしても、それは問題ではない。反対に、成果を上げられない者は切り捨てる非情さも持たなければいけない。さもないと組織全体が機能しなくなるからだ。人事は、その人がどんな人かではなく、その職務にふさわしいかどうかで決めなければならない。

成果を上げるエグゼクティブになるためには、部下の強みだけでなく、上司の強みも生かさなければならない。上司が数字に強いなら、どんな意見を出すときも裏づけとなる数字のデータを豊富に準備することだ。関係者を集めて話を聞いてからでなければ決断を下さない上司には、読みもしない長い報告書を渡すより、要点を三つにまとめて口頭で伝える準備をするべきだ。上司の仕事がうまくいけば、自分の評価も上がるのを忘れてはならない。

集中する

人には多様な仕事をする能力がある。私たちは「万能工具」のようなものだ。しかし大きな仕事を成し遂げたいと思うなら、知識と能力を一つの仕事に集中しなければならない。

組織の新しいリーダーは、従来の仕事のやり方を見直し、組織が「やらなければならないこと」を分析して明らかにすることができる。しかし新しいリーダーに必要なのは、分析ではなく勇気だ。組織全体の方向づけを決定し、実現できれば組織がその業界でトップに立てるような優先順位の決定やチャンスの選択を引き受ける勇気である。その勇気がなければ、他の企業がすでに設定した目標に追随する結果になり、平凡な二番手のまま終わってしまう。

エグゼクティブやリーダーは一つのチャンスに集中しなければならないが、それは柔軟性を失うことを意味しない。事実、組織は一つの目標を達成すればすぐに、次に優先順位の高い目標に取りかかることができる。成果を上げるエグゼクティブは常に未来に焦点を合わせ、最も業績の上がっている分野に資源を投入し、過去に属するものに資源を使うのをやめる。法律の中には、その有用性が証明されなくなったときは自動的に廃止されるものがある。それと同じように、民間もこの方針を採用すべきだとドラッカーは言う。成果を上げるエグゼクティブは、「古いものの計画的な廃棄」を実行すべきである。あなたの企業がある製品を作った先駆者だとしても、それがその市場にいつまでも留まる理由にはならない。新しい製品を売り出すために、古い製品やサービスを放棄しなければならない場合もある。

意思決定

成果を上げるエグゼクティブは、数少ない根本的な意思決定を正しく行なうために、多くの時間と労力をかける。それ以外の意思決定のほとんどは重要性が低く、後から覆しても構わないと知っているからだ。

従来は、正しい意思決定のためには「まず事実を探せ」と言われていた。しかし、何を事実と考えるかは人によって違う。私たちは常に自分の主張の裏づけになる事実を探せる。最善の方法は意見からスタートすることだ。意見は理にかなっているかどうか検証して確かめられる。意思決定とは判断であり、あらゆる判断は不確実な状態でなされる。したがって、常に代替案を用意しておくことが望ましい。ときには現実に直面して、計画をすっかり放棄することで成果が上がる場合がある。フランクリン・ルーズベルトは大統領に就任したとき、緊縮財政によって経済の回復を図るつもりでいた。大統領選ではオーソドックスな経済政策、すなわち慎重な財政政策を掲げて戦った。ところが予定していた経済政策は通常の不景気には通用しても、大恐慌のような非常時には役に立たないことがすぐに明らかになった。そこでローズベルトは即座に代替案として用意していた革新的な財政・政治改革に方針を変え、ニューディール政策を打ち出した。

すぐれた意思決定は意見の一致から生まれると従来は考えられていた。しかし、実際にはその反対だとドラッカーは言う。すぐれた意思決定をするためには、相反する意見を徹底的に検討する必要がある。裁判では対立する当事者が裁判官の前でそれぞれの主張を述べる「対審手続き」によって事実を明らかにするように、成果を上げるエグゼクティブは部下が激しく意見を戦わせるのを奨励し、意見を事実によって検証する。そうして初めて正しい決断ができる。

意思決定の代替案として望ましいのは、何も決定しないことである。意思決定は組織にショックを与え、多数の好ましくない影響をもたらす。したがって、意思決定による利益が明らかにコストを上回る場合を除けば、不要な決定をするべきではない。しかしいったん意思決定したら、手加減したり妥協したりしてはならない。

コンピュータは人間による意思決定の代わりにはならないとドラッカーは言う。人間はコンピュータに比べて全体像を見るのがはるかにうまいからだ。コンピュータは論理を扱うのは得意だが、論理だけでは、よい意思決定のために重要な好みや意見、価値観、そして何より大切な人間関係を考慮に入れることができない。コンピュータはデータを高速で処理することはできるが、データが組織にとってどんな意味を持つかを指摘できるのはエグゼクティブだけだ。

しかしコンピュータによって、意思決定は上層部だけの仕事ではなくなるとドラッカーは予想している。コンピュータのおかげでより多くの人がデータと情報を手に入れられるようになるからだ。しかし情報が豊富になれば、今度はその情報の使い方を判断する必要が生じる。皮肉なことに、コンピュータの利用が広がるほど、決定すべき内容と意思決定を行なう人の数は増えるのである。上層部の人間以外にも、組織の中でエグゼクティブの果たす機能、すなわち知的な意思決定を行なう人の割合は増えるだろう。

仕事と人生に活かすために

成果を上げるエグゼクティブになること自体は、大げさに称賛されるようなことではなく、もっと高い目標は他にいくらでもあるとドラッカーは認めている。しかし、現代社会を成り立たせている組織を運営するために、成果を上げるエグゼクティブがもっと多く必要なのは確かだ。国家が今の生活水準を維持するには、知識労働者とエグゼクティブが知識を蓄えるだけでなく、成果を上げられるようにならなければいけない。経済のためには組織を発展させる必要があり、人と社会の幸福のためには人が発展しなければ組織には個人の力が必要だが、組織は私たちが学び、自己実現を可能にする最良の手段を提供するという点で、個人もまた組織を必要としている。

25

2011

新版ハーバード流交渉術

ロジャー・フィッシャー/ウィリアム・ユーリー

すぐれた交渉者は
交渉相手を操ろうとするのではなく、
原則に基づいて交渉する。

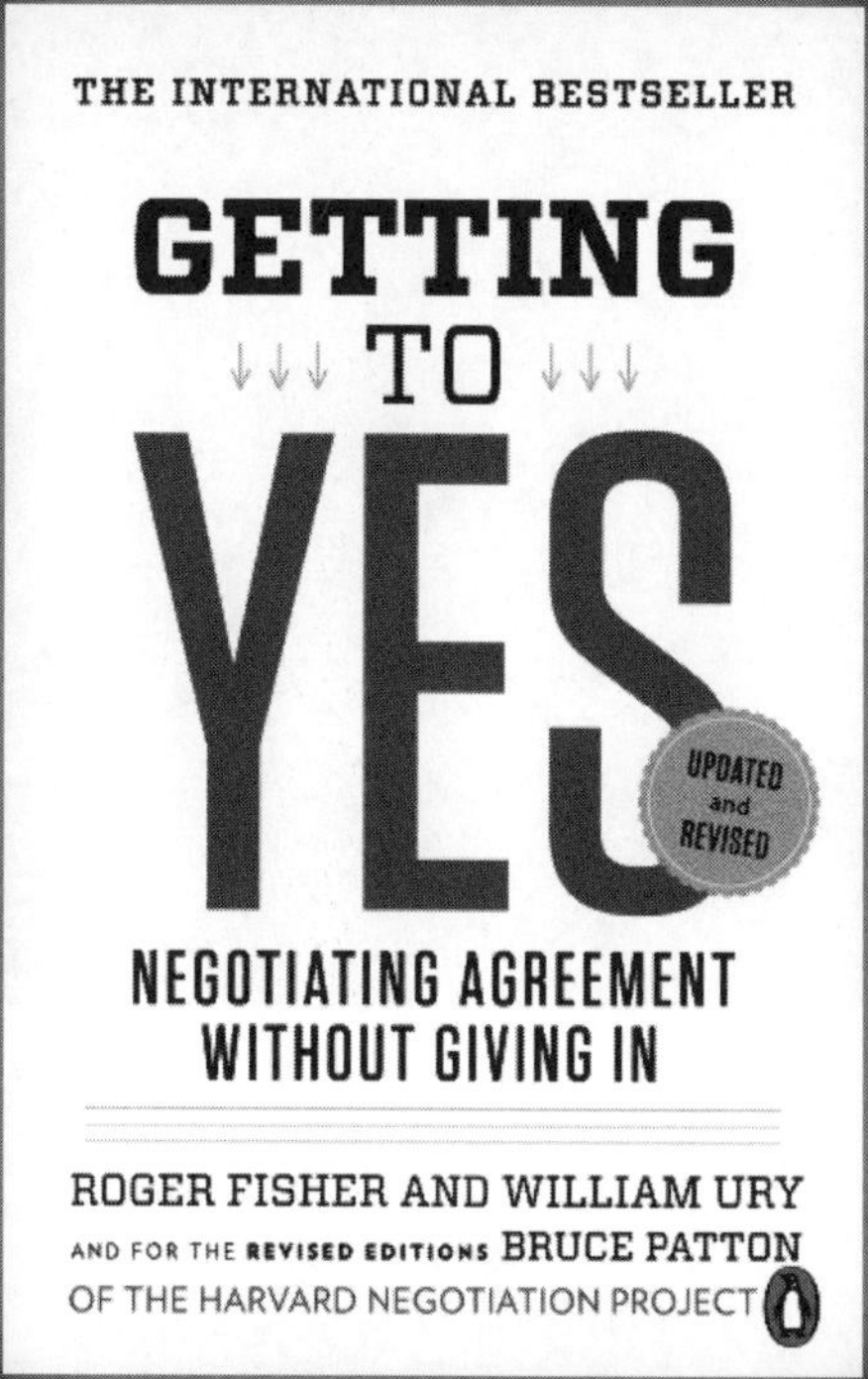

邦訳

［新版　ハーバード流交渉術］

阪急コミュニケーションズ　金山宣夫・浅井和子 訳

交渉力とは富や政治的コネ、体力、友人、そして軍事力といったものに左右されると思われがちである。しかし実際は、両当事者の相対的交渉力は、どちらのほうが交渉が決裂してもかまわないと思っているかによる。

❀

人前でスピーチをするのと同じくらい交渉が苦手という人は多い。交渉力は外交官や組合幹部や営業マンが使う「権謀術数」、あるいは持とうとしても持てない生まれつきの才能と思われている。しかし実際には、私たちは毎日さまざまなものをめぐって交渉している。家計のやりくりに関する配偶者との駆け引きや、宿題のルールを子供と話し合うのも交渉の一つだ。私たちは就職した途端、上司や同僚、供給業者、そして顧客を相手に交渉しなければならなくなる。

三五年前に本書『ハーバード流交渉術』が出版されたときは、「交渉」と言えばまだ大砲による包囲攻撃や、工場閉鎖の脅し、国家間の政治的危機などを連想させる言葉だった。本書によって、交渉術は世界中のロースクールやビジネススクール、そして行政学の課程で教えられる日常

Roger Fishe / William Ury

ロジャー・フィッシャー

フィッシャー（一九二二-二〇一二年）はハーバード大学ロースクール教授で、ハーバード大学交渉学研究所所長を務めた。第二次世界大戦後のヨーロッパ復興を目的としたマーシャル・プランで働き、弁護士になった後、一九五八年にハーバード大学ロースクールで教え始める。キャンプ・デービッドでは和平交渉の計画を練り、エジプトとイスラエルの和平協定を成立させた。テヘランのアメリカ大使館員人質事件では、人質の解放をめぐってアメリカ政府とイラン政府双方のアドバイザーを務めた。エルサルバドルでは内戦終結に尽力し、南アフリカ共和国では新憲法制定をめぐって議論を重ねる各党が、フィッシャーの利害に立脚した交渉の手法を活用した。他の著書に、『Beyond Reason: Using Emotions As You Negotiate

的な能力の一つになった。

（感情に働きかける交渉術』（二〇〇五年）、ユーリーとの共著による『ハーバード流〝NO〟と言わせない交渉術』（一九九二年）などがある。

ウィリアム・ユーリー

ユーリーはハーバード大学交渉学研究所の共同設立者である。イェール大学とハーバード大学で学び、社会人類学の博士号を取得した。ベネズエラ、チェチェン共和国、中東およびユーゴスラビアで紛争解決のために国際調停者として活動し、事故、過誤、判断ミス、テロ行為などによって核戦争が勃発する危険を減らす方法についてアメリカ政府に助言した。他の著書に、『最強ハーバード流交渉術―仕事が100倍うまくいくNoの言い方』（二〇〇五年）、『ハーバード流最後までブレない交渉術』（二〇一六年）などがある。

命令ではなく合意が求められる

昔はあらゆることが明確な階級制に従って行なわれた。誰かが命令を出し、他の誰かがその命令を遂行した。しかし今日では、組織はより民主的になり、上司でも部下でもない請負業者が増えてきたため、物事は強制ではなく合意によって実行されるようになった。この傾向は従業員同士にも当てはまる。今日では、論理的根拠がなければ、あるいは上司の将来の見通しや価値観に納得しなければ、黙って命令に従う人はほとんどいない。

フィッシャーたちは本書の第三版の序文で、「権力のピラミッドが交渉のネットワークに変化する」静かな革命が進行していると述べている。この革命は対立を減らすのではなく、実際には増やしているが、それはいいことなのだと彼らは言う。組織、あるいは家族などの社会的グループを含む伝統的な階層構造は、しばしば対立を封じ込めてしまうため、その構造にもろさが生じて初めて問題点や論点が明るみに出る場合がある。権威主義的な体制と、騒々しく言い合いの絶えない民主主義を比べてみるといい。「意外かもしれないが、対立は少ないよりも多い方がいい」とフィッシャーたちは主張する。

立場駆け引き型交渉

交渉の一般的な方法は立場駆け引き型だ。交渉相手がそれぞれの立場を主張し、少しずつ譲歩を重ねて合意に達する場合もあれば、決裂する場合もある。たとえば何か貴重なものの値段を売り手と買い手の立場で交渉するとしよう。あなたは売り手として、最初は法外な値段を吹っ掛ける。自分でもその値段は非現実的だとわかっているが、そうやって本音ではいくらで売ってもいいと思っているのかを悟られないようにする。このような駆け引きには、お互いが自分の立場にこだわり、「面子」を守るために交渉が決裂しやすく、相手と敵対していい結果が得られにくいという欠点がある。多くの人は、「交渉」とは敵対的なやり取りを通じて片方が望むものを手に入れ、もう一方は退かなければならないというイメージを持っている。

立場駆け引き型交渉は、交渉相手がなかなか本音を明らかにしないため、しばしば時間がかかる。回答を遅らせたり、時間稼ぎをしたり、破談をちらつかせたりして交渉が長引き、ついには意志のぶつかり合いになる。どちらかが一方的に押し切られたと感じた場合、二度と口を利かないほど関係がこじれる可能性がある。

そんな事態を避けるために、敵対的なハード型交渉とは対照的な方法をとる場合もある。交渉相手を友人とみなし、譲歩を重ねて衝突を避け、両者の関係が損なわれないようにするソフト型交渉である。しかし、結論よりも関係の維持を優先するソフト型交渉では、合意してもしばしば不満が残る結果になる。そしてソフト型交渉者がハード型の相手と交渉すれば、ハード型交渉者にこてんぱんにされてしまうだろう。

原則に基づく交渉

駆け引きよりもっといい交渉の方法がある。本当の交渉とは、「共通の利益と公正な基準を探し出す共同作業だ」とフィッシャーたちは言う。ハーバード大学交渉学研究所が開発した原則立脚型交渉は、自分の意見を主張してどれだけ粘れるかではなく、状況の客観的な利点に目を向ける。原則立脚型交渉では、「公正な立場をとりながらも、それを相手に利用されるのを防ぐ」ことができる。他のあらゆる交渉術は、自分が知っていることを相手が知らないという点に成否がかかっている。しかし原則立脚型交渉では、お互いが同じ方針をとればいっそう交渉がうまくいく。汚い手や策略を使い、意地の張り合いをする必要はなく、どちらも事実に基づいて交渉を進められる。原則立脚型交渉は常にウィン－ウィンの合意に達するとは限らないが、公正さは守られるはずだ。

交渉では、双方の立場ではなく利害を調整することが重要だが、利害と立場の違いは何だろうか？「立場は、当人が達した結論であり、利害とは、その結論を導きだした原因なのである」とフィッシャーたちは説明している。熟練した交渉者は、相手の立場ではなく、その立場を取るに至った原因、すなわち願望や欲求、恐れ、不安に目を向ける。表向きの立場の背後にあるこれらの利害を探らなければ、満足のいく解決策は見つからない。

一九六七年の六日戦争で、イスラエルはエジプトの攻撃に対する反撃としてエジプトに侵攻し、シナイ半島を占領した。エジプトはなんとしてもシナイ半島を取り戻すため、一九七八年にキャンプ・デービッドでイスラエルとの和平交渉に臨んだ。イスラエルは占拠した地域の一部を維持するためにさまざまな提案をしたが、エジプトはシナイ半島全域が返還されない限り合意はできないと主張して、あらゆる提案を拒否した。シナイ半島は古代王朝の時代からエジプトの一部だったのだから、譲るわけにはいかないというのがエジプトの立場だった。一方イスラエルは、エジプトの戦車がいつでもイスラエルとの国境線を越えられる状態でシナイ半島に駐留するのを阻止したかった。キャンプ・デービッドで、アメリカはエジプトのサダト大統領とイスラエルのベギン首相の調停役を務め、両国の欲求、願望、不安、恐れを考慮に入れて交渉を解決に導いた。エジプトはシナイ半島を取り戻す一方で、イスラエルの安全を保障するために広範囲な非武装地帯を設けることで合意したのである。

どんな意見の衝突にも、たいてい共通の利害が見つかるとフィッシャーたちは言う。たとえば家主と借家人の関係では、両方とも安定を望んでいる。借家人は定住所が必要で、家主は安定した借家人を望んでいる。両者とも手入れの行き届いたアパートを望む。借家人は住み心地のいい場所が欲しいし、家主はアパートの価値を高めたいからだ。どちらもお互いにいい人間関係でいたいと思う。借家人は家主にプライバシーを尊重し、建物の修繕をして欲しいと思い、家主は借家人にきちんと家賃を払って欲しいと思う。お互いの利害が一致すれば、賃貸契約は長期間続くだろう。もし一致しない点があるとしても、お互いの利害に注目すれば（たとえば家主が家賃を値上げしないなら、借家人は修繕の要求を最小限に抑える）、誰もが満足する合意に達する可能性がある。

何が公正で、何が正当なのか

原則立脚型交渉は、利益満足型交渉とも呼ばれ、利害に注目するという原則の他に次の三つの原則がある。

原則1　人と問題を切り離す

自分と相手がお互いを攻撃しあうのではなく、協力して問題に取り組んでいると考えよう。前もって決めた合意の最低線、つまりここまでなら受け入れられるという最悪の結果をひとまず忘れて、「今、私たちにとって何が問題なのか？」と考えてみるのだ。

交渉相手の感情に注意しよう。彼らが特に何を誇りに思い、何を気にするのかを考え、それに基づいて提案の出し方を考える。相手が反論や怒りの感情をぶつけてきたら、さえぎらずにひとおり聞こう。相手はただ感情を発散させたいか、自分側の関係者に強気なところを見せたいだけかもしれない。

交渉（あるいは配偶者との意見の不一致）が感情論になったとき、相手の言うことに真剣に耳を傾けるのは難しい。しかし最善の解決策を探すには、相手の言い分をよく聞く姿勢が大切だ。相手の主張を聞いて、自分がその話を十分に理解したことを示すために、相手の言ったことを繰り返して確認するといい。理解することと同意することは違うのだと覚えておこう。

原則2　双方が満足できる複数の選択肢を考える

数人で集まり、想像力を働かせてできるだけ多くの選択肢を考える気軽なミーティングを開こう。そうすることで創造的な解決策を思いつくチャンスが高まる。最初のミーティングは立案だけ、そして複数の選択肢から一つを選んで決定するのは次回のミーティングにする。こうして立案と決定を分けることにより、批判や評価に制約されずにアイデアが湧いてくる。

ある提案に合意してほしいときは、アイデアを検討する段階から相手を話し合いに加え、解決案の作成に参加したと感じさせるといい。どんな案でも、すでに決まったものとして突きつけられると、人は反発や怒りを覚えやすいからだ。

交渉に臨むときは、こちらの希望を「具体的に例示する」具体案を持っていくべきだ。たとえばスポーツ選手の代理をするエージェントは、その選手のこれまでの実績から言って、年俸五〇〇万ドルなら選手の価値を十分評価した納得のいく金額であり、五年契約が結べれば仕事の保証という点で選手の希望にかなうと思う、と言う。こうして具体案を示すことで、相手はあなたの希望がよくわかる。同時に、あなたは自分の利害に適したいくつかの案を用意し、具体的であるとともに柔軟な姿勢を保つべきだ。大切なのは、自分の立場より利害に対して率直であることだ。「交渉の当事者が、それぞれの利害を強く主張することが、相互に有利な解決策を生み出す創造力を呼び起こす場合が多い」とフィッシャーたちは主張している。

原則3　客観的基準を強調する

交渉が意志のぶつかり合いになり、最も強硬な者が勝つ結果になるのを避けるために、合意は市場価値や専門家の意見、慣例、法律など、独立した基準に即したものになるよう主張するべきだ。そうすれば、どちら側も「負けた」ことにはならない。

海洋法会議で、インドは深海底を採掘する企業は受入国に六〇〇〇万ドルの前金を支払うよう要求した。多数の採掘企業を持つアメリカはこの提案に反対した。両者の溝を埋める方法はないように見えたが、マサチューセッツ工科大学（ＭＩＴ）の研究者が開発した深海底採掘の経済性を評価するモデルに着目した人がいた。インドもアメリカもこのモデルの客観性と有用性が理解できた。その結果、インドは希望する採掘料を大幅に引き下げ、企業は採掘を延期する必要がなくなった。アメリカもいくらかの採掘料を払うのは妥当だと考えるようになった。両者が自分の立場に固執していたら、一切の合意は得られなかっただろう。この例では、どちら側も引き下がったり、弱みを見せたり、面子を潰したりしなかった。客観的な証拠にしたがって主張を変えただけである。

多くの人は「正当性というものを重視する」とフィッシャーたちは言う。だからすべての関係者に合意は正当なものだと認めてもらえるように、解決策は「公正で合法的で誠実」なものでなければならない。そのことは交渉から個人的な立場を取り除くことにもつながる。

こんなときはどうするか

客観的基準が重要なのは確かだが、相手が自分よりはるかに強かったらどうだろう？

富や腕力、軍事力、政治力などは、私たちが考えているほど役に立たない場合が多いとフィッシャーたちは主張する。それよりも重要なのは、合意が成立しない場合の魅力的な代替案を考慮しておき、交渉が決裂してもかまわないという心境で交渉に臨むことだ。最良の代替案を用意しておけば、あなたの交渉力は強くなる。合意が成立しなかった場合の代替案を徹底的に考慮し、よりよい代替案を持っている方が、交渉では有利である。交渉に際して、「自分と相手のどちらがより交渉力があるか」を考えるのはやめることだ。自分の方が強いと思うと、油断して適切な交渉の準備を怠る可能性がある。逆に自分の方が弱いと考えれば、簡単にあきらめてしまうかもしれない。

利害に焦点を合わせて交渉しようとしても、相手がそれを拒否して駆け引き型交渉にこだわり、こちらを攻撃してきたらどうすればいいだろうか。ついやってしまうのは、相手が主張する立場を非常識だと言って批判し、それを拒否することだ。それでは相手はいっそう自分の立場を守ろうとし、あなたの立場を受け入れなくなる。最も効果的なのは、「柔道型交渉術」である。相手の主張や個人攻撃とまともにぶつかり、押し返そうとするのではなく、相手の立場は双方の利害を一致させるための純粋な意図があると仮定するのだ。そして「できるだけ早く合意に達するために、お互いに何ができるでしょうか?」と尋ねよう。

交渉では、断言するのではなく問いかける方が実際には効果的である。問いかけは、相手に攻撃的な印象を与えずに、原則や問題になっている利害を全員が考え直すきっかけになる。相手が不合理な主張をしてきたら、最良の反応は、反応しないことだ。沈黙すれば、相手は説明や新しい提案をせざるを得なくなる。

相手が汚い手口や脅し、不合理な提案や要求をしてきたらどうすればいいだろうか。こんな場合の効果的な対処法は、相手のやり口に疑問を投げかけ、交渉を中断して、このまま交渉を続ける意味があるかどうか考え直したいと告げることだ。そうすることで、あなたはあわててまずい判断をするのを避けられるし、相手に行動を顧みる余地を与え、そのやり方が本当に望ましい効果を上げているかどうか考えさせることができる。

相手側が刑事ドラマによくあるような優しい刑事と怖い刑事の芝居や、見せかけの内輪もめ（訳注　相手側の一人がこちらの味方をするふりをして仲間と口論し、油断させる手口）をしてきたら、それはあなたに相手の条件を呑ませるための心理作戦だ。開けっ放しのドアを背にした低い椅子（訳注　ドアに近い席は下座であり、低い椅子は相手に見下ろされて心理的に不利である）に座らせられたら、怒りをあらわにする前に、「私をこの椅子に座らせたのには何か理由があるのですか」と聞いてみよう。納得できる返事がなかったら、明日は相手がその席に座るように要求しよう。あなたが相手の戦術に気づいていることを知らせ、平等主義の原則を適用するために、「毎日かわりばんこに、コーヒーのこぼしっこでもしますか」などと言ってみるといい。一般的に、あなたが相手側のゲームのルールに気づいていることを明らかにすれば、相手の戦術の効果をそいで、交渉を本筋に戻すことができる。

仕事と人生に活かすために

大切なのは、関係者全員にとって最良の結果とは何かを考えて交渉を開始することだ。それを念頭に置いておけば、その結果を実現するために逆から考えて、双方の利益のために何を討議し、何を解決すればいいかを理解しやすくなる。「最高の経験則は、自分の能力に限界を設けず、楽観的であれ、ということだ。無闇に資産を浪費せずに、たとえ成功しなくとも、やってみる価値のあるものがあると肝に銘ずるのだ。交渉に関する研究は、向上心と結果には強い相互関係があることを示している。まさに、積極的思考は報われるのだ」とフィッシャーたちは述べている。

全員にとって好ましい合意を得る努力をすることは決して無駄ではない。結局、相手とは契約が履行されるときも、将来新しい合意をする必要があるときも、ずっとつきあっていかなくてはならないからだ。あなたが原則に基づいた交渉しかしないと彼らがわかっていれば、次に彼らと交渉のテーブルに着いたときは、契約内容に関しても、感情的な面でも、ずっとやりやすくなるだろう。実際、交渉を敵対的な関係と考える必要さえない。相手側と長期にわたって良好な関係が築けていれば、あなたは自然と相互の利益を探し求めるようになり、相手の意見を進んで取り入れるようになるだろう。正直で公正な交渉をするという評判は、交渉当事者の持ちうるもっとも有用な財産であるとフィッシャーたちは述べている。

人口が増加し、人々が緊密につながっている社会では、人とどうつきあうかがいっそう重要になる。本書はアメリカの詩人ウォレス・スティーブンス（訳注　一八七九－一九五五年）の詩の一節、「最後のノーの後に、イエスが来る。そしてこのイエスにこそ、世界の未来はかかっている」を思い出させる。

26

2010

Personal MBA

ジョシュ・カウフマン

数冊のすぐれたビジネス書と実体験があれば、ビジネススクールに行くのと同じか、それ以上の能力を習得できる。

"A masterpiece. This is the 'START HERE' book I recommend to everyone interested in business. An amazing overview of everything you need to know. One of the most inspiring things I've read in years."
—Derek Sivers, founder of CDbaby.com and sivers.org
the personal
MBA
master the art of business
International Bestseller
Revised and Expanded
JOSH KAUFMAN
Founder of PersonalMBA.com

邦訳

[Personal MBA—学び続けるプロフェッショナルの必携書]

英治出版　三ツ松新 監修　渡部典子 訳

現代のビジネス手法のほとんどは、常識、単純な計算力、そしていくつかの重要な考えや原則に関する知識があればそれで十分だ。

❋

あらゆるビジネス書は、これさえ読めば答えがわかるという触れ込みで、新しいすぐれたアイデアを紹介し、ビジネススクールで教える従来の知識はたいてい否定している。しかし新しいアイデアの可否を正しく判断したければ、従来の知識、すなわちビジネス手法の核となる概念をまず知るべきだろう。

それが本書『Personal MBA』の目的である。カウフマンはビジネススクールのカリキュラムをそっくりそのまま再現するのではなく、ビジネスの核となる二四八の概念を、できるだけ明快な形で提示している。

本書を読めば、ビジネスの実際の仕組みを知っている「上位1%のエリートの仲間入りができる」とカウフマンは自信たっぷりに断言している。そこまで言い切れるかどうかはさておき、少なくとも周囲の人が何を話しているのかわかるようになるのは間違いない。「自分が気づいたことを言葉にして考えるための共通言語を持つことにより、大きな進歩の

Josh Kaufman

ジョシュ・カウフマン

カウフマンは図書館司書の母と教師の父の間に生まれ、オハイオ州北部の農業地帯の町で育った。「本は私の人生の大部分を占めていたが、ビジネスはそうではなかった」とカウフマンは回想している。シンシナティ大学を卒業後、二〇〇五年にP&Gに入社し、三年間製品開発、製造、マーケティング、主要な小売業者への販路の確保に携わった。しかし社内の縄張り争いや大企業の変化の遅さに不満を感じ、退職してビジネス教育に本格的に取り組み始めた。

他の著書に、『たいていのことは20時間で習得できる』がある。

扉が開かれる」というカウフマンの考えは正しい。もちろん、経験が何ものにも代えがたいのは言うまでもないが、MBAの学生の多くも、大したビジネス経験を積んでいるわけではないとカウフマンは指摘する。

ゼネラル・エレクトリック社の元CEOジャック・ウェルチは、「ビジネスは複雑なものだと過大評価されることが多いが、決して難解なものではない——私たちは世界で最も単純な職業の一つを選んできたのだ」と語った。カウフマンが本書で説く内容のほとんどは常識の範囲であり、あなたがすでにビジネスの世界に身を置いているなら、読まなくてもいい章も多い。本書は詳しいビジネス用語集と大差ないようなところもある。しかしこれから社会人として働き始める人、あるいは現在非営利部門で働いている人にとって、本書はビジネススクールで受けられる教育の価値についてあらためて考えさせる手ごろな入門書になるだろう。

MBAに価値はあるか

映画『グッド・ウィル・ハンティング』でマット・デイモンが演じた天才的な頭脳を持つ主人公ウィル・ハンティングは、ハーバード大学の学生のクラークが教育に一五万ドルもかけたのをあざ笑う。自分なら地元の図書館に数ドルの延滞料金を払うだけで、大学に行ったのと同じ知識が手に入れられると彼は言った。

年間一万二〇〇〇冊のビジネス書が発行され、ビジネス理論やビジネス手法に関するブログは数え切れないほどある。その中で本当に知る価値のあるものはどれか？　それがカウフマンの知りたかったことだ。大学在学中からカウフマンは数え切れないほどのビジネス書を読み、価値のある資料とそうでない資料を自分のブログで公表していた。カウフマンのブログは大勢の関心を集めたが、読者が爆発的に増えたのは、著名なブロガーで作家でもあるセス・ゴーディンがカウフマンの読書リストにリンクを張ってからだった。ゴーディンはかつて、「MBAを取るなんて理解に苦しむ。三、四〇冊の書籍をよく読み、実体験を積むほうが、有効な時間とお金の使い方だ」とブログに書いていた。

スタンフォード大学ビジネススクール教授のジェフリー・フェファーとカーネギーメロン大学主任研究員のクリスティナ・フォングは、「ビジネススクールの終焉？　期待はずれのMBA」（『アカデミー・オブ・マネジメント・ラーニング・アンド・エデュケーション』誌、二〇〇二年）と題する記事の中で、MBAの取得、あるいはビジネススクールでの優秀な成績でさえ、長期的なキャリアの成功（給与の面でも地位の高い職種に就くという点でも）には「何の相関関係もない」という調査結果を発表した。つまり、ビジネススクールのプログラムで教えられる内容は、実際のビジネスで成功するために必要なものではないのだ。実際には、「ビジネススクールに入学できるほど優秀な人は、ＭＢＡを取らなくても十分やっていける能力がある」とフェファーは述べている。

それならビジネススクールはいったい何のためにあるのだろう？　ＭＢＡはあなたがある種の概念を知っていること、十分知的であること、そして極端な一匹狼ではないことを雇用主に保証する一種の「社会的証明」なのだ。「ビジネススクールは成功する人を作るのではなく、元から成功する能力がある人を入学させて、彼らの成功を自分の手柄にしているだけだ」とカウフマンは言う。つまりビジネススクールそのものに価値があるわけではないのである。人生を担保に返済に何十年もかかる学生ローンを背負わなくても、ＭＢＡと同じ教育を手に入れることはできる。そして高給取りになって卒業から数年でローンを返済し、学費の元は取れたとしても、機会費用のほうはどうだろう？　あなたはキャンパスで過ごした二年間に、ビジネスの世界で実体験を積む機会を失ったことになる。評価の高いビジネススクールを卒業すれば、ゴールドマン・サックスやマッキンゼー、フォーチュン五〇〇リストに名を連ねる大企業、それにインベストメント・バンクのような最大手の企業に採用される可能性が高くなるとカウフマンは認めている。しかし大企業に採用されることがゴールではない。三年から五年もすれば、重要なのは実績だということが明らかになる。そして実績を上げられなければ、いつまでたっても払いきれない借金が重くのしかかったままだ。

ビジネススクールは大企業がビジネスを牛耳っていた時代に発達したとカウフマンは指摘す

る。だから授業では高度な知識（モデルや統計など）は教えるが、学生は起業するには何が必要かという基本的なことは何も知らないまま卒業する。ビジネススクールは今でも時代遅れのビジネス手法を教えている。その一つが企業を買収し、買収した企業に借り入れをさせ、その資金で別の企業を買収して合併し、短期間で規模を拡大してから新たな買い手に売るレバレッジドバイアウトの手法だ。しかし、金融工学はビジネスの本来の目的ではない。ビジネスとは、人々の生活を向上させる新しい製品やサービスを生み出す手段なのだ。ビジネスのペースは昔に比べて格段に速くなった。実際に仕事をしながら絶えず修正と改革を繰り返していけば、短期間でさまざまな知識を学ぶことができる。会社では学べない新しい画期的な考え方を知りたければ、視野の広がる書籍やブログや講演もたくさんある。独学で学べる知識を得るために、人生の二年間と多額のお金を費やすのは賢明な方法とは言えないだろう。ビジネススクールのために借金を背負えば、それを返済するために、たとえ気に入らない仕事だろうと会社勤めを続けなければならなくなる。

まず価値を生み出す

本書の第二章「価値創造」は、きわめて基本的な内容だ。一言で言えば、成功するあらゆるビジネスは、人々がほしがる価値あるものを作り、それを適正な価格で販売し、事業を続ける価値が見出せる収益を上げなければならないということである。

成功する製品やサービスは、人間が持つ四つの中核となる欲動（訳注　人間を行動に駆り立てる無意識の衝動）のどれかを満たしている。四つの欲動とは、社会的地位の欲求、人々と関係を築きたいという欲求、学習の欲求、そして自分や家族や財産の安全を守りたいという欲求である。ビジネスは人間の心理を十分考慮に入れ、人々が買うのは最終結果（訳注　製品を購入することで得られる便益）である（製品そのものではなく）と理解しておく必要がある。人は面倒を取り除いてくれるものに喜んでお金を払う。面倒とは、時間がかかるもの、複雑でわかりにくいもの、自分にない経験や知識、あるいは特別なリソースを要求するものだ。「新しいビジネスのアイデアを見つけたければ、面倒なものがないか探してみるといい。面倒があるところに、ビジネスチャンスがある」とカウフマンは言う。製品を作る人間が期待する「巨大市場」は、実際は存在しない。たとえばセグウェイがいい例だ。セグウェイに使われている技術は非常に興味深いが、一台五〇〇〇ドルという値段は、徒歩や自転車で十分だと思う人の考えを変えさせるには高すぎる。セグウェイにも市場はあるが、非常にニッチなものにすぎない。

カウフマンは、価値の創造には反復が欠かせないと強調している。反復とは、開発、フィードバック、そして修正の繰り返しによって製品をよりよくするサイクルのことだ。これはきわめて手間と時間のかかる仕事である。どれほどすぐれたビジネスプランや製品アイデアでも、最初は顧客に受け入れられない場合がしばしばある。友人や家族だけではなく、潜在顧客、すなわち実際にお金を払ってその製品を買う可能性のある人にあなたの製品を試してもらい、その意見に耳を傾けよう。反復サイクルを繰り返すほど、最終的な製品はいいものになる。市場に関する知識も得られるし、人々が何に対してお金を払うのか明確に理解できる。あなたの製品に需要が見出せなければ、早く見切りをつけて新しいアイデアを考えるべきだ。

実際の顧客にテストしてもらってフィードバックを得る手段として、実現性のある最小提案という方法がある。実現性のある最小提案とは、人々にとって価値があり、ビジネスが成り立つと期待できる必要最小限の便益を持つ製品を、完成させる前に発表することだ。リンクトイン（訳注　ビジネス特化型ＳＮＳ）の創業者リード・ホフマンが、「製品の最初のバージョンで困った経験をしなかったなら、発売しても手遅れだ」と言ったのはよく知られている。実現性のある最小提案を試験的に販売する、あるいは先行予約を取るなどの方法で顧客からのフィードバックを得たら、あなたは後から提供品をできるだけ改善するために、無駄なものを省いたり、便益を追加したりして修正を続けることができる。必要最小限の便益に絞った新製品を販売することで、その製品の基本的アイデアが受け入れられるかどうかテストできる。グーグルのフリーメールサービスであるＧメールと広告配信サービスのグーグルアドセンス（訳注　サイトの内容にマッチした広告を配信するサービス）を作ったポール・ブックハイトは、「三つの特性や特徴を選んで、それらの性能を徹底的に高めることに集中し、他のことはすべて忘れるべきだ。初回バージョンでは核となるいくつかの特徴だけに集中すれば、嫌でもその製品の本質と価値が見えてくる」と述べている。

製品を販売する

あらゆるマーケティングに求められるのは、「最終結果」に焦点を当てることだ。最終結果とは、あなたの製品を使うことによって、顧客が自分は優秀だ、知的だ、力強い、健康だ、幸福だ、裕福だと感じられるかどうかである。あなたの製品やサービスを使えばどんな気分になるかを顧客が容易に想像できるように、売込みはできるだけ感覚に訴えかける必要がある。製品の特長ではなく、便益を強調するうたい文句やキャッチフレーズは効果的だ。アップルはｉＰｏｄを発売する際、「ポケットに一〇〇〇曲を」といううたい文句を用いた。これはＭＰ3の驚くべきテクノロジーを解説するよりはるかに顧客に訴える力があった。

どんな製品やサービスでも、マーケティング活動の大半はそれらがまだ市場に出る前に行なわれるのを忘れてはならない。パソコンのサポート・サービスを提供するギーク・スクワッド創業者のロバート・スティーブンスは、「広告は注目を集めるために支払わなければならない税金のようなものだ」と述べている。あなたの提供品が競合相手の製品と大差ない日用品の場合、顧客に商品を買わせるには販売とマーケティングに相当な力を注ぐ必要がある。そうすれば利益の出るビジネスが生み出せる可能性があるが、それだけでは成功の長期的な基盤にはならない。

数多くのビジネス書が「ブランディング」の重要性を説いているが、カウフマンに言わせると、ブランドとは単純に評判という意味にすぎない。評判は自然に生まれるものであり、評判を自分でコントロールすることはできない。できるのはただ、サービスを向上させるために絶えず努力することだ。そうすれば評判は人から人へ自然に伝わり始める。口コミや消費者の信頼は常に最高のマーケティングになる。あなたが広告や宣伝、マーケティングの仕事に携わるなら、覚えておくべき唯一のルールは、見る人を退屈させるものは作らないということだ。それさえ守れば、批判や意見の相違によって論争が起きたとしても構わない。人々があなたの製品についてもっと知りたがるようになるなら、論争はむしろ歓迎すべきことだ。

「顧客はヒーローでありたいと思っている」ということを覚えておこう。潜在顧客の注意を引くために、過去の顧客の成功などの物語を話そう。「物語がより鮮明で、明快で、情感にあふれ、説得力があればあるほど、より多くの潜在顧客を引きつけることができる」

ファイナンスの基本

あらゆるビジネスには五つの要素が絡んでいるとカウフマンは指摘している。その五つとは、価値創造、マーケティング、販売、価値提供、そしてファイナンスだ。ファイナンスの知識がない読者にとって、この本は非常に有益だ。これまで聞いたことはあっても、よく意味を知らなかったマーケティング用語が解説されている。

ディスカウント・キャッシュフローと正味現在価値

ある資産にどれくらい価値があるかを評価する方法で、その資産が数年間でどれくらいお金を生み出すかを考慮に入れて価値を見積もる。

キャッシュフロー計算書

一定期間の企業の資金の増減を、商品の販売や経費の支払いなどの営業活動、将来の生産のための投資活動、資金の調達または返済などの財務活動に区分して記録したもの。

貸借対照表

企業のある一定時点における資産と負債（現金以外も含む）および純資産を表示した会計報告書。

純資産は「自己資本」とも呼ばれる。貸借対照表にはブランド名、すなわち知名度や信用のような無形の価値や、推定された棚卸資産額など、さまざまな推定値が含まれる。

フリーキャッシュフロー

企業に入ってくるお金から、資本財（訳注　工場や原材料など、生産の資本となる財）と事業を維持するために必要な資産を差し引いたもの。借り入れに頼らずに生産やビジネスの元手として使えるため、フリーキャッシュフローは多ければ多いほどよい。

利幅

獲得した収入と、その収入を得るために使った費用の差をパーセンテージで表現したもの。

発生主義会計

製品やサービスの販売によって収入が確定した時点（訳注　実際の金銭のやり取りがまだ行なわれていない段階）で、販売にかかった費用を計上する会計手法。より正確な利幅の現状分析ができるという利点がある。

損益計算書

一定期間の企業の利益を示す決算書。どの事業でどれくらい儲けているかを知るために重要であり、どの事業に投資すべきかを判断する基準になる。

財務比率

財務比率は何種類もあるが、代表的なものとして、利幅、投資収益率（ROI）、負債資本比率（通常、過度のレバレッジ（訳注　借金を用いて潜在的利益を倍増させる行為）は好ましくない）、インタレスト・カバレッジ・レシオ（事業利益に対する借入金の利息の支払いの割合）、流動比率（訳注　一年以内に現金化できる資産が、一年以内に返済すべき負債をどれだけ上回っているかを表す指標）（企業が倒産寸前か、十分な支払い能力があるかを示す）がある。

減価償却

固定資産の費用をその資産が使用できる期間にわたって分散させること。たとえばあるソフトウェアを五〇〇ドルで購入し、それを使って五年にわたって収入を得たとすると、ソフトウェアのコストは年間一〇〇ドルになる。減価償却によって資産購入の合理性が判断しやすくなる。

売掛金

製品やサービスに対する代金を後で受け取る権利であり、貸借対照表では資産勘定になる。

購買力

購買力とは銀行に預けてある現金と、利用可能なクレジットの金額を指す。購買力の大きさが、事業が継続できるかどうかを決定する要因になる。

『Personal MBA』の後半には、「人の心を理解する」、「自分と上手につきあう」、「他の人々とうまく協業する」などの章が並んでいる。これらの章ではダニエル・カーネマン（訳注 行動経済学者。『世界の哲学50の名著』参照）流の思考バイアスや、身体エネルギーの管理術、交渉戦略などが解説されているが、一般向けの心理学書や自己啓発書を何冊か読んだことがあれば、それらの情報に特に目新しさは感じないだろう。本書の最後には、企業や市場、社会などの複雑なシステムの理解、分析、改善に関する章がある。

仕事と人生に活かすために

『マネジメント・トゥデイ』誌に掲載された『Personal MBA』の書評には、MBAの価値を信奉する人と、MBAはもはや珍しくなくなり、価値が下がったと主張するジェフリー・フェファーに賛成する人の間には、ほとんど「神学的分裂」に近い意見の相違があると指摘されている。しかし一冊の本を読むだけで、本当にMBAの厳しい授業で経験するプロジェクトやグループワークに匹敵する知識が得られるだろうか？　ビジネススクールで得られる人のつながりが何物にも代えがたいのは言うまでもない。経験を積んだ教師とともに、自分でケーススタディをこなさなければ、本に書かれた概念を「自分のものにする」のは難しいのではないだろうか。

MBAを取得するかどうかはそれぞれの置かれた状況次第だが、MBAの資格が自分にどう「役に立つ」かではなく、自分が何を学びたいかを考えるのが賢明な態度だろう。たとえばエンジニアリングや非営利団体の仕事をしてきた人は、質の高いＭＢＡプログラムを学ぶことでビジネス理論や戦略が身につき、長期的に見ればキャリア上のチャンスが大きく増えるはずだ。事業の状況に分析的なモデルを適用できる能力や、新しい潜在的市場を見出せる能力があれば、同僚に差をつけることができるだろう。一方、すでに何年もビジネスの世界で仕事をしてきた人が、単に箔をつけたいという理由でＭＢＡを取るとしたら、それは時間とお金の無駄でしかない。

カウフマンの本は入門書の域を出ないが、本書をビジネス教育の一端に据えると、その対極には学費が高く時間のかかるＭＢＡがある。しかしどちらでもないもう一つの選択肢として、オンラインにはＭＢＡと同等の講座が数多くある。ウォートン、シカゴ、スタンフォード、ＭＩＴなど、一流のビジネススクールの多くが著名な教授陣の講義を無料か低価格で受講できるオンラインプログラムを独自に、あるいはコーセラ（訳注　世界中の名門大学の講義がオンラインで学べるサービス）などを通じて提供している。

27

2012

テスコの経営哲学を10の言葉で語る

テリー・リーヒー

顧客が何を望んでいるのかを調査することと、本当に顧客の立場に立つことはまったく違う。

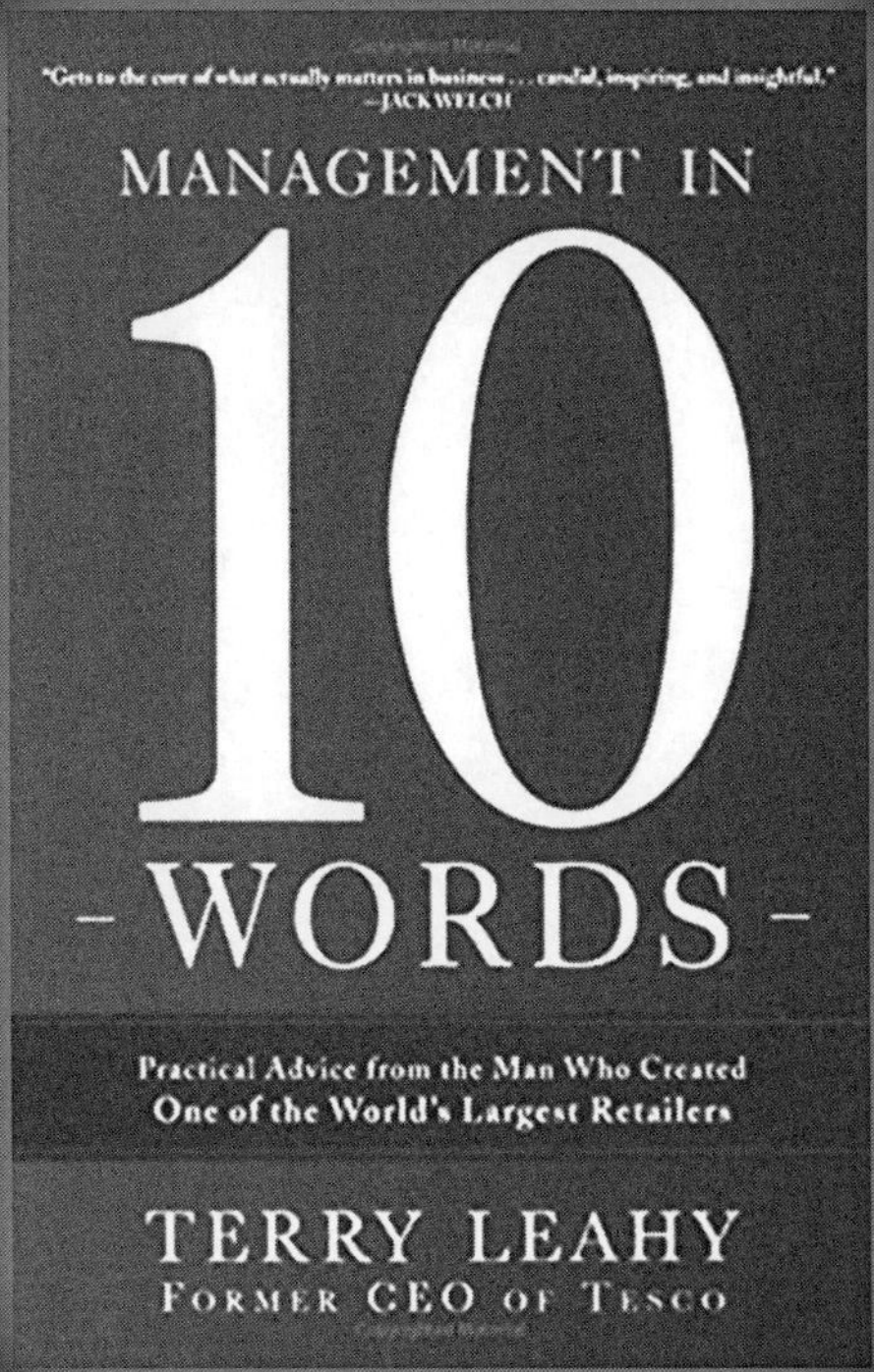

邦訳

［テスコの経営哲学を10の言葉で語る］

ダイヤモンド社　矢羽晴彦 訳

いくつかはシンプルで分かりきったことに見えるだろう。基本的でシンプルな真理を「単純なこと」と誤解する人は世界中のどこにでもいるが、そのような人々は基本的でシンプルな「真理」を「当たり前すぎて取るに足らないもの」として打ち捨て、忘れてしまっている。問題を解決する方法も同様に複雑であるべきだと考えているのだろう。

❀

一九七九年にテリー・リーヒーがテスコに入社したとき、テスコはイギリス小売業界の落ちこぼれだった。一九八〇年代に入ってから急成長したが、イギリス大手小売業者のセインズベリーやマークス&スペンサーに比べれば、まだちっぽけな存在に過ぎなかった。しかしリーヒーがテスコのCEOを一四年間務めて二〇一一年に退任したとき、テスコはこの二つ会社の六倍の規模を持ち、本拠地イギリスから進出して世界第三位の小売業者になっていた。テスコは二〇一二年にアメリカから撤退し、リーヒーの退社後五年間は苦しい時期が続いたが、二〇一七年には世界十数カ国でおよそ六五〇〇店舗を展開し、四七万五〇〇〇人の従業員を雇用し、五五〇億ポンド（訳注　七兆円以上）の売上を上げた。

Terry Leahy

テリー・リーヒー
リーヒーは一九五六年にイギリスの都市リバプールで、アイルランド人の両親のもとに生まれた。父親はアメリカへの移住を考えていたが、結局リバプールに来て大工になり、第二次世界大戦中は商船隊に加わった。母親は看護師をして、三男のリーヒーを含む四人の息子を育てた。
地元のカトリックの小学校で学んでいたリーヒーは、教師に素質を見いだされ、リバプール一の学校と評判の高いセント・エドワーズ校に奨学金を得て入学できた。ある年の夏休み、リーヒーはロンドン南西部のワンズワースのテスコで棚に商品を並べるアルバイトをした。セント・エドワーズを卒業するとき、希望していた建築や法律を学ぶには成績が足りなかったため、リーヒーはマンチェスター科学技術大学で経営を学ぶことにし

テスコの成功の秘密は何だろうか。特にリーヒーのもとで、テスコはイギリス国内のスーパーマーケット市場のシェアを二〇パーセントから三〇パーセントに拡大した。この急成長はどのようにして達成されたのだろうか。

た。

大学卒業後、リーヒーは生活協同組合に入り、イギリス中を回って加工肉やチーズを加盟店に販売した。一九七九年にマーケティング職でテスコに採用され、一九九二年にマーケティング・ディレクターになり、一九九七年に四〇歳でＣＥＯに就任した。リーヒーは二〇〇二年にナイトの称号を授与されている。

テスコを去った後、リーヒーはいくつかのスタートアップ企業に助言を与え、リバプールのウォーターフロント地区の再開発と、ショッピング・住宅・レジャーの巨大複合施設リバプールワンの建設に協力した。

真実

一九九二年にリーヒーがテスコのマーケティング・ディレクターに就任したとき、マーケティングは会社全体で取り組むべき重要な問題とはみなされていなかったし、「顧客満足」は忘れ去られていた。リーヒーは顧客と彼らが望んでいるものをテスコの事業の中心に据えようと決心した。今では顧客中心の考え方は当たり前だが、当時はフォーカスグループ・インタビュー（訳注 少人数の出席者を対象に座談会形式でインタビューする調査方法）を何回か実施する以外、大規模な消費者調査を行なう会社はほとんどなかった。リーヒーが本格的な消費者調査を開始し、顧客が本当はテスコをどう思っているのかを調べると、耳の痛い意見が次々に出てきた。また、リーヒーは決まりきった質問をする堅苦しいフォーカスグループ・インタビューの代わりに、顧客が何を話してもいい自由なミーティングを開催した。顧客はテスコでの買い物についてだけでなく、自分たちの生活について、思いつくままに語った。こうした取り組みによって、テスコは自社の存在意義を確認した。テスコはすべての顧客を大切にし、あらゆる所得層に対して価値と魅力的な品揃えを提供するという決意だ。テスコは高額購入者だけでなく、あらゆる顧客のロイヤルティを得るために全力を挙げた。

顧客の意見に耳を傾けていると主張する企業は多いが、顧客が何を考え、何を感じているかを誠心誠意知ろうとする企業はめったにない。真実を発見し、それを受け入れることがテスコの成長の基盤になったとリーヒーは言う。テスコが自分自身を正面から見つめ直そうとしなければ、イギリスの中堅クラスのスーパーマーケットから世界的大企業に飛躍するための改革はできなかっただろう。

テスコは店舗の設計やレイアウト変更にも顧客の意見を取り入れた。顧客が重視するポイントは、しばしばデザイナーやマネジャーがいいと思うこととは違っていたからだ。子供のいる顧客の要望に応えて、食物アレルギー対応食品などの特別食を置く売り場を他店に先駆けて作った。そうすればアレルギー体質の子供を持つ親は、特別食を扱う他の店に行かなくても、テスコだけで家族全員の買い物を済ませられる。顧客への思いやりから生まれたこの企画は、予想外に売上を伸ばした。

軍隊の歴史に関心を持つリーヒーは、本書でしばしばイギリスの陸軍元帥だったスリム子爵の言葉を引用している。スリム子爵は、どんな組織にも「大きくて崇高な目的」がなくてはならないと述べた。テスコにとって、それは短期的な利益を超える目標を持つことにほかならない。顧客の便益を第一に考えれば、必ず顧客のロイヤルティと長期にわたる健全な売上につながる。顧客との間に精神的な結びつきが生まれれば、顧客は何度でもその店に戻ってきてくれる。

ロイヤルティ

売上、市場シェア、利益、スタッフの満足度、投資家の配当、評判など、どんなビジネスにも優先順位の上位を争う目標がいくつかある。しかしリーヒーは、「羅針盤となって全員を導くただ一つの目標が不可欠である」と述べている。リーヒーは、ロイヤルティを勝ち取り維持することが、どんな組織にとっても最高の目的であると考えていた。何を優先すべきかの選択や決断を迫られたときは、その選択が人々のロイヤルティを高めるかどうかを考えてみればいい。

過去三〇年間に顧客の持つ選択肢や情報が爆発的に増えたことを考えると、ロイヤルティを最高の目標に掲げるのは大事なことだ。一九八〇年にはジーンズの主要ブランドはおよそ六つあったが、現在ではその数は八〇〇を超えているとリーヒーは指摘する。たくさんの選択肢や情報があふれる現代では、顧客に愛着を持ってもらえない企業は決して成功できない。人々が店を利用し、株に投資し、情報を得ようとするとき、あなたの会社を常に選んでもらう必要がある。「ロイヤルティは収益を増大する最も重要な要因である。より長く顧客を引きとめることができれば、新しい顧客の獲得に資金を投じる必要はない」とリーヒーは言う。

ロイヤルティのある顧客を獲得した企業は、そうでない企業より速く成長できる。企業は普通、新規顧客を増やしても、既存顧客を少しずつ失うため、顧客の伸び率は小さくなる。しかしロイヤルティのある顧客のいる企業は、既存顧客を失いにくいため、伸び率は大きくなる。その上、ロイヤルティのある顧客はその企業にたくさんお金を使う。実際、顧客がテスコで商品を買えば買うほど、その顧客のテスコに対する信用は増すことがわかった。そしてテスコに対する信用が増せば増すほど、彼らは新しい商品やサービスを試すことに意欲的になる。

ロイヤルティを重視する考えから生まれたのが、テスコの『クラブカード』だ。一九九五年に導入された『クラブカード』は、会員が買い物をすると購入金額の一パーセントの割引を受けられる仕組みになっている。割引と引き換えに、テスコは買い物客や彼らが購入する商品に関する貴重なデータを大量に収集できる。当時は顧客データを保管するための費用が問題だった。必要なデータを抽出するために多くのデータを集めれば集めるほど、コストがかさんだ。しかしリーヒーはどうしても顧客データを手に入れたかった。顧客がどういう人たちなのかわからなければ、彼らの望むものを適切に提供できないからだ。結局、テスコは『クラブカード』の導入によって売上を伸ばし、ライバルのセインズベリーはこうしたカードの効果は取るに足らないと考えて採用しなかったため、テスコに差をつけられた。このことは、「競合他社が何か革新的なことを行ったときは、その弱点ではなく、強みに着目すべきだ」という教訓になったとリーヒーは言う。ライバルを批判すれば気分がいいかもしれないが、長い目で見れば相手から学んだ方が賢明なのだ。

『クラブカード』の成功の鍵は、購入金額にかかわらず誰もが一定の割引を受けられるようにしたことだ。割引は「高価な商品を購入した顧客へのインセンティブ」ではなく、すべての顧客へのシンプルな感謝のしるしだった。顧客にもそれが伝わったため、『クラブカード』は多くの人に受け入れられた。リーヒーは次のように述べている。

『クラブカード』は私にシンプルな真実を教えた。感謝されて気分を害する人はいない。感謝によってロイヤルティが生まれる。競合他社はそれをコストと見なすが、これはシンプルな真実であり、そのパワーは巨大である。

『クラブカード』はイギリスで初めてのスーパーマーケットによるロイヤルティ・カードで、顧客との間に特別な結びつきを生じさせた。テスコが「単に収益を上げるのではなく、顧客のニーズに合わせて動いていることを示せた」おかげで、顧客はテスコとの間にそれまでとは違う結びつきを感じ始めたとリーヒーは言う。

ロイヤルティのある従業員を育てることもコストの削減と効率化につながり、社内に団結心が生まれる。従業員のロイヤルティは、経営に対する当事者意識から生まれる。リーヒーは従業員が文字通り会社経営に参加していると感じられるように、さまざまな制度で従業員に報いた。リーヒーがテスコを去るとき、テスコにはイギリスで最も多くの従業員株主が誕生していた。

勇気

リーヒーは自分が生まれつき内気で、用心深く、リスクと結果、そして失敗する可能性を慎重に考慮してから行動する性格だと述べている。

ある日、アイルランド行きの飛行機を待っている間に、リーヒーは「俄かに意を決して」、テスコがこれから何を目指すべきかを決めた。リーヒーがテスコのCEOになる数カ月前のことだ。次のような計画を役員たちに発表すると、彼らは驚きで茫然としたとリーヒーは回想している。

- イギリス一の小売り企業になる。この時点でテスコはセインズベリーを抜いていたが、マークス&スペンサーにはまだ差をつけられていた。
- 非食品類でも食品類と同様に強くなる。当時、テスコの非食品類の売上高は全体の三パーセントに過ぎなかった。

◆収益性の高いサービス・ビジネス（金融や携帯電話など）を拡張する。一九九六年にはテスコはそういったサービスをまったく提供していなかった。
◆イギリス国内と同様に海外でも強い事業を展開する。当時、海外におけるテスコの売り場面積はテスコ全体の一パーセント未満に過ぎなかった。

ジム・コリンズは、進化する企業に必要なものは「社運を賭けた大胆な目標」（コリンズが著書『ビジョナリー・カンパニー2―飛躍の法則』で提唱したアイデア）だと述べた。それと同様にリーヒーもまた、「優れた戦略は意欲的かつ大胆でなければならない」と語っている。人はできる限り努力しなければならないし、目標は興奮と「多少の恐れ」を呼び覚ますものでなければならない。そして何より、大胆な目標は選択を迫るものであるべきだ。より大きな成果を得るためにチャンスをつかむか、停滞したままでいるか。人々の暮らしを大きく変えるか、何もできずにいるか。リーヒーはソニー創業者の盛田昭夫に感銘を受けている。盛田は、ソニーが成長するには海外市場に進出する必要があると理解していた。リーヒーは、テスコがイギリス国内の成功に満足していてはだめだと考えた。「何もしないということがしばしば、最大のリスクとなる」と知っていたからだ。

行動

テスコは、スーパーマーケット・チェーンとしてはイギリスで初めてオンライン・サービスを開始した。テスコにはオンライン販売事業に関する技術も経験もまったくなかったから、スタートはきわめてシンプルな方法だった。アメリカのドットコム企業の期待の星だったウェブヴァンが、オンライン食品販売事業を開始するにあたって三億七五〇〇万ドルの資金を集めて巨大な配送センターを建設したのに対し、テスコは注文を電話やファックス、コンピュータを通じて受け取り、既存の店舗の棚から商品を取り出し、いくつかのトライアル地域に配送した。「そこには、偉大な発明はなかった、しかし我々は前進していた。我々はサービスを持っており、運営していた。何より重要だったのは、プロセスを開始できたことだ。我々は、この事業の収益を増やすために行うべき全てを学び始めていた」とリーヒーは当時を回想している。

巨額な設立費用がたたって、ウェブヴァンは倒産した。細かいことに徹底的に注意を払いながらアイデアを実行に導くテスコの控えめなアプローチの方が、結局はうまくいった。「プロジェクトが失敗するとき、ほとんどの場合は、新しいシステムの要件を考え抜こうとはせず、また明確なプロセスを書きとめていない」とリーヒーは指摘する。計画の実行を成功させるには、五つの重要なポイントがある。最初の明確な決定、シンプルなプロセス、明確に定義された役割、効果的なシステム、そして規律だ。ビジネスにおいて、戦略に比べればプロセスと実行は退屈でくだらないと考えられているが、プロセスと実行を抜きにして成功は考えられない。

リーヒーの指摘はフォン・クラウゼヴィッツ（訳注　ドイツの軍事理論家。『世界の政治思想50の名著』参照）の言葉を思い出させる。第二次世界大戦を戦い抜いたウィンストン・チャーチルが常に心に刻んでいたクラウゼヴィッツの言葉は、「素人は戦略を語り、プロは兵站を語る」である。

価値観

テスコはロンドンのイーストエンドの市場で商人をしていたジャック・コーエンが、一九一九年に開いた小さな店から始まった。リーヒーがテスコに入社したときは、荒っぽい露天商の気質がまだ社内に充満していた。怒鳴り合いが頻繁にあり、競争が激しく、年功や資格に対する敬意は薄かった。社風は次第に穏やかになったとはいえ、平等主義的な風潮は色濃く残った。テスコは現在もかなり実力主義だし、階層の少ない組織構造になっている。入社して最初に任されるレジ係のようなポジションからCEOまで、階層はたった六つしかない。だからいいアイデアを出せば、階層に関係なく耳を傾けてもらえるチャンスがある。

自分が育った家庭環境とカトリックの教育を振り返って、リーヒーは「生い立ちや置かれた環境にかかわらず、全ての人がよりよい人生を送るための手助けをしたいという深い思い」がはぐくまれたと述べている。この考え方は、顧客でも従業員でも、所得、性別、階層に関係なく「誰でもテスコでは歓迎される」というモットーと、価値観を大切にする社風を作るのにぴったりだった。テスコは「市場シェア」や「株主価値」を重視する会社になろうとすれば簡単になれただろう。しかしテスコは常に顧客価値を中心に置くことが、みずからの存在意義だと知っていた。それを見失えば、テスコは必要でなくなる。

仕事と人生に活かすために

リーヒーは自分の指揮下でテスコが犯した多数の失敗や行き詰りからも目をそらさず、率直に語っている。たとえばアメリカの食品小売業への進出を試みたフレッシュ&イージー事業は苦戦を強いられた。リーヒーはタイミングの悪さが痛手だったと説明している。フレッシュ&イージーがアメリカに最初の店舗を開いた二〇〇七年以降、アメリカは世界金融危機に見舞われて景気が後退した。「厳しい状況下に人は新しいものを試さない」とリーヒーは述べている。

テスコが競合他社を追い抜いて急成長できたのは、ライバルとは違う考え方をしたからだ。「大きな視野を持ち、計画もまた大きい場合のみ、本当の変化が表れる」とリーヒーは言う。この考えは、リーヒーが引用しているアメリカの建築家ダニエル・バーナムの、「小さな目標を立てるな。血湧き肉躍るような魔法を与えてくれないからだ」という名言と通じるものがある。リーヒーの成功哲学でもう一つ忘れてはならないのが、長期的な視野だ。『長期』という言葉は、我々が下した多くの決断を繋げる糸のようなものであった。例えば、新しい国で事業を始めることは、店舗ネットワークをつくるために10年掛かり、そしておそらく、主だった消費者ブランドとなるには、さらにもう10年はかかる」とリーヒーは語る。大きく考えることと、長期的に考えること、この二つが揃わなければ計画の実現は期待できない。

本書の最後に、リーヒーは人類の歴史における組織の役割について触れている。多くの組織は人類に繁栄をもたらしたが、災厄を引き起こした組織もまた多かった。テスコは「歴史のキャンパスの上では小さな点」だが、小売業だけでなくあらゆる組織がテスコの成功から教訓を学べるはずだとリーヒーは考えている。より大きな利益を人々にもたらしたいというリーヒーの願いから、本書は成功した経営者の自画自賛的な伝記以上のものになった。本書からはリーヒーの謙虚な人柄が見てとれる。そしてジム・コリンズからピーター・ドラッカーにいたるまで、あらゆるビジネス書の作家が指摘するように、謙虚さこそ、成功するマネジャーに欠かせない資質である。

28

2002

あなたのチームは、機能してますか?

パトリック・レンシオーニ

チームの質が組織の勝敗を左右することが、
ますます明らかになってきている。

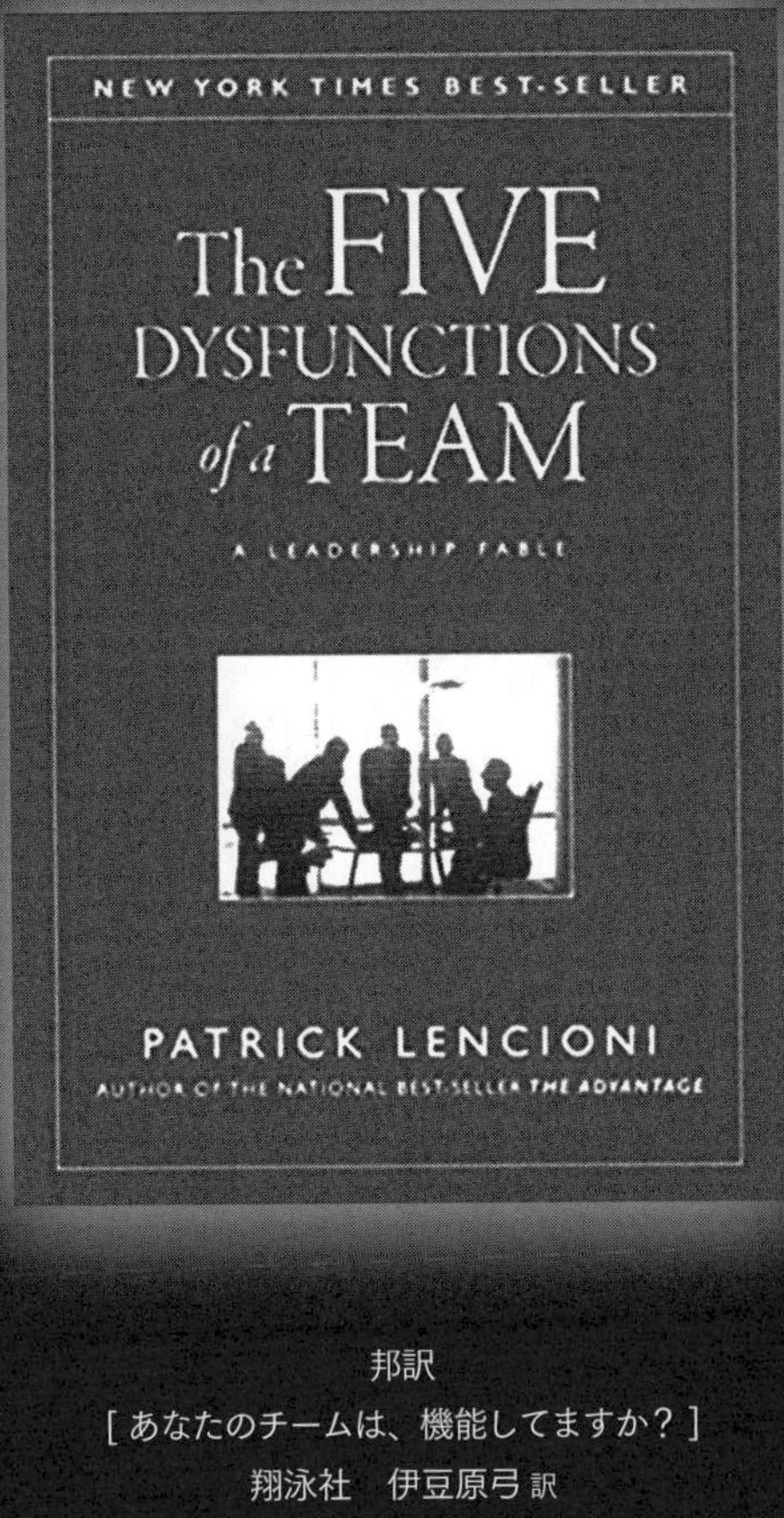

邦訳
[あなたのチームは、機能してますか?]
翔泳社　伊豆原弓 訳

財務管理ではない。戦略ではない。技術ではない。競争における究極の武器はチームワークである。チームワークはそれほど強力で稀少なものである。

「組織のすべての人間におなじ方向を向かせることができれば、どの業界でも、どの市場でも、どんな競争相手に対しても、どんなときでも、圧倒的な優位に立てる。」

　これは年商一〇億ドルの企業を創設した友人が、パトリック・レンシオーニに語った言葉だ。企業の成功の決め手は財務でも技術でも戦略でもなく、事業を経営する幹部のチームワークだということを、この友人は直感的に悟っていた。

　仕事をしていれば、士気の低い組織やひどく政治的な組織で働くはめになり、やる気を失う場合があるだろう。逆に、メンバーが団結し、個人の目標が全体の目標と一致している組織で働ける幸運な場合もあるかもしれない。この二種類の組織の間には大きな隔たりがある。そして前者と後者を分けているのはチームの質だ。

Patrick Lencioni

パトリック・レンシオーニ

レンシオーニは一九六五年に生まれ、カリフォルニア州ベーカーズフィールドで育った。子供の頃、父親から勤務先の会社の機能不全についてよく聞かされていた。レンシオーニはクレアモント・マッケンナ大学で経済学を専攻し、卒業後はベイン＆カンパニーで経営コンサルタントとして働いた。オラクル社の人事担当役員やサイベース社の組織開発担当副社長も務めた。一九九七年に経営コンサルティング会社テーブル・グループを創設する。同社はサウスウエスト航空、グーグル、アメリカン・フットボールチームのサンディエゴ・チャージャーズなどをクライアントにしている。レンシオーニは難病の子供たちの夢をかなえるメイク・ア・ウィッシュ基金の取締役会に参加している。他の著書に、『意思決定5つの

レンシオーニは、「チームは不完全な人間で構成されているため、本来、機能不全を起こすものだ」と指摘している。すぐれたチームを作る方法は決して複雑ではないが、取り組む価値のあるすべてのものがそうであるように、困難であるのは確かだ。多くのビジネス書と同様に、『あなたのチームは、機能してますか?』もまた、話をわかりやすくするために寓話形式を採用している。レンシオーニが語るのは、創業時の勢いを取り戻そうと苦心するカリフォルニアの架空のハイテク企業、ディシジョンテックの物語だ。

誘惑』(一九九八年)、『なぜあなたのチームは力を出しきれないのか』(二〇〇〇年)、『もしもハリウッド監督が会議を仕切ったら?』(二〇〇四年)、『ザ・アドバンテージ』(二〇一二年)、『The Truth About Employee Engagement(従業員エンゲージメントを高める)』(二〇一五年)、『The Ideal Team Player(理想のチームプレーヤー)』(二〇一六年)などがある。

ある企業の物語

ディシジョンテックはほんの数年前、シリコンバレーのスタートアップ企業の期待の星だった。優秀なエンジニアが集まり、一流のベンチャーキャピタルから豊富な財政支援を受け、未来は輝いていた。しかし納期は守られず、士気も将来の見通しも低下した。創業者でCEOのシェインリーは解任されたが、いつか会社が株式公開すれば莫大な収益になると期待して、事業開発本部長として会社に残った。

シェインリーの代わりに取締役会がCEOに指名したのはキャスリン・ピーターセンだった。五七歳のキャスリンは、「シリコンバレーの基準で見れば、古代人と言ってもいい年齢」である。キャスリンは軍隊に入隊後、結婚して三人の子供を育て、教師をしてから四〇歳でビジネスの世界に入ったという経歴の持ち主だった。過去数年間ローテク分野の製造業で働き、ベイ・エリアにある日米合弁の自動車工場を成功に導いた実績はある。しかしスーツを着たこともないディシジョンテックの社員にとって、キャスリンはシリコンバレーの自由奔放なやり方とは天と地ほども違う時代遅れのブルーカラー産業の経営者でしかなかった。会長は取締役会の反対を押し切ってまで、なぜキャスリンを採用したのだろうか？　キャスリンにはハイテク産業での経験はない。しかしチーム作りにすぐれた能力を発揮してきたのを会長は知っていた。

キャスリンが就任して最初の数か月間、この人選は失敗だったように見えた。キャスリンは経営にかかわる仕事をほとんどしなかった上に、幹部にナパ・バレーで開く社外会議に出席するよう命じた。この会議に出席するには、通常の業務を放り出して二日間も会社を離れなければならない。キャスリンはソフトウェアやプログラミングについては無知に等しかったが、幹部から信頼されなくてもひるまなかった。ゼネラル・エレクトリック（GE）のCEOジャック・ウェルチ（549ページ参照）はタービンやトースターの製造に関する専門家ではなかったし、サウスウエスト航空のハーブ・ケレハー（667ページ参照）が航空会社を築くのに、優秀なパイロットである必要はなかった。二人に共通していたのは、チームワークの力を理解していたことだ。

キャスリンの最初の試練は、最高技術責任者のマーティンとの衝突だった。マーティンは営業責任者と一緒に新規顧客との会合に出る約束をしたが、その日程は社外会議と重なっていた。マーティンは重要な顧客獲得のチャンスの方が、チーム作りのための内輪の会議より大切だと主張した。しかしキャスリンは、大口の販売契約は一時的な業績の改善になっても、幹部がチームとして機能していなければ長期的な衰退は避けられないとマーティンに反論した。

最初の社外会議の日の朝、マーティンが定刻の九時になる一分前に会議室に入ってきたとき、キャスリンは安堵のため息をついた。

機能不全

社外会議は簡単なエクササイズから始まった。幹部は五つの簡単な個人的質問に答える。出身地、家族構成、子供の頃の趣味、成長過程でどんな困難を体験したか、最初の仕事は何か。毎日職場で顔を合わせる人たちは、しばしばお互いについてほとんど知らない。しかしほんのちょっと相手のことを知るだけで、親密さや信頼が生まれ、気軽に話せる雰囲気になるとキャスリンは考えていた。

さらにキャスリンは幹部チームにマイヤーズ・ブリッグズ性格類型指標による性格診断を受けさせ、その結果を参考に話し合いを進めた。これは内向型や外向型といった行動の傾向や、それが同僚に対する態度にどう影響するかを明らかにする性格分析テストだ。どちらがいいとか悪いとかではなく、ただ違いを認識し、チームを構成する人たちのさまざまな考え方や意見をまず知らなければならない。

社外会議の雰囲気は、普段の職場の雰囲気とはまったく違っていた。普段の会議は議論も意見の表明もない陰気な集まりになっていた。それはチームが第一の機能不全、すなわち信頼の欠如に陥っているからだ。メンバーが信頼し合っているチームは、自分の考えを遠慮せずに話し、必要とあればお互いに批判したり反論したりするのを恐れない。信頼を築く妨げになるのは、完全無欠でありたいという願望だ。対照的に、すぐれたチームのメンバーは、組織の利益のためなら自分の間違いを指摘されるのを進んで受け入れる。

信頼の欠如がもたらす最大の問題は、衝突を恐れることだとキャスリンは幹部たちに説明した。「お互いを信頼していないと、腹を割って前向きに考えをぶつけ合おうとしません。そして表向きの調和を守ろうとし続けるだけ」だとキャスリンは言った。衝突への恐怖という機能不全は、表面的な調和となって現われる。衝突を避ければ、会議は秩序正しく進み、一見うまくいっているように見える。しかし重要な問題は議論されず、何も決めることができず、職場は政治的になっていく。「政治的とは、自分が本当にどう考えるかではなく、ほかの人にどう反応してほしいかによって、言葉や行動を選ぶこと」だとキャスリンは言った。徹底的に議論しなければ、何かが決定されたように見えたとしても責任感の不足という機能不全が生じる。決定したことをチームがきちんと「支持」できないのだ。幹部が会議での決定を支持することができなければ、決定を実行しようという責任感が生まれず、組織の方針はあいまいになる。

責任感の不足は、もう一つの機能不全、説明責任の回避につながるとキャスリンは指摘する。いいチームであるためには、全員が支持した方針についてお互いに説明責任を求める必要がある。ときには人間関係に波風を立てることになっても、説明責任を追及しなければならない。部下に対してもっと水準の高い仕事をするように要求するのはそれほど難しくないが、同僚に向かって同じことは言いにくいと幹部の一人は言った。それはなぜだろうか？　対等な関係にある者に向かって仕事のやり方を指図するのは、出過ぎた行為だと感じられる。しかし全員が同じ決定を支持していて、目標が明確になっていれば、やるべきことをやっていないと指摘しても気まずさは生じないはずだ。その指摘が正しいことは周囲の人間と同じくらい本人もわかっているからである。お互いを批判するのをためらっていると、水準はどんどん下がっていく。すぐれたチームは自分の担当分野だけでなく、組織全体に対する責任を感じている。

説明責任の回避は、結果への無関心を生むとキャスリンは言う。結果への無関心とは、チームのメンバーが個人的な業績や評価ばかり追い求めて、チームや会社全体の結果をないがしろにすることだ。自尊心を持つのは悪いことではないとキャスリンは言う。しかしそれはチーム全体の自尊心でなければならない。チーム全体の結果を優先していれば、個人の自尊心のために勝手に行動することは自然になくなる。キャスリンの夫のケンは高校のバスケットボール部の監督で、チームプレーに徹するケンのチームは常に優秀な成績を収めている。ケンは自分の記録だけを気にする選手は試合に出さないし、その方がチームとしていいプレーができる。この話を会社にあてはめると、チームの全員が売上高、マーケティング、製品開発、顧客サービス、財務に責任があるということだ。

チーム全体の結果を重視するには、明快で具体的な目標（売上高、経費、新規顧客獲得数、既存顧客満足度、社員維持率、広報、製品品質など）を毎月測定する必要がある。その目標が「自分の担当外の仕事」であっても、目標達成のために幹部全員ができることをしなければならない。チームがどのような結果を目指しているのかが明確になれば、個人的な自尊心のために手柄を競ったり誰かを批判したりして、目標達成を妨げるようなことはなくなるはずだとキャスリンは言う。

一回目の社外会議が終わる頃には、ディシジョンテックの幹部チームは感情的な要素がよくも悪くもどれだけ劇的な影響を会社に与えるのかわかり始めていた。信頼の欠如、衝突への恐怖、責任感の不足、説明責任の回避、結果への無関心という五つの機能不全が原因で、ディシジョンテックは資金や技術面でまさりながら、もっと団結した競争相手に遅れを取っているのが明らかになった。

一致団結

一回目の社外会議の最後に、キャスリンは組織の中で衝突が起きる最も重要な場面、すなわち会議をテーマに話し合った。誰もが会議を嫌っているのは、会議が退屈だからだ。ではなぜ退屈なのか？　それはこれまで会議で重要な意志決定をした経験がないせいで、参加者に熱意がなく、衝突も起きないからである。キャスリンは幹部に対して、個人攻撃や皮肉を投げかけるのではなく、会社が直面している問題について遠慮ない率直な議論をするように促した。衝突を奨励されたチームは活発で有意義な議論ができるだけでなく、会議の緊張感や自由な意見の表明によってチーム全体の知恵を集め、問題がすばやく解決できるとキャスリンは指摘している。

残りの時間で、チームは全員が目指す最重要目標を一つ決めるために意見を出し合う。市場シェアはどうだろう？　市場の規模も、市場がどこへ向かうのかも見当がつかない段階で市場シェアを指標にするのは疑問がある。コスト抑制は？　売る製品がなければコストを考えても無駄だ。製品の質は？　ディシジョンテックの製品は、すでに競争相手を上回っている。チームは議論を続け、成功を判断する最も重要な指標の候補は「市場シェア」か「新規顧客獲得数」（特に有名な企業を主要顧客にすること）に絞られた。最後に選ばれたのは「新規顧客獲得数」だった。メディアが取り上げるネタになる。社員の自信になる。技術者が適切なフィードバックを得られる。来年以降、さらに顧客を増やす基準になる（リピート販売も期待できる）などが理由に挙げられた。彼らは目標とすべき新規顧客獲得数を、年末までに一八社と決め、この数字を達成するために幹部が各自の担当分野で何をする必要があるかを話し合った。

ところが会社に戻ると、社外会議で生まれた団結心がたちまち消えるのがわかった。チームは「自分をさらけ出してしまったことにとまどい、なかったことにしたがっているようにも見えた」とキャスリンは言う。また、組織全体より自分の部署を大事に思っている幹部がいることも目についた。そこでキャスリンは、彼らが忠誠心を持たなければならない第一のチームは、社外会議に集まっている幹部チームだと釘を刺した。

キャスリンは幹部チームの立て直しのために重大な決断をする。マーケティング責任者のマイキーはきわめて有能で高く評価され、会社の発展のために欠かせない人材のように見えた。しかしマイキーはいつも皮肉な発言や、他人の意見を聞かず、手助けもしない態度、そして自分は誰よりも優秀だというううぬぼれで他の幹部をうんざりさせていた。こうした言動はどれひとつとってもチーム作りの役に立たないどころか、チームに悪影響を与えていた。キャスリンはマイキーを解雇することに決める。この決断に他の幹部はショックを受けたが、キャスリンが一体となって行動し、考えられるチームを本気で作ろうとしていることが彼らにもようやくわかり始めた。

この物語の最後に、ライバル会社がディシジョンテックの買収を持ちかけ、取締役会は幹部チームに決断を任せた。彼らは買収を断り、チームの団結はいっそう深まった。

決断を支持する

ディシジョンテックの物語を終えた後、著者のレンシオーニは、長時間の分析や調査をしなくても、チームで十分話し合って決めれば、予想外によい決定ができるという意外な主張を述べている。調査が重要でないというわけではないが、いつまでも情報の収集や分析を続けて決定を先延ばしにするのは、機能不全に陥ったチームのしるしだ。賭けを避けていると、チーム内に無気力と自信のなさが生まれる。組織は、「全員一致や確実性の誘惑に抵抗」しなければならない。組織が全員一致に達することはまずないし、必要なあらゆる情報が手に入ることはめったにないのである。

決定に疑問を感じているメンバーが、その決定を一〇〇パーセント支持するよう求められるのは矛盾しているし、間違っていると思うかもしれない。しかし、いったん決定したことを全員が全面的に支持しなければ、組織は方角を見失った船のようになる。本書では触れられていないが、イギリスの議会政治制度はレンシオーニの言いたいことをよく表している。議会では常に活発で遠慮ない議論が戦わされる。しかしいったん議決された件については、その決定は議会全体の意見となる。その決定にどうしても納得できない閣僚は、議会の団結を維持するために辞任を求められる。

レンシオーニは団結を強化する具体的な方法を提案している。会議が結論に達したら、出席者が決定事項を確認し、決定事項について他の人々に何を伝えるかを明確に決めておくのである。そうすれば出席者の間で認識のずれや解釈の違いが生じるのを避けられ、決定事項があいまいになるのを防ぐことができる。

仕事と人生に活かすために

すぐれた企業や組織の核にはすぐれたチームがあるというレンシオーニの考えは、経営思想家のピーター・センゲによって裏づけられている。センゲは著書『学習する組織』の中で、チームを「組織の基本的な学習単位」だと述べた（483ページ参照）。『あなたのチームは、機能してますか？』が書かれてから一五年以上の歳月が流れ、本書に登場する架空の人物は現在ではやや時代遅れに見える（幹部八人中六人が白人で二人がヒスパニック系であり、インド系や中国系が一人もいない。このような人種構成はシリコンバレーの企業ではほとんど見られない）。とはいえ、本書はすぐれたチームが組織にもたらす力を理解するには最も効果的で簡単な方法である。

29

2015

TEAM OF TEAMS

スタンリー・マクリスタル

情報を広い範囲で共有し、
決定権を現場の人間に与えれば、
組織はいっそう団結し、強力になる。

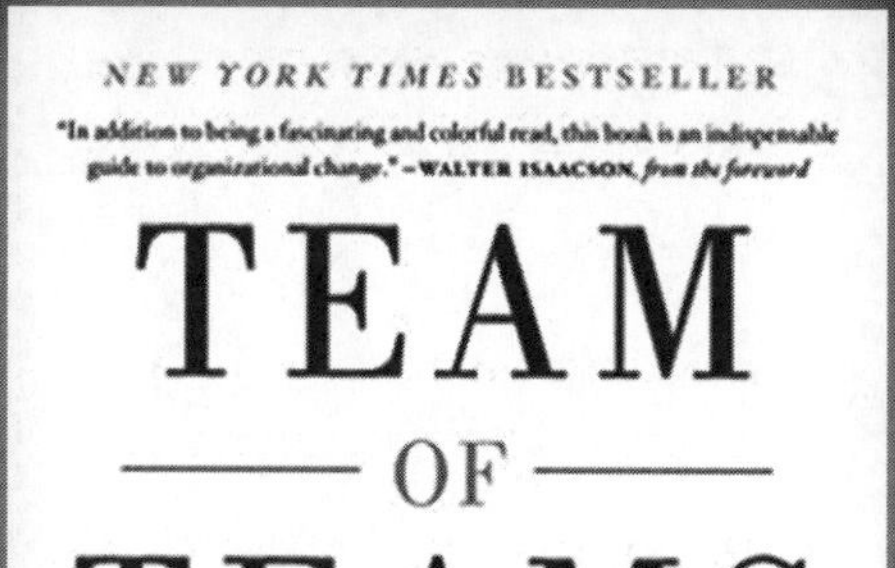

邦訳

［ TEAM OF TEAMS ］

日経BP 吉川南・尼丁千津子・高取芳彦 訳

懸命に努力さえすればそれで満足というなら別だが、本当に重要なのは成功だ。そのために変わることが必要なら、それがあなたのミッションだ。

❀

同時多発テロ事件を受けて、米軍は二〇〇三年にサダム・フセイン打倒の目的でイラクに侵攻した。米軍は伝統的な戦術を用いて戦ったが、すぐに自分たちの相手はまったく新しい種類の敵だと気づいた。彼らが対峙しているのは、謎に包まれたイスラム聖戦士アブ・ムサブ・アル・ザルカウィが統率するスンニ派武装グループ（イラクでは少数派のスンニ派が政治の実権を握っていたが、フセインの失脚とともに権力を失っていた）だった。

本書の著者、スタンリー・マクリスタル将軍は、統合特殊作戦任務部隊（タスクフォース）司令官としてイラクに駐留していた。タスクフォースは「惜しみなく資金をつぎ込み、十分に訓練を積んだにもかかわらず」、絶え間なく変化する環境に対応しきれずにいた。「ウエストポイント（陸軍士官学校）で軍事技術を学んだ兵士は、時代が変われば解決策も変わってくるという事実に根底から不安を覚える」とマクリスタルは指摘して

Stanley McChrystal

スタンリー・マクリスタル

マクリスタルは一九五四年に生まれ、一九七六年にウエストポイントを卒業した。マクリスタルは昇進を重ね、イラク戦争が始まる二〇〇三年には統合参謀本部に加わり、大統領に助言を与えるとともに、戦況についてテレビ放送でブリーフィングを行なった。二〇〇三年一〇月に統合特殊作戦任務部隊の司令官に任命され、一二月にサダム・フセインを逮捕した。イラクで五年間任務に就いた後、二〇〇八年に統合参謀本部事務局長に就任し、二〇〇九年に大将に進級すると、アフガニスタンに駐留するNATO軍司令官に任命された。しかしマクリスタルは『ローリング・ストーン』誌でオバマ大統領の国防チームを批判した後、辞表を提出して米軍を去った。マクリスタルはいくつかの企業の取締役を務めている。ま

いる。

『TEAM OF TEAMS』は、タスクフォース（一九七九年にイランで発生したアメリカ大使館員人質事件の救出失敗を教訓に編成された）が、従来型の指揮命令系統の上に作られた組織から、二一世紀の現実を反映した組織に変貌する過程を描いている。

た、彼が設立したマクリスタル・グループは本書で語られた理論に沿って企業や組織に助言を与えている。回想録『My Share of the Task（私の使命）』が二〇一三年に出版された。

『TEAM OF TEAMS』は四人の共著である。共著者のタントゥム・コリンズは国際問題を研究する研究者、デビッド・シルバーマンは元ネイビーシールズの将校で、現在はマクリスタルと共同で設立したコンサルティング会社クロスリードのCEOである。クリス・ファッセルはマクリスタルがタスクフォースの司令官時代に副官を務め、現在はマクリスタル・グループのパートナーであり、同グループのリーダーシップ研究所所長である。

つかみどころのない敵

イラクでは二〇〇五年だけでも八五〇〇人がテロ攻撃によって死亡した。人々はテロを恐れて外出を控え、店は扉を閉ざし、発電所は閉鎖された。本書はまず、下水処理場の開設セレモニーを襲ったテロ攻撃の描写から始まる。本来なら市民の生活向上と誇りを象徴するイベントが、一瞬にして血の海となった。武装勢力が車に爆発物を積み込んで、集まった人々に突っ込み、三五人の子供と一〇人のアメリカ人を殺し、一四〇人のイラク人を負傷させた。

ザルカウィの狙いは、スンニ派とシーア派の宗派間の闘争に加えて、自爆テロによって人々を混乱に陥れることだった。イラクという国家を破壊することにより、イスラム帝国建設の扉が開かれ、アメリカからの侵略者を排除できると考えたのだ。ザルカウィはオサマ・ビン・ラディン（訳注　イスラム主義テロ組織アルカイダの指導者）に忠誠を誓い、ザルカウィの率いる武装勢力は「イラクのアルカイダ（ＡＱＩ）」と呼ばれるようになった。テロそのものは戦争と同じくらい昔から行なわれてきた。イラクのテロ組織がそれまでと違うのは、ＡＱＩが携帯電話とインターネットを活用し、明確な命令系統が見当たらないにもかかわらず、破壊的な攻撃を続けられたことだ。

ＡＱＩには普通の組織に見られる標準的な階層構造がなかった。そのため、いくらアメリカ軍がＡＱＩの上級指導者を排除しても、そのたびに彼らは立ち直った。マクリスタルは次第にシンプルな事実を理解し始めていた。ある組織がすぐれているかどうかは、組織だけを見ても判断できない。その組織が活動する環境の中で観察し、組織がその環境で勝利できるかどうかで決まるのである。米軍は圧倒的な装備を備えながら、資源に乏しい相手に負け続けていた。

マクリスタルはイラクの米軍基地周辺で日課のジョギングをしながら、アダム・ニコルソンの『Seize the Fire: Heroism, Duty, and the Battle of Trafalgar（炎をつかめ：ヒロイズム、任務、そしてトラファルガーの海戦）』のオーディオブックを聞いていた。この本はイギリスのネルソン提督が一八〇五年にフランスとスペインの連合艦隊に立ち向かい、ありえない勝利を挙げた闘いの記録だ。敵艦隊は数で勝っていたにもかかわらず、ネルソンは敵船を一九隻捕獲し、ネルソンの軍は一隻も失わなかった。ネルソンは、戦闘中は細かい攻撃指示を各艦の艦長に委ねるという戦略を取った。それは司令官の厳密な命令によって統率されたナポレオン艦隊とは対照的だった。イギリス艦隊のすべての艦長は、一人一人が「戦争の企業家」だった。ネルソンは戦いの最中に艦長が各自で適切な判断を下せるように、彼らを長年かけて育てた。ネルソンがしたことは、イラクでも効果を上げるのではないかとマクリスタルは考えた。

軍事的効率性

マクリスタルはフレデリック・テイラーと彼の『科学的管理法』（523ページ参照）が近代社会に果たした役割について詳しく語っている。テイラー主義は必然的に、軍隊の効率性や専門性の向上に導入されるようになった。ピーター・ドラッカーは、テイラーによる効率性の改革がなければ、アメリカは一九四〇年代に短期間で軍需物資を調達し、ナチスに勝つことはできなかっただろうと述べている。

現代の米軍は「最高のマシン」であるとマクリスタルは指摘しているが、だからといって勝てるわけではなかった。驚異的な情報テクノロジーと兵器をもってすれば、どんな戦場もやすやすと掌握できるはずだ。しかしイラクに散らばる敵のグループは、情報テクノロジーを利用してリーダーと緊密なコミュニケーションをとりながら、現場で自主的に判断し、行動していた。テクノロジーは世界をより複雑に、不安定に、そして予測不能にしたのであり、その逆ではなかった。チュニジアで一人の商人が政府に抗議して焼身自殺する姿が動画で世界中に広まり、その影響が中東国家に飛び火してエジプトのホスニ・ムバラク政権が倒れ、さらにいくつかの政府が崩壊すると誰に予想できただろう？　今日の政府は市民を監視する強大な力があっても、リアルタイムの情報伝達とソーシャルメディアの影響力を制御できず、反政府運動を防止する力はないように見える。ＡＱＩのプロパガンダの効果がソーシャルメディアを通じて広まり、ある都市で起きたテロ攻撃が他の都市で類似の暴動を引き起こし、存在さえ知られていなかった集団が活気づき、武装勢力が増員されたり宗派的報復が起きたりしたとマクリスタルは言う。

テイラーが取り組んだ世界には、目に見える要素や決定要因があった。その世界は難解ではあったが、複雑ではなかった。複雑さとは、要素のすべてを把握することすらできないか、把握できたとしても、それらがどう作用するのかわからない状態を指している。米軍はきわめて難解な状況を処理できるように訓練されていたが、ＡＱＩにはどう対処していいかわからなかった。ＡＱＩは「我が部隊の構造とは違い、自身を圧縮したり拡大したりして、必要とあればどんな形にでも溶け出すことができるようなネットワーク」だったからだ。マクリスタルの率いるタスクフォースは次第に、「ネットワークに打ち勝つにはネットワークが必要だ」と考えるようになった。

効率ではなく、重要なのは適応性だ。たとえば二〇一一年にオサマ・ビン・ラディン殺害を目的として米軍がパキスタンのアボッタバードにある潜伏先を急襲したとき、米軍のブラックホークヘリコプターが墜落する事故が起き、メディアは作戦自体が遂行不能になったかのように報じた。しかし作戦に参加したネイビーシールズの結束は固く、お互いを知り尽くしていたため、彼らはすみやかに別の侵入経路を確保できた。急襲作戦は必ずしもすべてが計画通りにいくとは限らないが、それでミッション全体が失敗するわけではないと彼らは知っていた。「計画ではなく、まとまる仕組みこそが戦略だった」とマクリスタルは言う。

意識の共有

マクリスタルは、「AQIは小さなチームが結びついて、大企業に匹敵する規模になったものだった」と指摘している。タスクフォースがAQIに対抗するには、「何千人もの組織にチームのような一体性を生み出す」必要があった。そのためにまず徹底した情報の共有を実現しなければならなかった。マクリスタルは「作戦（オペレーション）と情報（インフォメーション）」を報告するテレビ会議を日課にし、イラクとワシントンだけでなく世界中に、そして米軍関係者だけでなく安全性が確認されたすべての協力機関にライブで配信した。AQI工作員の隠れ家を急襲するたびに収集されるデータは、ただちに関係する部署や機関に伝達され、証拠物件を入れる黒いポリ袋に入ったまま放置されることなく、しっかり活用されるようになった。

米軍に蔓延する「関係者以外極秘」の論理は、情報機関の各部署がお互いにどんな情報を持っているのか知らないという状況を招いた。同時多発テロが起きたのは、情報がリアルタイムで適切に共有されなかったのが原因だとマクリスタルは指摘する。もちろんエドワード・スノーデン（訳注　米国家安全保障局の機密資料を暴露）やブラッドリー・マニング（訳注　軍事機密をウィキリークスに漏えい）などによる情報漏えい事件が起こる危険はあるが、情報共有によって得られる利益はリスクをはるかに上回っている。専門化された縦割り組織の中だけの指揮命令系統に従うのではなく、大胆な情報共有によって総合的な理解が得られるようになる。何が起きているのかを大局的見地から眺め、他の部署のメンバーとともに検討することで、各部署が担当する問題によりよい判断が下せるようになる。

ＮＡＳＡがアポロ計画の発表からわずか七年で人類を月に降り立たせることができたのは、情報共有に基づく組織にみずから変化したからだ。マクリスタルはタスクフォースも同じように改革しなければならないと決意した。それは全員がゼネラリストになるという意味ではなく、目指すのは「全体の認識と分化した専門知識の融合」である。「関係者以外極秘」に代わって、意識の共有が目標になった。

実行権限の付与

現場の人間が適切な判断を下せるにもかかわらず、テクノロジーの進歩によって遠隔地との通信が即座にできるようになると、かえってＡＱＩの上級戦闘員を急襲するような重要な作戦にトップの承認が求められるようになった。マクリスタルは就寝中でも攻撃の承認を求める部下に起こされたり、決定したことをワシントンに送って承認を待たなければならなかったりした。しかし、マクリスタルは部下の作戦に自分の判断をつけ加えることはほとんどなく、いつも彼らの考えを単純に信用した。

マクリスタルが前線のチームに決定を任せるようになると、部下たちに変化が起きた。「細かく口出ししたいという欲求を抑えた結果、部下たちのスイッチが入ったのだ。彼らはそれまでも真面目に仕事をしていたが、ここにきて以前にはなかった真剣味が加わった」とマクリスタルは言う。責任を委ねられると、部下たちは徹底的に考え抜き、証拠に基づいて決定するためにあらゆる努力をするようになった。その結果は驚くべきものだったとマクリスタルは書いている。判断が速くなり、判断の質は向上した。彼らは時間をかけて九〇パーセントを完璧にするより、スピードを優先して七〇パーセントを解決できればいいという考えで行動した。すると、結果は逆になった。「明日までかければ70パーセントしか解決できなかった問題を、今日やることで90パーセント解決できた」。「上に立つ者のほうが優れた見識を持っているものだという固定観念がひっくり返された」とマクリスタルは言う。

何がどんな理由で起きているのかを部下たちが常に報告しさえすれば、マクリスタルは彼らの自発的な行動を喜んで認めた。テクノロジーのおかげでマクリスタルはあらゆるオペレーションをリアルタイムで「見守りつつ」、現場を見ることも、隊員たちの会話を聞くこともできた。しかし彼は「手は出さない」立場を貫き、現場の隊員が正しいと思う行動をさせた。これは「あらゆる技術を使ってメンバーを統制」してきた従来のマネジメントとは正反対だった。

しかし、「実行権限の付与」という新しい考え方は一つの疑問を生じさせた。「重要な課題や作戦にリーダーが正しい判断をくだす必要がないなら、リーダーは何のためにいるのだろうか？」

リーダーの役割

従来のマネジメント理論では、ＣＥＯや組織の長は大量の情報を収集し、組織図の頂点にいる者だけが持てる独特の観点や全体像の理解に基づいて、これから数年にわたって事業に影響を与える判断や決断をするのが仕事だと考えられていた。しかし情報共有が進む現代では、ＣＥＯが重要な情報を部下たちより多く手に入れられるとは限らない。そして情報を手に入れたとしても、超人でない限りあらゆる情報を処理することは不可能だ。何でも知っているリーダーの時代は終わったとマクリスタルは言う。タスクフォースを改革することで、マクリスタルは「上に立つ者の役割は、糸を引いて人形を操ることではなくなり、共感によって文化を創造することになった」と確信した。象徴的なリーダーのザルカウィがいなかったら、ＡＱＩは存在しなかったかもしれないし、あれほどまでに猛威を振るうことはなかったかもしれない。ザルカウィは組織にいちいち細かい指示を与えていたわけではないが、組織を支える思想的な力であり、危険な文化の創造者だった。

マクリスタルはウエストポイントで教育を受け、陸軍で最初の数年を過ごす間に、チェスの名人のように行動する訓練を受けた。リーダーはチェスの指し手のように情報を集め、適切な判断を下し、すべての戦略を決定する。口出しせず、部下に決定を任せれば、弱気なリーダーとみなされただろう。しかしイラクでは、チェスのような戦い方は通用しなかった。マクリスタルの新しい役目は、植物が育つ環境を作る菜園主のようなリーダーになることだった。部下がそれぞれの持ち場で成長できるよう環境を整え、成果を挙げられるチームワークを育て（「チームのなかのチーム」を作る）、意識の共有と実行権限の付与を文化として定着させる必要があった。本書の終りに、「世界がより複雑になるなか、リーダーの重要性は増すばかりだ」とマクリスタルは述べている。人工知能がどれほど進歩しようと、部下たちが士気や共感、そして使命という点で模範にするのは人間――多くの場合、組織のリーダーである。

こうした思考と行動の改革を通じて、タスクフォースは「もはや効率的な『マシン』ではなく適応力のある複雑な生命体となり、いつでも体勢や進む方向を変え、学ぶことによって、変幻自在な敵を圧倒した」とマクリスタルは言う。ＡＱＩの勢力拡大を抑え込んだのに続いて、タスクフォースはザルカウィを追跡して居所を確定し、二〇〇六年に殺害に成功した。

仕事と人生に活かすために

マクリスタルが本書を執筆中の二〇一四年、イスラム国（訳注　スンニ派イスラム教徒を主体とするテロ組織。ＩＳＩＬなどの略称で呼ばれる）がイラク北部の都市モスルを占領し、バグダッドに向かって進撃した。まるで一〇年前にイラクで起きた出来事を再現するようだった。新たな過激派組織が突然現れるのを見て、「アルカイダに対する勝利は残酷な幻だったのだろうか」という疑問がマクリスタルの頭に浮かんだ。

しかしこの新しい出来事は、常に変化を続ける複雑な環境で成功するために、どんな組織も改革と修正を繰り返さなければならないという事実をあらためて突きつけた。失敗したとき、組織は二通りの反応を示すとマクリスタルは指摘する。外部要因のせいにするか、以前うまくいった方法を失敗してもまた繰り返すのだ。どちらも安易なやり方だが、決して成功にはつながらない。「懸命に努力した」という理由で自分を正当化する人もいるが、それは責任逃れだ。戦争でもビジネスでも、唯一の目標は勝つことである。現実に対処するためのモデルを大胆に変更しなければ勝てないなら、そうすることが私たちの義務だ。

30

1960

企業の人間的側面

ダグラス・マグレガー

自己実現の欲求を仕事で満たすことができれば、人は自然と組織の目標達成のために全力で働きたいと思うものだ。

邦訳

[企業の人間的側面]

産業能率大学出版部　高橋達男 訳

食事が足りなければ病気になることはすぐわかることだ。生理的欲求を満たしてやらないと行動になって現われてくる。あまり目だたないけれど同じことが次元の高い欲求を満たしてやらない場合についてもいえる。安全性に対する欲求、団結の欲求、独立の欲求、地位に対する欲求が満たされないままでいる人間は病人である、くる病に悩んでいる人間と同じだ。そして、この病気が行動となって現われてくる。命ぜられたことしかやらない態度、敵意、責任のがれの態度を、部下のもって生まれた『人間性』のせいだとしたら、それはまちがいである。こういう形の行動はつまり、部下の社会的欲求や自我の欲求が満たされないことから起こる病気の『兆候』なのである。

❀

『企業の人間的側面』は、ダグラス・マグレガーの唯一の著書であり、社会科学の分野で最も引用される回数が多い本でもある。

本書の執筆当時、世間一般の労働者のモデルは「組織人間」であり、労働者は企業社会の中に個性を埋没させなければならないと考えられていた。しかしマグレガーは一九六〇年代のカウンターカルチャーの先陣を

Douglas McGregor

ダグラス・マグレガー

マグレガーは一九〇六年にミシガン州デトロイトで生まれた。二〇代のうちにハーバード大学で社会心理学の修士号と博士号を取得し、一九三五年からハーバード大学で教職に就いた。その後マサチューセッツ工科大学に移って産業関係学科を創設し、同大学のビジネススクールであるスローンスクール・オブ・マネジメントの教授に就任した。一九四八年にアンティアーク大学学長となるが、六年後にMITに復帰した。マグレガーは一九六四年に心臓発作で亡くなった。

切って、人間の潜在的能力と成長に注目した。実際、マグレガーはアブラハム・マズローの自己実現理論に強い影響を受けている。

マグレガーは経営者と従業員の上下関係に頼らない新しい統制理論や、ざっくばらんな話し合いや強制によらない人の使い方によって進歩を達成する人事管理を提唱した。本書は命令統制によるマネジメントが最善の経営戦略だと固く信じ、マグレガーの理論は労働者に対してあまりにも寛容で弱腰だと考える人々に対する反論である。では、命令を与えないなら、リーダーの役割は何なのだろうか？

彼のもう一つの功績は、労働者が働くのは、働かなければ罰を受けるのが怖いからにすぎないというフレデリック・テイラーの労働者観を否定したことだ。マグレガーは賃金や地位ではなく、個人の心理的な要因に基づいて働く意欲を引き出す時代がすでに始まっていると確信していた。ベストセラーになったダニエル・ピンクの『モチベーション3.0——持続する「やる気！」をいかに引き出すか』（二〇〇九年）など、動機づけをテーマにした現代の著作の多くが、マグレガーやフレデリック・ハーズバーグ（『The Motivation to Work（働く意欲を引き出す）』、一九五九年）、デービッド・マクルランド（『The Achieving Society（達成する社会）』、一九六一年）といった先駆者による、従業員の動機づけ理論から大きな影響を受けた。

マネジメントの前提にある人間性のモデル

ビジネスだけでなく人生においても、私たちの行動の多くは人間の行動に関する確証のない理論や仮定によって決定されているとマグレガーは言う。私たちは非科学的な理論に基づいて予測し、状況をコントロールしようとする。どんな経営者も、「責任をもつからには勉強しなけりゃいけない」とか、「現場に近い者ほど最善の決定を下せるものだ」という信念や経験則を持っている。ところが頭ではそう考えながら、実際には部下のやることなすことを逐一報告させるという矛盾した態度を取る。つまり心の中では「人は信用できないものだ」という別の信念を持っているのである。

経営は科学ではないが、経営者は現代の社会科学的知識を活用して、よりよい成果を上げることが可能だとマグレガーは言う。経営は芸術でもない。経営は芸術だという人は、科学的知識に基づかない直感に頼った決断を正当化しているにすぎないのである。そのいい例が給与だ。個別奨励給の制度は、従業員はお金のためにしか働かないという仮説をもとに、各自の仕事量に応じて報酬を与えるために作られた。しかしこの仮説が間違っているとしたらどうだろうか。報酬を上げれば仕事量や生産性が高まるはずだという予想に基づく奨励給制度には効果がないことになる。いかに報酬が大きくても、仕事や職場、あるいは組織倫理に満足できず、幸福でない従業員は、全力で働く意欲が湧かないだろう。それどころかひどい職場で働く惨めさに耐えるのと引き換えに、組織から最大限の給与や特典を引き出す権利があると思うはずだ。そのような職場では、従業員が受け取る賃金や報酬が彼らの働きに見合っているかどうかを監視するコストが高くつき過ぎ、生産性の向上による収益の増加を上回ってしまうだろう。

組織が目標を達成できなくても、経営者は従業員の仕事ぶりを測定し、報酬を与える方法が間違っていたと考えることはまずない。むしろ従業員が怠惰で、非協力的で、愚かだったせいだと考えるのが普通だ。従業員はどんな人間なのか、なぜ彼らはああいう行動をするのかという仮定が現実と一致しているかどうかを確かめなければ、経営者が目標を達成することはできない。

伝統的見解のX理論

マネジメントには「普遍原則」があるという考えは、軍隊とカトリック教会という二大組織の運営方法を観察した結果生まれたものだ。軍隊では軍法会議によって服従が強制され、極端な場合は死刑の可能性もあった。カトリック教会の究極の統制手段は、破門すると脅すことだった。どちらの場合も組織は恐ろしい強迫によって人々を統制し、目標を達成している。

同じ考え方が商業的な組織でも用いられた。従業員は職を失えば生活できない恐れがあったので、解雇するという脅しは従業員を命令どおりに勤勉に働かせる効果があった。しかし先進国では失業手当や雇用主による勝手な解雇を禁止する法律により、解雇するという脅しの効力は弱くなった。

しかし今でも「普通の人間は生来仕事がきらいで、なろうことなら仕事はしたくないと思っている」のだから、たいていの人間は「強制されたり、統制されたり、命令されたり、処罰するぞとおどされたりしなければ、企業目標を達成するためにじゅうぶんな力を出さないものである」

という考え方は根強く残っているとマグレガーは言う。この考え方には、普通の人間は責任を嫌い、ほとんど野心を持たず、何よりまず安全を望むというおまけがついている。人間の性質に関するこうした一連の考え方を、マグレガーは「X理論」と呼んだ。この考え方は一九六〇年代には公然と口にされることはなかったが、組織経営の方法には明らかにそれが反映していた。

X理論が長い間通用してきたのは、その考え方に相当の真実が含まれていたからだとマグレガーは認めている。しかしX理論の矛盾はすでにかなり明らかになっていた。たとえばX理論では、人間は基本的な生理的欲求（衣食住に加えて、休みたい、運動したいなどの欲求）を満たしさえすれば幸せを感じると考える。その欲求を満たす明白な方法が、生活のために働くことだ。しかし欲求はいったん満たされてしまえば、もうやる気を起こす原動力ではなくなるとマグレガーは指摘する。食べ物が手に入り、住む場所があれば、人は別の欲求を満たそうとし始める。それは集団に帰属したいという欲求や、社会的に認められたいという欲求、愛情を受け取ったり与えたりしたいという欲求などである。こうした社会的欲求の上に、自我の欲求がある。自我の欲求には二種類あって、一つは自尊心に関するものだ。自信や自律、達成感を得たいという欲求や、知識欲がこれにあたる。もう一つは自分の評判に関するもので、地位の欲求、認められたいという欲求、同僚から尊敬されたい欲求などがある。

近代的資本主義社会の大量生産システムは、労働者、特に階層の低い労働者の自我の欲求をあきらかに否定するように作られているのが大きな問題だとマグレガーは考えていた。テイラーの「科学的管理法」では、企業の人間的側面は、統制し、抑制し、指導すべき対象とみなされた。考える自由は企業のトップにいる一握りの人間にしか認められなかった。労働者は一人前の人間として扱われず、必要なものを手に入れるためならずる賢い手を平気で使う子供と同じだと考えられていた。

新たに登場したY理論

X理論の矛盾の一つに、当時オハイオ州立大学の調査で明らかにされたように、企業が十分な賃金や安全な職場環境と雇用の安定、給与以外の福利厚生などを提供しても、従業員の生産性がそれに応じて上がるわけではないという事実がある。しかしマグレガーは、それは当然の現象だと考えた。経営者が従業員の生理的欲求しか満たそうとしないなら、従業員がやる気を起こさないのも無理はない。社会的欲求と自我の欲求がまったく無視されているからである。

そのような職場では、従業員はいくら労働によって報酬を手に入れても、その報酬を使って欲求を満たせるのは職場を離れたときだけだ。自分が本当に欲しいものを「自由に」追求できるのは、職場以外の場所しかない。これは非常にもったいないことだ。労働そのものから満足感を得られるようにして、集団を作りたい、仲間意識を感じたいという欲求を組織が支え、仕事上の訓練や自己啓発によって知識や向上を求める自我の欲求に応えてやれば、従業員はもっと仕事に打ち込み、生産性が上がるはずである。従業員がより次元の高い欲求を満たせる環境を経営者が作ることができれば、賃金や特典は従業員が職場に留まり、いい仕事をしようとする意欲を高める要因の一つに過ぎなくなる。

マグレガーが「Y理論」と名づけたこの新しい理論には、X理論とは異なる次のような考え方が含まれている。

◆仕事をしたいという欲求は、休息や遊びに対する欲求と同様に生まれつき存在する。従業員は集団や組織の目標に共感すれば、目標達成のために率先して意欲的に取り組み、想像力や創意工夫を発揮する。

◆従業員は単に責任を引き受けるだけでなく、積極的に責任ある立場に立ちたいと思っている。彼らは自分の潜在的能力を発揮したがっている。

言い換えると、組織が成果を上げられないのはほとんどの場合従業員の問題ではなく、彼らを最大限に活用できない経営者の失敗なのである。たとえばX理論では、昇進（あるいは昇進の可能性）は部下を組織の目標達成に全力で取り組ませる唯一の方法だと考えられている。しかし昇進が一番の目標ではない従業員にとって、組織の欲求と彼らが最大限に力を発揮するための個々の欲求との間には隔たりがある。個々の欲求が考慮されなければ、従業員に責任感や自主性が生まれず、それが組織の足を引っ張る原因になるだろう。従業員の個人的目標は企業目標と同じくらい重要だという考え方は、X理論ではとうてい受け入れられないだろう。従業員の欲求をいちいちかなえていたら、行き着く先は無政府主義ではないかと恐れる人もいる。しかし決してそんなことはない。従業員個人の目標が考慮されれば、「従業員は絶えず自発的に自分の能力・知識・技術・手腕を高め、かつ実地に生かして企業の繁栄につくそうとするようになる」とマグレガーは言う。Y理論とは、個人の目標と組織の目標を統合することにほかならないのだ。

マグレガーはピーター・ドラッカーが提唱した「目標による管理」（訳注　従業員が個々に目標を設定し、その達成を各自が主体的に管理するマネジメント手法）を当時の重要な考え方として認めているが、企業が目標による管理を実践した場合、それは命令と統制による経営戦略の範囲内で戦術を変更したに過ぎないと述べている。組織が思うように成果を上げられないときは、従業員ではなくシステムやマネジメントに非があると考えた点で、マグレガーはエドワーズ・デミング（訳注　統計学者、経営コンサルタントで、戦後日本の品質管理の向上に貢献したことで知られる。一九〇〇～九三年）と同じ立場に立っていた。デミングと同様に、マグレガーは人事管理の手段としての業績評定に強く反対していた。「いかなる個人の業績も、上役の取扱い方いかんによって大いに良くもなったり悪くもなったりする」からである。常識的に考えると、上司に業績の悪さを指摘されれば、部下は何とかしてやり方を変えようとするはずだ。しかし実際には、部下はマイナスの評価に対してたいてい自己防衛や反感を示す。過去に自分で決めた目標に基づいて、従業員が自分の業績をみずから評定する方がはるかに効果的だ。

文化の重要性

企業「文化」を重視する最近の風潮は、マグレガーから始まっている。重要なのは企業の公式の方針やミッションステートメントではなく、「社内関係の性質」だとマグレガーは語った。それが企業の「環境」を作るのである。

マグレガーは管理者育成について、組織は「最高の人材」を発見し、彼らを採用したり昇進させたりする制度を作るだけでは十分ではないと述べている。組織は管理者が潜在能力を発揮し、成長できるような文化を組織内に育まなければならない。マグレガーより前の時代には、リーダーシップは個人の特性であると信じられ、「埋もれているリーダー」を発掘するための研究が盛んに行なわれた。しかしマグレガーは、リーダーとなる人間に生まれつきの特性や人格などはないと考えていた。組織は限られた人を対象にした管理者育成プログラムを実施するのではなく、組織全体でいろいろなタイプのリーダーを育てなければならないとマグレガーは主張した。この考え方は、すべての従業員が各々の立場でリーダーシップを発揮することを求める「リーダーシップの分担」という理念の先駆けであり、現代の組織の多くはこの方針を採用している。

マグレガーは従業員の欲求と経営者の欲求を統合し、命令統制に代わる自己統制による経営の形態として、「スキャンロン・プラン」を紹介している。奨励給が個々の従業員の稼ぎや業績を重視するのに対して、スキャンロン・プラン（訳注　アメリカ鉄鋼労働組合のジョゼフ・スキャンロンが提唱した利益配分法）は従業員の参加と会社全体の成果を重視している。スキャンロン・プランを実施した会社では社内の競争が影を潜め、組織全体の目標達成が従業員の目標となるという点で、目指すものはY理論と同じであるとマグレガーは考えていた。

命令からチームワークへ

マグレガーが『企業の人間的側面』の執筆に必要な調査や時間を確保するためにアルフレッド・スローン財団の資金援助を受けたことは、考えようによっては皮肉なことだ。スローンは最盛期のゼネラル・モーターズのトップであり、事業部制や指揮命令系統など、伝統的なマネジメント手法を確立した人物だからだ。GMのマネジメント法については、ピーター・ドラッカーが著書『企業とは何か』で詳しく分析している。

マグレガーの理論は、統制のない企業文化を作ることではなく、従業員が自分で考え、自分で問題を解決する文化、受け身ではなく参加型の文化を創造することを目指すものだった。「いつの日にか、われわれは個人の『上下』関係による階層組織としてではなく、一連の結び合わされた団体として組織図を描きはじめることになるであろう」とマグレガーは書いている。

真にすぐれたチームワークの価値は、まだ理解され始めたばかりだとマグレガーは考えていた。マネジメント理論の流行は移り変わり、テクノロジーは変化するが、組織全体に本物の協力関係ができあがっている会社は、数々の経済的な（会社にとって）、そして心理的な（従業員にとって）利点を持つことにより、きわめて強力になれる。

現代の先進的な組織では、まさにその通りの現象が起きている。たとえばスティーブ・ジョブズはアップルのCEOに復帰してから、各チームが他の部門と連携していない状態を改革し、常に相互に対話を欠かさないチームのネットワークを作り上げ、会社全体が一丸となって前進できるようにした。極端な階級制度で知られる米軍でさえ、武装勢力に立ち向かう場合のように、現場での瞬時の判断に攻撃の有効性や生存さえかかっているような状況では、上下関係による指揮命令よりもチームの力を重視する場合が多かった（407ページ参照）。

仕事と人生に活かすために

マグレガーがマネジメント理論に与えた影響は大きかったが、X理論は今なお驚くほど幅を利かせている。たとえばサムスンやウォルマートのような企業がY理論に基づいて経営されているとはとても言えないだろう。多くの場合、人間性に対する信頼感あるいは不信観を含めて、創業者の人間に対する考え方が企業文化の根底にある。マグレガーは組織が個人の成長を旗印に掲げて、従業員に参加型の行動を強制するのを嫌悪していた。それはY理論を支持すると見せかけて、企業の収益を増やすことだけを目的としているからだ。マグレガーの理論を企業に都合よく利用する例は、今やいたるところに見られる。あらゆる世代の人々が、あらためてマグレガーの理論を見なおすべき時期に来ている。

マグレガーが本書を執筆したのは、雇用が今より安定し、賃金は上昇し、オートメーションが現代のように賃金労働に対する脅威とみなされていなかった時代である。仕事があるだけ運がいいと多くの人が思うような不安定な社会では、X理論が復権する可能性は大いにある。企業は今や機械を使うか人を雇うかを選べる時代だ。人間の潜在能力を開発する明確な必然性はもうない。人間は組織が生み出す価値の主要な源なのか、あるいはできるかぎり削減すべきコストなのだろうか。マグレガーのこの問いを私たちは今も突きつけられている。

31

2008

ストレングス・リーダーシップ

トム・ラス／バリー・コンチー

私たちは自分の弱点を修正するために多くのエネルギーを無駄にしている。成功している者は、自分の強みを知り、それを活かすことに全力を挙げている。

邦訳

［ストレングス・リーダーシップ］

日本経済新聞出版社　田口俊樹・加藤万里子 訳

残念なことだが、人生において自身が最も成長できる場所を見つけている人は驚くほど少ない。

❀

フランスのカトリック司祭で哲学者のテイヤール・ド・シャルダンは、一人一人の人間が持つ独自性や個性を、「各人の持つ生命の、伝達不可能な特異性」と呼んだ。テイヤールにとって、独自性は称えるべきであり、つぶしてはならないものだった。弱点の補強にばかり力を注いでいると、それぞれの特異性が発揮できなくなる。それよりも、自分が本来得意なことを伸ばすべきだというのが、強みを活かす考え方なのである。

『ストレングス・リーダーシップ』は、「あらゆる分野で有能になろうとすると、皮肉なことに、このうえなく無能なリーダーができあがる」と主張し、「万能なリーダー」という発想の思い込みを打ち破ろうとする。

本書は教育心理学者のドナルド・クリフトンの思想に基づいて、世論調査で知られるギャラップ社が実施した数十年に渡る調査の結果をまとめたものだ。クリフトンは企業や非営利団体、政府など、多種多様な分野から選んだ二万人のリーダーを対象にインタビューを行なった。本書の

Tom Rath / Barry Conchie

トム・ラス

ラスは一九七五年に生まれ、ミシガン大学で心理学の学士号を、ペンシルベニア大学で修士号を取得した。卒業後にギャラップに入社し、コンサルタントやアドバイザーを務めている。他の著書に、『心のなかの幸福のバケツ』（二〇〇四年、ドナルド・クリフトンとの共著）、『座らない！―成果を出し続ける人の健康習慣』（二〇一三年）などがある。

バリー・コンチー

コンチーはエグゼクティブ・リーダーシップ、チーム診断、後継者育成の分野のコンサルタントを務めている。イギリスで公務員として働いた後にロンドンのギャラップに入社し、現在はギャラップのワシントンＤＣオフィスに勤めている。

著者であるトム・ラスとバリー・コンチーは、一万人のフォロワー（リーダーについていく立場の人）を対象に調査を実施し、リーダーに求められる資質のデータを強化した。

心理学者のアブラハム・マズローは、一九六〇年代に心理学の主流だったフロイト派に対し、人間には自己実現の欲求があると考え、自己実現に向かって高い次元まで成長した人や至高体験を研究する決意をした。マズローとよく似た観点から、クリフトンは「人の正しい面を調査したらどうなるだろう？」と考えた。個人の弱点を修正するのではなく、才能を伸ばすことに全力を挙げれば、すばらしい成果を出せるのではないかと考えたのである。クリフトンは、才能とは「無意識に繰り返される思考・感情・行動パターンであり、何かを生み出す力だ」と定義し、才能は「切望、習得の速さ、満足感、永続性によって特徴づけられる」と述べている。あれをしたい、こういうふうにやりたいという自然な欲求を超えて、その欲求、すなわち才能にスキルや知識、経験が結びついたものが強みになる。クリフトンは個人が持つ才能を調査し、分析できると考え、そこからオンライン才能診断システムであるクリフトン・ストレングス・ファインダーが誕生した。

リーダーは十人十色

ラスとコンチーは、本書の冒頭でサラという従業員とボスのボブのエピソードを紹介している。ボブは数カ月に一度リーダーシップ研修に参加し、そこで学んだ最新のリーダーシップをオフィスに取り入れようとする。ボブは歴史上の偉大なリーダーについて学ぶのも好きだ。彼らに関する本を読みあさり、リーダーはどうあるべきかという「正解」を導き出す。リーダーは共感力があり、創造的で、規律正しく、戦略的で、謙虚で、決断力があり、コミュニケーション能力がなければならないといった資質を並べ上げさえする。しかしサラは気づいているのだが、こうした資質をすべて備えた偉大なリーダーなど一人もいないことが、ボブにはわかってない。他の偉大なリーダーの真似をする暇があったら、ボブは自分の唯一の強みが何なのかを見きわめるためにその時間を使うべきなのだ。

偉大なリーダーたちに見られる唯一の共通点は、彼らが自分の得意なことと不得意なことを知り抜いて、自分の強みをいっそう強化するためにキャリアの大半を費やしてきたことだ。これさえあればすぐれたリーダーになれるという、決定的な資質のリストなど存在しない。当たり前のことだが、人は皆違うからだ。どんなにすばらしい業績も、各自が自分の特性を知り、それを誰も真似できないほど強化した結果として得たものである。皮肉なことに、他のリーダーの真似をしようとすると、その人が本来持っている成功するための資質を活かせなくなる。また、状況によって必要とされるリーダーシップのあり方は異なる。ラスとコンチーが指摘するように、チャーチルの闘争心あふれるリーダーシップは、ナチスに対抗するために必要だった。一方、インドの独立をめぐる戦いでは、イギリス軍に対するガンジーの穏やかだが断固とした態度が効果を発揮した。ガンジーは過去の威圧的なリーダー像を真似しようとしなかったからこそ成功したのである。

二〇〇八年にフロリダ大学のティム・ジャッジは、七〇〇〇人を超える男女の二五年にわたる調査結果を発表した。二五年前の最初の調査に協力した一〇代から二〇代の人たちを二五年後に再度調査すると、若い頃自分の能力に強い自信を持っていた人は、自信がなかった人に比べてかなり大きな仕事上の成功を手に入れ、教育レベルも健康状態もまさっていた。この調査結果は、自分の強みを知り、それを強化することが自信につながるというラスとコンチーのデータを裏づけている。強みを知って、それを活かせば、自然と好きな仕事で高収入を得る可能性が高くなる。そして得られた満足感や自信を失わないために、健康にも気を使うようになる。強みを伸ばすことに力を入れるのは決して自己満足ではなく、よい人生の基盤であることがわかる。

ラスとコンチーは、自分のきわだった強みを活用して並外れた成功を達成した四人のリーダーの実例を挙げている。その一人であるウェンディ・コップは、大学卒業直後にティーチ・フォー・アメリカを創設（訳注　一九九〇年に第一期生の募集を開始）した。この団体は成績優秀な新卒学生を採用し、教育水準の低いインナー・シティ（訳注　都市中心部の低開発地域）の学校に教師として派遣している。一年の準備期間中に、コップは目標とする最低五〇〇人の教師を採用するために必要な二五〇万ドルの設立資金を集めることができた。「前世紀を代表するようなすばらしいスタートを切った」この団体は、今や立派なＮＰＯ団体に成長した。しかしこのアイデアは、コップが自分の組織力と実行力に気づいて、その強みを社会的良心というもう一つの資質のために活かしたからこそ実現したのである。今では何千人という新卒学生が銀行や経営コンサルタント会社といった一流の就職先を蹴って、ティーチ・フォー・アメリカに参加している。ティーチ・フォー・アメリカのような組織の成功は、一人の人間が強みを存分に発揮すればどんなことができるかを示す好例だと著者たちは指摘している。

個人の強みがチームの強みになる

すぐれた組織は、メンバーの弱みを修正しようとしても、ただ自信を失わせる結果になるのをよく知っている。逆にメンバーに自分の強みを意識させ、それを活かすように促せば、彼らは自分が評価され、関心を持たれていると感じる。関心を持たれているという感覚は従業員の励みになり、組織は自然と効率的になる。

著者たちが調査したエグゼクティブ・チームでは、大半のメンバーが知識や能力に基づいて選ばれていた。これは一見理にかなっているようだが、最も優秀な販売員が（販売が得意なだけで人の管理には向いていないのに）販売部長になったり、財務のエキスパートが（大局的な戦略を考えるのは不得意なのに）最高財務責任者になったりする。その結果、人と仕事のミスマッチが頻繁に起きている。仕事の内容に応じて人を選ぶのではなく、その人がどんな強みを持っているのか、そして彼らがチームにどう貢献できるのかをまず考えるべきだ。ときにはそれぞれの独特な観点から見て、個人の方が組織より的確に自分の強みやチーム内の役割をわかっている場合がある。

ラスとコンチーは、「ひとりひとりが万能である必要はない。それでも、チーム自体は万能であるべきなのだ」と主張している。強固なチームを作るには、リーダーシップの四つの領域をカバーできるようにメンバーの組み合わせを考える必要がある。四つの領域とは、実行力（物事を成し遂げる力のある人）、影響力（会社が伝えたいことを大衆やメディア、業界に広められる人）、人間関係構築力（人々をまとめ、組織の結束を促す力のある人）、そして戦略的思考（組織の将来像を見通せる人）である。著者たちは、チームを構成するメンバーは「きわめて多様性に富んだ顔ぶれ」でなければならないと語っている。

アブラハム・リンカーン（訳注　南北戦争中のアメリカで第一六代大統領に就任した）は政敵《ライバル》を取り込んで「チーム・オブ・ライバルズ」と呼ばれる閣僚チームを作ったことで知られている。それぞれにパワフルで多様性のある閣僚たちは、リンカーンの包括的なビジョンのもとで各自の強みを思う存分発揮することを認められていた。企業を見ると、マクドナルドを創業したレイ・クロックが初期の頃に自分で採用したチームが例に挙げられる。クロックが学歴や国籍にこだわらずに集めた人材は、これ以上ないほど多種多様だった。クロックのすぐれた点は、彼らを信頼してかなりの部分を任せ、自分は象徴的な経営者に留まったところだ。

多くの企業が、CEOがすでに持っている強みを真似したり、補強したりするだけの人物を採用する間違いを犯している。できあがるのはリーダーのイメージどおりの組織だ。この組織は一時的には強力なパワーを発揮するが、市場の状況が変化した途端、強みの多様性が欠如しているという欠点が露呈し、組織は変化に適応できない。イスラエルの大統領シモン・ペレスはギャラップ社のインタビューに答えて、「たいていのリーダーは、すぐれた才能よりも忠誠心を好む。有能な人材をそばに置くことで、自分の存在がかすんでしまうことを恐れるからだ」と語った。対照的に、すぐれた組織は年齢、性別、人種の多様性を重視するとラスとコンチーは言う。同じような考え方、同じような経歴や経験の持ち主を集めたチームは、多様で変化の激しい現代においては成功が望めないからだ。

なぜ人がついてくるのか

リーダーたちを研究するなら、フォロワー、すなわちリーダーについていく人たちに、よいリーダーシップとは何かを尋ねてみる必要があると著者たちは言う。大統領が職務を立派に果たしているかどうかは、大統領自身ではなく、大統領に投票した有権者の意見を訊くしかない。著者たちは調査を通じて、人がリーダーについていく理由になるフォロワーの四つの「基本的欲求」を明らかにした。

信頼

組織や経営陣に対する信頼は従業員の熱意を大きく左右する。リーダーを信頼していれば、仕事への意欲は高まる。信頼関係が結べていれば、毎回あらためて関係を築く必要がないため、仕事のスピードと効率性が上がる。成功しているチームでは、信頼はすでに築かれているため、信頼が話題になることはほとんどない。信頼がやたらに議論されるのはチームが苦戦している場合だけだ。

思いやり

人々は上司が自分を一人の人間として気にかけているかどうかを非常に重視する。気にかけてもらえていると感じた人は、組織のために全力で働き、同じ職場に長く留まる可能性が高い。

安定

人々は組織が安定していると感じられる状態を求めている。それには将来の経済的な安定に加えて、リーダーのコア・バリュー（訳注　核となる価値観）が変わらないと感じる必要がある。著者たちは、ザ・リッツ・カールトン・ホテルカンパニーを経営するサイモン・クーパーの例を挙げている。クーパーは、世界中のリッツ・カールトンで働く従業員の多くが、会社から受け取る賃金だけで大家族を養っている現状を気にかけていた。クーパーにとって、彼らの暮らしを安定させることは、宿泊費を支払うお客を増やすのと同じくらい重要だった。

希望

従業員が将来に希望を抱いていれば、彼らは仕事に熱意を持ち、より生産的になる。リーダーの重要な役割の一つは、将来に希望を与えることだ。しかしラスとコンチーがインタビューしたリーダーの大半は、希望を生み出す努力を怠り、目の前の出来事の対応に追われていた。リーダーは対応するだけでなく、物事に積極的に着手するべきだ。問題を処理する、たとえば書類箱を空にするといった行動は、簡単に称賛を得られる。しかしリーダーシップの本当の目的は、将来の道筋を示すことである。

傑出したリーダーは「自らの成功を最終的なゴールととらえていない」とラスとコンチーは言う。彼らは自分がいなくなった後も、自分の仕事とビジョンが組織に体現され、フォロワーの人生に受け継がれることを願っている。「リーダーの最終的な評価は、いま、あなたができることによって決まるのではない。あなたの死後もずっと広がり続けていくものによって決まるのではないだろうか」と著者たちは書いている。

仕事と人生に活かすために

人は自分の得意なことは、特別な才能でも何でもないと思って見過ごしがちだ。自分で自分を正確に見ることは難しい。だから自分の強みを洗い出し、詳しく分析するために、ストレングス・ファインダー（訳注　個人の才能を発見するために開発された診断テスト で、三四の資質に分類されている）のようなテストを受けてみる価値はある（本書には無料でオンライン・テストを受けられるアクセスコードが封入されている）。私がストレングス・ファインダーを受けてみると、未来志向（未来に何ができるかを想像する）、着想（新しいアイデアを思いつく）、収集心（情報を収集し、提供する）、学習欲（学習すること自体に意義を見いだす）、戦略性（物事を進める別の手段を考え出す）という六つの強みが発見できた。自分がこうした強みを持っているのがはっきりすれば、それ以外の強み、たとえば親密性（訳注　他人と親密な関係を築く）や調和性（訳注　他人の意見を重んじる）、包含（訳注　人を受け入れる）などの強みがないからといって自分を責める必要はなくなる。

学校教育を通じて、そして大学に入ってからも最初の一、二年は、学生はできるだけ多様な学問や経験に触れさせられる。ところが大人になると、私たちは自分の力を一点に集中させるよう求められる。しかしそれは、一つの分野しか見えない人間になれということではない。他の分野を学習したり、別々の物事に関連性を見いだしたりするのをやめなくてもいい。力を集中させるとは、自分がすでに持っている強みを強化することによって、どうすれば最も大きな影響を与えられるかを明確にすることである。

32

2013

LEAN IN

シェリル・サンドバーグ

市場の半分を占める女性の声を
適切に反映できなければ、
企業は決して成功しないだろう。

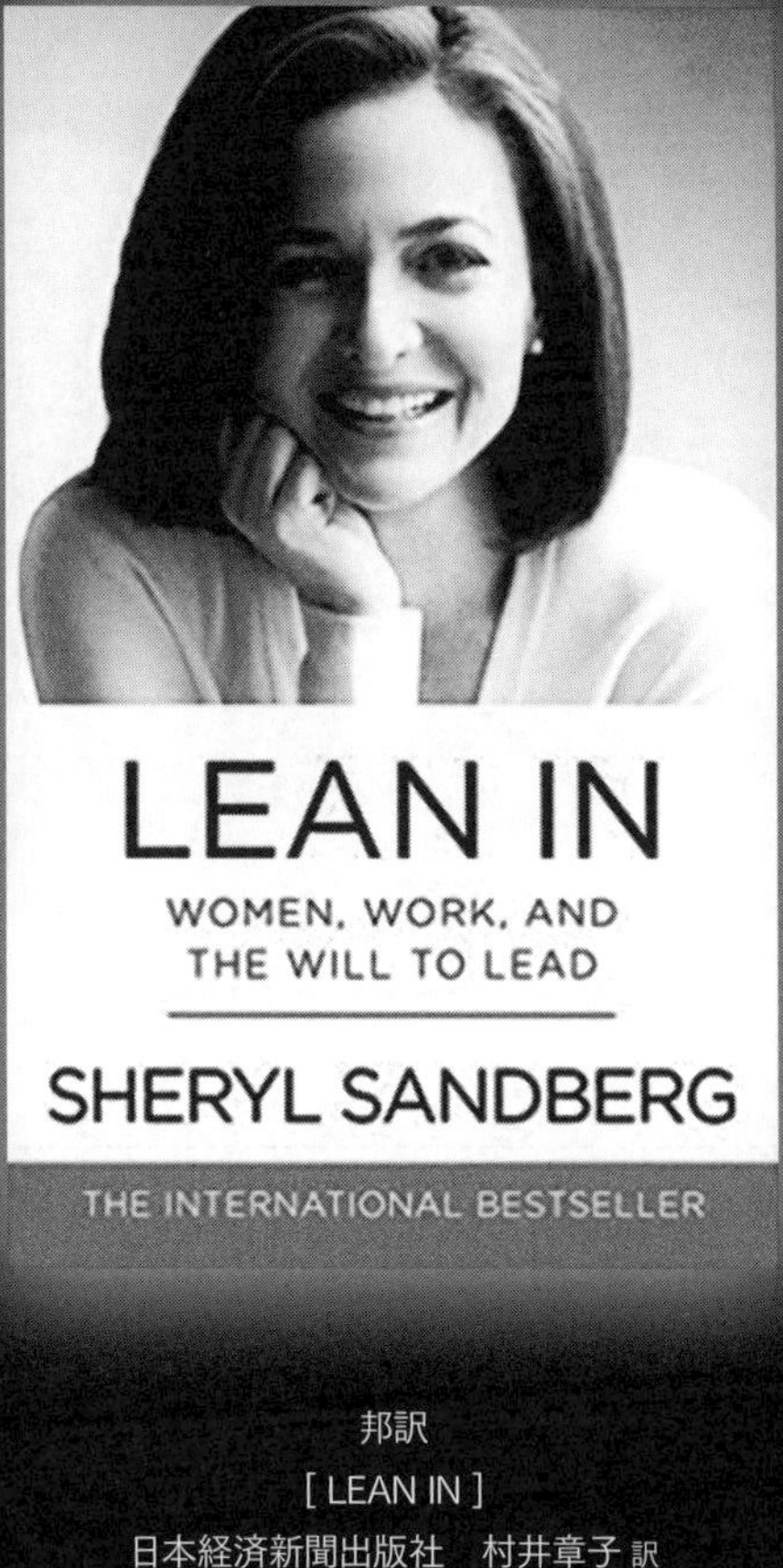

邦訳
［LEAN IN］
日本経済新聞出版社　村井章子 訳

私たちは数十年にわたり、家で働くか外で働くかの選択肢を女性に与えるべく努力してきた。そしていまでは、この決断を女性自身が下す権利をもっていることを誇らしく思っているし、たしかに誇る価値はある。だが私たちはいま一度胸に手を当て、女性に職場進出の選択肢を確保することに目が向きすぎ、女性がリーダーをめざすよう励ましてこなかったのではないか、と考えてみる必要がありそうだ。いまは、女性がテーブルに着き、やり甲斐のある仕事に挑み、果敢にキャリアの道を歩むことを応援すべきときである。

❀

フェイスブックの最高執行責任者（COO）であるシェリル・サンドバーグは出世の階段を上っていく間に、女性にとって仕事上の革命はまだ先が長いと気づいて衝撃を受けた。職業上の男女平等はごく最近登場した考えにすぎないが、彼女の親の世代が期待していた平等を、女性がいまだに達成できていないのはなぜなのか、その理由を追求したいと考えた。企業のトップに立つ女性が少ない原因は制度の不備にあると考えるのが一般的だが、サンドバーグはそれ以外にも理由があると推測した。

Sheryl Sandberg

シェリル・サンドバーグ

サンドバーグは一九六九年にワシントンDCで生まれ、フロリダ州ノース・マイアミ・ビーチで育った。ハーバード大学で経済学を学び、首席で卒業する。師と仰ぐラリー・サマーズのもとで一年間世界銀行に勤務したのち、ハーバード・ビジネススクールでMBAを取得した。マッキンゼーで経営コンサルタントとして一年間働いた後、今度は財務省でふたたびラリー・サマーズの下で働くことになる。サマーズは財務長官としてアジア通貨危機に対処し、サンドバーグは彼の首席補佐官を務めた。

二〇〇一年にサンドバーグはグーグルに入社する。グローバル・オンライン・セールスおよびオペレーション担当副社長に就任し、二〇〇八年までグーグルで勤めた。その後フェイスブックにCOO（最高

「社会」が女性の足を引っ張っているという話はさんざん聞かされてきたが、女性自身の考え方も原因の一つかもしれないという意見は聞いたことがなかった。しかし、仕事をする上で、女性は自分自身の最大の敵になる可能性があるとサンドバーグは言う。女性がトップの地位に就く、重要な会議のテーブルに着く、そしていろいろな場面で「一歩踏み出す」ことを妨げる目に見えない巧妙な要因や圧力が働いているとしたら、いくら女性の参加に関する規則や人数の割り当てを導入しても、何の役にも立たない。

キャリアや権力に興味がない女性もたくさんいる。そういう女性にとって社会への貢献とは、どんな種類の夢であれ、自分の夢を叶えることだろうし、家族を作ることもその一つだろう。また、仕事のやり方を選べるのは限られた女性の特権であることも事実だ。あなたにはベビーシッターや家政婦にお金を使う余裕があるのだから、他の女性を励ますより、自分が「一歩踏み出す」方がはるかに話が早いだろうと批判されたとサンドバーグは打ち明けている。しかしサンドバーグが本書を書いたのは、「グーグルやフェイスブックで働く前に知っていたら私自身の役に立ったはずのアドバイスをしたいから」であり、そのアドバイスがどんな職場で働く女性にも当てはまると信じているからである。

執行責任者）として入社し、広告営業やマーケティングだけでなく、人事やパブリックポリシーなど、事業運営全般を統括している。フェイスブックの他に、サンドバーグはウォルト・ディズニー・コーポレーション、ウィメン・フォー・ウィメン・インターナショナル（訳注　戦争や紛争の被害に苦しむ女性を支援する国際団体）、世界開発センター（訳注　途上国への支援のあり方を分析するシンクタンク）の役員にも名を連ねている。サンドバーグの夫のデーブ・ゴールドバーグは、二〇一五年五月に不整脈で突然亡くなった。サンドバーグは心理学者アダム・グラントとの共著『OPTION B-逆境、レジリエンス、そして喜び』（二〇一七年）で、最愛の夫の死が家族に与えた衝撃と逆境をどうやって乗り越えたかを語っている。

女性と仕事——理想と現実

一九八〇年代末にサンドバーグが大学で学んでいたとき、男女のクラスメートの能力や将来の希望に差はなかった。社会に出てもそれは変わらないだろうと彼女は思っていたが、二〇年後に気がつくと役職の大半は男性が占め、女性の多くは専業主婦になるか、重要性の低いフルタイムの仕事に甘んじていた。企業や組織は男性により多く投資するが、それは男性の方が仕事を長く続ける可能性が高く、投資の回収が期待できるからである。女性が仕事の上で最も前進できるはずの年齢は、子供を持つ時期に重なる。その二つを両立させるのは非常に困難だった。

学歴で男性を上回る女性の数はますます増えているが、職場に入ったとたん、何かが変わる。キャリアを重ねるにつれて、学位を取るのに役立ったスキルは、組織で高い地位に就くのに必要なスキルとは違うことがわかる。昇進には相当な自己主張やリスクを取る勇気が求められるのだ。二〇一二年の調査では、幹部を目指したいと答えた女性は、男性の半分しかいなかった。権力と責任を伴う困難な仕事に魅力を感じるのは男性の方が多いのかもしれない。ミレニアル世代（訳注　二〇〇〇年代に成人を迎える一九八〇年から二〇〇〇年までに生まれた人々）の若い女性は男性と同じくらい野心的だという兆候もあるが、トップの地位を目指すのは何といっても男性の方が多い。トップを目指す人が多ければ、トップになる可能性が高いのは当然だ。「ものすごく積極的で強烈にがんばり屋の女性は、社会的なふるまいを定めた暗黙のルールに違反していると言っても言いすぎではない。男は野心的でエネルギッシュで上昇志向であることが称賛の対象になるが、女がそうだと社会で損をすることも少なくない」とサンドバーグは書いている。こうした文化的な期待がある状況では、職場での女性の地位が思うように進歩しなかったのは無理もないと言えるだろう。

違いを認める

生物学的な違いにより、女性の方が子育てに向いていて、男性の方が野心を追求する性質はあるとしても、男女の違いを強調し、女性が何をすべきか、どうふるまうべきかという期待を作っているのは社会だとサンドバーグは言う。女の子が人に指図したりボスのようにふるまったりするのはいけないことだと思われるのに、男の子が人に命令するのは、率直でやる気があるとみなされる。男性は小さい頃から、目標を達成するために全力でがんばるのはいいことだと励まされて育つ。ところが女性は幼いうちから、野心や決意を示すたびに意欲をくじかれる。そういう女性は「扱いにくい」、「出しゃばり」、「嫌われ者」といったレッテルを貼られるのだ。

伝統的に女性の方が社会的で思いやりがあり、献身的だとみなされているため、その固定観念は職場にも持ち込まれる。女性は職場で同僚に親切にしなければいけないと感じるが、親切にすればしたで、甘く見られて仕事上の不利益を被る。この問題は「ジェンダー・ディスカウント」と呼ばれる。男性が同僚を手伝うことは期待されず、手伝わなかったからといって評価が下がることはない。ところが女性が手を貸さないと、冷たい、自己中心的とみなされ、孤立してしまうだろう。好むと好まざると、女性は「にこにこキッパリ」スタイルを採用しなければならない。つまり、いい印象を保ちながら、主張すべきところはキッパリ主張する態度が求められるのだ。

サンドバーグはこうしたステレオタイプ進んで受け入れるわけではないが、ステレオタイプが存在しないふりをするのではなく、ある程度は社会の期待に沿って行動し、それを強みに変えることが必要だと主張する。女性が何か交渉するときは、たとえ自分の利益のために交渉する場合でも、女性の共通の利益や客観的な基準に基づく公正さを求める立場から交渉に臨むといい。そうすればその交渉は会社のためになるし、チームや仲間のためなら女性は男性よりうまく交渉ができる。たとえば昇給について交渉するなら、「私は」こうしてほしい、ああしてほしいと言う代わりに、「私のチームのため」、あるいは同じポジションにいるすべての女性のために交渉したい、と言う方がいい。女性の気遣いやチームに尽くす態度は、弱みから強みに変えられる。その強みは自分と会社、そして女性全体に利益をもたらすことができる。

インポスター・シンドローム

『フォーブス』誌が「世界で最もパワフルな女性一〇〇人」のランキングを発表し、サンドバーグをミシェル・オバマより上位の五位にしたとき、サンドバーグは「すっかり動揺し、無思慮にもそれをあらわにした」。あんなランキングはおかしい、何の根拠もないとサンドバーグは誰彼となく言って回り、同僚が『フォーブス』誌の記事をフェイスブックに載せるのをやめさせた。するとサンドバーグのアシスタントが彼女を呼び出し、記事を否定するのはやめて、ただ「ありがとう」と言っておけばいいのだと諭した。男性なら、誉められてうろたえたりしないだろう。フェイスブックの実質的なナンバー2の地位にいてさえ、サンドバーグはこう語っている。

私はいまもなお、自分の能力を超えているのではないかと不安になるような状況に立ち向かっている。自分がペテン師ではないかと思える日々がまだある。男性の同僚の意見が聞き流されることはないが、私の意見はときに無視されたり、相手にされなかったりする。それでもくじけず、手を挙げつづけなければならない。隅っこに座らないで、テーブルに着かなければいけない。

こうした気持ちになるのは彼女だけではない。女性はしばしば自分の業績を誉められるとペテン師になったような気分になり、自分の仕事の成果を不当に低く評価するのに対し、男性は自分の成果を実際より高く評価する傾向があることが、多数の調査で明らかにされている。女性のこうした自信のなさには、「インポスター・シンドローム」（訳注　インポスターはペテン師という意味）という名が付けられている。女性は自分が成功した理由を幸運や周囲の助力や指導のおかげと考えることが多いが、男性は当然のように自分の実力だと考える。女性は「パワーがある」とか「パワフルだ」と言われるのを避けようとする。しかし、何かを成し遂げ、何かを変えるためには、全員に好かれることは決してないと覚悟しなければいけない。フェイスブックに入社して最初の実績評価の面談で、サンドバーグはCEOのマーク・ザッカーバーグに、誰からも好かれたいと思うから、思う存分やりたいことができないのだと指摘された。人に好かれたいという無意識の願望を捨てることで、彼女はフェイスブックで自由に仕事ができるようになったばかりでなく、女性と仕事の問題について声を上げる勇気を持てた。「この本を書くのは、他の人々に前向きになるように励ますためだけではない。私が前向きになるためでもある。怖がらなければできることをするために、いま私は書いている」とサンドバーグは本書を執筆した動機を語っている。

職場は緊張を強いられる場であり、幹部の責任は重い。しかし無理に感情を抑え、効率だけを優先させるより、感情が仕事に果たす役割を認めた方が、よりよい上司になれるとサンドバーグは言う。職場で泣くこと、あるいは少なくとも感情をあらわにすることは、決して悪いことではないとサンドバーグは考えている。職場で泣くことが絶対に許されないとしたら、結局は男性の作ったステレオタイプなビジネスマンのルールや基準にしたがうべきだと認めることになる。サンドバーグが本書で伝えたいのは、女性が「職場で同化し順応する」のではなく、ありのままの自分でいることによって、ビジネスと組織の文化をよい方向に変えようということだ。

サンドバーグは、仕事をする自分とプライベートな自分という「二つの顔」をきっちり分ける必要があるとは、もう考えなくなったと述べている。プライベートと仕事を分けるよりも、将来のキャリア設定を左右する個人的な事情も含めて、個性や人格など、その人のすべてを職場で表現できるようになるべきだとサンドバーグは言う。よいリーダーは完璧であるより、自分らしくあるべきだ。それは感情を素直に表すことでもある。率直な感情を表現することで、社員はリーダーの情熱を理解し、ベストを尽くしたいと思うはずだ。感情をあらわにするのは弱さではなく、その仕事に打ち込んでいる証である。

男性も一歩踏み出そう

フェミニストの書いた本でこんな一節にお目にかかるのは意外かもしれないが、サンドバーグは、「キャリアを左右するような最も重要な決断を一つ挙げろと言われたら、私なら結婚と答えるだろう。結婚すると決めること、そしてそれがどんな相手かということは、決定的に重要だ」と言い切っている。時間や体力の負担を考えると、女性は独身でなければトップになれないと世間では見られているが、彼女が知っているトップの座にいる女性は、ほぼ全員がパートナーの全面的なサポートを得ている。彼女たちの夫は、妻のキャリア形成に理解を示すだけでなく、育児や家事を積極的に引き受け、妻のために国内での引っ越しどころか、外国へ行くのさえいとわない。

ハーバード・ビジネススクール教授で経営戦略の権威であるロザベス・モス・カンターは、「女性のキャリアアップに男性はどんな貢献ができるでしょうか」と聞かれて、「洗濯」と答えたという。サンドバーグの夫のデーブ・ゴールドバーグはIT業界で活躍し、ヤフーで働いた後、サーベイモンキーのCEOに就任した。彼は二〇一五年に急死してしまうが、生前は妻がフェイスブックで責任の重い仕事をこなせるように、仕事を調整して子供と過ごせる時間を増やした。古い考え方の持ち主は、男性に家事や育児を求める動きが夫から男らしさを奪うと批判するかもしれない。しかし彼女は、夫と妻が仕事、家事、育児にもっと平等に関わることで、夫婦はより対等になるから、より幸せなカップルになるという調査結果を指摘している。「家庭での責任を分担するカップルはセックスの回数が多い。なんだか直感に反する結果かもしれないが、妻をその気にさせる最善の方法は皿洗いをすることなのかもしれない」とサンドバーグは述べている。

サンドバーグはときには子供たちの行事に出席できないことや、仕事で子供の側にいられないことに強い罪悪感を持った。しかし二〇〇六年に発表された包括的な調査結果が示すデータに安堵したという。その報告書では、「母親が全面的に育児をした子供とそれ以外の人が育児に携わった子供のあいだでは、発達に何らちがいは認められなかった」と報告されていた。母親が常に家にいるわけではないとしても、その子供たちの認知能力、社会的能力、対人関係の構築能力に劣ったところはなかった。むしろ父親が育児に協力的で積極的だとか、母親が子供に自律的な行動や学習を奨励するとか、両親が仲よく暮らしているといったことの方が、子供の発達に重要な影響があった。特にサンドバーグを励ましたのは、この報告書にあった「母親のみによる育児は、子供の発達の度合いを向上させるとも低下させるとも言えない。したがって母親が働くことを決めたとしても、子供にとって害になると感じるべき理由は何一つない」という一節だった。

実際、母親が成功したキャリアを持ちながら、同時に温かい家庭を築いているのを見て育つ息子たちが増えれば、世の中は大きく変わるだろう。何よりも、自分の父親が仕事に情熱を傾けるのと同じくらい、家族や家庭を大切にしている姿は息子たちの手本になるはずだ。この革命は「一つの家庭で親と子に同時に起きる」とサンドバーグは言う。

人生の選択を自由に

住んでいる国とその法律次第で、女性が子供を持つのはキャリアに大きな不利になる場合がある。アメリカでは、「一年仕事を離れただけで、女性の平均年収は二〇%減少することがわかった。二年または三年仕事を離れていた場合には、三〇%減少する」とサンドバーグは指摘している。

子供が生まれて最初の数年間はずっと家にいたいと思う女性もいるし、子供を預けて仕事に戻るのは保育費がかかりすぎて不経済だと、仕事を辞めてしまう女性もいる。しかし保育費がかさむからといって、仕事を辞めてしまうのはもったいないと彼女は主張する。確かに保育費は高いが、育児にかかる費用は家族の将来への投資なのだ。何年も仕事から離れた場合に比べれば、働き続けることによって将来の収入ははるかに増えるはずだ。サンドバーグは、グーグルに勤めていたときもフェイスブックに入社したときも(訳注 サンドバーグは第二子出産後数か月でフェイスブックに入社した)、出産から比較的短期間で仕事に戻った。もちろん楽ではなかったが、彼女は一緒に働く人々が好きだったし、それぞれの会社が社会のために果たそうとする役割の重要性を深く信じていたので、何か月、何年間もそこから離れるのは考えられなかった。仕事か子育てかという選択は簡単ではないが、女性が自分にとって一番いい決断をすることが大切だ。ヤフーのCEOマリッサ・メイヤーが産休中も働くという決断を発表したとき、激しく非難したのは「ほとんどが女性だった」とサンドバーグは指摘する。女性は自分と違う決断をした女性を批判する前に、意見の違いをひとまず棚に上げて、その決断を応援するべきだ。たとえ明らかに的外れな指摘だとしても、人からあなたは怠慢な悪い母親だと批判されるほど傷つくことはない。そうした批判が女性から他の女性に投げかけられるようなことは、もう終わりにしなければならない。

仕事と人生に活かすために

サンドバーグが本書を出版すると、女性がIT企業で働く男性のようになることを求めすぎているという批判の声が上がった。その代表が、『Lean Out: The Struggle for

Gender Equality in Tech and Start-up Culture（リーン・アウト――ITおよびスタートアップ企業文化で平等を求める闘い）』（エリッサ・シェヴィンスキー著、二〇一五年）である。この本では、IT企業のきわめて男性中心的な企業文化が槍玉に挙がった。IT企業の主張と現実との間の大きなギャップは、二〇一七年の「グーグル社内メモ」事件に象徴されている。グーグルに勤務する男性ソフトウェア開発者が匿名の内部文書で、女性従業員の比率を増やそうとする同社の努力は政治的正しさに基づく誤った方針だと批判したのである（訳注 この文書が外部に漏れ、これを書いた男性は解雇された）。この男性は、IT企業に占める女性の数が少ないのは、単に女性が本質的にこの仕事に適していないからだと主張した。

それをきっかけに起こった論争で、コンピュータ業界に大きく貢献した多数の女性の名前があらためて脚光を浴びた。グレース・ホッパー（一九五〇年に完成した初の商用コンピュータ、ユニバックを開発）、デボラ・エストリン（IoTの実現に功績）、そしてアマゾンやグーグルのような企業に多大な貢献をした何十人もの女性たちがいる。人々の認識が変わるには時間がかかる。「パワフルな女性があたりまえになったら、そのときこそほんとうの変化が訪れるだろう」とサンドバーグは言う。性別や人種で人を批判するのはたやすい。彼らが少数派でいる間は、目につきやすいからだ。「もしトップの半分が女性になったら、そんなに大勢を嫌っているわけにはいかないだろう」。当たり前に見えるものは、どんなものでも受け入れられるからだ。

33

2014

How Google Works

エリック・シュミット／ジョナサン・ローゼンバーグ

企業がすぐれた人材を引き寄せるためには、
学習とイノベーションを重視する文化を
創造しなければならない。

邦訳
［How Google Works―私たちの働き方とマネジメント］
日本経済新聞出版社　土方奈美 訳

イノベーションを生み出すには、良い失敗のしかたを身に着けなければならない。失敗から学ぶのだ。どんな失敗プロジェクトからも、次の試みに役立つような貴重な技術、ユーザ、市場の理解が得られるはずだ。アイデアは潰すのではなく、形を変えよう。世界的イノベーションの多くは、まったく用途の異なるものから生まれている。だからプロジェクトを終了するときには、その構成要素を慎重に吟味し、他の何かに応用できないか見きわめよう。

❀

ある夜ラリー・ペイジは夢を見て、検索エンジンの性能を格段に向上させるアイデアとともに目覚めた。ワールド・ワイド・ウェブ上のあらゆるページをクロール(グーグルがウェブクローラーというソフトウェアを使用してウェブページを探すこと)し、それをランキングして、検索語を入れれば適切な情報が得られるようにすることはできるだろうかとペイジは考えた。そしてそのアイデアをじっくり検討してから、できる、と結論を出した。

企業としてのグーグルは、科学と数学を重視すれば、解決不能と思われていた問題や、夢物語と思われていた計画にあっと驚く答えが出せる

Eric Schmidt / Jonathan Rosenberg

エリック・シュミット

シュミットは一九五五年に生まれ、バージニア州で育った。プリンストン大学で電気工学を学び、カリフォルニア大学バークレー校でコンピュータ科学の修士号と博士号を取得した。ベル研究所やゼロックスのパロアルト研究所の研究開発部門で短期間働いた後、一九八三年にサン・マイクロシステムズに入社し、ソフトウェア・マネジャーの職務に就いた。一九九七年から二〇〇一年までノベルのCEOを務め、二〇〇一年にグーグルCEOに就任した。二〇一一年にCEOを退いてグーグルの会長に就任した。

シュミットはスティーブ・ジョブズの友人で、二〇〇六年から二〇〇九年までアップルの取締役だった。しかしアップルが開発したオペレーティング・システムのiOSとグーグルのモバイルOSのアンド

という信念の上に築かれている。グーグルの仕事のやり方は普通の会社とは正反対だった。普通は最初に事業計画を作り、計画を達成できる製品を開発する。しかしグーグルは、まずそれ自体が魅力的な「技術的アイデア」を探すことから始める。そしていいアイデアを思いついたら、エンジニアはそのアイデアの実用化や応用法をいろいろと試してみるのである。

ラリー・ペイジとセルゲイ・ブリンがスタンフォード在学中の一九九八年にグーグルを創業したとき、彼らは大学と同じような雰囲気の会社を作りたいと思った。優秀な人材を揃えて研究開発の自由を与え、官僚制や支配者を作らず、アイデアを生み出せる平等な組織的構造を持つ会社にしたかったのだ。おもしろいことに、驚異的な利益を生みだす企業は、この大学っぽさから生まれた。グーグルがネット検索の覇者になったことで、広告主の企業が検索結果に広告を表示する広告エンジンのアドワーズが誕生した。アドワーズの性能が向上すればするほどグーグル検索はあふれんばかりの利益の源泉となり、その利益はさらなる新製品開発や企業買収に当てられた。

ロイドとの類似性をめぐる法的争いが起きると、二人の間に亀裂が生じ、シュミットはアップル取締役を辞任した。

ジョナサン・ローゼンバーグ
ローゼンバーグは一九六一年に生まれ、クレアモント・マッケナ大学で経済学を学んだ後、シカゴ大学でＭＢＡを取得した。アップルやエキサイトホームで働いた後、二〇〇二年にグーグルに入社した。シニア・バイスプレジデントとしてプロダクトチームの責任者を務め、グーグル検索、広告サービスのアドセンスとアドワーズ、Ｇメール、アンドロイド、クローム、グーグル・ブックス、グーグル・マップの開発を指揮した。

グーグルからアルファベットへ

本書の初版刊行後、カリフォルニア州マウンテンビューのグーグル本社でいくつかの改革（訳注 新会社アルファベットの設立とグーグルの子会社化）が決定された結果、著者たちは二〇一七年の改訂版に「How Alphabet Works（アルファベットの働き方）」という新章を追加した。

ラリー・ペイジがグーグルの多様化した事業を再編するために二〇一五年にアルファベットを設立し、グーグルを子会社化したのは、クリエイティブな人材が官僚主義や古臭い考え方に足を引っ張られる大企業病を避けるためだった。この改革でグーグル本体からメイン事業（グーグル・マップやGメールを含む）とはかけ離れた領域の事業が切り離され、ウェイモ（自動運転車開発）、グーグルファイバー（高速インターネット接続サービス）、ディープマインド（人工知能）、バイオテクノロジー企業のキャリコやベリリー、スマートホーム関連事業のネスト、そしてもちろん二〇〇六年に買収したユーチューブなど、それぞれ独立した財政と市場の目標を持つ多数の子会社が設立された。それにより、そこで働く社員のために企業が常に「目端が利き、現状に安穏とせず、時代の変化に即応できる」体制を維持できるようにしたのである。

しかしシュミットとローゼンバーグによる本書は、グーグルおよびアルファベットがどのような企業かではなく、彼らがどのように考え、行動するかを述べた本だ。本書は「21世紀にマネジメントの技術や方法が大きく変化した」ことを示すために書かれた。新しいテクノロジーの力を借りて、現代は個人や小さなチームが、昔なら部門全体で生み出した成果を超えるインパクトのある成果を出せるようになった。どんな企業にもグーグルの成功から学べることがあると彼らは考えている。

文化を重視する

起業したときから、グーグルはマネジャーよりもエンジニアが幅を利かせる企業だった。ブリンとペイジはシェリル・サンドバーグ（443ページ参照）がエンジニアではないという理由で、サンドバーグの採用に反対したほどだ。結局サンドバーグはグーグルに入社して六年以上勤務したが、今でもグーグルの従業員の半分以上はエンジニアでなければならないという原則がある。シュミットは豊富な経営経験を持つ「大人」としてグーグルに加わったが、採用の決め手となったのはシュミットがUNIXの専門家で、プログラミング言語のJavaの開発にも協力したという経歴だった。ローゼンバーグはMBAだから採用されたのではなく、エキサイト＠ホームやアップルに勤務していた時代にプロダクト開発に貢献した実績が評価されたからだ。伝統的なビジネスの手法に対する創業者たちの反発が、マネジメントや組織作りの点で「これまでの常識的方法」に従わないグーグルの社風を作った。

本書の大きなテーマは、シュミットとローゼンバーグが「スマート・クリエイティブ」の意欲を高めるために何が有効だと考え、スマート・クリエイティブが快適に働ける文化を育てるためにどんな点に気を配ったかである。多くの人にとって企業の文化は、自分がそこで働くかどうかを決める多数の要因の一つに過ぎない。しかしダグラス・マクレガー（『企業の人間的側面』の著者。419ページ参照）と同様に、シュミットとローゼンバーグは、スマート・クリエイティブにとって文化は何よりも優先すべき要素だと述べている。スマート・クリエイティブは、情熱を感じない分野や、才能を発揮する自由が与えられない場所では働きたがらない。

二〇〇四年のグーグルの株式公開において、ペイジとブリンは投資家からの反対を押し切って、目論見書（訳注　事業やその他の重要事項について説明した書類）に会社の価値観を明記した文書を含める権利を勝ち取った。グーグルが大切にしているのは、ユーザーを第一に考える、長期的目標を持つ、世界をよりよい場所にする、そして「邪悪になるな」という信念だった。

創業者たちは真の能力主義を育てるために手を尽くした。毎週金曜日に全社員が集合し、何でも質問することを許される騒々しいミーティングや、「カバ（ＨＩＰＰＯ）の言うことは聞くな」という社風（ＨＩＰＰＯは highest paid person's opinion の略で、一番エライ人の意見という意味）はその一部だ。グーグルでは、反対意見を述べるのは『任意』ではなく『義務』だと著者たちは言う。マネジャーが社員ほどデータや専門知識を持っていない組織では、「つべこべ言わずにオレの言うことを聞け！」というマネジメントになりがちだ。しかし誰もが等しくデータを手に入れられる環境では、幹部やＣＥＯだからといって自分の考えを押し通せると思ったら大間違いだ。シュミットは、グーグルでは自分の意見を通すために、それが正しいことを実証する必要があると学んだ。

グーグルが常に目端の利く企業であり続ける方法の一つは、普通なら独立して起業したがるような優秀な人材を引き留めておくことだ。起業を考えている人材を社内にとどめ、大企業化する組織の中でスタートアップ文化を維持することが、グーグルの成功の鍵だった。「大切な人物にとって最適な処遇を考え、組織のほうがそれに合わせればいい」と著者たちは述べている。

ライバルに追随しない

二〇〇〇年代の初め、グーグルはマイクロソフトに比べればほんのちっぽけな企業に過ぎなかった。ネット検索市場でナンバー1になればどれほど莫大な広告収入が得られるかをマイクロソフトはよくわかっていたので、グーグルをネット検索市場から追い落とすために、マイクロソフトはMSNサーチ、ウィンドウズ・ライブ、ビングなどの検索サービスにおよそ一二〇億ドルを投資した。グーグルはマイクロソフトの追撃をかわすために検索能力の向上に努め、画像や書籍という新たな情報を検索に加え、グーグル・マップの提供を始め、対応する言語の数を増やした。データ量が爆発的に増えても検索速度を上げるためにインフラを改善し、顧客にとってもっと効率的な検索広告システムを作るために多額の投資をした。グーグルが開始したブラウザのグーグル・クロームは、マイクロソフトのエクスプローラーを性能面でも利用者数でも上回った。

製品を改良する意欲を高めるなら競争は歓迎すべきだが、競争にこだわって、「凡庸さへの悪循環」に陥ってはならないとシュミットとローゼンバーグは警告している。ラリー・ペイジは、「同じようなことをしている他社を負かすだけでは、仕事としてちっともおもしろくないじゃないか」と言う。ライバルの動向ばかり気にしていては、本当に革新的なことはできない。ビジネスではあらゆる顧客層の需要に応えるためにさまざまな製品を取りそろえても、大きな成功には結びつかない（何十種類もの携帯電話端末を売り出したモトローラがそうだった）。しかし製品の数を絞ってそこに集中する企業（アップルのiPhoneのように）は、消費者が他に目移りすることができないほどすばらしい製品を作って、人気を独り占めできる。

イノベーションのための70対20対10のルール

誰もがイノベーションの重要性を語り、「最高イノベーション責任者（CIO）」を任命する企業さえある。しかしイノベーションは企業のDNAに組み込まれ、その企業のすべての行動に浸透していなければならない。ラリー・ペイジはグーグルのエンジニアに発破をかけるとき、「発想が小さすぎる」と指摘する。ある分野の基礎科学について考えて、それが現在どう使われているかではなく、五年後、一〇年後、二五年後にどうなっているかを想像してみるといい、とペイジは言う。「五年後に何が真実となっているか」という問いかけは、グーグルで頻繁に繰り返されて、一種のスローガンのようになっている。この問いに答えようとすることで、グーグルは常に現在のプロダクトやサービスを見なおし、それらが新しく登場するテクノロジーや流行によってどんな影響を受けるかを予想して、未来のプロダクトを想像しようとする。機械学習はその典型的な例だ。プログラムされた行動だけをするのではなく、コンピュータにデータを与えて学習させ、よりよい意思決定や予測ができるようにする機械学習は、本書の初版が出版された二〇一四年以降、大きく進歩した。グーグルの製品について言えば、機械学習の進歩は、画像認識（グーグル・フォト）、音声認識（アレクサ）、言語翻訳（グーグル翻訳）、ルート検索（グーグル・マップ）、スパムメールの検出（Gメール）の大幅な機能の向上に貢献している。

セルゲイ・ブリンはグーグルのリソース、つまり人員をどこに配分するべきか決定するために、「70対20対10」のルールを設けた。つまり「リソースの七〇％をコアビジネスに、二〇％を成長プロダクトに、一〇％を新規プロジェクトに充てる」と決めたのである。これは「収益の八割を稼ぐ事業に八割の時間をかけよ」というビル・ゲイツの教え（シュミットはこれを座右の銘にしている）によく似ている。実際に二〇一五年にアルファベットが設立され、グーグルの事業が再編成されたのは、稼ぎ頭である検索広告事業が他の不確実で冒険的な「ムーンショット」事業（訳注 ムーンショットは月に到達するようなきわめて困難な目標）に圧迫されないようにするためだった。

グーグルには「一〇倍スケールで考えよう」という原則がある。製品を一〇パーセント改善するのではなく、一〇倍よくしようというこの考え方が、自動運転車、糖尿病患者の血糖値を測定するスマートコンタクトレンズ、凧のように空中に浮かびながら発電する風力発電機などのプロジェクトを生んだ。しかし二〇一七年になると、グーグルは目的を絞って反復的な改良を続ける方が、より大きな進歩が期待できると認めるようになった。あらためて重視されるようになった「ルーフショット」思考（訳注 屋根に届くような、難しいが実現可能な目標）の成果には、毎年グーグルの検索エンジンに加えられる五〇〇件もの改良や、データセンターの大幅な効率性の向上、利用者の好みそうな動画を推奨するアルゴリズムの進歩によって三年間で一日あたり一億時間から一〇億時間に伸びたユーチューブの視聴時間などがある。実際にはグーグル内で「ムーンショット」や「一〇倍」プロジェクトに携わっている社員の割合はほんのわずかだ。大多数は既存の製品を大きく改良する仕事に集中している。

グーグルの有名な「二〇％ルール」は、エンジニアが仕事時間の二〇パーセント、言い換えると週五日間働くうちの一日を、自分の好きなプロジェクトに使っていい制度だ。まだ新しく確実でない分野にエンジニアが自由に取り組むことで、グーグルサジェスト（ユーザーの入力しようとする検索語を予測して表示し、検索をすばやく簡単にする機能）や、グーグル・ニュース（ユーザーが興味を持ちそうなニュースを集めて届けるアプリ）などが生まれた。しかしグーグラー（訳注　グーグルの社員）は本来の業務が終わってから夜や週末を使って自分が夢中になっているプロジェクトに取り組む場合が多いので、実際には二〇パーセントどころか一二〇パーセントになっているかもしれない。いずれにしてもグーグルは社員の自由な活動を奨励し、期待している。

「70対20対10」のルールでリソースの一〇パーセントを配分される新規プロジェクトは、成功の見込みは薄いが、成功すれば大きな利益が見込める事業である。そこに一〇パーセントしかリソースを割り当てないのは、リスクが高いプロダクトや主流ではないプロダクトに過剰な投資をすると、確証バイアス（訳注　自分の正しさを証明する証拠ばかり集めてしまい、客観的な判断ができない状態）が生じる危険があるからだと著者たちは指摘する。あるプロダクトに投資すればするほど、それを放棄するのは心理的にも財政的にも痛手が大きくなるので、そのプロダクトのよい面しか（事実は違っていても）見えなくなる。一〇パーセントという配分が適切なもう一つの理由は、「クリエイティビティは制約を好む」からだ。時間と資金が限られていると創意工夫が発揮され、よりよい結果が出る。絵画に額縁があり、ソネットという形式の詩は一四行と決まっているのはこのためだ。

ラリー・ペイジは二〇〇二年に、過去に出版されたすべての本のすべてのページをネットで検索できるようにするのは可能だろうかと考え始めた。ペイジはこのアイデアを具体化するためにチームを作り、何百万ドルも投資する代わりに、オフィスに三脚を立ててカメラを載せ、一冊の本の全ページを写真に撮るにはどれくらい時間がかかるか自分で試してみた。この簡単な実験から、ペイジはこのアイデアが実現可能だと判断し、グーグル・ブックス（訳注　キーワードを入れると関連する書籍が検索でき、内容の一部を閲覧できるサービス)が誕生した。セルゲイ・ブリンもまた、グーグル・ストリートビューのアイデアの実現可能性を評価するために同じような実験をした。マウンテンビューの街中をドライブしながら何枚も写真を撮ったのである。今ではグーグル・ストリートビューは何百万キロメートルもの道路をカバーし、世界中のほぼすべての都市の風景を眺めて旅行気分を味わえて、グーグルで最も人気のある斬新なプロダクトの一つになった。イノベーションを可能にする最もいい方法は、単純でお金のかからないテストをすることだ。

個人の力

流通、ブランド、宣伝力が企業の成長の決め手となった二〇世紀に比べて、現代はイノベーションの重要性がはるかに高まっていると著者たちは言う。今日では人間が直面する大きな問題を解決できれば、どんな小さな企業でも急成長できるチャンスがある。これは企業の成長に必要なコンピュータなどのリソースが非常に安価に利用できるようになったからであり、インターネットを介せば目指す市場に容易にプロダクトを届けられるからでもある。このような状況では、一人一人の社員の力が計り知れないほど重要になる。どんな社員にも企業の将来性を大きく変えるイノベーションをもたらす可能性がある。だからグーグルは最高の人材を採用することにこだわり、採用基準をきわめて高くしている。そうすることでグーグルは選ばれた人しか入れない会員制クラブのようになり、本当に優秀な人たちが競って入りたがる会社になった。「Aクラスの人材は同じAクラスを採用する傾向があるが、BはBだけでなく、CやDまで採用する。だから妥協をしたり、誤ってBの人材を採用すると、すぐに社内にBのみならずCやDまで入ってくることになる」とシュミットとローゼンバーグは警告している。

グーグルには次のような採用の心得がある。

◆採用を採用担当者や人事部に任せきりにしない。できるだけたくさんの人、特に採用候補者と一緒に働く予定の人を参加させよう。

◆専門性を理由に採用してはいけない。テクノロジーの世界ではプラットフォームやプログラムやプロダクトが常に更新されるので、スペシャリストはすぐに使い物にならなくなる。固定観念を持たず、「多様なソリューションを見比べて最も有効なものを選択することができる」優秀なゼネラリストを採用しよう。

◆面接では候補者に過剰なストレスを与えないようにしよう。面接は「友人同士の知的な会話のようなもの」であるべきだ。「大学の学費をどう工面しましたか？」、「あなたのウェブの検索履歴を眺めたら、履歴書に書かれていないどんな一面が発見できますか？」というような質問をすれば、「輝かしい履歴書」の持ち主と、本当に組織に加わってほしい人物を区別することができる。

◆有能なだけでなく、おもしろい人間を採用しよう。それには「ＬＡＸテスト」が役に立つ。ＬＡＸテストとは、その候補者と一緒にロサンゼルス国際空港（ＬＡＸ）で数時間足止めを食ったと想像して、二人で楽しく有意義な時間が過ごせるかどうか、それともさっさとタブレットを取り出してメールチェックなどを始めた方がいいだろうかと考えてみることだ。

◆「しなやかマインドセット」の持ち主を採用しよう。しなやかマインドセットの持ち主は、常に新しい知識を学ぶ意欲があり、その知識を応用して世界を少しでもよくしたいと考えている。

仕事と人生に活かすために

グーグルは二〇〇六年に中国の検索市場に参入した。幼い頃に家族で旧ソ連の共産主義体制を逃れてアメリカに移住してきたセルゲイ・ブリンは、中国への参入には反対だった。参入後、グーグルは中国から繰り返しハッカー攻撃を受け、ハッカーが中国の反体制活動派のGメール・アカウントにアクセスしようとした形跡を発見して、ラリー・ペイジとエリック・シュミットも、中国での事業を維持することは、「邪悪になるな」というグーグルの方針に反するのではないかと考えるようになった。中国から撤退すれば経済的損失はとてつもなく大きいと予想された。撤退した場合、二一世紀の間は二度と中国市場に戻れないだろう。

二〇一〇年一月にグーグルの幹部は会議を開き、ハッカー攻撃を受けた事実を世間に公表して、今後は検索結果に対する中国政府の検閲規制に従うつもりはないと通告することにした。中国当局がグーグルのサイトを閉鎖するのは明らかだったので、グーグルはみずから中国版サイトを終了し、中国版のユーザーを香港版に誘導することにした。現在、中国の検索市場は百度《バイドゥ》が支配している。

企業が成長するにつれて、あらゆる市場に手を広げ、支配したいという欲望が生まれる。しかしそうすることによって、その企業の特質や価値観は失われるかもしれない。企業が成功するためには、マネジメントやイノベーションだけでなく、企業の活動の指針となる高い価値観が必要だ。中国市場からの撤退というグーグルの意志決定は、慎重かつオープンな方法で行なわれ、従業員から万雷の拍手で受け入れられた。彼らもまた、そうするのが正しいことだと理解していたからだ。組織が創業の精神を見失えば、結局は何も残らないのである。

34

2008

スノーボール
─ ウォーレン・バフェット伝

アリス・シュローダー

富を築くための最も重要な要因は、
時間、規律、そして集中である。

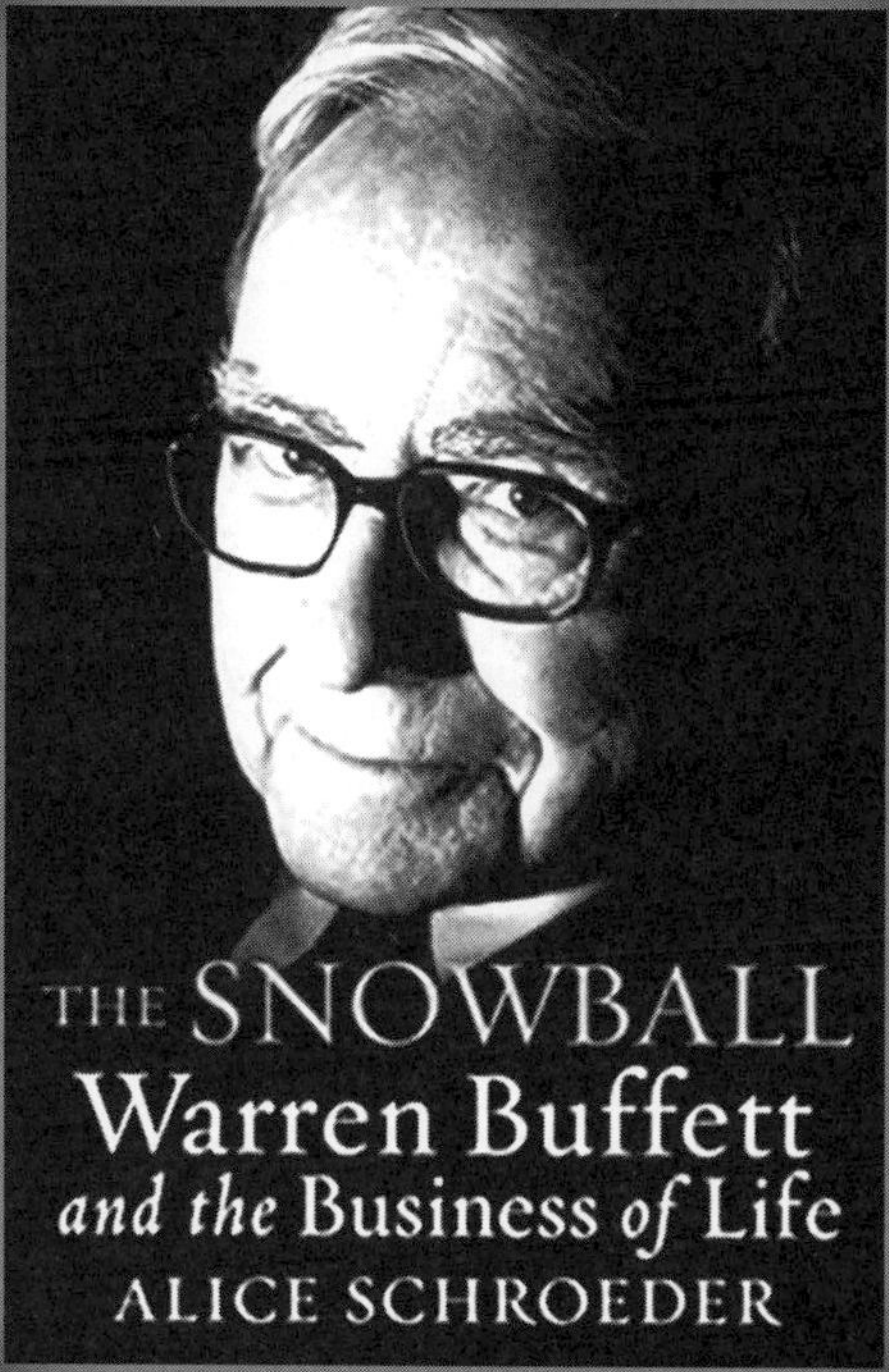

邦訳
［スノーボール─ウォーレン・バフェット伝］
日本経済新聞出版社　伏見威蕃 訳

二〇〇八年春の混乱のさなか、バフェットはじっとしていた。六〇年近い仕事人生を通じて価値とリスクについての考え方は一度も変わったことがない。ルールが変わったという連中はいつの世にもいる。だが、それは近視眼的にそっちの方向を見ればの話だ、とバフェットはいう。

❀

一九九九年、「ニュー・エコノミー」のハイテク株は天井知らずの値上がりを記録した。株価はその裏付けとなる企業の価値から完全に乖離し、実際の経済成長率とまったく無関係に上昇していた。ウォーレン・バフェットはこの年に招かれた小さな会議で、市場は短期的には投票計で、長期的には重量計だと語った。株式市場が実際の経済よりはるかに高騰しているのは金利がきわめて低いからで、人々は高いリターンを求めて株を買っている。だから今の株価は、彼らが買っている株の実際の価値を反映したものではない。したがって今後の一七年間は、株式市場がほとんど成長しなかった一九六四年から八一年にかけての一七年間と、そんなに変わらないかもしれない、とバフェットは聴衆に話した。

バフェットがハイテク企業への投資を避けてきたのはよく知られてい

Alice Schroeder

アリス・シュローダー

シュローダーは一九五六年に生まれ、テキサス大学オースティン校でファイナンスを学び、同大学のマコームズ・ビジネススクールでMBAを取得した。公認会計士の資格を取得後、米国財務会計基準審議会で仕事をした。二〇〇〇年にモルガン・スタンレーにマネジング・ディレクターとして入社し、数年後にバフェットから伝記の執筆を依頼され、職を辞してオマハに移り、『スノーボール』執筆のための調査に取りかかった。シュローダーは本書の出版契約で七〇〇万ドルの前払い金を受け取り、『スノーボール』は『ニューヨーク・タイムズ』のベストセラー一位を獲得した。現在シュローダーはブルームバーグ・ニュースのコラムニストであり、バンク・オブ・アメリカ・メリルリンチの非業務執行取締役も務める。ハイテクは自分の「能力の範囲」外だと考えていたためだが、会議に出席した人々やメディアの多くは、バフェットはハイテクブームに乗り遅れたのだと思っていた。

しかしハイテク企業を敬遠した「オマハの賢人」は正しかった。彼のスピーチから数か月後、株式市場は勢いを失い、ハイテク株は大暴落した。ハイテク株がふたたび注目を集めるには、それから一五年を要した。その間、彼が所有するバークシャー・ハサウェイは、潜在的な価値だけでなく実証された価値のある会社に投資し、順調に業績を上げた。

バークシャー・ハサウェイは彼の「システィナ礼拝堂」だと言う。バフェットのビジネスパートナーで長年の友人でもあるチャーリー・マンガーは、バークシャー・ハサウェイは単なるビジネスではなく、バフェットが人々に世の中の仕組みを教える方法だと思っていた。

シ本書は原書で九〇〇頁におよぶ大作であり、出来事をただ年代順に並べるだけでなく、バフェットの妻スージー、妻と別居後にパートナーとなったアストリッド・メンクス、そして子供たちや友人との関わりに深く迫っている。完成に五年を要したこの伝記を細部まで味わい尽くすには、じっくり時間をかけて読まなければならない。

ている。

人づきあいと金儲けのシステム

一九三〇年にネブラスカ州オマハで生まれたバフェットは、幼い頃から数字とお金に魅せられていた。子供時代の愛読書は『一〇〇〇ドル儲ける一〇〇〇の方法』で、バフェットはその本を読んで、三五歳までに百万長者になって悠々自適の生活に入るという目標を立てた。

ワシントンDCで高校に入学すると（父のハワードが下院議員に当選したので、バフェット一家は父の任期が終わるまでワシントンで暮らしていた）、バフェットはビジネスの才能を発揮し、新聞配達、中古のゴルフボール販売、ピンボール・ビジネス（訳注　古いピンボールマシンを買って理髪店に置いてもらい、収入は山分けした）などでお金を稼いだ。ハワードは株式ブローカーだったので、息子のウォーレンが小さい頃から株に手を出す（訳注　一一歳のとき初めて株を買った）のを止めなかった。バフェットは最初に買った株で失敗し（訳注　値下がりしたのであわてて売った後で、株価が急上昇した）、その経験から、買ったときの株価にこだわり過ぎてはいけないという教訓を学んだ。大切なのは目先の小さな利益のために急いで売ろうとしないことだ。あのとき株を売らずに持ち続けていれば、はるかに大きな利益が得られたはずだとバフェットは後悔した。

一〇代の頃、バフェットは実業家や財界のリーダーの伝記を読み漁った。人に好かれるやり方《システム》を身につけたいと願っていたバフェットは、中学生のときにデール・カーネギーの著書『人を動かす』に出会った。機知に富んだカーネギーの本を読んで、目の前の霧が晴れるような気分を味わった。金儲けだけでなく、人づきあいもうまくやりたいと思っていたバフェットが求めるルールがそこにあった。最も重要なのは「批判、非難、苦情は禁物」というルールだった。誰でもプライドは傷つきやすく、批判されれば反発する。だから人に何かしてもらいたければ、相手を褒めて敬意を示す方が、ほとんどの場合うまくいく。それまでバフェットは辛辣で生意気な態度を取る一方で、仲間に溶け込めない不安を感じていた。カーネギーのルールを試してみると、実際に効果があるのがわかった。カーネギーの本を読んだ多くの人は、そのときは感銘を受けても、そのうちに忘れてしまう。しかしバフェットは「並外れた集中力」でルールを実践したとシュローダーは言う。そのおかげでバフェットは次第に、よく知られている陽気で気さくで親しみやすい人柄に変わった。

大学生活が終盤を迎える頃、バフェットはベンジャミン・グレアムの『賢明なる投資家』という本に出会った。そこに書かれていたのは、単なる投機とは異なる株式投資のやり方だった。毎日の株価の不安定さや変化に惑わされずに株を評価する合理的で数学的なシステムを見つけて、バフェットはカーネギーの本を読んだときと同じ衝撃を受けた。

割安《バリュー》探し ―― シケモクと「偉大な」企業

バフェットはペンシルベニア大学に入学してファイナンスを学び（訳注　ペンシルベニア大学は三年で中退し、ネブラスカ大学に編入して卒業した）、ハーバード・ビジネススクールに入学を希望した。ハーバードには面接で落とされてしまったが、もっといい選択肢が飛び込んできた。尊敬するベンジャミン・グレアムがコロンビア大学のビジネススクールでファイナンスを教えていると知ったのである。バフェットはすぐに入学事務を担当する副学部長のデービッド・ドッド（グレアムのビジネスパートナーで、グレアムの古典的名著『証券分析』の共著者でもあった）に手紙を書き、入学を許可してほしいと嘆願した。

バフェットがグレアムから学んだのは、投資に関わる心理を理解すること、そして収益や現金残高などのファンダメンタルズに基づく株の内在価値と、市場によって評価された株価は違うということだった。「安全マージン」の重要性も学んだ。安全マージンとは失敗に備えるゆとりであり、それは株を実際の価値よりずっと安く買うこと、そして借金してまで買わないことによって得られる。

バフェットは実際の価値よりも株価が低く評価されている企業を熱心に探し始めた。そしてガイコ（公務員保険会社）という会社に目をつけ、そのとき所有していた他の企業の株の大半を売却してガイコを三五〇株購入した。飽和した保険業界の中で急成長しているガイコは、株価収益率が大企業より大きかった。五年後に株価は倍になるはずだとバフェットは予想した。バフェットはグレアムを崇拝していたが、ガイコのような会社はグレアムの投資基準を満たしていなかった。バフェットは少しずつグレアムから離れ、独自の投資のやり方を作り上げていった。

バフェットは一時期、ニューヨークで株式ブローカーやアナリストの仕事をしたが、ニューヨークでの生活に飽き飽きして、一九五六年にオマハに帰ってパートナーシップ（訳注　複数の出資者による共同経営会社）を設立することにした。オマハは歴史的に鉄道の中心地として重要な都市だったが、商業的には僻地と言ってよかった。さらに、シュローダーが言うように「大卒者が自営業者になり、自宅でひとりで仕事をするということ自体が、一九五〇年代にはとんでもなくめずらしいことだった」。ビジネスマンは大企業に入社し、出世の階段を昇っていくのが成功する一般的な方法だった。しかしバフェットはいつでも自分の時間と、一日の過ごし方を大切にした。個人的に運用している投資ファンド（すぐに数が増えた）のおかげで、バフェットには自由があった。パートナーシップを設立してから数年間で、バフェットは友人や家族を中心とした少数の出資者のためにどんどん利益を上げた。

用心深い父親やベンジャミン・グレアムの教えとは反対に、バフェットはアメリカ企業の将来を非常に楽観的に考えていた。パートナーとなったチャーリー・マンガーが「偉大な」企業への投資を勧めるのに影響されて、バフェットはシケモク（訳注　きわめて割安な株）から、ブランドや正直さ、信用といった目に見えない大きな価値を持つ企業に投資の対象を切り替えた。たとえばアメリカン・エキスプレスがその一つだった。今や膨大な資本を吸い寄せるようになったバフェット・パートナーシップは、スキャンダルのせいで株価が急落していたアメリカン・エキスプレスの株を手当たり次第に買い集めた。アメリカン・エキスプレスへの投資は、一九六四年には三〇〇万ドル、一九六六年には一三〇〇万ドルに達した。バフェットはパートナーに対して、他のファンドは投資対象の「分散化」に力を入れている（実際、これはグレアムの投資手法でもあった）が、バフェット自身は自分の判断に自信があり、資産総額の四〇パーセントを一種類の株に投資する可能性もある（訳注　一九六五年にはアメリカン・エキスプレスだけでバフェット・パートナーシップの投資総額のほぼ三分の一を占めた）と説明した。

数値データや統計分析といった定量的手法によって買うべき株を判断すれば、誰でも利益を出せるというのがバフェットの考えだった。しかし本当の好機をつかめるのは、将来性やすぐれた経営陣などの質を見る定性的な判断であり、そうした投資家の方が「大きな儲け」を出しやすいとバフェットは信じていた。その信念が、高いブランド力を誇るコカ・コーラ、うさんくさい業界の中で正直で信用できるという評判のある再保険会社のゼネラル・リー、そして最近ではアップルへの投資をバフェットに決断させた。

しかしバフェットは、資産と比較して株価がかなり割安なら、小さな会社にも関心を持った。それがマサチューセッツ州の繊維会社、バークシャー・ハサウェイだった。この会社の買収は結果的にバフェットの最悪の投資の一つになるのだが、社名だけはバフェットの投資物件を所有する持ち株会社として残された。

成熟

一九六六年に、バフェット家の総資産はおよそ九〇〇万ドルに達していた。妻のスージーは、資産が一定の金額に達したらウォーレンは引退するという了解が二人の間にあるものと思っていた。しかしバフェットを駆り立てているのは単にお金ではなく、株と割安な企業を手に入れたいという飽くなき欲望だった。一九六〇年代には、人々はゼロックスやポラロイドといったテクノロジー企業に夢をふくらませたが、バフェットは自分が完全に理解できないテクノロジーが関わるビジネスには手を出さないと決めていた。「その企業の成長にとって大きな人的問題が存在するような投資案件には参加しない」という原則も貫いた。要するにバフェットは、堅実な経営者がしっかり経営している企業が好みだったのだ。そして彼はしばしば単純でおもしろくないビジネス、たとえば塗料や粘土レンガ製造会社、保険や製菓会社の株を買った。

バフェットが株を選ぶ基準は、彼がパートナーに問いかけた「無人島の難問」によく表れている。それは「無人島に一〇年置き去りにされていたら」、どんな株を買うか、という質問だ。「競争や時間という腐敗の力に屈しない会社を見つけるというのが答だった」とシュローダーは言う。そのような企業は、他社が容易に攻め込めない「濠《ほり》」（訳注　ブランド力やコスト優位性など、競争会社が真似できない強みを指す）をめぐらしている。老舗百貨店のホクスチャイルド・コーンに投資して失敗した経験から、バフェットは一〇年間栄えてきた小売業が次の一〇年にはその地位を保てないことがしばしばあるのを知って、小売業への投資は避けるようになった。

バフェットはホクスチャイルド・コーンの失敗から「時は会社の優劣を見きわめる優れた尺度である」という教訓を学んだ。偉大な会社（訳注　競争力があり将来の成長が見込める会社）に投資するチャーリー・マンガーの影響を受けて、バフェットは、「まずまずの会社をすばらしい値段で買うよりも、すばらしい会社をまずまずの値段で買う方がずっといい」と考えるようになった。たとえばバフェットは、カリフォルニアの製菓会社シーズ・キャンディを言い値で買った。この会社のブランドと将来の成長力にすっかり魅了されたからだ。また、『ワシントン・ポスト』に強い関心を持ったのは、社主であるキャサリン・グラハム（後にバフェットの親しい友人になる）がこの新聞の質と評判を上げ続けていたからである。実際、バフェット個人は大変な倹約家だったが、投資に関して言えば、もっと強欲な投資会社に比べてリターンが少し少なくなったとしても、自分がよく知っている好ましい経営者のいる会社に投資するのを好んだ。バークシャー・ハサウェイの繊維事業に見込みがないのがわかってからも売却しなかったのは、「困難な状況でも事業を改善しようと全力を尽くしている繊維部門の人たちが好きだから」だとバフェットはパートナーへの手紙に書いている。

ケタ外れな学習マシーン

妻のスージーはバフェットの内気で自信がない性格をよくわかっていたが、投資家としてのバフェットは、常に自分の判断にゆるぎない自信を持っていた。

どんな投資家も長期的に見れば市場平均より高い運用実績を上げることはできないという効率的市場仮説（EMH）を、バフェットだけは数十年におよぶ投資生活で否定しているようだった。効率的市場仮説を唱えるプリンストン大学の経済学者、バートン・マルキール（『ウォール街のランダム・ウォーカー』の著者）は、バフェットのような投資家はサルが『ウォール・ストリート・ジャーナル』の相場欄にダーツを投げて、当たった株を買っているようなものだと主張した。バフェットはこれまではラッキーだったが、その業績は時がたてば必ず平均値に落ち着くはずだと彼らは考えた。効率的市場仮説によれば、株価は利用可能なあらゆる情報を反映して決まるため、常に適正な価格で取引されている。したがって投資家が隠れた価値を見つけようとするのは無駄な努力だと彼らは主張した。マンガーとバフェットにとって、効率的市場仮説論者の数学的モデルは、呪術の類にしか見えなかった。効率的市場仮説の信奉者は、株の細かい値動き、つまり短期的な価格変動性《ボラティリティ》に何十億ドルも賭けた。対照的に、バフェット流の投資スタイルでは企業を長期的に保有するため、ボラティリティを気にする必要はなくなる。バフェットから見れば、短期的な細かい値動きに賭ける方法は、投資と呼べるようなものではなかった。

バフェットは「四六時中、ビジネスのことだけを考えていた。よい会社とはなにか、悪いだめな会社とはなにか、どうやって競争するのか、なにがカスタマー・ロイヤルティを他社より高めるのか」。マンガーは、パートナーであるバフェットを「学習マシーン」と評した。毎年バフェットが何百時間もかけて株主への手紙を書くのは、世界がどうなっているのかをみんなに教えたいからだ。

集中する――お金にも人にも

バフェットは誰かに魅了されると、その人の知識を学び尽くすまで相手から離れない癖があった。キャサリン・グラハムの場合がそうだったし、後にはビル・ゲイツがその対象になった。バフェットとゲイツは二〇歳以上も年が離れていたが、バフェットはゲイツのテクノロジー産業に関する知識とビジネス手腕をむさぼるように吸収した。キャサリン・グラハムの友人が島に所有している別荘でバフェットとゲイツが初めて会ったとき、ゲイツの父親が食事の席でこんな質問をした。「みなさんはいまの地位を得るために、なにがいちばん重要な要素だったと考えていますか？」

バフェットは「集中《フォーカス》」と答え、「ビルもおなじ答を口にした」と回想している。バフェットはしばしば、「企業の宿命的な問題」について口にした。それは企業が「どうしても自己目的化しがちで、同業他社に先んじるよりも真似をする傾向がある」ことだとシュローダーは指摘する。企業は過去に一番うまくいったやり方にしがみつき、未来に目を向け続けることが難しくなるのである。

企業の将来性をレーザー光線のような集中によって見抜くバフェットの能力によって、一九九三年にバークシャー・ハサウェイの株は一株一万八〇〇〇ドルに達した。バフェット個人の資産は八〇億ドルを超えた。昔からのパートナーがバフェットの最初の投資ファンドに一〇〇〇ドル投資していれば、そのお金は六〇〇〇万ドルになっていた。バフェットの家族は、バフェットが三万一五〇〇ドルでオマハに買った家（訳注　一九五七年に購入した）にずっと暮らしていた。十分な広さはあるが、決して大邸宅ではないその家で、スージーは夫のウォーレンが仕事以外のことに煩わされないように献身的に世話を焼いた。スージーは無私無欲な性格で、夫の世話をする傍ら、人助けのためにさまざまな活動に打ち込んだ。しかしスージーはやがて、そうした生活の中で満たされなかった自分自身の欲望や野心を叶えたいと思うようになり、夫婦は次第に別々の生活をするようになった。スージーは有名な年次株主総会をはじめとしてバークシャー・ハサウェイの行事にはすべて参加し、休暇中は家族と共に過ごした。しかしとうとうスージーは歌手になる夢を追いかけ、幅広い友人たちとのつきあいを楽しむために家を出た。そして親しくしていたアストリッド・メンクスという女性にバフェットの世話を頼んだのである。やがてアストリッドはバフェットと一緒に暮らす永続的なパートナーになった。実に奇妙な取り決めではあったが、バフェットはスージーと離婚せず、スージーが二〇〇四年に亡くなるまで妻への支援を惜しまなかった。

仕事と人生に活かすために

シュローダーが本書を執筆している頃、バフェットの資産は三〇〇億ドルに達していた。二〇一七年にバフェットが所有するバークシャー・ハサウェイの株を売却すれば、その額はおよそ八〇〇億ドルになっただろう。バフェットは自分の死後、遺産の大半をビル&メリンダ・ゲイツ財団に寄付することに決めている。ゲイツ財団には自分よりはるかに慈善事業に関する専門知識があると考えたからだ。その時が来れば、複利効果でバフェットの富の「雪の玉《スノーボール》」はさらに大きくなり、おそらく二倍にふくれ上がっているだろう。

ありきたりの投資家にとって、「株式は長く持っているものだ。生産性が上がれば、それにつれて株価も上昇する」とバフェットは考えていた。普通の投資家は、市場全体の株価に連動している低コストのインデックスファンドに投資し、市場全体から上がる利益を長い時間をかけて手にするのが一番いいとバフェットは助言している。バフェットは二〇〇七年に、複数のファンドで構成されるヘッジファンド（訳注　分散投資によって市場が上がっても下がっても利益を出すことを目的としたファンド）がS&P500インデックスファンドの成績を上回ることができるかどうか賭けをした（勝者の収益は慈善団体に寄付することにした)。ヘッジファンドを運用する会社が挑戦者として名乗りを上げ、挑戦者はヘッジファンドに、バフェットはS&P500インデックスファンドにそれぞれ一〇〇万ドルを投資した。一〇年後の二〇一七年に結着したこの賭けは、インデックスファンドの圧勝だった。バフェットが投資した一〇〇万ドルは倍近く増えたが、高い運用手数料を取るヘッジファンドは二五万ドルしか増やせなかった。バフェットは毎年恒例の株主への手紙でこの賭けに触れ、資産家はお金を出せば、よりよい運用成績を手に入れる権利が得られると思っているが、最高のリターンはしばしば非常に低い手数料で運用されるごく普通の投資手段から得られると述べている。欲を出して高いリターンを追求すれば、たいてい悲惨な結果に終わる。長い目で見れば、一般的に企業の生産性は上がるし、経済は成長するという事実を信頼する方がいい。自分の先見の明や小賢しさに頼らず、国全体の繁栄を信じるべきなのだ。

35

1990

学習する組織

ピーター・センゲ

偉大な企業はコミュニティであり、
あらゆる社員の能力が最大限に発揮できるような
組織作りに真剣に取り組んでいる。

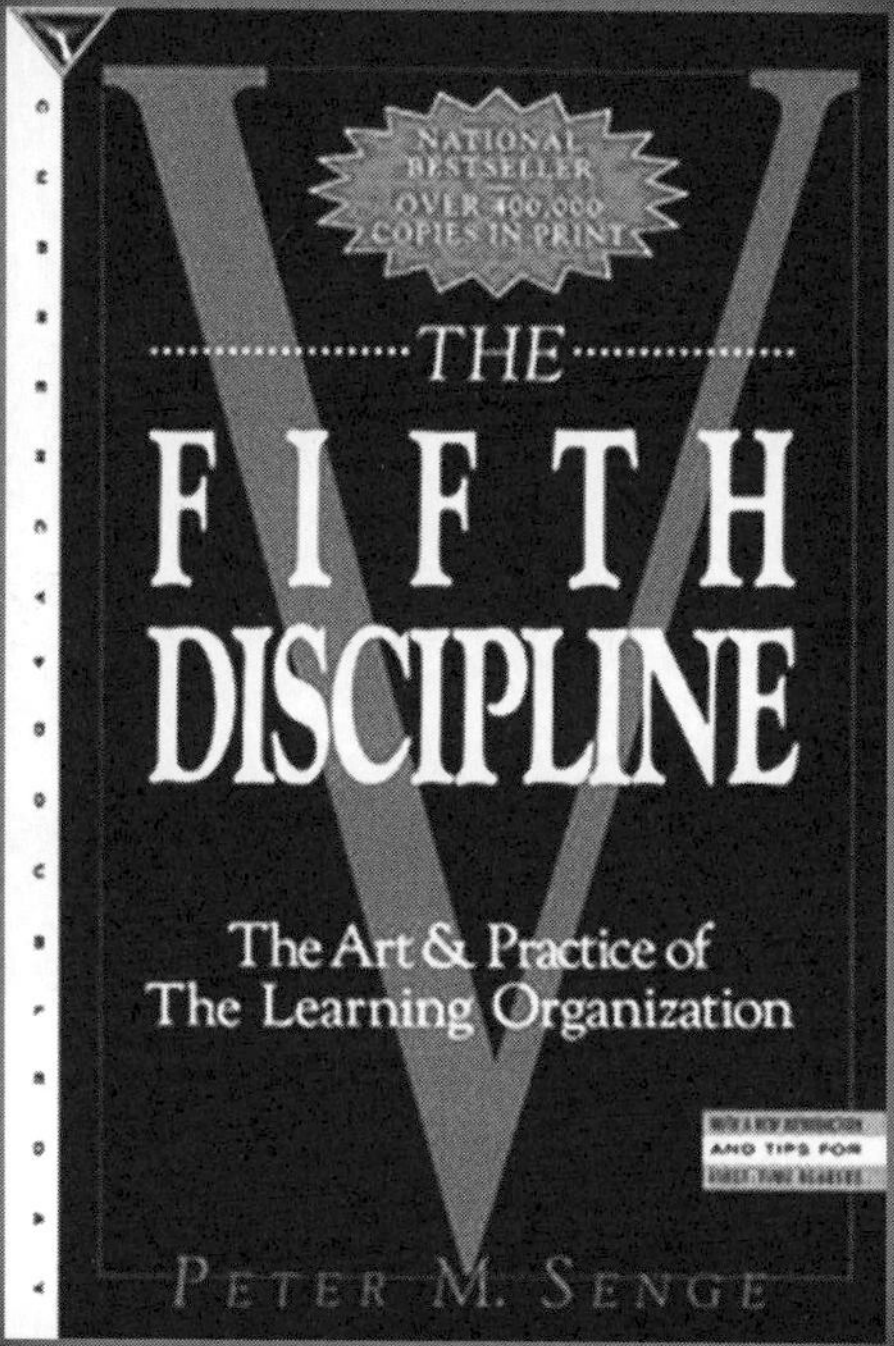

邦訳

［学習する組織―システム思考で未来を創造する］

英治出版　枝廣淳子・小田理一郎・中小路佳代子 訳

私たちは誰もが構造――私たちの考え方にも、私たちが身を置いている対人関係や社会的環境にも埋め込まれた構造――の中で身動きがとれなくなっているという見方をし始める。互いの落ち度を探そうとする条件反射的な傾向は次第に消えていき、私たち皆の行動に作用している力をより深く理解するようになる。

❀

『学習する組織』はセンゲが注目を浴びるきっかけとなった著作で、初版は二五〇万部の売り上げを記録した。本書のテーマは、企業が学校のように経営され、教師である上司が生徒である部下に何をすべきかを指図している限り、企業は決して潜在能力を十分に発揮できないという主張である。そうした企業では、社員は状況の真の改善よりも、上司が気に入る「正しい」答を出すことだけを考える。技術的な問題解決が重視され、、システムの欠陥は無視される。意見の対立は軽くあしらわれ、表面的な調和が好まれる。マネジメントとコントロールが同一視される。そして社員間の競争意識が真のイノベーションを阻害する。そのような日和見的な組織では、社員は「機に乗じて個人的な権力や富をわしづかみ

Peter Senge

ピーター・センゲ

センゲは一九四七年にカリフォルニア州スタンフォードで生まれ、スタンフォード大学で航空宇宙工学と哲学を学んだ。さらにMITでシステム・モデリングを学んで修士号を取得し、MITのスローン・スクール・オブ・マネジメントで博士号を取得した。一九九七年にMITに組織学習協会（SoL）を創設した。センゲはフォード、クライスラー、シェル、AT&Tなどの企業と協力して組織開発に取り組んできた。センゲは定期的に瞑想を実践しており、彼の哲学は禅の思想に大きな影響を受けている。

他の著書に、『フィールドブック学習する組織「5つの能力」』（一九九四年）、『出現する未来』（二〇〇五年）、『持続可能な未来へ―組織と個人による変革』（二〇一〇年）などがある。

にする」ことに集中する。対照的に、センゲの説く学習する組織は、恐怖ではなく共有された目標を、上司を喜ばせる努力ではなく好奇心を基盤とする。

ビジネスに対するセンゲの全体論《ホリスティック》的な見方は、物理学者デヴィッド・ボームの「全体性」の哲学に強い影響を受けている。「本書で紹介されるツールや考えは、独立した、互いに関連のない力で世界が創られているという思い込みを打ち砕くためのものだ」とセンゲは書いている。その思い込みを捨てれば、人々が心から目的を共有し、「共に学習する方法を人々が継続的に学んでいる」組織を築くことができる。未来の組織は、ヘンリー・フォードやアルフレッド・スローン（GM社長）、トーマス・ワトソン（IBM社長）、ビル・ゲイツのように、一人の「大戦略家」が経営のトップに立つのではなく、成長し、適応する一種の有機的な機械のような性質を持つ必要があるとセンゲは指摘している。そのような組織になって初めて、企業は本当の意味で長期的な持続性を獲得できる。

学習する組織とは何か

学習する組織と、命令やコントロールを基盤とする伝統的な組織の違いは、いくつかのディシプリン（訳注　学習し習得すべき理論と技術の総体）が組織に定着しているかどうかだとセンゲは言う。学習する組織に求められるディシプリンには次の五つがある。

自己マスタリー

自己マスタリーとは、明確なビジョン、集中、忍耐心、客観的視点を身につけることである。あらゆる組織は、組織内の個人の自己マスタリーに真剣に取り組まなければならない。それをしない組織は、個人のエネルギーや潜在能力を引き出すことができない。

メンタル・モデル

メンタル・モデルとは、私たちが世界を理解するときに前提として持っている考え方であり、世の中の仕組みに対するイメージである。私たちはたいてい自分のメンタル・モデルに気づいていないため、学習する組織は、各自が持つメンタル・モデルを検証する必要がある。

共有ビジョンの構築

リーダーのカリスマ性や一時的な危機に対する反応によって組織をまとめるのではなく、偉大な企業は人々に自発的に受け入れられる崇高な目的を持つ必要がある。

チーム学習

チームのメンバーがともに学習すれば、一人の場合では考えられないほど急速な成長が期待できる。ほとんどの企業に典型的に見られる勝者が自分の考えを押し通す「ディスカッション」と違って、チームが自己防御の必要のないダイアログ（訳注　対話の一つの形式）、深い内省、徹底した開放性を実践しなければ、学習する組織は生まれない。

システム思考

システム思考は、あらゆるものが相互に関連していると理解することである。

システム思考は第五の、そして最も重要なディシプリンであるとセンゲは言う。すべてのディシプリンは相互に依存し、一貫性のある全体の一部をなしていると理解するには、システム思考が不可欠だからだ。ＭＩＴでシステム・ダイナミクス（訳注　複雑なシステムの変動を分析するシミュレーション手法）を学んだセンゲは、世界が直面する難題の大部分は、それらの問題の複雑性と相互関連性を人々が把握できないことに関係があると考えるにいたった。政府は環境、格差、財政赤字などの問題を対症療法的介入によって解決しようとする。それらの問題の根源はしばしば誤ったメンタル・モデルにあるのだが、根本的な原因は探求されないまま放置される。複雑性を認め、物事を個別の事象の連続ではなくシステムとみなすことが、強力な組織を創造する最も重要なステップである。複雑性と相互関連性を認めたとしても、自分を環境に翻弄される存在とみなすわけではない。むしろ環境を形成しうる者として自分を見るのである。学習する組織とは、「未来を創り出す能力を持続的に伸ばしている組織」であるとセンゲは言う。

学習という言葉は、今では「情報を取り込むこと」という意味で用いられているが、そのせいで学習には退屈で無味乾燥なイメージがつきまとっているとセンゲは指摘する。真の学習とは、意識の変容を通じて自分自身を再形成することである。子供時代に学習障害が見過ごされるのは悲劇的なことだが、企業の学習障害に気づかないのもやはり悲劇的である。学習障害のある企業には、次のような現象が現れる。自分の仕事しかせず、組織全体について考えない。少なくとも問題の半分は常に内部にあるのに、「悪いのはあちら」と考える。真の成功は自分自身の問題を顧みることによって得られると気づかず、競争相手や訴訟相手を攻撃する。産業や市場を形成しているのは長期的な変化やパターンであるにもかかわらず、短期的な出来事だけに目を向ける。

企業は問題の原因となる特定の構造や慣習を発見すると、喜んでその構造や慣習を根絶するか、変えようとする。しかしそれでは十分ではないとセンゲは言う。本当の意味で学習する組織は、問題のある構造やシステムだけではなく、問題のそもそもの原因を作った考え方に焦点を当てる。学習する組織は、自分たちの未来を危険にさらす誤った前提がないかどうかを確認するため、常に自分たちの思考モデルを検証している。

メンタル・モデル

長年アメリカの自動車産業は、自動車は何よりも地位の象徴であり、品質よりもスタイルが重要である、そしてアメリカの自動車市場は世界の他の市場から隔離されているという信条を基盤としていた。こうした信念は長い間現実を反映していたとはいえ、永遠に通用するわけではなかった。ところがアメリカの自動車メーカーは、こうした信念が「メンタル・モデル」に過ぎないことに気づかず、事実だと信じていた。センゲは「メンタル・モデルに学習を妨げる——企業や産業を時代遅れの慣行の中で硬直させる——ほどの力があるならば、逆に学習を加速するのにそれを利用できないだろうか？」と問いかけている。

一九七〇年代にロイヤル・ダッチ・シェルのプランニング・チームは、石油の生産と消費の順調な成長の時期は終わりに近づいているのに気づいた。さまざまな理由から、世界の主要産油国はこれまでどおり石油を産出することができなくなり、石油輸出国の「売り手市場」になると予想された。シェルのプランニング・チームはＯＰＥＣのカルテルや世界を揺るがすオイルショックを予見したわけではなく、未来に起きる変化の概略を予測しただけだったが、シェルのマネジャーたちは耳を貸そうとしなかった。予測された未来は、これまでの経験とはことごとく矛盾していたからだ。プランニング・チームは彼らが出した予測をマネジャーに真剣に受け止めさせるため、新たな手を打った。経営陣のトップが期待している順風満帆の未来が実現するためには、前提となる条件がどれほど確実でなければならないかをマネジャー自身に確認させたのである。マネジャーたちはじっくり検討した末に、バラ色の未来がいかにありえないかを理解し、メンタル・モデルの変更を余儀なくされた。その結果、石油危機が起きたとき、シェルは他社とは異なる対応を取った。その一つがＯＰＥＣ諸国以外での急速な油田開発である。シェルはセブン・シスターズと呼ばれる石油会社上位七社の中では最弱とみなされていたが、一九七〇年代末にはエクソンに次いで業界二位に躍り出た。一九八〇年代初頭には、想定される未来のシナリオを描いて変動に備えるシナリオ・プランニングの手法と、マネジャーが持つメンタル・モデルの検証がシェルの企業文化の一部になった。

自己マスタリー

学習とは、「知識を増やすという意味ではなく、人生で本当に望んでいる結果を出す能力を伸ばすという意味だ」とセンゲは考えている。高度な自己マスタリーに達した人は、「どうすれば今の現実をもっとはっきり見ることができるか」を絶えず学んでいる。彼らは自分の無知をはっきり自覚しているが、同時に、学ぶべきことはすべて学んだと考えている人々よりも自信と確信を持っている。

アメリカの老舗保険会社ハノーバー・インシュアランスの元CEOビル・オブライエンは、同社を改革するためにセンゲとその同僚たちの思想を経営に取り入れた。一九八〇年代に、ハノーバーは業界の底辺から優良企業の一つへと急成長した。オブライエンがセンゲの教えを積極的に受け入れたのは、「感情面が十分に発達すれば、持てる力を発揮するうえで何よりも有効なレバレッジとなるからだ。（中略）社員の全人的な発達は、超優良企業になるというわが社の目標の達成に不可欠だ」と信じていたからである。マネジャーは社員をコントロールする、あるいは管理するという考えを捨てて、「社員が最大限豊かな人生を送れるような環境を提供する」ために努力しなければならない。それを実現するには、企業はただ利益や市場シェアの目標を持つだけでなく、明確な目的や説得力のある存在意義を示す必要がある。企業の目的の中には、しばしば人々の――社員と顧客の両方の――啓蒙や解放が含まれる。人々の独立性と創造性を高め、人生をよりよく快適にするための手助けをすることが、企業の目的の一つである。

センゲはビジョンと目的を区別している。ビジョンは具体的なもの、たとえば「２０３０年までに人類を火星に送る」というのはビジョンだ。目的はもっと抽象的なもので、たとえば「宇宙を探求する人類の能力の進歩」は目的である。自分自身より大きいもの、すなわち全体に対する共感や献身は、常に偉大な力を生む。「高度な自己マスタリーに達した人に特有のつながりや思いやりの感覚があれば、自然と視野の広いビジョンにつながる。それがなければ、この世界での潜在意識の視覚化は何もかもひどく自己中心的なもの――単に自分のほしいものを手に入れる方法――になってしまう」とセンゲは言う。

自己マスタリーの重要な部分を占めるのは、真実に真剣に取り組むことだ。言い換えると、潜在能力を十分発揮する妨げとなる自分の思考パターンや盲点に積極的に気づこうとすることである。人に自己啓発を強いることができないように、組織を自己マスタリーや学習に強制的に参加させることはできないとセンゲは述べている。自己啓発プログラムへの参加を強要された社員が、自分の宗教的な信念に反するという理由で会社を訴えた例もある。企業ができること、すべきことは、「メンバーが安心してビジョンを描くことのできる組織、真実の探求や真実に忠実であることが当たり前になっている組織、現状に対して（中略）異議を唱えることが期待されている組織を築くこと」である。学習する組織を創造するために最も効果的なのは、リーダーやマネジャーが模範となって自分自身の自己マスタリーの探求を周囲に示し、組織を自然に自己マスタリーの探求へと導くことだ。リーダーが周囲を勇気づける手本を示すことで、組織は本質的に高圧的なシステムであるという考えを払拭できる。むしろ逆に、組織は個人の発展と解放の手段になることができるのである。

共有ビジョン

経営陣の誰かが組織にビジョンを押し付けたとしても、社員は単に追従するだけで、ビジョンにコミット（訳注　その実現を心から望み、責任を感じている状態）しているわけではない。ビジョンが有意義で強力であるためには、そのビジョンが組織の全員に共有される必要がある。心理学者のアブラハム・マズローが述べているとおり、傑出したチームでは、「自己がこの任務と強く一体化している」のである。

共有ビジョンがあれば、人はビジョンを実現するために何でもしたいと考え、勇気が湧いてくる。ビジョンが組織に普及するには時間がかかる。ビジョンが明確であればあるほど、それを支持する熱意が高まり、「コミュニケーションと高揚感の自己強化型の好循環」が生まれる。多くの企業は、ビジョンに基づいて経営していると主張しながら、実際には目の前の出来事に反応しているに過ぎない。企業が変化に乗り遅れまいと絶えず方針を変え、公にしたビジョンを貫く努力をしなければ、その企業が何を目的としているのか人々には見えなくなる。「大きな夢のないところに、小事がはびこる」とセンゲは言う。

センゲは問題の根源を自分の内側に求めるべきだと語り、現実を作り出すのは各自の心の状態だと述べた。これは非常に仏教的な考え方である。実際、センゲの思想の大部分は、受け入れるのに少し時間がかかる。批判されたらすぐ反応し、相手を非難し、張り合って勝つために全力を注ぐ西欧的な考え方とセンゲの思想は相いれないからだ。真の共有ビジョンは独創性や個性を発揮する妨げにはならない。したがって共有ビジョンは、個人や縦割り組織の攻撃的な対応の必要性を本質的に超越しているのである。

仕事と人生に活かすために

本書が出版された一九九〇年には、センゲの思想はかなり大胆で革新的だったが、その内容は、ダグラス・マグレガー（訳注　419ページ参照）が一九六〇年に『企業の人間的側面』で唱えた理論をいっそう論理的に表現したものと考えることもできる。いずれにしても、今では多数の企業が現状の打破や飛躍のために、センゲ流のダイアログ、徹底した開放性、メンタル・モデルの検証を意欲的に取り入れている。それらの企業の目的の一つは、職場をもっと活気ある楽しめる場所にして、社員が燃え尽きないようにすることだ。同時に、他社が近視眼的な思考によって衰退していく中で、生き残りを賭け、市場を開拓したいという思惑もある。

マネジメント思想家のピーター・ドラッカーはかつて、「企業にとって利益を上げることは、人間にとっての酸素のようなものである。十分な利益がなければ脱落する」と語った。センゲはこれに対して、「利益を目的とする企業は、『人生の目的は息をすること』と考える人のようなものだ。こうした企業は、大切な何かを失いつつある」と述べた。企業が収益だけを重視すれば、社員や入社希望者には、その企業の目的は物質的利益だけだとすぐに伝わる。会社の発展以外に何の関心もない会社は、帰属意識や忠誠心を育むのは難しいだろう。社員はそんな会社のために熱意を持って働く気になれず、機会さえあれば転職しようと考えるだろう。シェルに勤務していたアリー・デ・グースは、企業の持続性に関する研究（一九九七年、邦訳は『企業生命力』、堀出一郎訳、日経BP社、二〇〇二年）の中で、最も長く存続している企業は、自らを機関としてよりもコミュニティとして考えていると指摘した。

センゲは、「日本人は、偉大な組織を築くことは木を育てることに似ており、二五年から五〇年はかかると考えている」と指摘している。偉大な企業になるには、常に目先の状況に対処すると同時に、ただ存続するだけでなくリーダーになる未来を想像しながら進化しなければならない。そのためには学習する組織になることが不可欠なのである。

36

1963

GMとともに

アルフレッド・P・スローン

マネジメントがすぐれていれば、
企業は市場の変化にすばやく対応して成長できる。

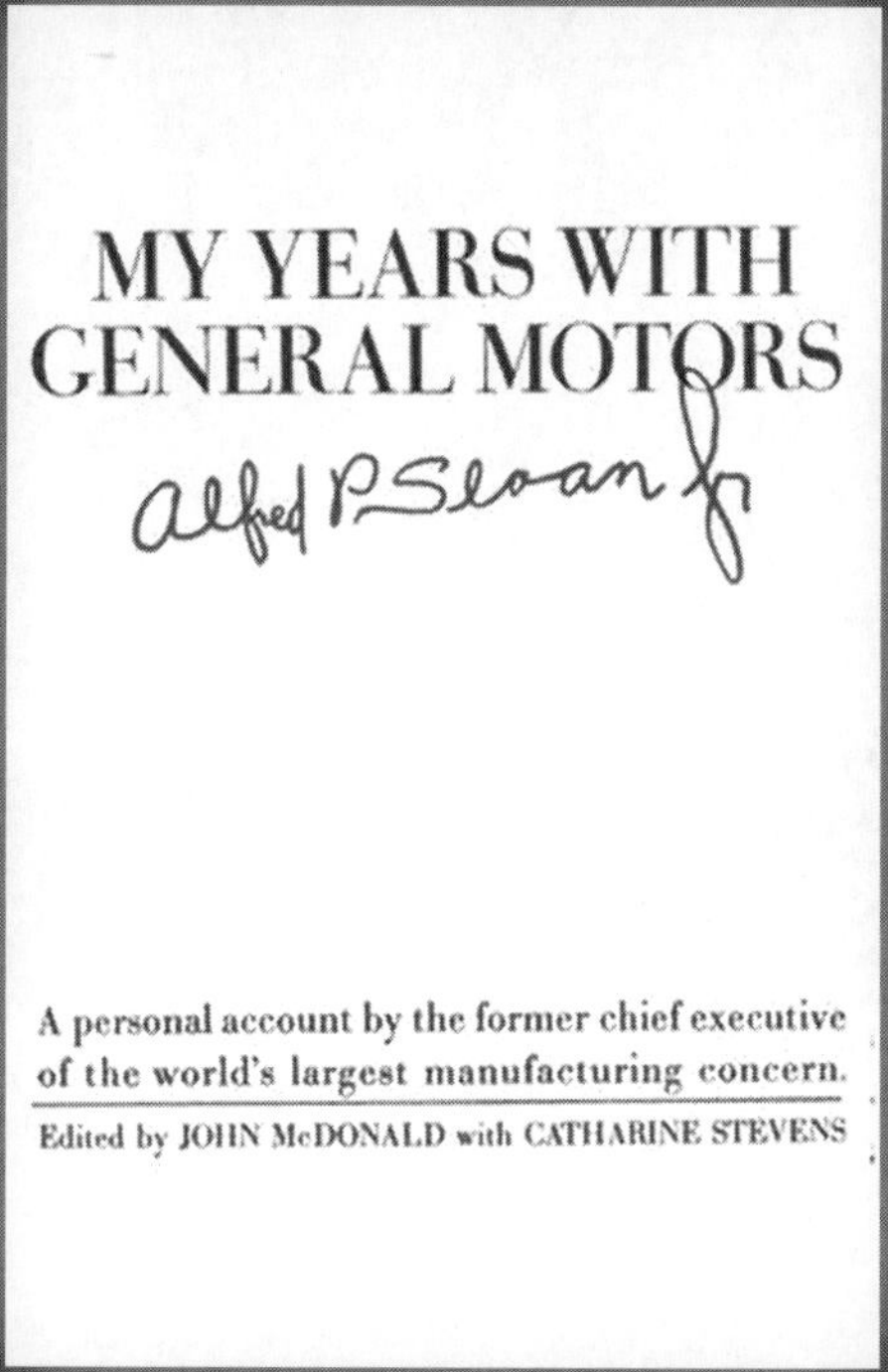

邦訳

[GMとともに]

ダイヤモンド社　有賀裕子 訳

私自身も常に、「計画は大胆に」を信条としてきたが、後に必ず大胆さが足りなかったと悔やむのだった。

❀

ビジネス書の「名著」と呼ぶにふさわしい本があるとすれば、『GMとともに』はまさにそれだ。本書は出版と同時に多数の称賛を浴び、ビジネススクールの必読書となった。

ビル・ゲイツは一九九五年に『フォーチュン』誌の記事で、「ビジネス書をどれか一冊読むとすれば、この本がおそらく最高だと思う」と述べている。ゲイツは巨大企業マイクロソフトを率いるにあたって、スローンの組織論、経営陣の士気を保つ方法、競合他社との戦い方に勇気と価値を見いだした。現代の一般的な読者は、この本がそこまで熱狂的に支持され、大ベストセラーになった理由がわからないかもしれない。今ではもう昔話になってしまったが、自動車産業は、かつてはテクノロジーとマネジメント技術の粋を集めた刺激的な産業だった。世間の評価と関心の高さという点では、ゼネラル・モーターズ（GM）、フォード、クライスラーは、現在のアップル、グーグル、アマゾンに匹敵する企業だっ

Alfred P. Sloan

アルフレッド・P・スローン

スローンは一八七五年にコネチカット州で生まれ、一〇歳からニューヨークのブルックリンで育った。父親は紅茶、コーヒー、タバコなどを扱う卸売商を営んでいた。スローンは一八九五年にマサチューセッツ工科大学（MIT）で電気工学の学位を取得し、ハイアット・ローラー・ベアリング・カンパニーに入社した。

GMの社長を退いた後も、スローンは取締役会長として影響力を行使し、方針策定委員会にも加わっていた。しかし一九五六年に妻アイリーンを亡くした後、すべての役職を退いた。

スローン夫妻には子供がなかった。GMの一パーセントの株を所有するスローンは、その莫大な資産を慈善活動に注ぎ、スローン財団（科学、テクノロジー、経済学を支援し、現在までの寄付金は一八億ドルに達する）、

たのだ。しかし一九五〇年代は、今と違って産業界の大物が気軽に本を書く時代ではなかった。

スローンが執筆した本書は、近年のベストセラーとなったビジネス書とはかなり趣が違う。GMの創成期から全米最大の自動車メーカーになるまでの波乱万丈の歴史が描かれているが、それにしてはスローンの文章は淡々としたものだ。スローンと、ゴーストライターとして本書の執筆に協力した『フォーチュン』誌のジョン・マクドナルドは、GMの社内文書や経営方針書、組織図が読者の興味を引くと思ったのだろう。スローンはビクトリア時代の紳士を思わせる高潔で真面目な人物だったが、GMの年次報告書を読むのと同じで、本書を読んでもスローン自身の人柄についてはほとんどうかがい知ることはできない。本書から有益な原則をつかむことはできるが、そのためにはウィリアム・デュラントによるGMの創設から、フォードとの競争、一九二〇年と一九二九年の恐慌、GMの国防への貢献、海外事業、労使関係、そして自動車のスタイリングやエンジニアリングにおける進歩まで、二四章におよぶGMの歴史をじっくり読み込む集中力が要求される。

ニューヨークのスローン・ケッタリング癌研究所、MITスクール・オブ・インダストリアル・マネジメント（現在のMITスローン経営大学院）を設立した。また、スタンフォード大学ビジネススクールおよびロンドン・ビジネススクールで、スローン・フェローと呼ばれるプログラムに資金を提供している。

成長を共にした自動車産業とスローン

一九〇〇年にはアメリカで登録された自動車は八〇〇〇台しかなかった。当時の自動車は富裕層や銀行家の道楽とみなされていた。まだ自動車の信頼性に不安があり、整備された道路もほとんどない時代である。一九三〇年代になると、自動車は二七〇〇万台まで増加した。製品やサービスの輸送がはるかに便利になり、労働者や農家の人たちは仕事に行く時間を短縮できた。自動車の普及によって郊外の不動産市場が値上がりし、中流階級の消費者文化が花開いた。自動車が「これほどまでにアメリカと世界を変え、経済全体を揺るがし、新しい産業を生み出し、日々の生活のペースやあり方を一変させてしまうとは、最初は誰一人として考えていなかった」とスローンが言うように、自動車の需要がどれほど増えるか、自動車がアメリカ経済をどのように動かし、文化を変容させるかを予想できた者は誰もいなかったのである。

一九〇八年（訳注　デュラントがGMを設立した年）の自動車産業は、多数の独立した小規模な自動車メーカーがひしめきあっていた。ウィリアム・デュラントは自動車業界の統合を目標に、ビュイック、オールズ、オークランド、キャデラックといった自動車メーカーを傘下に収め、GMはそれらの会社の株を保有する持ち株会社となった。しかしこの時期のGMの総生産台数は、まだ年間八〇〇〇台に過ぎない。大胆で才気あふれるデュラントは、この頃すでに年間一〇〇万台の自動車が売れる時代の到来を予測していたが、信じる者は誰もいなかった。GMが財政難に陥ると、デュラントは一九一〇年にGMの経営権を銀行に奪われる。しかしその後すぐに、デュラントはGシボレー・モーター・カンパニーを設立した。シボレー社が順調に拡大すると、デュラントはG

Mの経営権を取り戻すため、シボレーの株と引き換えにGMの株を手に入れていった。デュラントは一九一六年にGMの経営者に返り咲いた。

アルフレッド・スローンは大学を卒業後、ニュージャージー州のハイアット・ローラー・ベアリング・カンパニーに入社した。同社が経営難に陥ると、スローンの父親が経営再建資金を提供し、スローンはゼネラル・マネジャーに就任した。スローンは会社の立て直しに成功し、自動車産業の成長とともにベアリングの需要が増加して、ハイアット社は利益を上げた。最大の得意先はフォードで、GMは二番手だった。一九一五年にGMのデュラントがハイアットを一三五〇万ドルで買収し、ユナイテッド・モーターズ・コーポレーションという新会社を設立すると、スローンと彼の父親はこの会社のかなりの株を受け取り、スローンは社長に就任した。一九一八年に同社がGMに吸収されると、スローン自身にとっても思いがけないことに、彼は自動車産業の経営陣の一人となった。

マネジメントの達人

私財のほとんどをGM株で持っていたスローンは、デュラントの経営方針に注意を払うようになった。デュラントの経営のまずさからGMが苦境に立たされると、四〇代半ばのスローンは一カ月の長期休暇を取り、真剣に退社を考えた。しかしデュラントが疑惑（株式投資の失敗）を追及されてGMを去ったため、スローンにチャンスが巡ってきた。

スローンが『組織についての考察』と題する二八頁ものレポートを執筆すると、このレポートはGM中に配布された。当時のGM社長ピエール・デュポンは、スローンがレポートで提案した組織プランをGMの組織構造の土台として採用した。スローンは実質的なエグゼクティブ・バイスプレジデントとしてデュポンを補佐した。立場はあくまでも副社長だったが、一九二一年にはスローンはすべての業務を指揮するようになった。

スローンが提案したのは事業部制による組織の分権化である。事業部の最高責任者には方針を決定する権限を認め、ボーナス制度とストックオプション（自社株購入権）制度によって業績に応じた報奨を与えた。分権化と本社によるコントロールの「中庸の道」を歩むことによって、経営陣はGMのような大企業の中でさえ、ある程度の企業家精神を発揮できるようになった。スローンはGMの組織をフォードと比較して、フォードでは意思決定の権限をすべてヘンリー・フォードが握り、単一車種のT型フォードを生産し続けたと述べている。今日では分権化や経営陣の意欲を高めるストックオプション制度は当たり前になったが、スローンの時代にはまだ珍しかった。

分権的なマネジメントを推進しながら、本社によるコントロールを維持しようとするのは矛盾があったとスローンも認めている。しかし実際には、GMほどの大企業をうまく経営していくには、それが唯一の方法だった。経営陣の一人として、スローンは命令や支配ではなく、部下にやりがいや影響を与えることを大切にした。部下に指示を与えるのではなく、自分の理念を理解させることによってGMを経営しようとしたのである。「事業部制という組織形態。ただ命令するのではなく相手の納得を引き出そうとする伝統。この二つが重なり合って、すべての管理者層には、何らかの提案を行う際には十分な理由を用意することが求められている」とスローンは書いている。また、スローンは少数の経営陣による決断がどれほど天才的なひらめきに見えたとしても、合意による意思決定の方がたいていすぐれていると考えていた。

スローンは方針の立案と実行を明確に分離する制度を導入した。方針策定のためには、エンジニアリング、流通、海外事業、研究、人事、広報などをそれぞれ担当する複数のポリシーグループを設置した。すべてのポリシーグループはGM全体の方策決定を担っているが、各事業部の日々の業務にはタッチしない。ポリシーグループはすべての事業部をまとめ、一つの会社としての意識を持たせる役割を果たした。こうした組織作りは今では珍しくないが、事業部のトップに裁量の余地を与えながら、一つの企業としての調和と方向性を常に意識させたという点で、スローンは時代の先端を行っていた。スローンはこう語っている。

> 分権化を進めると、進取の精神、責任感、個人の能力、事実に基づく判断、適応力――すなわち、組織が新しい状況に対応するうえで欠かせない資質をすべて引き出せる。全体の調和を図ると、効率性と経済性を高められる。

スローンは資金コントロールと財務には集権的な仕組みを取り入れた。およそ一〇〇行の銀行にゼネラル・モーターズ・コーポレーション名義の口座を開き、各事業部の売上収入をすべてそこに入金させて、事業部がそれぞれの資金ニーズに備えて現金を蓄えておく習慣をやめさせた。GMの財務コントロール制度は他の大企業のモデルとなった。また、スローンは資材や部品の調達や購入も本社が管理する制度を作り、支出を大幅に削減した。事業部の自由に任せ過ぎると本社のコントロールがきかなくなるが、事業部からの情報収集と財務を合理化した結果、本社が各事業部の業績データを確実に管理できる仕組みができたとスローンは言う。本社はこのデータを利用して、会社全体の利益を上げるための方針を決定できるようになった。

スローンのもとでGMは世界最大の企業に成長した。北アメリカの乗用車およびトラックの総生産台数の半分を生産し、海外ではドイツのオペル、イギリスのボクスホール、オーストラリアのホールデンスなどの子会社を通じて自動車を製造した。アメリカ政府からは独占禁止法違反の疑いで非難されたが、スローンは「ビッグビジネス」の価値を信じていた。それは市場を独占するためではなく、効率と、より適切な資源の分配を実現するためである。

しかし目指すのは規模そのものではなく、成長だとスローンは言う。各事業部に実行面の裁量権を与えながら、方針面では全社が協調する組織構造によって、GMは一人の人間に権力が集中するのを防ぎ、成長を可能にした。偉大な組織はすぐれた構造によって合理的に経営されるべきで、決して個人の独断に任せてはいけない。実際、スローンが本書を執筆した目的は、従業員六〇万人を抱える大企業を経営していても、変化にすばやく対応する融通性のある組織作りが可能だと示すことだった。

戦略の達人

スローンが社長に就任したとき、GMは高級車のビュイックとキャデラックを製造し、高価格市場ではリードしていた。しかし低価格市場はT型フォードの独壇場だった。中価格市場ではG

Mはオールズ、オークランド、シェリダン、スクリプス－ブースなど、似かよった車種をいくつも出していた。販売台数はGMの四〇万台に対し、フォードは一〇〇万台以上（低価格・大量生産のT型フォードと高価格・少量生産のリンカーンの合計）で、GMのシェアは自動車市場全体の一二パーセントだった。

スローンは不必要な車種を整理することに決めた。GMは単に自動車を作るのではなく、何よりもまず利益を上げる会社になるべきだと考えたのである。そのため、GMはすべての価格セグメントで大量生産の自動車を販売し、GM車同士は競合しないという方針を立てた。こうして低価格のシボレーから高級車のキャデラックまで、各セグメントに一つの車種を提供する製品ポリシーが固まった。車種の買い替えという考えが広まったのはスローンの時代である。消費者は収入の上昇に応じて、一生の間にシボレーからオールズ、ビュイック、キャデラックに乗り換えるが、ずっとGMの「ファミリー」であり続ける。GMはこうして富裕層だけでなく全国民の需要に応じられるようになり、「すべての所得層のすべての目的に応える」というスローガンが生まれた。また、GMの製品ライン全体で互換性のある部品を多数使用することにより、規模の経済を達成して、製品コストを大幅に引き下げた。

企業は実際の製品やモデルだけでなく、ポリシーでも競い合っているとスローンは考えていた。企業がその業界をどう考え、どう理解しているかによって、それぞれのポリシーが決まる。GMは「すべての価格セグメントに参入する」という製品ポリシーによって、限られた車種に絞り込んだフォードとの明確な差別化を行なった。GMの経営陣は、GM車が必ずしも全セグメントでトップに立つ必要はないと考えていた。幅広い製品ラインを提供する戦略が成功して、会社全体が利益を上げられればそれでよいという戦略だった。

販売を促進するために毎年各車種の新型モデルを売り出す「年次モデルチェンジ」のコンセプトは次第に定着していった。消費者を中心に据えたこの販売戦略は、当然ながら販売の最前線に立つディーラーを喜ばせた。単一モデルを守り続けるフォードの製造者中心の戦略とは対照的だった。

一九二〇年代半ばに自動車の売上は大きく増加した。その要因は割賦販売と年次モデルチェンジである。割賦販売のおかげで庶民が自動車のように値段の高い製品を購入できるようになった。年次モデルチェンジをせず、同じ車を売り続けたフォードはGMにシェアを奪われた。大恐慌が起きたとき、GMはまず売上の三分の一を失い、その後も売り上げは急落を続けた。生産台数は三分の一に落ち込み、一九二〇年代に得ていた多額の利益は雲散霧消した。しかし驚くべきことに、この時期でさえGMは赤字を免れた。大恐慌はGMの経営を見直し、改革するチャンスとなった。

スローンのもとでGMは自動車業界全体を上回る速度で成長し、フォードを抜いて自動車メーカーのトップに立った。一九四〇年代半ばには年間二〇〇万台の乗用車およびトラックを生産し、一九五〇年代には誰もが第二次世界大戦後の不況を予測したにもかかわらず、大規模な生産拡大のための設備投資を行なった。GMは利益の多くを再投資に回しながら、株主に多額の配当金を支払うことができた。さらにオートマティック・トランスミッション、パワーステアリング、パワーブレーキ、V8エンジンなど、新たに開発された機能のために生産設備を拡充する必要があり、一九五五年に株を新規発行して三億五五〇〇万ドルを調達した。

GMは自動車の進化にも貢献した。GMが開発した新しい自動車用塗料の「デュコ」によって、ボディに多彩な色を選べる（訳注　それまで自動車はほぼ黒一色だった）ようになった。デュコは乾きが早く、工場での塗装仕上げの時間も短縮できた。また、GMは乗り心地と操作性を向上させるために独立サスペンションをアメリカでいち早く導入し、油圧ブレーキも開発した。専用の「プルービング・グラウンド（実験施設）」を設けて、あらゆる環境条件でのテストを可能にしたのもGMが最初である。また、スタイリングを重視して社内に「アート・アンド・カラー部門」を新設した。この部門は後にスタイリング部門と改称され、一九五〇年代と一九六〇年代にアメリカ車の象徴となる「テールフィン（尾ひれ）」をデザインした。スタイリング部門自体が珍しかった時代に、GMは女性デザイナーの採用でも先陣を切った。スローンはミシガン州フリントに開設した有名なGMテクニカルセンター建設の際も、建築家のサーリネン兄弟に美観を重視した設計を依頼している。一九五六年に完成したこのセンターはモダニズム建築の傑作であり、自動車産業の明るい未来を象徴していた。

もちろんアメリカが経験した目覚ましい経済成長のもとでは、どんな自動車会社でも業績を上げたかもしれない。しかしその中でもGMは市場シェアを伸ばし、利益率を高めた。GMの成功は必然だと思われるかもしれないが、実際にはそうではない。スローンは株主と大衆を満足させながら、従業員、ディーラー、部品メーカーに対する責任を全うするという高度なバランス感覚を要求される仕事をやり遂げなければならなかった。

仕事と人生に活かすために

振り返って見れば、『GMとともに』が出版されたのはGMが最も好調な時期だった。GMが成功したのは他社との競争によって切磋琢磨したおかげだとスローンは言う。しかし皮肉なことに、競争の激化によって自動車産業の利益率は下がり、さまざまな財政的リスクに悩まされるようになった。二〇〇七〜二〇〇八年の世界金融危機でGMの構造的問題が露呈し、GMは破産法を申請して経営破綻した。政府は二〇〇九年に多額の救済資金をつぎ込み、GMを再建して何千人もの雇用を救った。

指摘しておかなければならないのは、GMもフォードも、今のところ電気自動車やハイブリッドカーの開発には出遅れているという点だ。トヨタやイーロン・マスク率いるテスラがこの分野をリードし、グーグルなどの企業が自動運転技術の最先端に立っている。GMは現在も数百万台の乗用車とトラックを販売しているが、将来を見越した投資を怠った報いはすでに経営破綻となって経験済みだ。一九五〇年代でさえ、スローンはGMの将来への投資は今日まで存続するビジネスを育てるには不十分だと知っていた。企業は明日のリーダーになるための戦略を常に用意しておく必要がある。

自動車産業の歴史を知る上で本書は十分読む価値があるが、さらにテクノロジーとエンジニアリングは未来の利益の源であるということが本書を読むとあらためて確認できる。企業が市場で可能性を十分に発揮するには、すぐれたマネジメントと効率的な戦略が不可欠だ。スローンはその両方で達人と呼ばれるにふさわしかった。

37

2015

失敗の科学

マシュー・サイド

何度でも失敗し、
失敗から学んで修正を繰り返すことが、
成功につながるただ1つの現実的な方法である。

邦訳
［失敗の科学］
ディスカヴァー・トゥエンティワン　有枝春 訳

我々が目にする成功は全体のごく一部にすぎない。画期的な理論も、驚くほど安全な航空機も、本物のプロが見せる妙技も、みな氷山の一角だ。しかしその成功の下には巨大な失敗の山が眠っていることを、我々は忘れてはならない。

❀

飛行機は一〇〇年足らずの間に夢物語から危険な冒険に、そして安全でごく普通の乗り物に変化した。今日では航空業界の事故率は二四〇万フライトに一回で、飛行機は圧倒的に最も安全な移動手段である。飛行機事故は皆無ではないとしても、めったに起こらない。医学や薬学も進歩し、人命にかかわるミスはほとんど昔話になった。そんな現代に生きる私たちは幸運だ。ただし、それが本当であればの話だが。

本書はまず、悲劇的な事件の紹介で始まる。二〇〇五年に二人の子供の母親で三七歳のエレイン・ブロミリーは、ごく一般的でリスクがほとんどない副鼻腔炎の手術を受けるために麻酔を投与された。麻酔をすると患者は通常の呼吸ができなくなるため、口から気管チューブを喉に挿入して酸素を送り込む必要がある。エレインのケースでは、担当医師が

Matthew Syed

マシュー・サイド

サイドは一九七〇年にイギリス南部のレディングで生まれた。オックスフォード大学で哲学、政治学、経済学を学んだ後、スポーツジャーナリストになり、英国放送協会（BBC）や『タイムズ』紙でスポーツや文化に関するコメンテーターを務めている。サイドは大学卒業後のおよそ一〇年間、イングランドの卓球選手としてトップの座を守り、一九九二年と二〇〇〇年のオリンピックで卓球のシングルスの試合にイギリス代表として出場した。

他の著書に、『非才！――あなたの子どもを勝者にする成功の科学』（二〇一二年）、『The Greatest: What Sport Teaches Us About Achieving Success（名選手――スポーツから学ぶ成功の秘訣）』（二〇一七年）などがある。

何度も試みたにもかかわらず、チューブが気管に入らなかった。時間がたつにつれ、脳に届く酸素がどんどん欠乏した。医師は極度の集中状態に陥り、気管切開という外科的手段をまったく思い出さなかった。気管切開は喉を切開して穴を開け、チューブを挿して直接気管に酸素を送る。この比較的簡単な手段を使えば、エレインの命は助かったかもしれない。ところが現実にはエレインは昏睡状態に陥り、数日後に亡くなった。

一般的な手術で死亡する確率は、飛行機事故で死ぬ確率の何倍も高い。医療技術の発達が遅れているからでも、医師や看護師がパイロットに比べて人命を軽視しているからでもなく、失敗を報告し、その教訓を生かすシステムが航空業界ほど徹底されていないからだ。

サイドが『失敗の科学』を執筆したのは、「なぜ成功したのかを考える上で、失敗に対する向き合い方がきわめて強力で反直観的な鍵を握っている」と信じるからだ。これはビジネスの場でも重要な意味を持っている。失敗から学ぶために必要なのは、失敗と成功に分かれたプロセスの細部——そのとき実際に何が起きていたか——を徹底的に明らかにすることだとサイドは考えている。

人は失敗を隠したがる

米国医学研究所は一九九九年に発表した「人は誰でも間違える」と題する調査レポートの中で、回避可能な医療過誤によって毎年およそ五万人から一〇万人が死亡していると発表した。二〇一三年に『Journal of Patient Safety（患者安全ジャーナル）』に掲載された論文では、その数は四〇万人にのぼると推定された。二四時間毎に旅客機が二機墜落しているようなものだ。先進国では、回避可能な医療過誤は、がんと心疾患に次ぐ死因の第三位に相当する数になる。調査しにくい個人病院や薬局での死亡事例をデータに含めると、その数はさらに増えるだろう。

回避可能な医療過誤による死亡は、医者の悪意や怠慢が原因ではなく、医者が真面目に治療に取り組んでいるときに起きるとサイドは指摘している。では、これほど多くの死亡事故が起きる理由は何だろうか？　一つは医療の複雑さだ。一万種類を超える症状や病気があるため、誤診や治療ミスが起きる可能性は高い。もう一つの原因は人手不足だ。医師は過労状態で、じっくり考えて判断する時間がない。しかし、それよりさらに重要なのは、どんな組織にもエラーを引き起こす原因となる文化があり、エラーは予測可能なパターンで起きるという事実だ。手術室にいる医師は、集中が足りないせいではなく、集中し過ぎるせいで患者を死なせてしまう。エレインのケースでは、医師が気管挿管しようと夢中になっている間に八分が経過した。その間に気管切開をしていれば、患者の命は助かったはずだ。一人の看護師が医師に気管切開を提案しようとしたが、その意見は無視された。失敗から学ぶのが難しい理由は、そもそも失敗を認めるのが難しいところにある。失敗を認めるのは誰にとっても難しいが、医師のように、長年の訓練を必要とする専門家として尊敬される立場にある人にとっては、なおさら難しい。

サイドはピーター・プロノボストの注目に値する業績を紹介している。プロノボストの父親はリンパ腫を患っていたにもかかわらず、白血病と診断され、五〇歳で亡くなった。もし誤診がなければ、骨髄移植を受けてもっと長生きできたかもしれない。この経験から、ジョンズ・ホプキンス大学医学部教授となったプロノボストは医療業界の改革に取り組もうと決心した。プロノボストは中心静脈にカテーテルを挿入した際に起こる感染症（訳注　カテーテル挿入部からの微生物の侵入）で死亡した数万人の患者を調査して、カテーテル挿入後の患者に接する医師や看護師の徹底した滅菌が必要だという結論を導き出した。プロノボストが作成した患者の安全のための五ステップのチェックリストは、まずミシガン州で導入されて、一年半で一五〇〇人の命を救った。その後は全米に広がって、何千人もの患者を救っている。

失敗から学ぶ

一九七八年、ユナイテッド航空一七三便が目的地のポートランドに近づいたとき、予期せぬ事態が起きた。車輪が下りたことを示すランプが一つ点灯しなかったのだ。機長のマルバーン・マクブルームは車輪の確認に意識を集中し過ぎて、時間の感覚を失った。一七三便はポートランド空港の何マイルも手前で燃料が尽きた。マクブルームは卓越した操縦技術を発揮して機体を郊外の森に着陸させ、マクブルーム自身も含めて乗員乗客の大半が着陸の衝撃から生還した。マクブルームは事故後の調査に対し、燃料切れが「信じられないほど急に」起こったと答え、燃料タンクから漏れていた可能性さえ指摘している。エレインのケースにかかわった医師たちと同様、マクブルームも車輪のトラブルの影響で時間の感覚が麻痺していた。

ユナイテッド航空一七三便は航空業界の安全対策の分岐点になった。この事故の調査から、「集中力は、ある意味恐ろしい能力だ。ひとつのことに集中すると、ほかのことには一切気づけなくなる」ということが明らかになった。緊急事態では時間が飛ぶように早く過ぎ、燃料が後どれくらい残っているかというような重大な問題が忘れ去られてしまう。一七三便の事故報告書に基づいて、クルー同士のコミュニケーションを活性化して意見を言いやすくし、機長に対しても意見を主張できるような環境づくりが進んだ。機長や担当医などの個人を責めるのは簡単だが、一七三便の事故は、致命的なヒューマンエラー（人的ミス）は不十分なシステムや組織の文化によって引き起こされることを示している。エレインのケースでも一七三便の事故でも、組織の上下関係が妨げになって、部下が上司に命を救えるはずの行動を取るように強く主張できなかった。

二〇〇八年に旅客機をハドソン川に着水させたUSエアウェイズ一五四九便の機長チェズリー・サレンバーガーの行動は、メディアで称賛されたような個人の英雄的行為ではなかったとサイドは指摘する。サレンバーガーが一人の死者も出さずに着水できた理由はいくつもあるが、着水の直前まで副操縦士と活発なコミュニケーションを取っていたことも理由の一つだ。機体に装備された自動操縦装置によって、機体が水上で滑走したとき、両翼を完全に水平に保てたのがよかったという人もいる。サレンバーガー自身はインタビューに答えてこのように述べている。「我々が身に付けたすべての航空知識、すべてのルール、すべての操作技術は、どこかで誰かが命を落としたために学ぶことができたものばかりです」。

幸い、航空業界には飛行データとコックピット内の音声を記録するシステムがある（データを保存する「ブラックボックス」は、実際には墜落時などに見つけやすいようにオレンジ色に塗られている）おかげで、調査機関は事故の全容を解明できる。そして結論が公表され（調査結果の公表は法的に義務づけられている）、航空業界全体がそこから学ぶことができる。ニアミスを起こしたとき、パイロットは一〇日以内に報告すれば処罰されない決まりがある。そうした「小さなミス」を報告することによって、重大な失敗を防ぐことにつながる。

エレインの夫のマーティンは、妻の死がただ忘れられるのに耐えられず、事故から教訓を学んでほしいと願った。病院側は事実の究明に抵抗したが、マーティンはプロのパイロットであり、システムの安全性について講義した経験もあった。彼は事故には特定の「パターン」があり、そのパターンを分析し、改善しなければ、また別の患者に同じことが起きるのではないかと感じ始めた。マーティンや、医療の安全を推進する他の人々の努力が実を結び、医療現場でチェックリストが用いられる機会が増え、誤った処置によって患者が危険な状態にあると判断した場合、若手の医師や看護師が警告しやすいシステムが作られた。緊急事態では時間の感覚がいとも簡単に失われてしまうため、作業時間を計る専任スタッフを置くことも推奨された。

自己正当化の罠

刑事控訴院は一九世紀にイギリスで初めて設立されたが、裁判官は自分たちの判断に誤りはないと主張して、設立に激しく反対した。当時、誤審は偶発的な事故であり、司法制度のシステムに内在する過ちではないと彼らは考えていた。しかし一九八四年にイギリスの科学者アレック・ジェフリーズが血液からDNA指紋（訳注　指紋のように個人によって異なるDNAの塩基配列）を抽出する方法を発見すると、犯罪現場に残された証拠がいかに冤罪を招きやすいかが明らかになった。DNA鑑定が犯罪捜査に定着した一九八九年以降、何年も服役した人の無実がDNA鑑定によって明らかになるケースが相次いだ。中には一〇年、あるいは一五年も服役していた人もいた。これまでに数百人の有罪判決がDNA鑑定によって覆されている。DNA鑑定による決定的な証拠が提出されたときでさえ、警察や検察はなかなか受刑者を釈放しようとしなかった。証拠を受け入れ、司法制度を改革しようとするよりも、自分たちは完全無欠だという信念を守ろうとした。

彼らの反応はある意味で理解できる。自分が間違っていたと認めれば、単に自分の能力や仕事ぶりではなく、これは自分の使命だという信念そのものを疑わなければならなくなる。検察官は何年もロースクールで勉強し、長い時間をかけて司法制度の階段を昇ってきた。それなのに穴だらけの事件を法廷に持ち込み、無実の人間を何年も服役させたとなれば、これまでのキャリアのすべてが詐欺だったように感じるかもしれない。どれほど強力で動かぬ証拠を提出されようと、彼らが認めようとしないのも不思議ではない。社会心理学者リチャード・オフシェが言うように、検察官にとって無実の人間に有罪を宣告することは、「プロが犯す失敗の中で最悪の部類に入る。外科医が間違って健康な方の腕を切断するようなものだ」。「DNA証拠はたしかに強力だ。しかし自己正当化や保身の衝動のほうがはるかに強力なのだ」とサイドは書いている。

心理学者レオン・フェスティンガーは、自分の信念や期待と現実が矛盾している場合に感じる不快感やストレスを、「認知的不協和」と呼んだ。認知的不協和に陥った場合、人は二通りの反応を示す。一つは自分が間違っていたと認めることだ。そうすると、自分は思っていたほど大した人間ではなかったのだと失望することになる。もう一つは証拠を否定することだ。自分に都合よく解釈したり、事実をねじ曲げたり、完全に無視したりする。今の地位を手に入れるために大変な努力をした人ほど、否定を選ぶ可能性が高い。

サイドは一つの章で（訳注　邦訳書には含まれていない）、イギリス首相トニー・ブレアがイラク戦争に参戦した後、大量破壊兵器（参戦の公式の根拠だった）が発見されなかったにもかかわらず、イラク侵攻を正当化し続けたことに触れている。サイドがブレア首相の報道担当補佐官だったアラステア・キャンベルにインタビューし、イラク侵攻の決断について尋ねると、キャンベルはこう答えた。「トニーは理性的で強靭な精神の持ち主ですが、イラク戦争は間違いだったと認めることはできないでしょう。彼ほどの人でさえ、それは耐え難いはずです」。

経済学のように明らかに科学的な分野でさえ、「講釈の誤り」は避けられない。「講釈の誤り」とは、物事が起こった後から、その理由を説明するもっともらしいストーリーを組み立てる人間の心理的傾向を指している。あるチームが試合に勝てば、こういう要因があるから勝てたと言い、もし負ければ、今度は同じ要因のせいで負けたと言う。二〇一〇年に著名な経済学者のグループが、アメリカの連邦準備金制度理事会の量的金融緩和政策に反対して連名で公開書簡を送った。彼らは量的金融緩和によって経済が破綻し、インフレが起きると警告した。その懸念は外れたが、四年後に自分たちの予測を振り返ってどう思うかという取材を受けて、自分が間違っていたと認めた者は誰もいなかった。彼らの多くは、長期的に見れば自分が正しかったことが明らかになるはずだと都合のいい弁明をした。経済学者はケインズ派とマネタリストというほとんど宗教的な二つの学派に分かれているとサイドは指摘する。キャリアの途中で自分の基本的な見解を変更する経済学者は一〇パーセントにも満たない。イスラム教徒がキリスト教に、あるいはキリスト教徒がイスラム教に改宗する比率の方が多いくらいである。「これは危険な兆候だ。データをあるがままに受け取らず、自分の主義に都合よく解釈している経済専門家が少なからずいるということになるのだから。この数字は、世界有数の経済学者の中にもせっかくの知力を無理な自己正当化のために使っている人たちがいることを示唆している」とサイドは言う。

ビジネスは失敗の繰り返しである

経済学者がこれほどまでに融通が利かず、新しい証拠を差し出されても考えを変えようとしないのは皮肉なことだ。彼らの研究対象である資本主義経済は、失敗の繰り返しの上に成り立っているからだ。ヨーゼフ・シュンペーターは、ビジネスや産業の目まぐるしい変化を、「創造的破壊」という言葉で表現した。新しい製品や製造方法が広まると、古いものは淘汰される。それが可能なのは、自由市場のシステムが「生物学的進化をなぞったものだからだ」とサイドは指摘している。自由市場では自然淘汰が起きている。環境、すなわち市場に完全に適応した製品だけが、成功して生き残るのである。

ビジネスの世界を通る幹線道路には、見事な計画と完璧な製品化を経て発売されたにもかかわらず、少しも売れなかった製品が累々と積み重なっている。そんな失敗を繰り返して、「テストと修正を高速でくり返す」現在の開発手法が生まれた。何もかも完全に計画してから製品を作るのではなく、「試作の段階で公開し、ユーザーの反応を見る」。言い換えれば、より多く失敗をくり返すのである。

サイドは自動車レースの最高峰であるF一を勝ち抜いたメルセデスチームを取り上げ、彼らの成功は数百万のデータに基づくテストと改善の繰り返しの結果だと指摘している。メルセデスはまず、基本的なデザインの試作エンジンを作り、小さな失敗と改良を何千回も繰り返す。小さな改善を積み重ねて大きな問題を解決する「マージナル・ゲイン（小さな改善）」のアプローチが徹底されているのである。メルセデスの技術部門の責任者パディ・ロウは、知的な人々が勝つために情熱を一丸となって取り組んだ結果、急速なイノベーションが可能になったと語っている。「ここではほんの二年前のことがもう古い。立ち止まったら、そこで終わりです」とロウは言った。

成功はすばらしいアイデアのひらめきにかかっているといまだに信じられているが、イノベーションが得意な企業、言い換えると最も多くの特許を取得した企業が最も成功しているかというと、必ずしもそうではないとサイドは指摘する。新しい驚異的なテクノロジーを生み出すことと、販売可能な製品を作り、それをヒット商品にするためにサプライチェーンやマーケティングと販売のシステムを整えることは、まったく別の能力が必要になる。サイクロン掃除機を最初に考案したのはジェームズ・ダイソンではないが、彼はそのアイデアを試行錯誤を通じて使える製品にしようと決意した最初の人物だった。そこから先を甘く見てはいけない。「最初のアイデアは長い道のりのたった2パーセントに過ぎない」とダイソンはサイドに語っている。創造力とは選択肢を増やすこと、建設的な異議を受け入れながらあらゆる可能性を考慮することだとすれば、実際の製品を作るのは選択肢を排除すること、生産ラインからいつでもまったく同じ製品が生まれるようにすることだ。

フィードバックによって修正されない創造力は、ただの雑音に過ぎない。成功は創造力とデータの検証の複雑な相互作用の成果であり、この2つは互いに影響しながら働く最適化ループの2つの側面である。（中略）どんなにささいなものでも、あらゆるエラー、あらゆる欠陥、あらゆる失敗にマージナル・ゲインの可能性が隠されている。失敗は脅威ではなく、チャンスとみなされる。

世界を大きく変えようとするべきか（この立場を明言しているのがピーター・ティールやイーロン・マスクだ）、あるいは「実用最低限の製品」（201ページ、エリック・リース参照）を出し、修正を繰り返して、消費者が買いたい、使いたいと思う製品を作って世界を少しずつ変えていく方がいいのだろうか。サイドはこの問題に対して、現代社会ではどちらの取り組み方も必要だと述べている。業界を一変させるような飛躍的な発明は、どんなビジネスにとっても夢のような話だ。しかし実際に新しい市場を制覇するには、絶え間ないテストと改良、言い換えればたくさんの失敗をくぐり抜けた製品やサービスでなければならない。

仕事と人生に活かすために

サイドの考え方は、科学哲学者カール・ポパー(『世界の哲学50の名著』参照)の流れを汲んでいる。科学はこの世界の正しい描写に失敗したと認めることで、初めて進歩できるとポパーは指摘した。反証に耐えて残った仮説だけが、知識の山に加えられる。

失敗は苦痛を伴う。だから人生でもビジネスでも、失敗から自分を守りたいと思うのは自然な感情だ。私たちは目標をわざとあいまいにして、達成できなくても責められないように自衛する。あるいはやるべきことをやらなかった言い訳を述べ立てて体面を保つ。しかし個人として、組織として、あるいは社会全体で真の成功を達成するためには、失敗との向き合い方を変える必要があるとサイドは指摘している。高い業績を上げた人、あるいは好調なビジネスをよく観察すると、決まって失敗から学ぶ姿勢と、物事がうまくいかなかった原因を究明しようとする強迫的なまでの欲求を持っているのがわかる。バスケットボールの名選手マイケル・ジョーダンは、ナイキのCMに出演してこう語っている。「私は9000本以上シュートを外し、ほぼ300試合で負けた。ウイニングショットを任されて外したことは26回ある」。サッカー選手のデビッド・ベッカムは練習熱心な性格と、フリーキックを成功させる卓越した技術で知られている。しかしそのベッカムもまた、サイドにこう言っている。「私のフリーキックというと、みんなゴールが決まったところばかりイメージするようです。でも私の頭には、数え切れないほどの失敗したシュートが浮かびます」

38

1911

科学的管理法

フレデリック・W・テイラー

効率を上げれば、マネジャーや企業の所有者だけでなく、労働者も豊かになれる。

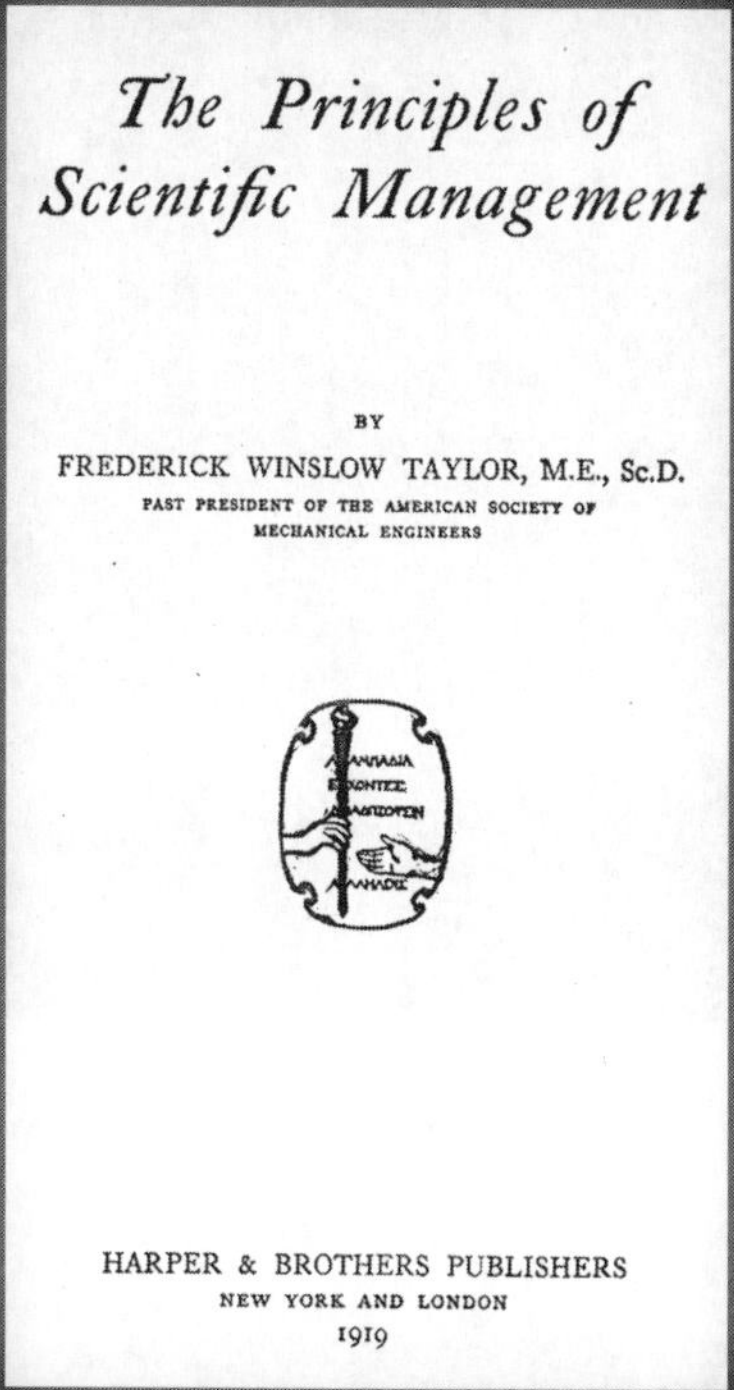
The Principles of Scientific Management

BY

FREDERICK WINSLOW TAYLOR, M.E., Sc.D.

PAST PRESIDENT OF THE AMERICAN SOCIETY OF MECHANICAL ENGINEERS

HARPER & BROTHERS PUBLISHERS

NEW YORK AND LONDON

1919

邦訳

［科学的管理法］

産業能率大学出版部　上野陽一 訳

「一人ひとりの生産性が大幅に向上すれば、そのせいで職を失う者も出るだろう」という不安もあるかもしれない。そのような不安を抱く人々には、文明国と発展途上国、つまり豊かさを享受する国と貧しさにあえぐ国との最大の違いは一人当たりの生産性であり、その差は五倍ないし六倍にものぼるということを知っていただきたい。

❀

二〇世紀初頭、人々はすでに地球上の物的資源の枯渇、あるいは少なくとも資源の非効率的な使い方に警告を発していたとフレデリック・テイラーは言う。しかし、マネジメント理論の初期のすぐれた思想家の一人であるテイラーにとって、物的資源の浪費の陰で見過ごされている非効率的な労働習慣による人的資源の浪費は、より深刻な問題だった。

マネジメントの目的は何よりも、「雇用主に『限りない繁栄』をもたらし、併せて、働き手に『最大限の豊かさ』を届けること」だとテイラーは言う。しかしテイラーが本書を執筆していた当時は、労使が対立し、資本家と労働者の利益が一致するのは不可能だと考えられていた。そのため、このマネジメントの目的は理解されにくいだろうとテイラーは述べ

Frederick Winslow Taylor

フレデリック・W・テイラー

テイラーは一八五六年にペンシルベニア州フィラデルフィア市のジャーマンタウンで生まれた。父親は弁護士で、母親は奴隷制廃止運動などの社会運動に参加していた。

テイラーはハーバード大学に入学するが、視力の低下が原因で大学を中退した。彼は、ポンプ製造会社で機械工見習いをした後、ミッドベール・スチールに転職し、在職中に通信教育で機械工学の修士号を取得した。一八九二年に独立して技術コンサルタント業を始め、一八九五年には単価請負制に関する重要な論文を発表している。

ベスレヘム・スチールに入社後、彼は金属切削の方法に関するいくつもの特許を取得し、莫大な利益を得た。数年後にはベスレヘム・スチールを退社し、コンサルタントとして成功した。テイラーの名

ている。しかし事業全体の効率を高めれば、高賃金と事業の繁栄の両方を達成することは可能だとテイラーは確信していた。

マネジメントの父と称されるピーター・ドラッカーは、近代社会――生産性と時間管理に重点を置く社会――を創造した人物の一人として、ダーウィンやフロイトとともにテイラーの名を挙げ、テイラーの『科学的管理法』は「『ザ・フェデラリスト・ペーパーズ』（アメリカ合衆国憲法の起草者アレグザンダ・ハミルトンが中心となり、新憲法の批准を推進するために書かれた論文集）以降にアメリカが西洋思想にもたらした最も強力で、最も永続的な貢献である」（『ウィルソン・クォータリー』誌一九九三年春号に掲載された論説『知識社会の誕生』）と評価した。手放しの称賛だが、総合的品質管理からシックス・シグマ（不良品の発生率を抑える品質管理手法）、リーン生産方式、オートメーションにいたるまで、効率と生産性の向上を目的とする現代の活動の大半は、テイラーの思想に源流があるのは間違いない。

テイラーの思想の本質は、労働よりもマネジメント、一人の労働者よりシステムを重視したところにある。「これまでは人材が第一に据えられてきたが、これからは仕組み《システム》を第一に据えなくてはいけない」とテイラーは主張した。この思想は必然的に製造業における「職人技」の終わりを意味し、人間を効率の単位とみなす考え方が生まれた。

声は、鉄道会社が貨物運賃の値上げを要求した事件をきっかけに高まった。荷主側の弁護士ルイス・ブランダイスは、鉄道会社がテイラーの管理法を導入して経営を効率化すれば一日あたり一〇〇万ドルの節約が可能であり、運賃を値上げする必要はないと主張した。このときブランダイスによって、「科学的管理法」という呼び名が生まれた。

テイラーは一九〇六年から一九〇七年までアメリカ機械学会の会長を務めた。しかし同学会が『科学的管理法』の出版を拒否したため、彼は学会の承認を得ずに独断で本書を出版した。その後、テイラーはダートマス大学のタック・スクール・オブ・ビジネスの教授に就任している。

経験則に代わる科学的管理法

テイラーは、製造業の技能は職場で働く人々の口伝えによって発展してきたと述べている。弟子が親方のすることを見よう見まねで覚えるため、それぞれの作業に二〇から三〇種類ものやり方があり、使われる道具も多種多様にある。しかし一つの作業を科学的に観察し、計測すれば（時間・動作研究により）、「必ず、ほかの手法や道具よりも高い効率と優れた成果をもたらすものがあるはずだ」とテイラーは言う。

「経験則」に頼ってモノづくりをしている職場では、雇用主や職長は職人が最善の方法で作業していると信じるしかなかった。それに代わってテイラーが提唱したのが科学的管理法である。科学的管理法では、何が効率的かを判断する上で、マネジメントがそれまでよりはるかに大きな役割を果たす。高い教育を受けていない労働者は、効率を上げる法則や技法に関する科学的知識を理解できないからだ。マネジャーと労働者はこれまでの敵対関係から、新しい関係に変わる。利益を最大化し、しかも持続的な事業を構築するために、両者が親密で友好的な協力関係を結ぶようになるとテイラーは述べている。科学的管理法では、人使いの荒い上司が部下を叱咤激励して働かせる必要がなくなり、労働者が自分の利益を守るためにわざと作業ペースを落とす必要もなくなる。マネジャーと労働者が協力することで、どちらも繁栄を手に入れるのである。本書が執筆された当時、科学的管理法を取り入れた企業は業績を上げ、昔ながらのやり方で経営される工場や店に比べて社員の賃金は増加したとテイラーは指摘している。

生産性の成果

テイラーは、労働者が抱える深刻な問題として「怠業」を取り上げている。怠業とは、賃金に対して要求される労働量のせいぜい半分程度の仕事しかしないことで、「英米の両国において、現状ではこれこそが労働者を蝕む最大の悪習である」とテイラーは指摘している。当時、組合労働者は事業利益をもっと労働者に分配するべきだと主張していたが、怠業が当たり前になっている職場では、それは不可能だとテイラーは述べている。労働者が怠業するのは、作業ペースを上げれば必要とされる働き手の数が減り、大勢が職を失うことになると誤解されていたからだ。

こうした誤解が生じるのは、企業が成長して新しい市場が生まれれば、効率が上がっても必要とされる労働者の数はさらに増えるという事実を知らないせいだとテイラーは言う。効率を上げれば製造コストは下がり、「日用品の価格が下がると、その需要はたちどころに跳ね上がる」というのは商業の鉄則である。テイラーは例として靴を挙げている。靴は昔は人の手で作られ、非常に高価だった。だから同じ靴を何年も履くのが普通で、普段は裸足で過ごす人も多かった。機械が導入されて靴づくりが簡単（かつ安価）になると、靴業界は前よりいっそう多くの労働者を雇い入れるようになった。「搾取的な工場」や働きすぎの問題には批判が浴びせられるが、意図的な仕事の手加減についてはほとんど何の関心も払われていない。しかし、この悪習こそが非効率と低賃金の原因なのである。

テイラーは本書で「効率」という言葉を使っているが、ここで言う「効率」とは、すなわち「生産性」を意味している。「一人ひとりの働き手、一台一台の機械から最大の産出を得るほかないのだ。なぜなら、働き手や機械が毎日ほかの工場よりも多くの作業をこなさない限り、当然ながら、競争の原理によって、相場よりも高い賃金を払うことが妨げられるのである」とテイラーは言う。テイラーが注目したのはアメリカの国内経済だが、彼の思想は世界市場における国際間の競争にも当てはまっただろう。ある国の事業の生産性が高ければ、すなわち労働者一人当たりの産出量がどんどん増えれば、コストが下がり、その国の商品は世界市場で競争力を増す。これが国家の繁栄を達成する唯一の方法である。

作業分割

テイラーは裕福な家庭の出身だが、同じような境遇の青年が選ぶ銀行や法曹界などの職業に進まず、機械工学に関心を持った。ひな型製造工や機械工の見習いとして働いた後、テイラーは二〇代初めにフィラデルフィアの製鉄会社ミッドベール・スチールの工場で働き始めた。最初は旋盤工だったが、やがて旋盤部門の作業長に任命された。テイラーは常に作業ペースを上げる方法を工夫したため、昇進した。ところがテイラーが従来の作業のやり方を改革しようとすると、工員との間に摩擦が生じ、親しい工員から命の危険すら警告された。工員たちは作業ペースを遅らせるため、持ち場の機械をわざと壊すことさえあった。しかしテイラーは工員たちとは社会的階級が違った（ミッドベール社のオーナーとテイラー家は親しかった）ため、工員から排斥されるのを恐れる必要がなかった。テイラーは、効率を高めるには作業の方法を細かく分析する必要があるとミッドベールの工場の支配人を説得した。

こうして始められたのが、労働者に銑鉄を運ばせる有名な実験である。一回に運ぶ銑鉄の重量が軽ければ、屈強な男ならまる一日運び続けても疲れを感じなかった。たびたび休憩を取れば、その間に腕が疲労から回復し、筋肉組織が血流でよみがえるため、労働者は一日中働くことができ、一日に運べる銑鉄の量が標準的な一二トンから四七トンに増えることがわかった。こうして生産性を高めた結果、テイラーが勤めていたベスレヘム・スチール（訳注　ミッドベール・スチールを退職後に入社した）では、当時の標準的な日当の一ドル一五セントを上回る一ドル八五セントを支払えるようになった。この調査を通じてテイラーが得た結論は、いい仕事をしたいという個人の良心や意欲に任せるのではなく、作業をいくつかの要素に分割し、各要素がより効率的にできるように労働者に新しい仕事のやり方を教える必要があるという考えだった。

ベスレヘム・スチールでは、調査対象となった労働者のうち一日四七トンの銑鉄を運べる者は八人に一人しかいなかったが、それは単に体力的な理由からだった。四七トンを運べる労働者は多くはないが、きわめて特別な人材というわけではない。テイラーは同じような体力を持つ労働者をそれほど苦労せずに近隣地域から集めることができた。従来のマネジメントでは、効率を高めるために銑鉄運びの労働者八人中七人を辞めさせる可能性はあるだろうかとテイラーは問いかけ、その可能性はゼロだと述べている。しかしベスレヘム・スチールでは、銑鉄運びの仕事から外された者はすぐに社内で別の仕事を割り当てられ、もっと高い賃金を得ることができた。人材を科学的な観点から選ぶことは、効率を上げるだけでなく、労働者の幸福にもつながるとテイラーは主張している。

シャベルすくい作業とベアリング用ボール

テイラーはシャベルすくい作業にも科学を適用した。ベスレヘム・スチールのコンサルタントを務めるテイラーは、すくう物の種類と重さによって異なるシャベルを用意した。たとえば重い鉄鉱石をすくうには小さいシャベル、軽い灰をすくうなら大きいシャベルを使って、何をすくう場合でも、一回にすくう重さが一定になるようにした。その結果、銑鉄の場合と同様に、労働者が終業時まで体力を維持できるようになり、一日の出来高は増加した。ベスレヘム・スチールのように六〇〇人の労働者が三キロメートルを超える作業場でシャベルすくいに従事している会社では、この改革によってコストと出来高にかなりの差が生まれる。それまでは大勢の労働者に一人の職長が指示を与えていたが、改革後は一人一人の労働者の仕事量を事務員が毎日分析し、毎朝個別に指示を与えるようにした。それによって労働者は自分が一定のノルマを達成できているかどうか確認でき、その日の仕事をあらかじめ計画できるようになった。事務員に支払う給料、そして作業者を観察・分析して作業時間を研究する人員に要する人件費を含めても、一トン当たりの製鉄コストは半分に削減されたとテイラーは言う。それだけでなく、労働者は個別に与えられる指示によって賃金が上昇したのを喜び、マネジャーと労働者の間に友好的な関係が築かれた。労働者を集団の中の一人として扱うと、彼らの効率や働く意欲はグループの中で最も低い者と同じ水準まで落ちてしまうのにテイラーは気づいた。一方、労働者が個人として尊重され、それぞれの働きぶりを評価されると、向上心は高まった。労働者に普段より作業量を少し増やすように指示し、それに対して賃金を割り増しして支払うと、彼らは「生活を充実させ、貯蓄を始め、分別を身につけ、仕事に打ち込む」という効果が現れた。

テイラーはフランク・ギルブレス（訳注　科学的管理法の提唱者の一人。動作研究による作業工程の効率化を進めた）によるレンガ積みの研究を紹介している。ギルブレスはレンガ積みに必要な動作を一八から五に減らし、一時間に積めるレンガの数を一二〇個から三五〇個に増やした。レンガ積み職人が自分たちで効率を上げようとしても、こうした成果は上げられなかっただろうとテイラーは言う。作業の効率化には、その仕事を客観的に分析し、どうすれば改善できるかを科学的観点から考える外部の人間が必要なのだ。

テイラーとその協力者たちは、自転車のベアリング用ボールを製造する工場の業務改革を依頼されたとき、前例のない改革を実行した。ベアリング用ボールの検査を担当する女性たちの労働時間を一日一〇時間半から八時間半に減らしたのである。この仕事に向いている女性を慎重に選んで作業をさせると、勤務時間が減っても一日に検査できるボールの数は変わらなかった。この仕事を最も効率的にできるのは、必ずしもすぐれた理解力があって信頼できる働き手ではなく、単にボールの欠陥にいち早く気づける知覚力を備えた女性だった。テストですばやい知覚力があると判定された人が残され、それ以外は解雇された。ここから次のような教訓が得られる。多くの職業で、重要なのは働き手の一般的な資質ではなく、特定の適性があるかどうかだ。実際、信頼性の高い女性は検査に慎重になりすぎ、かえって時間を無駄にしていた。こうした調査から、出来高と品質の最大化を実現するために「差別的出来高賃金」が導入された。これは「各自の賃金は出来高に応じて増え、仕事ぶりが正確であればさらに上乗せ幅が大きくなる」という制度だ。その結果、作業の出来高も品質も大きく向上した。

テイラーの功績

科学的管理法によって製造コストが大幅に下がり、その結果、商品の価格が下がった。さらに作業の標準化によって品質はいっそう安定した。今日では一人の労働者が一世紀前の五〇人分から一〇〇人分の仕事をこなす。この生産性の驚異的な上昇はテイラー主義の成果である。

しかし本書でテイラーが語ったように、科学的管理法にはマネジャーと労働者が協力し合えるという好ましい意図があったが、結果的に多くの仕事が非人間的なものになるのは避けられなかった。誇り高い職人の技能は、画一的な「唯一最善の方法」に取って代わられ、そのやり方を受け入れなければたちまち解雇された。テイラー主義をとことん極めたと言えるのが、ヘンリー・フォードの自動車工場である。フォードは組み立てラインの採用によって自動車価格を引き下げたが、同社が驚くべき生産性を達成した理由はそれだけではなかった。あらゆる作業と工程からとことん無駄を省いて効率を最大化したことも忘れてはならない。フォードの工場で働く労働者は、当時としては破格の日給五ドルを支払われたが、細分化された作業の単調な繰り返しは苦痛なほど退屈だった。テイラーは科学的管理法によって労働者が幸福になれる世界を目指したが、作業がスピードアップした結果、労働者は疲労困憊して一日を終えた。テイラーの時間研究と動作研究（訳注 作業を細かい要素に分解し、各要素にかかる時間を測定し、不要な動作を取り除く手法）に対する反発から、『ライフ』誌は「キスに不要な15の動作」という漫画を掲載してテイラー主義を皮肉った。

世界各国の労働組合は、昔ながらの徒弟制度（訳注 熟練労働者から弟子に技能を伝達する制度）を守るために科学的管理法に抵抗した。無政府主義者のエマ・ゴールドマンやマルクス主義思想家のアントニオ・グラムシは、科学的管理法が労働者に与える影響を強く批判した。一九六〇年代にダグラス・マクレガーは著書『企業の人間的側面』でテイラー主義を批判し、科学的管理法の根底には、創始者テイラーの人間の労働意欲に対する不信感があると述べた。テイラーは、労働者は基本的に怠惰で賃金のためにしか働かないから、仕事ぶりを厳重に監視する必要があると考えていた。一方マクレガーは人間に対してもっとおおらかな視点から、人間には仕事に対する誇りや責任感、そして創造性さえあると考え、テイラーとは異なる理論を構築した。その結果、今日では大半の企業が表向きはマクレガーの理論を職場の文化の中心に据える一方で、厳しい効率を要求するテイラー主義に基づいて会社を経営している。

仕事と人生に活かすために

テイラー主義は姿を消したわけではなく、単に形を変えて生き残ったに過ぎない。経営コンサルタントが言う「ビジネスプロセス・リエンジニアリング」（訳注 コスト削減とスピードアップのために業務の流れを最適化すること）、行動科学を利用した入社希望者や社員の評価・選別、社員がソーシャルメディアに費やす時間の調査などは、どれもテイラーなら高く評価しそうな行為だ。科学的管理法の最終目標が継続的な生産性の向上とコスト削減だとすれば、オートメーションとコンピュータが人間を着実に主役の座から追放しつつある現代の状況は、テイラー主義の夢の実現だと言えるだろう。マルクス主義の観点から見れば、テイラー主義は誰もが買える安価な商品を作るという名目で、労働力削減を狙う資本の手先とみなされる。

テイラーが残した功績の一つは、ビジネスを経済学や政治学から独立した一つの学問として研究するきっかけになったことだ。ハーバード大学はテイラーを講師として招いた後、一九〇八年にハーバード・ビジネススクールを開校した。創立者で初代学長となった経済学教授のエドウィン・ゲイは、「ビジネス全般およびその基礎には必ず科学的手法が存在すると確信している」と述べた。現在ではビジネスに科学的手法を持ち込む風潮に異論を唱える人たちもいる（たとえばマシュー・スチュワートの『The Management Myth: Debunking Modern Business Philosophy（マネジメント神話―現代のビジネス哲学の誤りを暴く）』などを参照）。彼らはビジネスを科学というより常識の範疇だと考え、商業で成功するにはMBAがなくても、リベラルアーツ（訳注　人文科学・社会科学・自然科学の基礎分野を横断的に学ぶ教育プログラム）の教育が十分役に立つと主張している。

『科学的管理法』の影響は著述分野にも及んでいる。興味深い事例を挙げながら、読みやすく理解しやすい文章で書かれた本書は、出版当初から何年間もベストセラーであり続け、現代のビジネス書の基本となった。

39

1970

組織に活を入れろ

ロバート・タウンゼンド

今いる社員の能力を
最大限に生かすことこそが成功の鍵だ。

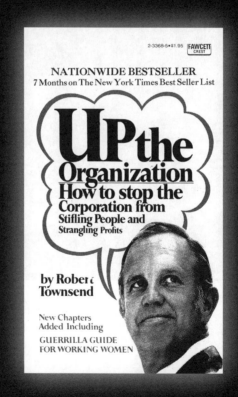

邦訳

[組織に活を入れろ]

ダイヤモンド社　高橋豊 訳

組織で成功するために信念を曲げたり妥協したりする必要はない。変わり身が早く、自分の意見をころころ変える人はたくさんいるが、あなたが断固として信念を貫き、妥協もしなければ、逆に一目置かれる存在になるだろう。

ロバート・タウンゼンドはアメリカン・エキスプレスで一四年間勤務した。彼によれば、この会社は「ほとんどあらゆる誤りをおかしうるほど金持ちだった」。官僚主義的で旧態依然としたアメリカン・エキスプレスの職場で働いた経験から、タウンゼンドは旧式な知恵とは反対の行動を取ったらどうなるだろうと考えるようになった。『組織に活を入れろ』は、ゼネラル・モーターズや米国防総省のように、一九六〇年代に成長した巨大組織に対する一種の抵抗運動である。タウンゼンドは小さな会社に勤めている友人が大企業の真似をしているのに気づいて衝撃を受けた。大企業の真似をするのではなく、「従業員が人間として扱われる」会社を作るべきだと訴えるために、タウンゼンドは本書を執筆した。その点ではタウンゼンドはマグレガーの古典的名著『企業の人間的側面』の

Robert Townsend

ロバート・タウンゼンド

タウンゼンドは一九二〇年にワシントンDCで生まれ、ニューヨーク州ロングアイランドのグレートネックで育った。一九四二年にプリンストン大学を卒業後、第二次世界大戦中は海軍に勤務した。一九四八年にアメリカン・エキスプレスに入社し、一四年間勤務して副社長まで昇進した。一九六二年に投資銀行ラザード・フレールが業績不振に苦しむエイビスを買収すると、ラザードの敏腕銀行家アンドレ・メイヤーの要請で、タウンゼンドがエイビスのCEOに就任した。タウンゼンドは一九六二年から一九六五年までエイビス社を経営した。他の著書に、本書を改訂増補した『こんなトップは辞表を出せ―組織に活を入れる法』（一九八四年）、『The B2 Chronicles: Uncommon Wisdom for Un-corporate America（困った

流れを汲んでいる。

私たちの多くは、「ジンギス・カーンさえも辟易するほど」貪欲で狡猾な民族の子孫だとタウンゼンドは言う。だから私たちはおとなしく組織の意のままになるのではなく、現状を打開しなければならない。その第一の方法は、私たちが組織に奉仕しているという事実を受け入れて、現金や特典など、会社からもらえるものはすべてもらってレジャーに精を出すことだ。第二の方法は、「非暴力のゲリラ戦」を開始することである。組織が息を吹き返し、本来の目的を取り戻すまで、組織の怠慢と闘うのだ。祖先から受け継いだ闘争心をいかんなく発揮すれば、私たちは少なくとも上司や同僚との衝突を恐れない組織、新しい市場を創造し、業界を変革する目標や自信を持った組織を作れるだろう。

タウンゼンドはレンタカーのエイビス社のCEOとして、まさにそのとおりの仕事をした。エイビスが売上高を倍にし、業界の革新者となり、初めて黒字に転換する力となったのである。業界二位のエイビスが、「だから私たちはいっそう努力しています」という有名なキャッチコピーを打ち出したのも、タウンゼンドがCEOを務めた時期だった。本書は現代のビジネスのやり方の何が正しく、何が間違っているのかをタウンゼンドが思いつくままに語ったものだ。

若者たち—新世代の社員とのつきあい方』（一九九八年）などがある。

広告

タウンゼンドはまず、あなたの会社がこれまで使っていた広告代理店と手を切って、地域で一番活気のある代理店を見つけるようにアドバイスする。本当にクリエイティブでやる気のある代理店が見つかったら、余計な口出しをしないで好きなように広告を作らせよう。

代理店が制作した広告を経営者に見せると、たいていあれこれ修正を加えて台無しにしてしまう。しかしタウンゼンドは今や伝説的な広告マンとして知られるビル・バーンバックにエイビスの主要な広告を委託し、内容に一切手を加えないと約束した。バーンバックのチームはエイビスをじっくり調査してから、「エイビス社は規模は二流だが、社員はみんなよく働いている」という率直な感想を述べた。広告キャンペーンの土台としてはぱっとしない意見だったが、タウンゼンドは最初の約束を守って、すべてを任せることにした。その後のエイビス社の快進撃はよく知られているとおりだ。「私たちはもっと頑張ります」というキャッチコピー（一九六三年に始まった）は記録的な成功を収め、今も使われ続けている。

この話から得られる教訓はこうだ。「りっぱな作品を描いてもらうためにすぐれた画匠を雇っておきながら、部屋にはいりきれないほどの数のちんぴら絵かきどもを集めて、彼の肩ごしに、ああでもないこうでもないと意見をいわせるのは、まったく愚かなことだ」

コンピュータとその崇拝者たち

タウンゼンドはＩＴ担当者を、「あなたの仕事を簡易にするのではなく、複雑にすることを職業としている者たち」とこき下ろしている。彼らは専門用語を駆使して自分たちが何をしているかを悟られないようにして、神秘的で崇高な雰囲気を印象づけようとしているのだ。コンピュータとＩＴ担当者はあくまでも組織のために働いているのだ。ＩＴ担当者を採用するときは、年に二週間から四週間はサービス部門か営業部で仕事をさせるという条件をつけよう。ＩＴ担当者にとって屈辱的なこの条件は、本当に組織のために働きたい者と、会社を自分のスキルアップや昇進の機会としか考えていない者をふるいにかけてくれる。

手作業方式からオートメーションへの切り替えには長い移行期間を設けるようにタウンゼンドは警告する。オートメーションの採用に慎重になりすぎて失敗したという話は聞いたことがないが、工場やオフィスをあせってコンピュータ化して大失敗した例はいくらでもある。ＩＴに関する決定はすべて、経営陣のトップが内容を完全に理解した上で下すべきだ。コンピュータおたくが開発した新しいアイデアを、厳密なテストもしないであなたの会社で気軽に試させてはならない。

財政管理

「人間はまことに複雑な動物だ。が、圧力を受けたときだけは単純になる。少し金銭的な圧力をかけてみたまえ。まず悲鳴をあげるだろう。それから、あるプランをもってやってくる。それはあなたが彼に圧力をかける前につっ返したプランより、ずっと安あがりなだけでなく、おそらく彼自身が驚くほど効果的な、すばらしいプランだろう」

職務明細書

タウンゼンドは、職務明細書（訳注　職務内容を明記した雇用管理文書）を廃止せよ、という過激な主張もしている。職務明細書は、作成者が「対象とする職務を過去のある特定の瞬間に把握し、理解する」ことによって作る「職務の冷凍品」でしかない。単純作業の繰り返しではない高賃金の職務は変化が激しく、クリエイティブな能力を発揮するチャンスでもある。固定した職務明細書に基づいて評価されると、社員の士気は落ちてしまう。人事部門が作成した職務明細書に何が書かれているかではなく、その社員が何を達成したかに基づいて評価するべきだ。

官僚主義を撲滅する

妥協を許さない信念の持ち主を雇って社内を見回らせ、無駄な書類の記入や報告書の作成を見つけたら大声で注意させよう。この役に就く者は、官僚主義的な仕事が制度化しそうなのを見つけたら、「鼻もちならん」と叫ばなくてはならない。

採用

人を採用するときは、外部から高価な人材を招くのはやめて、すでに実力を発揮した経験のある社内の人間を抜擢しよう。内部の者なら会社のことをよく知っているから、知らないことも短期間で習得できるだろう。外部の人間はいくら評価が高くても、会社や業界について把握するのに何年もかかってしまうかもしれない。

ハーバード・ビジネススクールの卒業生を雇ってはいけない。彼らは産業界の指揮官になるために訓練を受けているが、すぐれた組織に必要な条件、すなわち謙譲や最前線の人々に対する尊敬、勤勉、忠誠心、判断力、公正さ、正直といった資質がたいてい欠けている。

真の指導者とは

指導者にはいろいろな人がいるが、真の指導者に共通しているのは、その下にいる人々が決まって優秀な成果を上げることだ。老子の教えにあるように、最高の指導者は自分が栄誉を得ることよりも部下の支援に徹する。だから指導者自身が注目を浴びることはほとんどない。すぐれた経営者はおごらず、チームの役に立つなら、つまらない仕事も進んで引き受けなくてはならない。軍隊と同様に、すぐれたマネジャーは「最後にめしを食う」べきだ。

会社の株価にしか関心がなく、一般社員から遠く離れた存在になり、率直な批判を嫌い、自分は神に等しいと思い込んだ経営者は、引退すべきである。

マーケティング

マーケティングは主要な役員のチームに担当させるべきだ。彼らは年に一度か二度集まって、会社が何を、なぜ、誰に、どんな値段で売ろうとしているのかを話し合う。「マーケティング部長」の肩書を掲げた部屋にこもった人間にマーケティングを任せてはいけない。

火星人になれ

エイビスの本社が高速道路建設のために取り壊されることになり、本社を移転しなければならなくなった。そのとき彼らは「火星から来た男なら、国際的なレンタカー会社の本社をどこにおくだろう?」と考えた。答えは、競争相手が本社を置くマンハッタンではなく、マンハッタン島の東にあるロングアイランド島のジョン・F・ケネディ国際空港とラガーディア空港の近くだった。そうすれば各営業所のマネジャーと本社のマネジャーがすぐに会えるからだ。エイビス本社は現在ニューヨーク州の西に位置するニュージャージー州にあるが、空港に近いという地の利を生かしていることに変わりはない。

集会と通告

集会は、集まる人数も回数も最小限にとどめるべきだ。そして社内の二つの部門がお互いに通告を突きつけ合ってもめていたら、通告を書くのをやめさせなければならない。通告に書かれる内容の大半は、面と向かって言うか、さもなければ何も言わずに済ませた方がいい。

過ち

タウンゼンドはエイビスにいたとき、三回に二回は決断の過ちを犯したと認めている。しかし失敗したからといってそれが汚点になることはなかったので、失敗について率直に話し合って失敗を修正できた。「率直に、ときには喜んで、過ちを認めろ」とタウンゼンドは言う。そして同僚たちにもそうさせよう。失敗が汚点にならない文化がなければ、すぐれた成果を上げることはできない（509ページ参照）。

目標

エイビスがレンタカー事業の中で「最大の収益をあげ、最も成長度の高い会社になる」という目標を決定するのに半年かかった。レンタカー事業に目標を絞るのは、事業内容を限定するという点で意義があった。それによってホテルや航空会社、旅行代理店に手を出すような多角化のアイデアをすぐに却下することができた。

タウンゼンドはピーター・ドラッカーの「集中は経済的効果の鍵である……現代の能率に関する諸原則の中で、集中の基本原則ほど頻繁におかされている原則はなかろう……まるで〝あらゆるものに少しずつ手をつける〟ことが、われわれのモットーであるかのようだ」という言葉を名言として引用している。タウンゼンドは「私が今やっていること、または、やろうとしていることは、私たちを目標に近づけてくれるだろうか」と書いた貼り紙を壁に貼っておいた。そのおかげで無駄な出張や会食の約束、会議や物見遊山や集会を省くことができた。

共和制ローマの政治家カトー（訳注　前二三四～一四九年。大カトーと呼ばれる）は、第二次ポエニ戦争（訳注　前二一九～一四九年）でローマと戦って敗れた後に同盟国となったカルタゴを、完全に滅ぼすべきだと考えていた。そしてその信念を「Delenda est Carthago（カルタゴを、必ず、やっつける）」という三語の目標にして、ことあるごとに言い続けた。自分の目標を絞り込んで、それを何度も唱えよう。そうすればきっと結果が出せるはずだ。

社員

多くの組織は今でもカトリック教会やローマの軍隊を手本に作られている。労働者が「無教育な農奴」と思われていた時代ならそれも道理にかなっていたが、現代の従業員は頭脳を活かすために雇われている。タウンゼンドは社員が何時から何時まで働き、いつ休暇を取るかを自分で決められるようにするべきだと主張する。「そうしたら、すべての人が今までとは違った方式でエネルギーと生気の源泉ダムをこしらえて、有効に放出するようになるだろう」とタウンゼンドは書いている。

企業はより高い賃金や医療給付、休暇、年金、利潤分配、ボウリングや野球チームといった娯楽を約束して社員を誘い込むが、タウンゼンドが指摘するように、これらの報酬や特典は職場では決して楽しめない。そうした特典は、これから働こうという人たちに、仕事はつまらないよと言っているのと同じだ。しかしダグラス・マグレガーが主張したように、社員は仕事そのものに意欲的に取り組み、時間が飛ぶように過ぎると感じることができる（419ページ参照）。

タウンゼンドはエイビスのCEOに就任したとき、経営陣の顔ぶれを変えなかった。ただ彼らが思う存分腕を振るい、はるかに効率的に仕事ができるように計らっただけだ。昔から伝わるビジネスの知恵と違って、すぐれた業績を上げる秘訣はすぐれた人材を雇うことではなく、今いる社員の能力を最大限に引き出すことだ。変われない社員ももちろんいるだろうが、多くは自分の能力とやる気をフルに生かすチャンスに飛びつくだろう。

タウンゼンドは、社員をあたかも会社の備品のように扱う人事部は廃止せよと主張する。社員が給与を受け取るために基本的な業務をする人事係が一人いればこと足りる。そして経営者は社員のための正しい環境作りに精を出すべきだ。「よい気候風土と適切な栄養を与えれば、社員はおのずからすくすくと伸びる――経営者自身がびっくりするくらい」とタウンゼンドは言う。

組織図

組織図を使ってはいけない。自分の名前が小さな枠に押し込められて、もっと大きな枠に入った人たちの下に置かれているのを見るのは誰だって嫌なものだ。社員は職能別、またはアルファベット順に並べるといい。すぐれた組織では、組織図はピラミッド型、あるいは垂直や長方形の形ではなく、円形になるはずだ。

組織図は組織を固定する傾向があるが、よい組織は目標を達成するために絶えず変化している。だから組織の働きを正式な組織図に表してはいけない。どうしても図で表したければ、いつでも消せるように鉛筆で書き、決して社内に配ったりしないことだ。

秘書

秘書を使ってはいけない。秘書はあなたの同僚をえり好みする門番になる。秘書という緩衝地帯を取り払ってから、タウンゼンドは部下との距離がより近くなったと感じた。あなたと直接連絡が取れないと社員はいらいらするが、秘書を使わずにあなたが電話を取ったり、直筆の手紙で返信したりすれば、彼らはとても喜ぶ。

もし自分で本社ビルを設計するとしたら、タウンゼンドは重役室を「トラピスト僧院の仕切部屋」のように質素に作り、電話交換室のような補助的部門の部屋は美しく豪華にすると述べている。結局、社外の人が最初に接するのはそういう部門の人たちだから、彼らには気持ちよく熱心に仕事をしてもらわなければ困るのである。

仕事仲間とのつきあい

部下と社交的な関係になるのは、えこひいきと批判されかねないから、避けなければならない。

つきあうなら同輩にしておくべきだ。

仕事と人生に活かすために

組織には自分の昇進しか関心のないペテン師、目立ちたがり屋、ごますりが大勢いるとタウンゼンドは言う。しかしタウンゼンドはあるときこんなふうに語った。「私が手にした成功はすべて、他の人々の力になろうとした結果、いつの間にか転がり込んできた。(中略)私が得た昇進はすべて、同僚ができるだけ楽しく、しかも効率的に仕事ができるように手を尽くした結果、自然とそうなった。反対に、自分が儲かるとか、自分がいい仕事に就くためのうまい考えが浮かんでも、それは決まって完全な失敗に終わった」

本書の新版には働く女性に関する章が追加された。自分らしさを失わないこと、男のようにふるまおうと思わないことなどのアドバイスに加えて、タウンゼンドは女性たちに、「自分がこの会社の所有者だったらどうするか」を常に念頭に置いてすべての決断をするように勧めている。会社全体の利益を重視して働けば、自分の昇進しか考えていない多くの男性とはひと味違う仕事ができるはずだ。組織の利益と自分の利益が一致すれば、職場は自分の時間と努力を注ぐ意味が十分にある場所になるだろう。偉大になろうとするのではなく、偉大なものの一部になることを目指すべきだ。

40

2001

ジャック・ウェルチ わが経営

ジャック・ウェルチ

あなたが自分らしさを貫くことで、どれほど多くのことが達成できるかを過小評価してはならない。

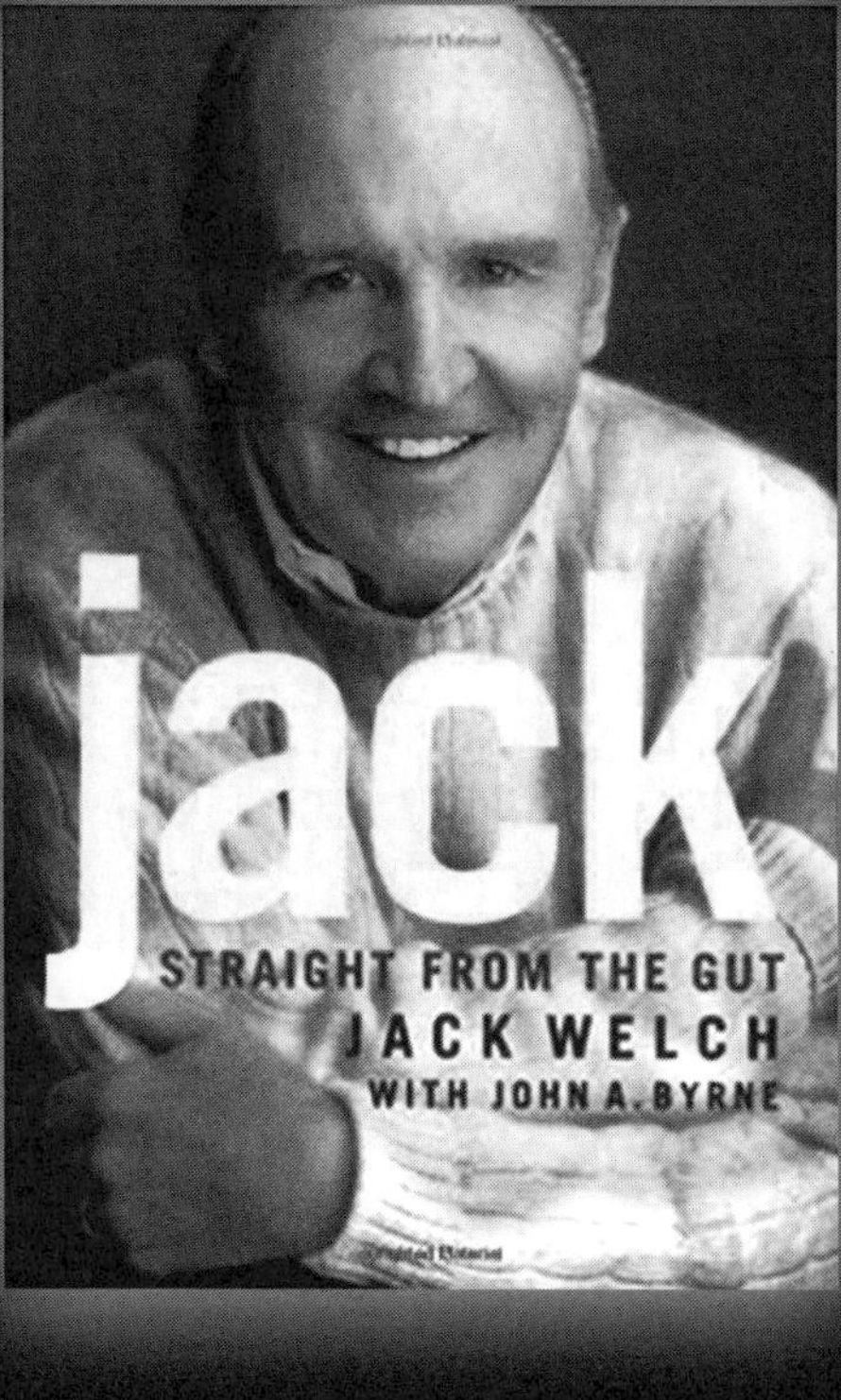

邦訳

［ジャック・ウェルチ　わが経営］

日本経済新聞出版社　宮本喜一 訳

われわれはすばらしい社員を育成し、この人たちがすばらしい製品やサービスを生み出してくれている。

ジャック・ウェルチが自伝を書こうと思ったのは、回想録の執筆を勧める何百通もの手紙を受け取ったからだ。手紙をくれた人たちは、会社で成功するには自分を変えて組織に順応しなければならないと感じていた。ところがウェルチは、反逆者でいながら成功した人物だった。会社に合わせて自分を変えるのではなく、会社を作り変えることに成功したウェルチの経験が人々の共感を呼んだのである。

ウェルチは一九六〇年にゼネラル・エレクトリック（GE）に入社し、新しいプラスチックを開発する仕事に就いた。ウェルチは入社早々、たとえクビになっても官僚主義と闘い、決して自分を曲げないと心に決めた。入社して一年目は失望の連続で、会社を辞めようと思ったとウェルチは言う。しかし一九六〇年代を代表する『卒業』（訳注　一九六七年公開）という映画で、ダスティン・ホフマンが演じる主人公の若者が、「これから有望なのはプラスチックだぞ」と言われたように、プラスチック産業

Jack Welch

ジャック・ウェルチ

一九三五年にマサチューセッツ州ピーボディのアイルランド系カトリック教徒の家庭に、ボストンメイン鉄道で働く車掌のジョンと主婦のグレイスの子として生まれた。一九五七年にマサチューセッツ大学を卒業した後、一九六〇年にイリノイ大学で博士号を取得し、同年にゼネラル・エレクトリック社に入社した。官僚的な組織に馴染めず、また一九六一年の昇給が僅か千ドルだったこともあり、自分の専攻が活かせるイリノイ州スコーキの国際鉱物化学薬品に転職しようと早くから退社を考えるが、階級が一つ上の役員であるルーベン・ガトフが「失うのは惜しい」とウェルチを引き止める。一九六三年には監督下の工場での爆破事故の責任を問われ、解雇寸前にまで追い詰められたこともあった。一九七二年に同社

の成長とともにウェルチは昇進した。

実験中の事故で工場を爆発させ、新しい工場を建設した途端、製造予定の製品に重大な欠陥が見つかって市場に出せなくなるという波乱はあったが、ウェルチは順調に昇進を続けた。GEに入社してわずか八年でプラスチック事業のゼネラル・マネジャーに任命され、それから三年足らずで成長過程にあるプラスチック部門の売上を二倍以上増やすことができた。一九八一年にウェルチはGEのCEOに就任し、二〇〇一年までその地位にあった。


の副社長、一九七七年に上席副社長、一九七九年に副会長、一九八一年には同社で最年少の会長兼最高経営責任者となった。

一九九九年には『フォーチュン』誌で「20世紀最高の経営者」に選ばれており、最高時の年収は九四〇〇万ドルにも達した。

異端児の台頭

一九七〇年代にはアメリカ企業のマネジメント手法は命令と支配であり、「情熱」や「楽しさ」を重視する人は誰もいなかった。しかしウェルチのやり方は違った。ウェルチは「大企業の魂の中に、街角の食料品店にあるような気さくな雰囲気を作りあげようと努力してきた」。どんなにささやかな目標でも、達成するたびに賑やかな祝福の機会を設けて仕事を楽しくしようとした。「そのころ私は手榴弾を投げ続けていた。足枷になっていると感じていた伝統や儀式を吹き飛ばそうとした」とウェルチは書いている。

ウェルチがGEで頭角を現したのは業績が注目されたからだ。前GE会長で、「アメリカでもっとも称賛される経営者」と言われるレグ・ジョーンズがウェルチを消費者向け製品事業の責任者に任命し、GE本社のオフィスに異動させた。消費者向け製品事業はGEの売上高の二〇パーセントを占める重要な部門だった。

この昇進はウェルチがGEの次期トップをめぐる後継者レースに加わることを意味した。ウェルチは自分がCEOにふさわしい人材だと自信を持っていたが、ようやくそれが現実味を持って迫ってきた。緊迫した競争をくぐり抜け、他の有力な候補者を押さえて、一九八一年四月、ウェルチは会長兼CEOに任命された。ウェルチはマスコミや政府、そしてウォール・ストリートの人間とかかわった経験がほとんどなかった。『ウォール・ストリート・ジャーナル』は、アメリカの巨大企業を率いる後継者としてウェルチが指名されたことを、「伝統派より実務派」の選択だと懐疑的に評価した。

「まず人ありき」

ＣＥＯに就任したとき、ウェルチはＧＥの将来について詳細な計画はなかったが、どういう「感じ」の会社にしたいかは明確にわかっていたと述べている。四〇万人の従業員と二万五〇〇〇人のマネジャー、そして何段階もの官僚的階層によって成り立つ会社の中に、新しい文化を創造する難しさは目に見えていた。ウェルチは二〇年かけてそれをやり遂げたのである。

ウェルチにとって人材は会社のすべてだった。最高の人材を採用することで、最高のアイデアがもたらされる。そしてそれらのアイデアが「境界のない」（訳注　英語ではboundarylessで、ウェルチの造語である）職場に広がっていけば、ＧＥは世界最高の企業になれる。ＣＥＯに就任した最初の数年間に、ウェルチは長時間かけてスタッフの人事評価を行ない、役に立たない人間を解雇し、スター社員を発掘した。何度も内密の会議が開かれ、激しい個人攻撃を含む白熱した議論が交わされ、多数の社員がＧＥを去った。

ウェルチはマネジャーに部下をランクづけさせ、毎年下位一〇パーセントの社員を解雇するシステムを作った。この制度を苛酷で残酷だと思う社員は多かったが、このやり方は社員に疑心暗鬼を生む代わりに、会社の中で自分がどの位置にいるかを理解させる効果があった。昔の人事評価で、マネジャーが見込みのない人たちを何とか会社に残そうとした「間違った親切」とは対照的だった。間違った親切は、当の社員にとっても組織にとっても有害でしかなかった。ＧＥの従業員を対象にした調査によれば、ほとんどの社員がこの人事評価システムについて、もっと業績重視の傾向を強く（弱くではなく）してほしいと望んでいた。社員は目標があればより熱心に働き、もう少しで達成できそうな大きな目標があるときほどいっそう努力する。それまでは、業績を理由に昇進させ、業績が上がらない社員には厳しく対応するやり方は士気を損なうと考えられていた。この常識をGEのシステムは覆した。私たちは小学校から大学まで成績を評価されている。会社に入った途端に評価をやめるのはおかしいとウェルチは主張した。プロ野球選手はそれぞれの年俸に大きな差があっても、チームとして一丸となってプレーしている。それが職場にも当てはまらないわけがあるだろうか？「厳しく差をつけることが、本物のスターを生み出す。そして、そうしたスターがすばらしいビジネスを築き上げる」とウェルチは言う。

一九八〇年代半ばまでにウェルチは従業員の四分の一を削減し、「ニュートロン・ジャック」の異名を取った（中性子《ニュートロン》爆弾は建物に被害を与えず人間だけを殺傷するというイメージから、ウェルチが建物だけ残して人を切る経営者だと皮肉っている）。人員を削減する一方で、ウェルチは本社に新しいフィットネス・センターや会議場を建設し、幹部を対象にしたクロトンビルの研修センターを大改造するために、合わせて七五〇〇万ドルを投資した。社員を解雇しながらぜいたくな施設に浪費するとはどういうことかと社内ですさまじい反発が起きた。ウェルチは、GEが頂点を目指すなら、少数の精鋭により多く投資する必要があるのだと機会あるごとに説いて回った。

三〇万人を奮起させる戦略

多岐にわたるGEの事業に対するウェルチの有名なビジネス戦略は、それぞれの分野でナンバーワンかナンバーツーになれない事業は売却するというものだった。ナンバーワンやナンバーツーでない事業の関係者にとっては激震だったが、この戦略はわかりやすく、社内に緊張感を与えた。ナンバーワンかナンバーツーでないなら、その事業を続ける意味はないとウェルチは考えていた。

ウェルチのもう一つの戦略は、各事業の市場範囲を広く捉え直し、市場シェアがわずか一〇パーセントしかないという視点に立って、そこから急速に成長する手段を探すというものだ。この考え方に基づいて、製品に関係するあらゆるサービスを市場に組み入れる「市場の再定義」が進み、GEは製造部門を支援するサービス分野（たとえばジェットエンジンなら燃料から金融サービスまで）に参入する方針を固めた。その結果、GEの潜在的な市場ははるかに大きくなった。GEは「製品を作って売る」だけの会社から、マネジメントを売る会社になった。

ウェルチの指揮によって導入が進んだ新しい取り組みには、他にも「シックスシグマ」の品質管理（一〇〇万回のオペレーションで通常は三万五〇〇〇回発生する製造やサービスのミスを三・四回以下に抑える）、グローバル化（世界中にビジネスを拡大するだけでなく、現地の人材を活用する）、そしてEビジネスがある。ウェルチは一九九七年までキーボードをタイプすることも、インターネットを使うこともできなかったが、それから数年後にGEはドット・コム企業の潜在的な脅威に立ち向かうために、積極的にオンラインの導入を進めた。

いくつかの失敗（投資銀行キダー・ピーボディーの買収が招いた巨額の損失や、EUの規制によるハネウェル社買収の頓挫）もあったが、ウェルチの指揮の下でGEの売上高は六倍に成長し、GEはCTスキャナーから金融サービス、そして放送会社NBCの買収によってテレビ事業まで、あらゆる事業に参入した。

ウェルチのCEO最後の年（二〇〇〇年）、GEの売上高は一三〇〇億ドルに達し、利益は史上最高の一二七億ドルを記録した。その前の六年間でGEの利益は二倍になり、GEは「世界で最も価値ある企業」と称賛された。

ジャックの理想のGE

ジャック・ウェルチは一九三五年に生まれ、マサチューセッツ州セーラムの労働者階級が暮らす地域で育った。父親はアイルランド系で、鉄道の車掌として働き、夫婦そろって高校を卒業していなかった。自分が成功したのは芯の強い母親の教育のおかげだとウェルチは感謝している。母親は息子とトランプゲームで遊びながら真剣に競争する楽しさを教え、ウェルチの吃音は頭の回転が速すぎて舌がついていかないせいだと言って息子に自信をつけさせた。ウェルチがGEで発揮した「硬軟使い分けて部下のやる気を引き出す」手腕、そして彼のトレードマークである強い自信は、母グレース・ウェルチの教えで身についたものだ。しかしウェルチは、頑固さと自信を区別してこう述べている。「頑固な態度が組織を殺す。あからさまに野心を遂げようとする姿勢も同じ結果をもたらす。（中略）自信にあふれた人たちは自分の考え方に批判や反論が向けられることを恐れない。アイデアを刺激し豊かにしてくれるような知的論争に喜んで加わる」。このざっくばらんな開放性が、GEの文化の一部になった。

本書の終わりの方で、ウェルチは経営不振に苦しむ企業は地域社会のお荷物になる場合があると述べている。利益を出している健全な企業だけが、環境に投資する余力を持ち、地元の町を活性化して、すぐれた企業市民になれるのである。

ウェルチは子供の頃、フランクリン・ルーズベルト大統領が在職中に亡くなったときに母親が激しく泣いたのを鮮明に覚えている。ウェルチの両親は政府を心から信頼していた。しかし時代が変わって政府への不信感が広がった今、世界を救えるものがあるとすれば、それは成功した企業であるとウェルチは主張している。

長期的に考える

日本企業は長期的な視野を持つことで知られているが、GEも負けてはいない。GEはトーマス・エジソンが新しく考案した電球を売るために設立した会社（訳注　エジソン電気照明会社は一八八一年に設立された）が起源で、一三五年を超える歴史があり、時価総額は多数の州の予算をはるかに上回っている。しかしその長い歴史の中で、GEの歴代CEOの人数は、同じ時期にバチカンで就任した教皇の数より少ないと『フォーチュン』誌は指摘した。実際、多数の候補者の中から次期CEOを絞り込む作業は、新しい教皇が選ばれるまでの複雑なプロセスとほとんど変わらないとウェルチは述べている。

ウェルチの後継者となったジェフリー・イメルトは、GEのCEOに求められる長期的視野について次のように述べている。「私は125年の歴史を持つ会社を経営している。私が前任者から引き継いだものは、私の後継者にも引き継がれていくだろう」（訳注　二〇〇四年の『フォーチュン』誌のインタビュー記事）。イメルトの父ジョゼフはGEのシンシナチ工場で引退するまで勤め上げ、航空機エンジン部門の責任者まで昇進した人物だった。ウェルチからCEOを引き継いだ二〇〇一年、イメルトは世界の超優良企業を研究するよう命じた。そしてそれらの企業では、深い専門知識が重視されているという事実を知った。それらの企業では、「現状を変える」、あるいは「価値を引き出す」ために外部から経営者を招くことはない。何年もその会社で働き、トップになるために経験を積んできた人たちの深い知識や専門性が十分に蓄積しているからだ。

このような組織になるためには、明確な目標を持ち、その目標を達成するために長期的な視野がなくてはならない。人生と同様に、ビジネスにおいても、より遠くを見ることが大きな成果を生む。ウェルチの人物像はほとんど伝説の域に達しているが、ウェルチはGEを象徴する長期的な思考の持つ集中力と可能性を体現した人物だった。

仕事と人生に活かすために

最近は起業家になること、そして新しい何かを始めることが高く評価され、自分の会社を立ち上げなければ損をすると言わんばかりの風潮がある。しかし実際には、今でも大半の人は会社勤めをしている。本書は、利益を追求するのと同じくらい、新しいアイデアを生み出すことに熱心な会社を見つければ、この上なくやりがいのある働き方ができるというメッセージを伝えている。

『ジャック・ウェルチ　わが経営』が名著に値するのは、成功者であるウェルチの伝記という理由だけでなく、本書がアメリカの大企業の二〇世紀最後の数十年間を克明に記録しているからだ。本書を読むと、世界有数の大企業のCEOになるとはどういうことなのか（大物と一緒にゴルフコースを回るのは役得のほんの一部だ）、鮮明に感じ取れる。ウェルチが困難をくぐり抜けてトップの座に就くまでの描写は手に汗を握るようだ。

共同執筆者である『ビジネスウィーク』誌のジョン・A・バーンの助力を得て、本書はウェルチの在任最後の年に執筆され、ウェルチが経験した最後の数年間の興奮や失望を余さず描き切っている。イメルトの代になってもGEは成長を続けているが、ウェルチ時代に達成された成果は誰にも真似ができない。たとえどんな大企業であろうと、大きな変化を起こすのは個人の力なのだ。

41

1990

リーン生産方式が、世界の自動車産業をこう変える。

ジェームズ・P・ウォマック／ダニエル・T・ジョーンズ／ダニエル・ルース

生産とマネジメントに新しい手法を導入することによって、大幅な資源の節約と品質の向上が実現した。

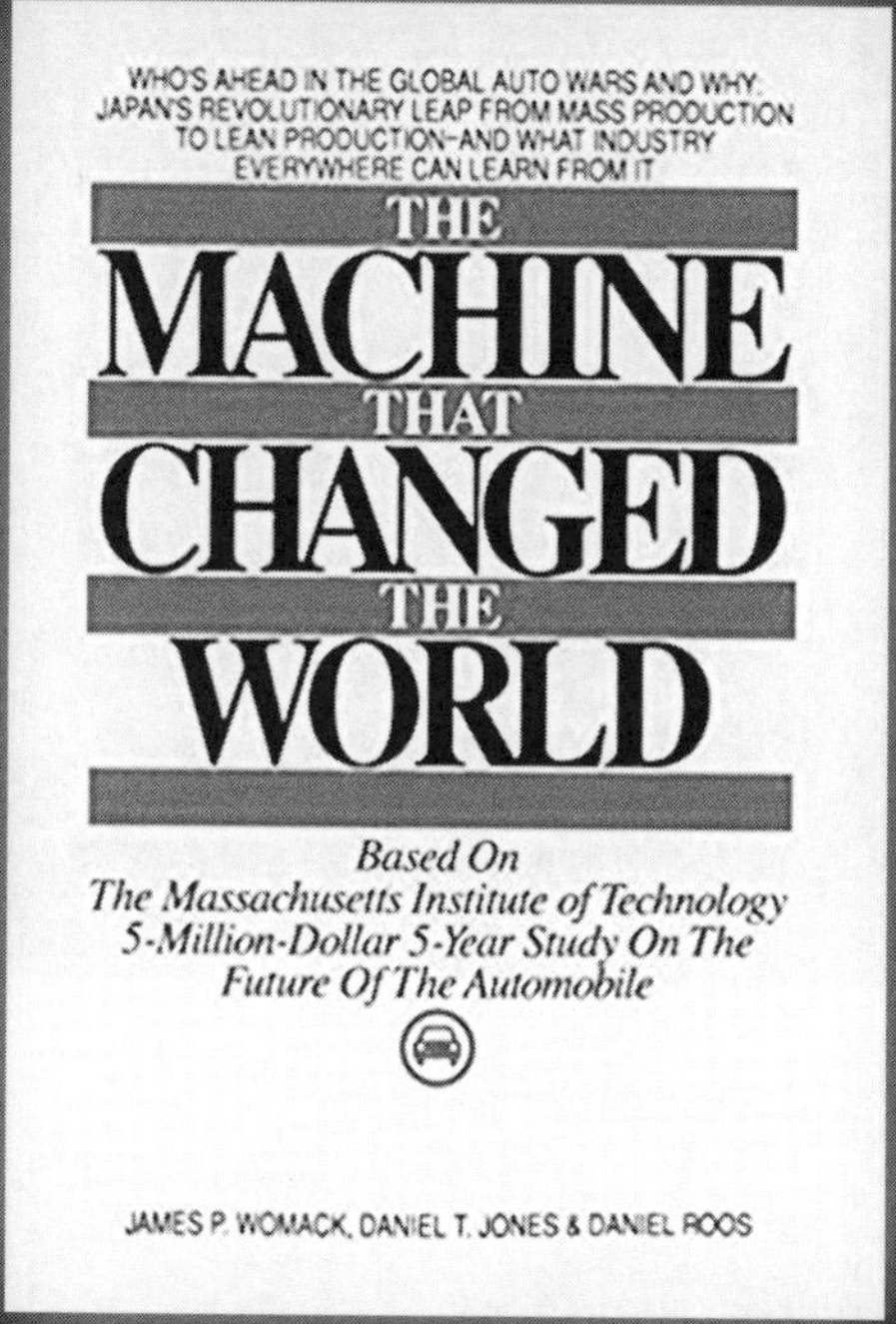

WHO'S AHEAD IN THE GLOBAL AUTO WARS AND WHY: JAPAN'S REVOLUTIONARY LEAP FROM MASS PRODUCTION TO LEAN PRODUCTION—AND WHAT INDUSTRY EVERYWHERE CAN LEARN FROM IT
THE MACHINE THAT CHANGED THE WORLD
Based On The Massachusetts Institute of Technology 5-Million-Dollar 5-Year Study On The Future Of The Automobile
JAMES P. WOMACK, DANIEL T. JONES & DANIEL ROOS

邦訳

［リーン生産方式が、世界の自動車産業をこう変える。］

経済界　沢田博 訳

旧式な大量生産工場では、マネジャーが工場内の状況に関する情報をひとり占めし、情報の掌握が権力の鍵だと考えている。トヨタ高岡などのリーンな工場では、その日の生産目標やその日のそれまでの生産台数、装置故障状況、作業員不足状況、残業時間要件などの全情報がアンドンに表示される。アンドンは電光板で、どこの持ち場からも見える。工場内で、いつどこでどんな問題が起きても、解決能力のある従業員全員が手を貸すために走る。

❀

リーン生産方式や有名な「トヨタ生産方式」のことならもう知り尽くしているという人もいるかもしれないが、日本の自動車産業の目覚ましい成功を振り返ることは決して無駄ではない。一九五五年に日本の自動車生産台数は世界全体の一パーセント未満に過ぎなかった。本書が出版された一九九〇年には、トヨタの生産台数はゼネラル・モーターズ（GM）の半分に達し、フォードに迫ろうとしていた。現在、トヨタは世界最大の自動車メーカーとしてフォルクスワーゲンと肩を並べている。

　しかし「リーンな」原則に基づく新たな生産方式のルールを作ったの

James P. Womack / Daniel T. Jones / Daniel Roos

ジェームズ・P・ウォマック

ウォマックはMITの国際自動車研究プログラム（IMVP）の調査部長で、「リーン生産方式」という言葉の生みの親である。一九九七年にリーン生産方式の普及と研究を目的とした「MITリーン・エンタープライズ学会」を発足させ、二〇一〇年まで会長を務めた。ウォマックはMITで政治学の博士号を、ハーバード大学で交通システムを学んで修士号を取得している。ジョーンズとの共著に『リーン・シンキング』（二〇〇三年）がある。

ダニエル・T・ジョーンズ

ジョーンズはサセックス大学で経済学の学士号を取得し、IMVPでは欧州部長を務めた。イギリスでリーン・エンタープライズ・アカデミーを設立し、製造業、医療、建設、小売業など、英国内のさまざはトヨタだ。リーン生産方式は無駄とコストを減らし、品質を劇的に向上させた。本書の著者である三人は、リーン生産方式は製造業を、そして世界を変えた生産システムだと考えている。

ビジネススクールの必読書となった本書が書かれたのは、日米間に深刻な貿易摩擦が生じていた時期だ。日本車は品質、手ごろな価格、燃費のよさでアメリカ国内の市場シェアを奪っていた。日本で生まれた新しい生産方式は日本独特の文化や政治の賜物で、アメリカやイギリスなど他の国では通用しないと考えられていた。著者たちはこうした考えを明確に否定し、「ジャスト・イン・タイム」方式を取り入れたリーンな生産方式は日本企業だから成功したのではなく、世界中で、そしてあらゆる製造業で導入できると述べている。

本書はマサチューセッツ工科大学（MIT）が設立した国際自動車プログラム（IMVP）の五年におよぶ国際的研究の成果として生まれた。生産システムをこれからどう転換していくべきかを模索し、客観的な情報を欲していた自動車メーカーや部品メーカーがIMVPに研究資金を提供した。本書は二〇〇七年に新版が刊行された。それから一〇年以上たった今も、過去一〇〇年間に起きた製造業革命の経緯を理解するすぐれた解説書として読み継がれている。

まな経済分野にリーンな手法の導入を推進している。

ダニエル・ルース

ルースはMIT交通研究センター所長であり、IMVPでは部長を務めた。ルースは現在もIMVPの諮問委員会に在籍している。

大量生産の強みと弱点

大量生産の決め手は流れ作業による組み立てラインだと考えられているが、本当に重要なのはむしろ部品の互換性である。フォードが有名なハイランドパーク工場を開設する前は、自動車は熟練した職人によって生産されていた。部品の一つ一つが手作りだったため、まったく同じ部品は二つとなかった。部品の完全な互換性が実現すると、自動車の組み立て速度は格段に速くなり、人件費は大幅に削減された。以前は一人の組立工が一台の車を最初から最後まで組み立てていたのに対し、組立工が工場内を移動して、数分程度で終わる単一の作業を何度も繰り返す方法に変わった。割り当てられた作業にすっかり慣れた組立工が、完全に互換性のある部品を取り付ける方法によって、生産性は著しく向上した。フォードがベルトコンベアで動く組立ラインを導入すると、作業者は一定のペースに合わせて作業するように訓練され、工場内を動きまわる必要がなくなって、生産速度はさらに上がった。生産コストが引き下げられたおかげでT型フォードの価格はどんどん下がった。生産台数が増えれば増えるほど、価格は安くなった。

フォードの生産システムは非常にすぐれていたが、好不況の波や事業計画の点で難題にぶつかった。部品や完成した車を倉庫で管理するコストがかかり、常に在庫を抱えておくのが負担となった（巨大な競争相手のGMも同じ問題を抱えていた）。もう一つの問題は過剰な生産能力だった。一日に二〇〇〇台生産できる工場を設立しても、景気後退のせいで需要が低下すれば設備は無駄になる。フォードやGMの生産方式には、「人員と設備の過剰」を生じさせる根本的な弱点があったと著者たちは指摘している。

大量生産方式は労働者の意欲の点でも問題があった。大量生産の場合、専門家が製品を設計し、未熟練あるいは半熟練の労働者が製品を大量生産することで規模の経済が成り立つ。消費者は安い製品を手に入れることができるが、作業工程は従業員にとって「退屈でやる気が湧かないものとなる」と著者たちは言う。初期のフォードの労働者の賃金は同じ業界の平均より高かったが、工員は取り替え可能な部品とみなされていた。組立ラインの労働者には新しい学びや昇進の機会がほとんどなく、仕事はうんざりするほど単調だった。大量生産方式は労働者を「誇り高き職人」から、ロボットのような労働力に変えた。

日本では必要が発明を生んだ

第二次世界大戦後、日本政府は国内の自動車産業に対する外国企業の直接投資を禁じ、高い関税障壁を設けた。そのおかげで国内の製造業者が自動車産業に進出し、多数の自動車メーカーが同じクラスの車を生産して激しい競争が生まれた。しかしこれらのメーカーはアメリカの自動車産業の中心地デトロイトで生まれた大量生産方式を採用しなかった。アメリカと違って、日本には移民労働者がいなかったのが決定的な理由だった。日本では労働組合の力が強く、労働者は終身雇用を保証されていた。したがってトヨタは平均勤続年数が四〇年を超える従業員の能力を、最大限に活用しなければならなかった。アメリカのように労働者を取り替えのきく部品として扱う代わりに、日本では労働者が長い間会社に貢献できるように、常に学び続ける環境を整える必要があった。

フェンダーやボンネットのような自動車ボディの金属部品は、特定の打ち抜き型を装着した巨大なプレス機で作られる。打ち抜き型の交換には時間がかかるため、GMやフォードは打ち抜き型を長期間交換せず、一つのプレス機で同じ部品を何千個も作り続けた。しかしこの方法では、何種類もある自動車部品を作るためにプレス機を何台も揃えなければならない。トヨタにはそんな予算はなかった。そのため、トヨタでは打ち抜き型をすばやく交換できるシステムを開発し、必要なときに必要な分だけ部品を作れるようにした。その結果、部品の在庫保管期間はかなり短縮され（トヨタでは在庫は何日分ではなく、分単位で数えられる）、不良部品をすぐに見つけられるようになった。品質検査は専門の検査担当者ではなく、現場にいる人間の仕事になった。労働者はロボットのように何も考えずに単一作業を繰り返すのではなく、一つの班に複数の作業が割り当てられ、各班がそれぞれの作業の質に責任を持たされた。彼らは継続的で漸進的な改善策の提案、すなわち改善と呼ばれる活動を通じて生産工程の見直しを行なった。その結果、欧米の生産ラインではラインの最後で別の誰かが担当していた不良品の「手直し」が、トヨタでは必要なくなった。

トヨタは部品メーカーに対しても部品の設計や製造に積極的な役割を果たすように求めた。トヨタは部品メーカーを完全に垂直統合する（安定供給を確保するために部品メーカーを所有する）のではなく、各メーカーの株式の一部を保有し、しばしば融資もした。「ジャスト・イン・タイム」方式、すなわちトヨタの「かんばん方式」のもとで、部品は工場の要請に応じて届けられるようになり、トヨタと部品メーカーは一つの大きな機械として機能し始めた。このシステムでは在庫を徹底的に減らしているので、製造工程は常にぎりぎりの状態で動いている。部品が一つでも足りなくなれば、全工程がストップしてしまうのだ。しかしトヨタの主任エンジニアだった大野耐一にとって、それは望ましいことだった。システムに関わる全員があらかじめ問題を予測して行動するようになるからだ。命綱をつけていなければ、落ちないように全力を尽くすのが当たり前だ。

製造革命

こうした無駄のない供給網がうまく機能するようになるまでに何年もかかり、「リーンな」生産システム全体が完成するには二〇年以上を要した。しかし世界はようやくその成果に気づき始めた。消費者が車を買うときに最も重視するのは信頼性だ。トヨタは高級なドイツ製やイギリス製のセダンよりさらに信頼性の高い車を提供し始めた。ヨーロッパの自動車メーカーは、自動車が工場から出荷される前に欠陥を修正すればいいという職人的な考え方からまだ抜け出していなかった。そのため、彼らの作る車は高価な割に必ずしも信頼性が高くなかった。「職人技」とは、実際には無駄が多いことを意味した。一九八九年にトヨタが高級車のレクサスを発売すると、世界の自動車業界はその比類ない品質に驚嘆した。レクサスに押されてメルセデス、BMW、キャデラック、リンカーンの販売台数は落ち込んだ。ホンダ・アコードもレクサスと同様に成功を収めた。アコードの米国モデルはリーン生産方式を採用したオハイオ州のメリーズビル工場で生産され、GMやフォードが長年守り抜いてきたアメリカ市場の最多販売モデルの地位を奪った。

GMの社長アルフレッド・スローン（訳注　一九二三年に社長に就任し、三七年から五六年まで会長を務めた。495ページ参照）は、エンジンをマイナーチェンジして毎年新型車を発売する年次モデルチェンジという販売戦略を他社に先駆けて開始した。しかし大量生産方式は機械や工場にかかる莫大な固定費を償却する必要があり、製品開発はどうしても遅れがちになる。対照的にリーン生産方式の工場は融通性が高いため、短期間のモデルチェンジが可能で、同じモデル内のバリエーションを増やしやすい。さらにリーン生産方式では販売担当者も製造工程の中に組み込まれていた。工場がディーラーに車を押し付けて売らせるのではなく、ディーラーも生産システムの一部なのだ。トヨタは顧客の注文を受けてから車を作り、わずか二、三週間で納車することができた。トヨタの販売員は消費者が車を簡単に購入できるように、顧客の家を訪問するサービスさえ始めた。トヨタは生涯にわたってトヨタ車を買い続ける顧客のブランド忠誠心を何よりも大切にした。

要するに、リーンな自動車メーカーは職人的な手作りと大量生産の利点をあわせ持っていた。同じ台数の製品を低コストで生産できる一方で、熟練労働者とテクノロジーの両方を活かして多品種化を実現し、労働者に責任を与えることで仕事のやりがいを高めた。リーンな工場では情報やデータをマネジャーがひとり占めせず、全員で共有する。労働者は工場全体が今どんな状態にあるか、生産目標や品質目標を達成できているかどうかを知ることができる。何か問題があれば全員でその原因を突き止めようとし、その問題が二度と起きないように手を打つ。こうした姿勢がもたらす当事者意識と、それが品質や労働意欲に与える影響には計り知れないものがある。

フォードやGMの大量生産技術がアメリカ国外に導入されたとき、既存の生産方法が否定されたことに対する反発が生じ、大量生産方式はなかなか受け入れられなかった。それと同じように、日本で誕生したリーン生産方式がアメリカやヨーロッパに紹介されると、従来の大量生産方式を土台として成り立っていた組織や制度は脅威にさらされ、激しく抵抗した。新しい生産方式が外国から移植されると、「たちまち愛国主義的な反応を引き起こすことになりがちである」とウォマックたちは指摘している。新しい生産技術がより効率的だとしても、それだけで世界中に自動的に受け入れられるわけではない。政治、社会、文化などの国内事情が影響し、効率より伝統が重視される場合がある。一九八〇年代から九〇年代のアメリカでは、自動車メーカーは既存の工場をリーンな生産に転換するのをあきらめ、業績の悪い工場を閉鎖して新しい工場を建設した。既存の工場の時代遅れのマネジメントや、組合と経営側の冷ややかな関係を修正するよりも、まったく新しい工場で効率性を高める方が簡単だったのである。

仕事と人生に活かすために

ウォマック、ジョーンズ、ルースは、一九九〇年に出版された本書の初版で、一〇年後には組立ラインから労働者がほとんどいなくなるという大胆な予測を披露した。しかし本書の二〇〇七年版のあとがきではこの予測の誤りを認め、自動化は工場に一気に広がらず、徐々に増加するにとどまったと述べた。それはなぜだろうか？　「理論上はロボットは融通が利き、調整も可能だが、熟練した作業者の融通性と調整力の高さにはとうてい及ばない。だからトヨタはよほど必要に迫られない限り自動化しようとしないのだ」と著者たちは指摘している。

本書の出版後に起きた最大の変化は、中国が自動車生産国として急成長したことだ。中国は一〇年前から世界最大の自動車生産国になった。二〇一五年には世界の自動車の総生産台数九〇〇〇万台のうち、二四〇〇万台（二一〇〇万台の乗用車と三四〇万台の商用車）が中国で生産された。同じ年、アメリカの自動車生産台数は中国の半分、日本は九〇〇万台、ドイツは六〇〇万台で、韓国、インド、メキシコがそれに続いた。中国の自動車メーカーとして代表的な国有企業のSAICは、フォルクスワーゲンやGMとの合弁によってこれらの企業の車を現地生産している。他に同じく合弁によってホンダ、日産、プジョーの車を生産する国有企業のドンファンや、民間企業のジーリーなどがある。これらの企業は急成長する巨大な市場を相手に、主として手ごろな価格の自動車を販売している。中国では人件費が安かったため、リーンな生産への転換はこれまで最重要課題ではなかった。しかし消費者が品質と多様性をもっと重視するようになり、労働者の賃金が上昇すれば、無駄を省く必要が生じて中国の自動車生産は変わるだろう。中国と日本の間には文化的、政治的な緊張があり、中国は「日本的な」ものを模倣していると見られるのを嫌がる。一九八〇年代から九〇年代にかけて、アメリカの自動車メーカーがリーン生産方法をそのまま受け入れるのに抵抗したのと非常によく似た状況だ。しかし最終的には市場原理に促されて、中国メーカーはリーンな生産方式を導入せざるを得ないだろう。中国の社会主義が「中国式社会主義」と呼ばれるように、リーンな生産方式も中国式になるかもしれない。

3

Chapter3

戦略とマーケティング

42

1997

イノベーションのジレンマ

クレイトン・クリステンセン

顧客の要望に応えることが企業の存続の鍵だという思い込みの罠に落ちやすい。気づいたときには新しい市場と技術に乗り遅れ、成長の機会を逃している。

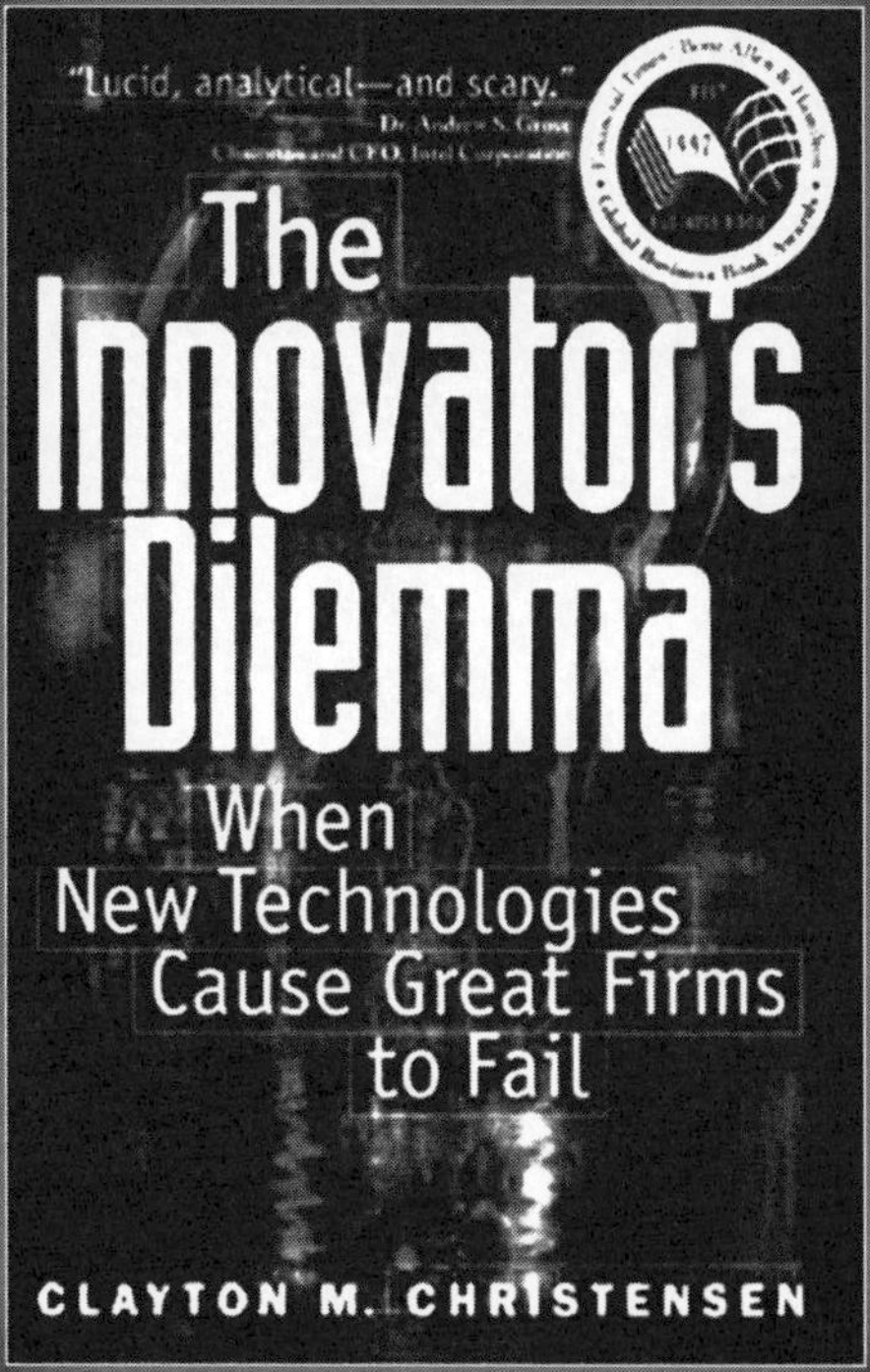

邦訳

[イノベーションのジレンマ—技術革新が巨大企業を滅ぼすとき]

翔泳社　伊豆原弓 訳

企業は、競争力の高い製品を開発し優位に立とうとするために、急速に上位市場へと移行しており、高性能、高利益率の市場をめざして競争するうちに、当初の顧客の需要を満たしすぎてしまったことに気づかないことが多い。そのため、低価格の分野に空白が生じ、破壊的技術を採用した競争相手が入り込む余地ができる。

❀

多数のビジネススクール教授とは違って、クレイトン・クリステンセンはハーバードの博士課程で学ぶ前に、実際にビジネスの世界で働いた経験がある。博士課程在学中に研究したアイデアが、本書『イノベーションのジレンマ』として結実した。

本書で取り上げるのは、「単なる企業の失敗談ではなく、優良企業の話である」とクリステンセンは言う。それらの企業は、模範的な経営と称賛され、イノベーションに積極的とさえ思われながら、市場と技術の変化に対応できずに市場での優位を失った。

優良企業がすぐれた経営を称賛されていたちょうどその頃、後から考えれば業界を一変させる変化を見逃していたというケースは非常に多い。

Clayton Christensen

クレイトン・クリステンセン

クリステンセンは一九五二年にユタ州ソルトレイクシティーで、八人の子供がいる家庭に生まれた。ブリガムヤング大学経済学部を卒業後、ローズ奨学金を得てオックスフォード大学で計量経済学と経済学を学び、発展途上国を中心とした研究で修士号を取得した。

一九七九年から八四年まで、クリステンセンはボストンコンサルティンググループで製品製造戦略を専門とするコンサルタントを務めた。その間、一九八二年から八三年にかけて仕事を離れてレーガン政権で運輸長官補の補佐をしている。一九八四年にセラミックの研究開発会社ＣＰＳの起業に加わるが、ＣＰＳが株式を公開した直後に一九八七年の株価大暴落が起こった。一二ドルだったＣＰＳの株価は二ドルまで暴落し、クリステンセンは会長職を辞すいったいなぜだろうか。クリステンセンの研究は、「すぐれた」経営こそが優良企業の失敗の原因だと明らかにしている。これらの企業は顧客の意見に耳を傾け、彼らが望む商品を提供しようとした。しかし、ときには顧客の意見を聞かないこと、そして今まで存在しなかった市場に新しい製品をいち早く投入することが正しい場合がある。イノベーションのジレンマとは、「企業の成功のために重要な、論理的で正当な経営判断が、企業がリーダーシップを失う理由にもなる」という事実だ。企業はすぐれた経営によって既存事業を維持しながら、同時に「既存事業を衰退させる可能性をもつ」破壊的技術も、進んで受け入れないまでも十分な資源を割り当てる必要がある。

クリステンセンは研究対象としてコンピュータのディスクドライブ業界を選んだ。ディスクドライブ業界は、全盛期には急激な変化に見舞われた。したがってディスクドライブ業界の歴史をたどれば、主力企業が次々と新規参入企業に首位の座を奪われる原因となった変化が見きわめられる。スティーブ・ジョブズは本書に大きな影響を受けた一人だ。本書にはその他の業界の興味深いケーススタディも豊富に含まれている。

ることになった。その後、ハーバード・ビジネススクール博士課程に入り、一九九二年から教鞭をとって、現在は教授を務めている。

他の著書に、『イノベーションへの解』(二〇〇三年)、『教育×破壊的イノベーション』(二〇〇八年)、『医療イノベーションの本質』(二〇〇八年)、『ジョブ理論』(二〇一六年)などがある。

破壊的技術と持続的技術

「破壊的」技術とは、標準的な観点で見れば既存の技術よりも性能が劣るが、主流から外れた新しい顧客に評価される技術である。破壊的製品、すなわち破壊的技術を使用した製品は、たいてい安価で、機能が単純で、使いやすい。たとえば一九七〇年代にホンダやヤマハがアメリカに輸出した低価格で低出力のオフロード・バイクは、ハーレー・ダビッドソンやＢＭＷが製造した強力で高級なロード・バイクに比べれば見劣りしたが、売れ行きは抜群だった。最近の例では、クラウドデータベースはＩＢＭのような企業が作る高価なサーバーの代用として低価格で利用できる。

大企業は普通、破壊的製品やサービスに投資しない。破壊的製品は「利益率が低い」という合理的理由があるからだ。破壊的製品が求められるのは、たいてい収益性の低い下位市場である。しかし破壊的技術にまったく投資しなければ、大企業はこの収益性の低い小さな市場がもっと大規模な市場に成長するのを待つしかないが、そのときはすでに手遅れになっている。

企業は「持続的」技術に投資するのを好む。持続的技術とは、主流な市場の既存の顧客が重視する性能を向上させるような技術のことだ。企業は顧客を満足させることに集中するあまり、業績のすぐれた企業ほど、「顧客が望まないアイデアを排除するシステムが整っている」。しかし企業が成長を続けるためには、今望まれていないとしても、将来的に市場が生まれそうな技術や製品に注目する必要がある。

問題は、「小規模な市場では大企業の成長ニーズを解決できない」ことだとクリステンセンは書いている。企業は大きくなればなるほど、巨大な組織を維持するために収益を増やさなければならない。いつかは売上高を一パーセント増やすかもしれない新しい技術に資源を投入するのは、割に合わないのだ。また、大企業は業界のリーダーとして、「最高」の製品を作りたいと考える。単純で低価格な製品を開発するのは大企業の名折れと考えているようだ。ほとんどの大企業は、市場調査し、計画し、計画どおり実行するのに長けている。この特長は既知の技術や既存の顧客を開発するには役立つが、ほとんど知られていない新規の技術を扱うには役に立たない。「存在しない市場は分析できない」からだとクリステンセンは指摘している。

「資源依存」という経営理論（訳注　企業の資源の配分を決めるのは顧客と投資家であるという理論）は、企業は顧客の要望とニーズを発見し、それを顧客に提供することでしか成功できないと主張している。この理論は、商業的な環境に最もよく適応した企業が繁栄すると考える点で、進化論と自然選択説に立脚している。この説によれば、企業の資源をどこに配分するかを決めるのは顧客と市場であり、経営者の自由な発想は企業を破綻や非合理的な経営に導く気まぐれにすぎない。しかし実際には、企業がそうした運命をたどるのは、既存の顧客を重視するあまり、新しい技術の潜在的な可能性を見逃したときである。

予測できない変化——確立された市場と新規参入企業

初期の掘削機は蒸気エンジンを利用していた。次世代の掘削機はガソリン・エンジンを使ってケーブルを動かし、ショベルを操作した。ビュサイラス、シュー、マリオンなど、主力の蒸気式掘削機メーカーの大半はガソリン・エンジンを使った掘削機に切り替え、さらにディーゼル・エンジンの採用にも踏み切った。

しかしケーブル駆動システムに代わって油圧駆動システムが登場したとき、成功したのはジョン・ディア、キャタピラー、フォード、リープヘル、小松製作所など、少数の新規参入企業だった。既存の実績ある企業が油圧式掘削機を開発しなかったのは、当初は油圧式の市場は小さいと考えられていたからだ。トラクターの後部に取りつける初期の油圧式掘削機はバックホーと呼ばれ、上下水管の埋設工事や住宅工事のような小規模な工事に便利で、トラクターや農工具ディーラーを通じて販売された。ショベルの幅が広く、より大きく強力な掘削機を製造していた実績ある掘削機メーカーとは対照的だった。ビュサイラスは油圧式とケーブル式のハイブリッド設計による小型の掘削機を販売しようとしたが、この製品は同社の既存の顧客である一般掘削業者には使い道がなかった。ビュサイラスは見当違いの顧客基盤にこだわり過ぎた。対照的に、油圧式技術だけに集中した新規参入企業は、この新技術の利点が理解できる顧客に的を絞った。やがて油圧式技術は掘削機業界全体で採用され、大小を問わず、あらゆるタイプの掘削機に搭載されるようになった。

主要な掘削機メーカーが失敗したのは、新しい油圧式技術に投資しなかったからでも、顧客を無視したからでも、経営陣が怠慢だったからでもない。実際には、既存の顧客の要望に応えなければならないために、顧客基盤が望んでいない「不確実な」製品に注意と資源を投入する余裕がなかったのだ。企業が既存の顧客基盤を離れて、もっと利益が期待できる価値の高い上位市場の顧客に目を向けるのは理にかなっているように見える。逆に企業が下位市場に移動することはめったにないが、下位市場こそ新しい市場が生まれる場所だとクリステンセンは主張する。主力企業が新規参入企業に対して技術的に劣っていることはめったにない。主力企業が競争に敗れるのは、戦略とコスト構造の硬直性が原因だ。

問題は、長期的には新規参入企業は破壊的製品を安価な破壊的条件で売るだけでは終わらないということだ。これらの企業は、そのうちに実績のある大企業の市場も侵食する。その好例が「ミニミル」による製鉄事業の発展だ。ミニミル（訳注　高炉を使う大型の製鉄所と違い、電炉を利用する製鉄所）は小型の製鉄所で、鉄くずを溶融してかぎられた用途のためにぎりぎりの品質の「鉄筋」を生産した。鉄筋は生産コストが低いが、利益率も低く、競争の激しい市場だった。鉄筋市場は高品質の鉄鋼を生産し、主要な製造業者に販売する大手総合鉄鋼メーカーの市場とは明確な違いがあった。しかしニューコーやチャパラルといったミニミルは、鉄筋市場を制覇すると、次は鉄筋よりも利益率の高い棒鋼、線材、山形鋼の市場に攻撃をしかけた。鉄筋同様この市場も利益率が低かったので、主要な総合鉄鋼メーカーにとってこの市場を明け渡すことは大きな問題ではなかった。続いてミニミルは建築や土木の構造用材として用いられる形鋼《かたこう》の生産を始め、この市場を大手総合鉄鋼メーカーから奪った。大手総合鉄鋼メーカーはまたしてもこの事態を平然と受け止めた。総合鉄鋼メーカーの利益は、要求水準の高い缶、自動車、電気製品メーカーに納める高品質な鋼板が中心だったからだ。

鉄鋼産業の最上位製品である鋼板に集中したことで、ベツレヘム・スチールなどの大手鉄鋼メーカーは利益を大幅に増やした。しかしその間にも、ミニミルは新しいアイデアや技術で顧客を獲得し続けた。ミニミルが市場シェアを拡大し、発展する一方で、伝統ある鉄鋼メーカーは次々と工場を閉鎖した。かつては取るに足らない製鉄所に過ぎなかったニューコーは、アメリカ鉄鋼業界のリーダーとなった。

企業がこれまで築いてきた事業に見切りをつけて、収益性の低い下位市場に力を注ぐのは常識に反するように見える。逆に、破壊的技術を持つ企業が反対方向へ、すなわち下位市場から上位市場へ移動するのは自然の流れだとクリステンセンは指摘する。

破壊的技術への対応

本書の第二部で、クリステンセンは破壊的技術にうまく対応したいくつかの企業を分析している。これらの企業に共通するのは、第一に既存の顧客を超えて、破壊的技術に関心を持ちそうな顧客を探したことだ。第二に、これらの企業は破壊的製品の市場を狙う独立した小さな組織を作った。この組織は破壊的技術の市場を探す過程で、損失の少ない早い段階で失敗することが期待された。クリステンセンは、ミニコンピュータ・メーカーのＤＥＣや多数の主要なメインフレーム・コンピュータ・メーカーとは対照的に、ＩＢＭがパソコン産業の初期の数年間に成功できた理由をこう説明している。ＩＢＭはニューヨーク州の本社から離れたフロリダに独立した組織を設立した。この組織は独自の製品を開発し、独自の販売経路を開拓し、ＩＢＭの伝統的な価格設定に縛られず、パソコン市場に適した価格設定をする自由が認められていた。

出現したばかりの技術は新し過ぎて、破壊的技術を利用した製品をどのように使うのか、どのような価値があるのかさえ企業にはわからない。新しい市場を開拓するには、「顧客とメーカーの双方による発見が必要だが、それには時間がかかる」とクリステンセンは言う。市場開拓のプロセスを短縮するため、アップルは「ニュートン」という名の最初のハンドヘルド・コンピュータ（訳注：持ち運び可能なサイズの小型コンピュータ）を製造する際に、徹底した市場調査を行ない、顧客が何を望んでいるのかを知ろうとした。しかしニュートンの手書き文字認識機能は満足のいくレベルに達せず、当時の無線通信技術は高価過ぎ、ニュートンの機能に対する市場は予想されたほど大きくなかった（ニュートンは発売から最初の二年間の一九九三年と一九九四年に一四万台しか売れなかった）。ニュートンの失敗の原因は、まだほんの小さな市場しかないのに大衆市場向けの製品を売り出そうとしたところにある。数年後に発売されたiPhoneは、ハンドヘルド・コンピュータと、それを取り巻くアプリ開発者が構成する巨大なエコシステム（訳注　複数の企業の相互協力によって製品やサービスが構築され、それぞれが平等な収益を得られる環境）の能力を見せつけた。iPhone発売時には、その潜在能力は市場で十分評価されたし、期待どおりの性能を発揮した。ニュートンの失敗からは、「小規模な市場では、大企業の短期的な成長需要を満たすことはできない」という教訓が得られる。しかし、もしアップルがハンドヘルド・コンピュータ市場にまったく手を出さずにいたら、iPhoneを成功させる下地は整えられなかっただろう。

同じような例は今日でも見られる。「X」と呼ばれるグーグルの研究開発部門は、本社の事業の成功に縛られず、画期的な新技術を開発する役割が求められている。Xによる最初の製品の一つである眼鏡型のグーグルグラス（訳注　ヘッドマウントディスプレイ）は、商業的には大失敗だった。眼鏡にカメラのようなものがついているので、グーグルグラスを装着していると、周りの人は撮影されているような気がして落ち着かない気分になる。人に不快感を与えるという理由で、この商品は市場に受け入れられなかった。しかし今では、グーグルグラスはボーイング社の開発部門などで使われている。発売から数年たって、この製品の明確な用途がようやく発見されたのだ。「アイデアの失敗と企業の失敗とでは大きな違いがある」とクリステンセンは言う。成功した新規事業の多くは、新しい製品やサービスが市場に出て、それが実際にどう使われるかわかってから、当初の事業計画を放棄して、新しい戦略に乗り換えている。

持続的技術の市場に参入するときは、先陣を切らなくても十分な資源とすぐれた経営があれば、その市場で成功できるとクリステンセンは言う。持続的技術の面では、先駆者になることに明確なメリットは見られない。しかし破壊的技術の分野では、先駆者は確実に優位に立てる。破壊的技術を利用する企業は既存の顧客に配慮する必要がないので、資源を誰も試していない技術や製品に自由に注ぐことができ、有利な立場を維持して市場シェアを拡大できる。「既存の市場に参入して熾烈な競争にあうより、新しい市場を開拓したほうが、リスクが低く見返りが大きい」とクリステンセンは結論を述べている。

仕事と人生に活かすために

本書の第九章で、クリステンセンは将来を予見したかのように電気自動車を取り上げ、電気自動車が自動車産業を破壊する可能性について述べている。主流の自動車メーカーは、電気自動車には需要がないと考えていた。この点で、「電気自動車には破壊的技術の匂いがする」とクリステンセンは言う。利益率の高い既存の顧客だけを重視していては、アメリカの大手自動車メーカーは取り残される可能性があるとクリステンセンは警告している。

クリステンセンが本書を執筆していた当時、電気自動車の走行距離と加速には限界があったので、誰がどんな目的で電気自動車に乗りたがるのか想像するのは難しかった。親が一〇代の子供たちに買い与えて、近場でゆっくり運転させるのにちょうどいいというアイデアもあった。しかし現在ではバッテリー技術が向上し、テスラのような企業が、裕福で環境意識の高い層向けに、高速で高級な電気自動車の市場の準備ができているのを発見した。電気自動車の事例は、ある技術に対する用途や市場が初めは明確でなくても、その技術を無視したり、主流の事業の妨げとみなしたりしてはいけないというクリステンセンの主張を裏づけている。今日はまだ誰にも知られず、試されてもいない技術だとしても、そこに魅力を感じた人や企業が明日の産業を支配するかもしれないのだ。

43
2011

ビジョナリー・カンパニー4
― 自分の意志で偉大になる

ジム・コリンズ

すぐれた会社を判断する基準は、会社が追い風のときにどれだけ拡大できるかではなく、困難と危機に耐えて長期的な未来を切り開けるかどうかにある。

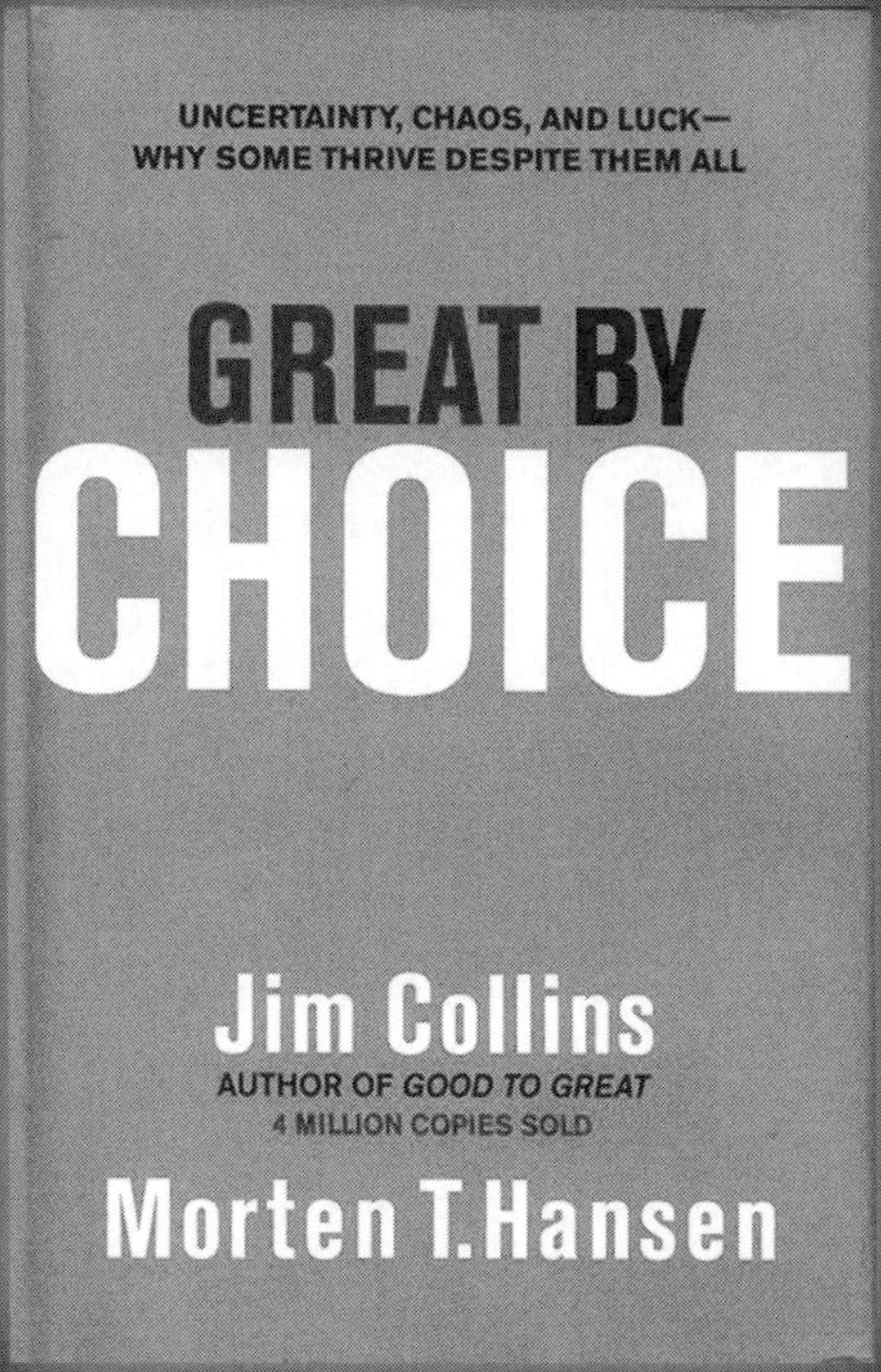

邦訳
[ビジョナリー・カンパニー4―自分の意志で偉大になる]
日経BP 牧野洋 訳

われわれが選抜した偉大なリーダーは、（一）勝利と同じぐらいに価値観にこだわる、（二）利益と同じぐらいに目的に執着する、（三）成功するのと同じぐらいに役立つことに注力する——のである。彼らの活力や規律は、最終的には彼ら自身の内側から生まれたものだ。どこか非常に深い内側から、である。

❀

ビル・コリンズによる二冊のベストセラー、『ビジョナリー・カンパニー——時代を超える生存の原則』（一九九四年）と『ビジョナリー・カンパニー2——飛躍の法則』（二〇〇一年）は、ビジネスの成功の秘訣をすべて語りつくしているように見えた。しかし二〇〇一年に相場が下落し、同時多発テロが起きた。そしてイラクで戦争が始まり、さまざまな災厄が続いた。一九九〇年代後半の好景気は地政学的な不確実性が原因で失速し、テクノロジーの絶え間ない変化が企業や社会の基盤を揺るがした。

彼と研究チームは、組織が変化にどう対応するかという問題について考え始めた。経済が悪化の一途をたどっているような状況で、成功する会社があるのはなぜなのか？　彼は九年に及ぶ研究プロジェクトを開始

Jim Collins

ジム・コリンズ

コリンズは一九五八年に生まれ、スタンフォード大学で数学の学位を取得した後、経営学修士号も取得した。マッキンゼー・アンド・カンパニーとヒューレット・パッカードに勤務した後、スタンフォード大学ビジネススクールで教職に就いた。その後、「マネジメント研究所」を設立し、企業の成功について研究している。二〇一二年から一年間、ニューヨーク州ウエストポイントのアメリカ陸軍士官学校でリーダーシップ論を講義した。

他の著書に、『ビジョナリー・カンパニー——時代を超える生存の原則』（一九九四年）、『ビジョナリー・カンパニー2——飛躍の法則』（二〇〇一年）、『ビジョナリー・カンパニー3——衰退の五段階』（二〇〇九年）などがある。

し、調査対象として「10×（十倍）型企業」を選び出した。10×型企業とは、所属する業界の株式指標を少なくとも一〇倍上回るパフォーマンスを、最低一五年間続けている企業だ。たとえばサウスウエスト航空は、石油ショック、規制緩和、労働争議、景気悪化、テロなどの悪条件にもかかわらず、一九七二年から二〇〇二年の間に高収益の大企業に成長した。どのようにして厳しい状況を克服したのだろうか？

コリンズは、選ばれた「偉大な」企業に対して、それぞれ比較対象となる企業を見つけ出した。比較対象となるのは、10×型企業と同じ時期に、同じ業界で、同じような機会に恵まれながら、業績が平均を下回るか、買収されてしまった企業だ。たとえばインテルとアドバンスト・マイクロ・デバイセズ（AMD）、マイクロソフトとアップル（経営破綻寸前だった二〇〇〇年までのアップルが対象）、サウスウエスト航空とパシフィック・サウスウエスト航空、医療機器メーカーのストライカーと米国外科コーポレーション（USSC）である。

本書『ビジョナリー・カンパニー4──自分の意志で偉大になる』は、シリーズ最高の面白さと言ってもいい。結局のところ、人であれ企業であれ、幸運と環境が味方しているときは「偉大」になれるのが当たり前だ。逆境にぶつかったときこそ、人や企業の底力が現れる。

狂信的規律

コリンズは、まず二〇世紀初頭の二つの南極探検隊、ノルウェーのロアルド・アムンゼンとイギリスのロバート・スコットの競争から語り始める。アムンゼンは用意周到で、しっかりした規律を持っていた。彼は南極でのすべての行動に対して、余裕を持った準備を整えた。アムンゼンはあらかじめ計画した一日の移動距離（一三〜二〇マイル）を、たとえ悪天候でも狂信的に守り、天候がよく、もっと先まで行けそうな日でもそれ以上は進まなかった。対照的にスコットは、好天の日は隊員たちを長く歩かせ、悪天候の日はテントにこもった。アムンゼンの方が、一日の平均移動距離ははるかに長かった。結局、アムンゼンはスコットに大差をつけて勝ち、スコットは南極点に到達した後、帰還の途中で遭難死した。

コリンズが10X型企業を研究するにあたって、アムンゼンとスコットの比較は大きな参考になったようだ。医療機器メーカーのストライカーは、CEOジョン・ブラウンのもとで毎年二〇パーセントの利益成長という目標を二〇年間しっかり守り続けてきた。成長する医療機器市場では、さらに高い成長率を達成しようと思えばそれができる年もあった。しかしブラウンは、着実な取り組みこそが持続可能な企業を作るのだと確信していた。ストライカーの競争相手のUSSCは、もっと高い成長率を目指して強引な経営をした。しかし一九九〇年代なかばから終わりにかけて、需要の減少と競争の激化によって売上は落ち込んだ。一九九八年に、USSCは公開会社としては姿を消した（タイコ社に買収された）。一方ストライカーは成長を続けた。

　コリンズは他の企業にも同じパターンがあるのを発見した。積極的な成長を経営方針にした企業は、明確な工程表にしたがって毎年着々と進む企業に比べて、長期的にはたいてい劣っていた。一貫した成長を続ける企業は、状況が厳しいときは目標を達成するために超人的な努力をする。しかし状況がいいときは、自分で課した限度を超えないために自制心を働かせるのだ。サウスウエスト航空が毎年利益を出し続けることができたのは、ある年に利益を拡大し過ぎれば、翌年は落ち込む可能性があるとわかっていたからだ。サウスウエスト航空は、運航開始から八年たってようやく地元テキサス州以外に試験的に路線を拡大した。アメリカ東海岸の都市に乗り入れしたときは、創業から二五年もたっていた。みずから課したこの規律により、航空業界全体の不振や逆風となる出来事があったにもかかわらず、サウスウエスト航空は一九七二年から二〇〇二年にかけて最高の投資対象の一つになった。

　急速だが一貫性のない成長とは対照的に、コリンズが「二十マイル行進」（訳注　状況がいいときも悪いときも一定の成長ペースを維持する経営方針）と呼ぶモデルの利点は、制御不能な環境を制御する手段となるところだ。たとえば、インテルは意図的に成長速度をムーアの法則（訳注　半導体の集積率は一八か月で二倍になるという経験則）に合わせた。自社の半導体の集積密度と性能を一八か月ごとに倍増させようと努力したのである。この目標を達成できている限り、競争に勝ち残っていけるとインテルは信じていた。インテルが、高い、しかし一貫した成長率を目標にする一方で、集積回路市場でナンバーワンになることを目標にしたＡＭＤは、一九八〇年代前半はインテルの二倍のペースで成長した。しかし一九八七年から一九九五年にかけて、ＡＭＤはインテルにすっかり引き離されてしまった。一九八五年から翌年にかけて集積回路業界は不況に見舞われ、経営拡大のために巨額の借金を重ねていたＡＭＤは、インテルに押されて、とうとう復活できなかったのだ。コリンズの主張はこうだ。企業が無理な経営を続けていると、外的ショックに見舞われたときに弱点があらわになる。対照的に、成功した企業は堅実さと規律により、不安定な時期に競争相手を打ち負かすことができる。

バイオテクノロジー企業のジェネンテックは、およそ一五年間、「ネクスト・ビッグ・シング（次に大化けする物）」だった。つまり、多くの可能性を秘めていながら、期待に応える業績が上げられずにいたのである。ところが主任科学者のアーサー・レビンソンをＣＥＯに昇進させたのをきっかけに、ジェネンテックは変身した。この会社にようやく規律が生まれ、トップに立てる分野に資源を集中し、毎年着実な成長を目標にするようになったとコリンズは指摘する。レビンソンが言うように、「一年目に二％、二年目に二％、三年目に二％、四年目に二％達成して、五年目に九二％達成すればいいなんてやり方」を改めることにしたのである。定評あるイノベーション力に規律が結びついて、ジェネンテックは一気に花開いた。

運命を変えるような新薬や、キラーアプリケーションと呼ばれる魅力的なソフトウェア、あるいは大ベストセラーになる本など、どんなものであれ「ネクスト・ビッグ・シング」を探している企業は、おそらくいつまでたっても探し続けたままだとコリンズは言う。本当にすぐれた企業は、規律と集中によって、すでに持っているものを最大限に活用するために全力を挙げる。「すでに手に入れている『ビッグ・シング』こそ『ネクスト・ビッグ・シング』なのかもしれない」とコリンズは述べている。

実証的創造力

コリンズは、成功した企業に共通する事実を発見して驚きを覚えた。それらの企業は決してイノベーション志向ではなかったのだ。たとえばサウスウエスト航空は、パシフィック・サウスウエスト航空（PSA）のやり方をそっくりそのまま模倣していた。サウスウエスト航空が売り物にするサービスのほとんどは、もともとカリフォルニアの航空会社PSAが生み出したものだ。ポイント・ツー・ポイント型（地方空港同士を結ぶ路線展開）の採用や飛行機の迅速な発着、ひょうきんな客室乗務員などはそのいい例だ。ストライカーはイノベーションで先行しないことにより、USSCを打ち負かしたとコリンズは指摘する。ストライカーのCEOジョン・ブラウンは、「業界最後になるのは好まなかったが、業界初になるのも好まなかった」。ブラウンは常に、「最新の流行は追い求めない」のを信念にしていた。

多数の企業のイノベーションの記録を調べた結果、コリンズは、「10X型企業は当初予想していたほどのイノベーション企業ではない」という結論にたどり着いた。「彼らが属する業界全体と比べても、比較対象企業と比べても、イノベーションの面では突出していない。成功のために必要なイノベーションは起こしているものの、最強のイノベーション企業とは呼べない」とコリンズは主張する。成功するために最低限必要な「イノベーションの閾値《しきい》」は、航空業界などでは低く、バイオ業界などでは高い。しかしいったん閾値を超えてしまえば、成功のために他の要素がもっと重要になる。
たとえばインテルは、幹部自身も認めるとおり、マイクロプロセッサーではテキサス・インスツルメンツやモトローラに、メモリーチップではADMに先を越された。一九七〇年に一〇〇〇ビットの壁を破るメモリーチップを開発し、インテルより数か月早く市場に投入したのはADMだ。しかし三年後、市場を支配したのはインテルのメモリーチップだった。インテルは製造、供給、シェア拡大の能力でADMを圧倒したのである。インテルのモットー、「インテル・デリバーズ（インテルは約束通りに遂行する）」は、イノベーションにすぐれているだけでなく、開発と販売にもすぐれた能力を発揮するという同社の決意を示している。結局、半導体チップにはスピードと性能だけでなく、低価格と信頼性も要求される。インテルのCEOアンディー・グローブは、インテルが半導体業界のマクドナルドになるのを期待している。「われわれの予想に反し、イノベーションだけでは切り札にならないのだ。より重要なのは、イノベーションをスケールアップさせる能力、すなわち創造力と規律を融合させる能力である」とコリンズは書いている。

長期的な成功のためには、イノベーション一本やりの経営方針より、「銃撃に続いて大砲発射」というやり方の方が、はるかに現実的であることが明らかになっている。コリンズの言う「銃撃」とは、新しいアイデアやテクノロジー（これを「銃弾」という）の有効性を実証するために行なう小規模なテストを意味している。社内に小さなチームを作って開発に当たらせてもいいし、すでに開発を進めている企業を買収してもいい。たとえ成果が出なかったとしても、被害は少なく、もし有望な結果が出れば、それは将来の成長源になりうる。多くの企業が命中精度を確かめもせず、いきなり「大砲」（社内のアイデアに対する多額の資金投資、あるいは巨額の買収）を撃つという大きな間違いを犯して、企業を破産寸前に追い込む。コリンズは「悪い方法で良い結果を出すということの危険性」に注意すべきだと警告している。リスクの高い大きな賭けで運よくいい結果が出ると、企業はますます危険な賭けをするようになる。しかし、そのほとんどはうまくいかないはずだ。昔の成功や思い上がりが原因で身を持ち崩す例は多い。10X型企業は常に創造性と楽天性を持ち続けているが、起こりうる失敗に対するパラノイア（妄想症）的な警戒と周到な準備を見れば、彼らの戦略的な決断は、実は徹底した調査の結果だということがわかる。

建設的パラノイア

コリンズの研究によれば、真に成功した企業は、避けようのない不運や不測の事態に備えて「非合理的といえるほど」高い安全余裕率を保持している。総資産の中で手元資金が占める割合を示す現金比率を見ると、『ジャーナル・オブ・フィナンシャル・エコノミクス』誌で分析された八万七〇〇〇社の平均と比較して、10X型企業は三～一〇倍も高かった。たとえばサウスウエスト航空は二〇〇一年に同時多発テロ事件が起きたとき、一〇億ドルの手元資金を保有し、航空業界で最高の格付けを得ていた。

10X型企業が成功したのは大きなリスクを取ったからではなく、リスクを回避してきたからだ。無秩序で変化の激しい世界では、こうした自己規律が何よりも大切だ。期待した成果が上がらなかったとき、成功した企業は、自分たちの原則がもう通用しなくなったとは考えない。彼らは「まず、『レシピから外れてしまったのか』『レシピを厳格に守る規律を忘れてしまったのか』などと自問する」。問題を解決するには仕事のやり方を徹底的に改革するしかないと考える企業は多いが、それらの企業は単に基本使命を見失っただけという場合もある。「外部環境が急変しても、10X型企業は比較対象企業ほど変化しない。劇的変化に見舞われて世界が揺れ動いたからといって、自分自身が劇的変化を遂げる必要はない」とコリンズは言う。実際には、成功した企業は、それ以外の企業に比べて変化が少ないのである。それらの企業は自分たちの基本的価値観や習慣を憲法のように守り、よほどのことがない限り修正しない。たとえば一九九〇年代のなかば、ビル・ゲイツはインターネットの重要性に目覚め、マイクロソフト製品をインターネット時代に向けてシフトさせた。しかしマイクロソフトは自社の基本目標を放棄しなかったし、ウィンドウズからオフィスまで、マイクロソフトの成功の基盤となった製品も放棄しなかった。

仕事と人生に活かすために

本書の斬新な視点の一つに、企業の成功に運がどんな役割を果たすかという研究がある。偉大な企業にも、不運と幸運は他の企業と同じように訪れるが、偉大な企業は幸運を利用して、より多くの成果を上げたとコリンズは指摘する。対照的に、平凡な企業は幸運を十分生かせず、チャンスをつかみ損ね、失敗を不運のせいにする。傑出した企業は不運に見舞われても絶対に運のせいにしないし、あきらめない。企業を成功に導くのは並外れた規律しかないと知っているからだ。

コリンズは、すぐれた企業と落伍した企業を分ける最終的な要素を一つ挙げている。すぐれた企業のリーダーは強い野心の持ち主であるのは言うまでもないが、その野心は単なる商業的な成功を超えた大きな目標の達成に向けられている。「われわれが選抜した偉大なリーダーは、（1）勝利と同じぐらいに価値観にこだわる、（2）利益と同じぐらいに目的に執着する、（3）成功するのと同じぐらいに役立つことに注力する――のである」。こうした志の高さが与える影響を数字で表すことはできないが、組織を水準以上に高める効果があるのは確かなようだ。彼らが目標を高く掲げ、利益の他に大切にするものがあるからこそ、その目標を達成するには人並み以上の厳格さと規律が必要になる。

「自由意志で規律を導入したとき、真に自由になれる」。コリンズは第三章冒頭に、詩人ロン・セリーノのこの一節を引用している。

44

2010

想定外

ジョン・ケイ

人も企業も、持てる力を最大限に発揮するためには、
自分自身の利益を超えた
高い次元の目標を持つ必要がある。

邦訳
[想定外 なぜ物事は思わぬところでうまくいくのか?]
ディスカヴァー・トゥエンティワン　青木高夫 訳

一般に高い次元の目的と言えば、充実した人生を送る、起業に成功する、作品を後世に遺す、神の栄光を賛美するといったものがあるが、どれも内容が曖昧と言えば曖昧で、『ではどうやって実現するのか？』と問われても、明確なアイデアは思い浮かばないだろう。だからといって、その目的自体に意味がないとか、それが現実にはあり得ないということにはならず、実際は目的をよく把握したうえで、それを身近な目標や行動に置き換えて現実化することになるはずだ。目的の実現に向かう過程で時々の状況を理解し、それをさまざまな目標や行動に置き換えていくのである。成功に必要なアプローチが直接的ではなく回り道になる理由がここに存在する。

❀

本書には「回り道」という言葉がよく登場する。「回り道」はイギリスの化学者でノーベル生理学・医学賞を受賞したジェームズ・ブラックの発言に由来する言葉だ。ブラックはイギリスの化学会社ICIや製薬会社スミスクライン・フレンチに勤務し、そこで開発した処方薬によってICI、スミスクライン、そして関連薬品を発売したグラクソに数十億

John Kay

ジョン・ケイ

ケイは一九四八年にスコットランドの首都エディンバラで生まれた。オックスフォード大学で学び、一九七〇年代は同大学で経済学を教えた。ロンドンのシンクタンクである財政問題研究会の研究部長と理事を数年間務めた後、一九八六年にロンドン・ビジネススクールの教授に就任した。一九九〇年代の終りにオックスフォード大学サイード・ビジネススクールの初代学長となる。一九九五年から『フィナンシャル・タイムズ』紙のコラムニストとしても活躍している。

ケイはシティ・オブ・ロンドンの株式市場の効率化についてイギリス政府に助言を与え、二〇〇七年から二〇一一年までスコットランド経済諮問委員会のメンバーだった。

ドルの利益をもたらした。ブラックの関心は利益ではなく、もっぱら研究に向いていた。ブラックはしばしば同僚に向かって、研究は金儲けにならないと語っていたが、後にそれは大きな間違いだったと認め、「目標はしばしば目指さない方がうまく達成できる」と述べた。これが回り道の法則である。

この言葉はイギリスの経済学者ジョン・ケイが多数の成功した企業や経済を観察して得た発見と一致した。本書『想定外』の中で、ケイは巧みな計画と管理によって目指す目標に到達できると考えるのは単純すぎると主張する。世界はもっと複雑なものだ。目標に到達するまでの道筋を合理的に管理できるという考えが思い上がりだとするなら、数量的な目標よりも質的な目標を掲げた方が賢明ではないだろうか。

ビジネスを成功させる回り道

大手化学会社ICIのミッションステートメントが、「化学を社会的責任を持って製品に応用し、世界中の顧客の暮らしに貢献する」というものだったとき、この会社はきわめて成功していた。ところがミッションステートメントを「市場を牽引し、高度な技術と世界最高のコスト体質を保持することにより、顧客、そして株主のための価値を創造し、工業界のリーダーとなること」に変えると、業績は一気に落ち込んだ。皮肉なことに、化学を暮らしの向上に役立てるというミッションの方が、「世界最高のコスト体質」によって「株主のための価値を創造」するというミッションよりもはるかに大きな価値を創造したことになる。

ビル・アレンがボーイングの社長だった一九四五年から一九六八年の間に、ボーイングは史上最も成功した航空機である737型機を開発した。そして数十年にわたって民間航空機の代名詞となる747型機、つまりジャンボ・ジェットの開発に取りかかったとき、役員の一人が「投資回収の見込み」を尋ねたが、誰も相手にしなかった。ボーイングを経営していたのはエンジニア寄りの人間であり、経理担当者ではなかったからだ。「この業界でこれほどの成功を収めた企業は類を見ないが、その要因は決して利益への固執ではなく、飛行機への愛情であった。つまり、回り道を通した利益へのアプローチが、途方もない結果をもたらしたということになる」とケイは指摘する。新任CEOのフィル・コンディットが就任したときからボーイングは失速し始めた。コンディットは製品単価と株主の利益を重視しなければならないと主張し、本社を主力工場のあるシアトルから、ワシントンに近いという理由でシカゴに移転した。その結果、株価は一時的に上昇したが、その後は停滞し、ボーイングは政治家との癒着を批判された。

ゼネラル・エレクトリックのCEOジャック・ウェルチは、「株主価値を最大化せよ」という言葉について、「そんなものは、毎朝オフィスに出て何をするべきかの参考になる戦略にはなり得ない」と述べた。まさにそのとおりである。イギリスの小売企業マークス&スペンサーは、従業員への手厚い福利厚生制度で高く評価されている。従業員は会社が収益を重視する以上に従業員を大切にしていると知っているので、彼らの参画意識が高まり、マークス&スペンサーは数十年にわたって利益を拡大できた。創業者の息子サイモン・マークスの目標は、自身が目指す企業の姿を確立することで、それが従業員に非常に高いロイヤリティを芽生えさせたのである。この企業の福利厚生制度は「結果を計算したものではなく、経営者の価値観を政策に反映したもの」だと、従業員にはよくわかっていた。

なぜそれをするのか思い出そう

ジム・コリンズ（訳注　585ページ参照）はジェリー・ポラスとの共著『ビジョナリー・カンパニー――時代を超える生存の原則』（一九九四年）の中で、製薬会社のメルクについて書いている。コリンズとポラスは創業者のジョージ・メルクの、「忘れてはならないのは、医薬は社会のためにあることであり、利益を得る手段ではないということだ。利益は結果の産物であり、そう考えるからこそ、われわれに存在意義が生まれる。その意識が強ければそれだけ、われわれの存在意義も増大するのである」という言葉を紹介している。

一五年後、『ビジョナリー・カンパニー3―衰退の5段階』の中でコリンズとポラスはふたたびメルクについて言及し、CEOのレイ・ギルマーティンはメルクの新しい目標が「成長でトップクラスの企業」になることだと述べたと書いている。どう見てもつまらないこの目標を掲げてから、メルクはバイオックスのような製品の強引な売り込み攻勢をかけた。しかしこの薬には一部の患者の心臓機能を悪化させる副作用があり、訴訟の結果、メルクは莫大な補償金の支払いを命じられた。メルクとジョンソン・アンド・ジョンソンの企業理念を比べてみよう。一九四三年に創業者一族のロバート・ジョンソンが定めた企業理念は、「われわれが信じる企業の第一の責任は、製品・サービスをお使いいただく医師・看護師・両親といった人々に対する責任である」で始まり、最後にようやく「われわれがこの方針に従って会社を経営する限り、株主は公平な報酬を得ることになる」と書かれている。

同じ製薬業界の同じような規模の二つの会社を比較して、コリンズとポラスは逆説的な事実を発見している。それは「目標として利益を強調する企業ほど、財務諸表上の結果が思わしくない」ということだ。何よりも利益を優先し、トップに立つ人間が莫大な報酬を自ら手にしている企業を数え上げればきりがないとケイは指摘する。二〇〇八年にリーマン・ブラザーズが破綻したとき、CEOだったディック・フルドは自分の責任を棚に上げ、三億ドルの報酬の受け取りを正当化しようとした。「利益を追うだけの企業文化では、従業員が経営方針に必ず従うとは限らない」とケイは皮肉を込めて述べている。長期的に成功する企業はチームワークを大切にし、自分たちのビジネスに情熱を注いでいる。収益だけが目的ではないのだ。

合理的意思決定という幻想

政治学者のチャールズ・リンドブロムは、「ごちゃまぜ検討」という名の意思決定理論で知られている。リンドブロムの言うごちゃまぜ検討とは、たとえ明確な合理的根拠がなくても、限られた選択肢の中からその時々にベストと思われることを合意に基づいて実行していくやり方である。目的を明確に定義して複数の選択肢を一度に合理的に評価するよりも、ごちゃまぜ検討の方が企業の意思決定手段として長期的にはより効率的な方法だとケイは主張する。

この方法は行き当たりばったりのように聞こえるが、ケイはまだファミリービジネスの域を出なかった時代のウォルマートを例に挙げている。創業者のサム・ウォルトンは第一号店を開く場所を、アメリカ中の都市を検討し、市場調査に基づいて合理的に決めたわけではなかった。アーカンソー州ベントンビルに最初の店を開いたのは、単に彼がそこに住んでいたからだし、第二号店を（もっと小さな町に）開いたのは、妻が大都市に引っ越すのを嫌がったからだ。

リンドブロムのごちゃまぜ検討は、決して直感に頼った無秩序な方法ではない。そのとき手に入る情報にだけに基づいて意思決定をするという点で、筋の通った秩序あるやり方なのである。このやり方には、必要とあればすぐに方向転換する柔軟性が求められる。この現実重視のアプローチは、一切の混乱を排除するトップダウン方式の解決策に比べるとあまり魅力的に見えない。しかしトップダウン方式の解決策は、常に変化する環境と、それに合わせて目標を変える必要性を十分考慮に入れていないため、より大きな目的を達成するという点では失敗に終わるケースが多い。ナポレオンは勝利が自分の意志と計画の賜物だと考えていたが、トルストイはそれを否定し、数千人の兵士が加わった大きな戦いでは、戦況はひとりでに決したのだと述べた。ケイは、「結果に至る過程は複雑であり、全体を完璧に理解できる人などいない」と述べている。もしそれが事実なら、私たちの意思決定はもっと限界を意識した謙虚なものであるべきだろう。

ケイは建築家のル・コルビュジエが、建築という仕事の古いモデルを一掃し、すべてをゼロからやり直したいと願っていたと述べている。コルビュジエは、「住宅とは人間が住むための機械である」と考えていた。しかし住宅《ハウス》と家庭《ホーム》の間には違いがある。その違いはそこに住む人たちの経験や考え方、そして感情の産物として生まれ、時間をかけて明らかになってくるものだ。「従来の回り道的なアプローチでは、人間が家庭やコミュニティに求めるさまざまなことが考慮されていた。しかし、何を求めているかを明確には定義していない。わかる範囲で言えば、求める要素同士は決して相容れるものではなく、時代によって変わるということだろう」とケイは書いている。パリのノートルダム寺院は、何人もの人が何世紀もかけて創り上げた結果なのだとケイは指摘している。

コルビュジエのように過去を一掃してゼロからやり直したいという考え方は、「歴史を抹殺」しようとしたカンボジアのポル・ポトやフランスの革命家、ロシア革命のリーダーとなったレーニンらに通じるものがある。その精神はビジネス書の中に生き残っているとケイは指摘し、例として九〇年代にベストセラーになった『リエンジニアリング革命』（マイケル・ハマー、ジェームズ・チャンピー著）（訳注　業務プロセスと経営の根本的な革新と再構築の必要性を説いた本）を挙げている。経営に苦しむ企業は手っ取り早い対処法を求めるが、問題を過剰に単純化しようとすれば、すぐに誤りが忍び込む。対照的に複雑さを受け入れれば、解決策はより現実的で実際に役立つものになる。経営難の企業にとって最善の解決策は、企業の核となる価値観に立ち返り、従業員と顧客を大切にすることかもしれない。

仕事と人生に活かすために

ケイは一〇年間経済関係のコンサルタントとしてクライアントの大企業に経済モデルを提供してきた結果、クライアントはそのモデルを実際には使わないか、少なくともケイの意図したように使っていないことがわかった。企業はすでに決定した経営方針を正当化するために経済モデルを買っているにすぎなかったのだ。しかしそれは決して悪いことではない。現場の状況や主観に基づく意志決定の方が、根拠の薄い数字に基づく決定より役に立つはずだからだ。社会、経済、そして自然環境に対する私たちの知識は不完全で限られたものにすぎない。したがって、何か実質的で永続的なものを達成したければ、複雑さや変化を受け入れる柔軟性が必要になる。これは現実離れした考えに聞こえるかもしれないが、経済的事実がそれを証明している。アダム・スミスが述べたように、自由市場経済のような複雑なシステムは、たとえ個人が全体に関する知識を持っていなくても機能して、資源の効率的な分配を可能にする。社会主義的計画経済の失敗と比較してみれば、すぐにわかることだ。

回り道的なアプローチは力強さに欠け、そのときは物足りなく思えるが、現実と人間の不合理性を十分に考慮して取り組むので、最後にはより大きな成功を収められる。さらに重要な点として、回り道的なアプローチを取れば、組織は数量化できないミッションや目標を持つことができ、少なくとも短期的には収益に貢献しない選択が可能になる。ジェームズ・ブラックが言ったように、高い次元の目標を追求して初めて、すぐれた業績を上げる意欲のある組織が創造できる。あなたの会社で働く人のため、そして世界のために大きな意義と価値を提供できれば、利益は後からついてくる。

45

2004

ブルー・オーシャン戦略

W・チャン・キム／レネ・モボルニュ

企業は競争に勝つことより、
顧客により大きな価値を提供することに
力を注ぐべきである。

邦訳
［ブルー・オーシャン戦略］
ランダムハウス講談社　有賀裕子 訳

経営陣は混乱状態の中で機能を停止してしまう。最前線の従業員にいたっては、そもそも戦略について知る者すらごく一握りである。そしてよくよく眺めてみれば、大多数のプランは戦略と呼べるものではなく、戦術の寄せ集めにすぎない。それらの戦術は単独では意味があっても、全体としては、競争を避けるのに役立たないのはもとより、卓越した地位につながる明確な方向性すら導かないのである。あなたの会社の戦略プランはどうだろうか。

❀

チャン・キムとレネ・モボルニュが過去から現在までの企業のビジネス戦略を研究した結果、これまでの企業のビジネス戦略は間違いだらけだったことがわかった。企業はまず自分が所属する業界を観察し、既存の市場にあるビジネスチャンスに合わせて自分の能力を使う。彼らが考えているのは、どうすれば競争に勝てるかということだ。市場はゼロサムゲーム、すなわち自分が勝つには他社を犠牲にする必要があると考えられている。しかし実際には、新しい考え方や新発見、あるいは衰退しかけた市場に対する新たな取り組みによって、新しい産業、製品カテゴ

W. Chan Kim / Rene Mauborgne

W・チャン・キム

キムは一九五二年に韓国で生まれ、ミシガン大学で学び、後に同大学のビジネススクール教授となった。その後フランスに渡り、パリ郊外のフォンテーヌブローにあるビジネススクールＩＮＳＥＡＤで戦略論と国際マネジメントを専門とする教授に就任した。官民協力によって世界情勢の改善に取り組む国際組織、世界経済フォーラムのフェローでもある。キムは数社の国際企業の取締役会に名を連ね、ビジネス戦略についていくつかの国々の顧問を務めた。

レネ・モボルニュ

モボルニュはＩＮＳＥＡＤで戦略論の教授を務め、キムとともにブルー・オーシャン戦略研究所を運営している。世界経済フォーラムのフェローであり、二期に渡るオバマ政権で歴史的黒人大学（訳注　人

リー、そして市場が絶えず創造されている。ヨーゼフ・シュンペーターが述べたように、新しいものが古いものを破壊することによって、経済は絶え間なく再構築されている。キムとモボルニュは、「意識の垣根」を取り払うことにより、日々新しい市場が作り出されていると述べている。資本主義は、独占を勝ち取りたい企業の欲求によって活力を与えられてきた。同じ業界内の競合他社に勝ちたいと思うのは当然だが、本当にすぐれた企業になるためには、競争を無意味にしなければならない。

ビジネス戦略論を研究するキムとモボルニュは、企業や組織を経営しながら、「血みどろの戦いが繰り広げられるレッド・オーシャンから抜け出す」方法を探しているすべての人たち、戦いと妥協が必要なくなるほど抜きんでたことをしたいと思っている人たちのために本書を書いた。「赤い海《レッド・オーシャン》」とは、血みどろの戦いに明け暮れる競争相手で埋め尽くされた既存の市場だ。これに対して著者たちは、無限の需要と利益が期待できる未開拓の市場、すなわち「青い海《ブルー・オーシャン》」を目指せと主張した。

読者を勇気づけ、奮い立たせる本書のメッセージは、ほとんど自己啓発書に近く、実際に著者たちは、「これらのアイデアは、ただ生き延びればそれでよい、と考える人々のためのものではない。（中略）生き延びるだけで満足な方々は、本書を読まないほうがよいだろう」と述べている。

種隔離政策の時代に黒人教育のために設立された大学）に関する諮問委員会のメンバーを務めた。

より安いもの、よりよいものではなく、違うもの

本書の第二章では、ケーススタディとしてアメリカのワイン業界を取り上げている。二〇〇〇年までワイン業界には高級でもったいぶったイメージがあって、市場の成長は頭打ちだった。ワイン・メーカーはワインの深みや洗練度を競い、多数の品種のブドウを使って数え切れない種類のワインを販売していた。しかし一般人から見ると、各社のワインにそれほど大きな違いは感じられなかった。アメリカのワイン業界では膨大な数の高級ワインや安価なワインがしのぎを削っていた。それらは差別化戦略を取っているはずが、顧客の目には「判で押したように同じに見えてしまう」のだ。このような業界では、価格を少し低くして、品質を少し向上させただけでは、他社から抜きんでることは期待できないと著者たちは指摘する。ブルー・オーシャンを切り開くには、まったく違う価値を提供する必要があるのだ。そのためには既存の顧客に焦点を当てるのをやめ、市場にある商品に（これまでは）目もくれなかったまったく新しい顧客（キムとモボルニュは「非顧客層」と名づけた）に目を向けなければならない。

アメリカのワイン・メーカーは、価格のわりに高級感と品質のよさがあるワインを売り込もうと努力してきた。ワイン業界全体が（品評会の審査員やワイン・メーカーも含めて）、ワインの持つ深みこそワイン造りに一番大切だと考えていたからだ。ところがオーストラリアのワイン・メーカーのカセラ・ワインズは、このような深みや高級感が、普段ワインを飲まない人がワインに手を出しにくい理由かもしれないと気づいた。カセラ・ワインズは、気軽に飲めて楽しいイメージのワインこそ、一般の人たちが本当に欲しがる商品ではないかと予想した。カセラはワインを「ビール、

カクテルなど、ほかのアルコールを好む人々にとっても手を伸ばしやすい、友人たちと気軽に楽しめる飲み物」というイメージに変えた。

カセラのイエロー・テイルというブランドのワインはオーク樽で熟成させる作業を省いているため、あっさりしていて飲みやすい。イエロー・テイルはほとんど販売促進や宣伝もせず、発売からわずか数年間でアメリカのワイン市場の首位の座に躍り出た。現在イエロー・テイルは世界の五〇カ国で販売され、このブランドは明るいオーストラリアの親しみやすさを表すシンボルになった。重要なのは、カセラが競争相手から市場を奪ったわけではないということだ。彼らはこれまでワインを飲まなかった人たちをワインの愛好家に変え、独自の市場を創造したのである。あまりの選択肢の多さにワインに手を出せずにいた人たちが、今では簡単にワインを選べるようになった。彼らはイエロー・テイルか、でなければワイン以外の飲み物を選ぶ。もっと高級なワインを飲んでいた人たちが、もったいぶったこれまでのワイン業界にうんざりして、イエロー・テイルを飲むといった現象さえ起きた。

従来はワイン生産には必須とみなされてきた熟成や職人技を省き、製品を赤と白の一種類ずつに絞ったことで、カセラは安定した品質のいいワインを少ない設備投資で生産できた。イエロー・テイルは中価格帯のワインだが、他のワイン・メーカーの同じ価格帯のワインに比べて大きな利益幅を達成している。イエロー・テイルは単にマーケティングが巧みだったのではなく、根本的に違う市場を切り開いた。そのおかげで他社とは違うコスト構造が実現できたのである。

著者たちはある事業がブルー・オーシャン戦略にふさわしいかどうか判断するために、非常に明快な判断基準を示している。それは価値曲線（訳注　商品の価値を他の商品と比較するためのグラフ。横軸に評価項目を設定し、項目ごとの価値の高さを示す点をつないで折れ線グラフを作る）を見る方法だ。「価値曲線にメリハリが欠けているようなら、コストがかさむうえに、ビジネスモデルが複雑すぎて実行に不向きだといえそうだ。価値曲線から独自性が見てとれないなら、他社の後追いをしているにすぎず、市場で抜きんでるのは無理だろう。買い手のハートをわしづかみにするような、魅力的なメッセージが伝わってこないなら、内向きの戦略にとらわれているか、典型的な『イノベーションのためのイノベーション』である可能性が高く、商業面での大きな成功も、右肩上がりの成長も、期待できそうもない」

企業が独自の価値を提供せずに急成長する場合もあるが、それは産業全体の急成長の波に乗っただけで、運がよかったにすぎない。

四つの重要な問い

戦略的な観点から見ると、競争の激しいワイン業界で需要のブルー・オーシャンを切り開くために、カセラはどんな手を打ったのだろうか？　ビジネス書には、経営者は勇敢であれ、起業家精神を持て、リスクを恐れるなといった叱咤激励があふれているが、もっと確実な成功への道は、あなたの組織やビジネスにとってブルー・オーシャンがどこにあるかを知るために、分析的な手法を用いることだ。著者たちが「四つのアクション」と名づけた手法は、次の四つの問いを通してあなたの業界やビジネスに合った戦略を導く方法である。

- 業界で重要だと考えられている要素のうち、取り除くべきものは何か?
- 業界標準と比べて思い切り減らすべき要素は何か?
- 業界では今のところ提供していないが、これから創造し、商品に追加すべき要素は何か?
- 業界標準と比べて大胆に増やすべき要素は何か?

多くの製品やサービスは顧客を引きつけるために過剰な機能を提供し、業界内の競争相手もそれに追随せざるを得ないと感じている。こうして顧客にとって必要でも欲しくもない高度な機能が増えていく。したがって、製品やサービスから余計な要素を取り除いてシンプルなものにすれば、新しい市場が創造できる可能性がある。そして複雑さや過剰な機能を取り除くか、減らすことで、コストを削減し、顧客が欲しいものをずっと安く提供するという一挙両得が実現できる。

低価格化とは逆に、要素をつけ加えることで高級化する方法もあると著者たちは指摘する。一九八〇年代に、サーカスのシルク・ドゥ・ソレイユは洗練度や芸術性を追求してサーカスの概念を塗り替えた。それによって、子供向けの古くさいサーカスが突如として高いチケット代を払う大人の観客をつかんだのである。

顧客は知らない

徹底した顧客調査はしばしば行き詰りになると著者たちは言う。買い手は革新的な製品がどんなものかを、実際に目の前に提示されるまではまったく知らないからだ。顧客も企業と同様に、既存の製品やサービスのカテゴリーから逸脱して考えることはほとんどない。しかし需要のブルー・オーシャンを切り開くには、それらのカテゴリーを無視するか、取り除く必要がある。

市場シェアを争う企業は、嗜好の異なる顧客層を「勝ち取る」ために、より精度の高いセグメンテーション（訳注　市場の細分化）を目指す。しかしこのやり方は、市場をどんどん狭くしていくことになる。限りない需要のあるブルー・オーシャンを開拓するには、これとは逆の方向、脱セグメンテーションを目指し、未開拓の需要を引き出す製品の発見や開発に力を入れるべきである。

キムとモボルニュが「非顧客層」と呼ぶ人々は、既存の業界の製品やサービスを最小限しか利用せず、もっと魅力的なものがあればすぐにでも乗り換える気でいる。たとえば多くの人は、ティーに乗ったゴルフボールを打つのは難しいという理由だけでゴルフを敬遠していた。パターやチッピングなら何とかなるが、ドライバーの小さなヘッドでゴルフボールをうまく飛ばすのは並大抵のことではないからだ。それを知ってゴルフ用具メーカーのキャロウェイゴルフは、ヘッドが大きくボールに当てやすい「ビッグバーサ」というドライバーを開発した。この商品はそれまでゴルフをしなかった人も引きつけ、キャロウェイゴルフに大きな利益をもたらした。

イギリスのヘルシーなファストフード・チェーン、プレタマンジェが一九八六年に開業したとき、都市部で働くプロフェッショナルたちはレストランで昼食を取るのが普通だった。しかし彼らは、着席形式のレストランは時間がかかる、値段が高い、料理が重いといった不満を感じていた。プレタマンジェのコンセプトは、品質がよく、新鮮で手ごろな価格の食べ物を、お客が選んでカウンターに持って行って支払い、居心地のいい雰囲気の店内で食べられる、というものだ。普通のレストランで食事をすれば一時間以上かかるだろうが、プレタマンジェなら来店してから店を出るまでに二〇分とかからない。プレタマンジェは、レストラン以外の選択肢があればすぐにでも飛びつくが、それが何なのか実際に見るまでは知らなかった多数の「非顧客層」を発見した。現在プレタマンジェはイギリス国内に三〇〇店舗を構え、売上は八億ドルに達している。

フランスの屋外広告メディア会社ジーセードゥーコーは、屋外広告の概念をくつがえすすばらしいアイデアを打ち出した。それは地方自治体にバス停などのストリートファニチャー（訳注 ゴミ箱、ベンチ、バス停など、道路に設置される公共物）を提供する代わりに、そこに広告板を取りつけ、広告スペースを売るというものだった。新しいストリートファニチャーに回す予算がない地方自治体の問題を解決する一方で、ジーセードゥーコーは自治体にバス停を提供する一〇年から二五年の長期契約を結び、ストリートファニチャーの設置にかかるコストをはるかに上回る広告収入を手に入れ、利益のブルー・オーシャンを創造した。広告主の多くはそれまで屋外の広告板は効果がないと考えて利用しなかったが、バス停の広告はバスを待つ多くの人の目に触れやすく、しかも短期間で交換できるという利点によって、これまで非顧客層だった広告主を引き寄せた。

あなたの業界が現在提供している製品やサービスを顧客が利用しないのはなぜか、その理由を探ってみるのは賢明な方法だとキムとモボルニュは指摘する。なぜなら、「えてして最大の障壁にこそ、すさまじい価値を解き放つための最も大きな、そして身近な事業機会が秘められている」からである。既存の商品やサービスが持つ問題点がわかれば、未開拓の需要を満たす新たなアイデアを提供する機会が生まれる。安上がりで簡素なニッケルオデオンと呼ばれる映画館が全盛だった頃、サミュエル・〝ロキシー〟・ロサフェルは豪華な内装を施した「映画の殿堂《パレス》」と呼ばれる映画館を開き、映画鑑賞を上中流階級の人々にまで広げた。ロサフェルは「人々の望むものを提供しようとの考え方は、救いがたいほど誤っている。人々は自分たちが何を欲しているのかを知らない……より優れたものを提供するのが重要なのだ」と語っている。

ブルー・オーシャンを持続する

他社があなたのブルー・オーシャン戦略を模倣するのをどうすれば避けられるだろうか？

この問題について著者たちはまず、顧客は模倣者を好まず、ブルー・オーシャンを最初に切り開いた製品やサービスの創造者に強い愛着を持つと指摘している。そのためブルー・オーシャンを創造した製品は、強力なブランド価値を一〇年間は持続できる。他社のブルー・オーシャン戦略を模倣しようとすると、自社のブランド・イメージや戦略を否定することになり、大幅な組織変更も必要になる可能性があるので、模倣は困難だ。ブルー・オーシャンの創造は一つの組織が持つ並外れたDNAの表出であり、ブルー・オーシャン戦略を模倣するのは容易ではない。

しかし多くの場合、ブルー・オーシャンを創造する製品やサービスのアイデアそのものは特許で守られているわけではなく、模倣しようと思えば簡単にできる。したがってそれらの製品やサービスの価格は、他社が後から模倣しようとしても歯が立たないような水準に設定しなければならない。たぐいまれな効用と戦略的な価格設定が結びつけば、模倣される可能性は低くなる。

しかし需要のブルー・オーシャンは永遠に持続するわけではない。だから新たなブルー・オーシャンを開くために、たゆみない改革を続ける企業文化を育てなければならない。レッド・オーシャンの血みどろの競争を避けるために、ときには自社の既存の製品を食うような新製品の開発も必要になる。アップルが切り開いたいくつものブルー・オーシャンを考えてみよう。アップルⅡ、iMac、iPod、iTunes、iPhone、そしてiPadは、すべて既存のテクノロジーを組み合わせ、ユーザーの感じる価値を飛躍的に増大させて、新しい巨大な需要を生み出した。自社の製品が模倣され始めるたびに、アップルは新しい製品を発表し、新しいブルー・オーシャンを創造した。対照的なのがマイクロソフトだと著者たちは言う。マイクロソフトはマイクロソフト・オフィスやウィンドウズという金のなる木にどっぷり依存して、イノベーションに注目するのを怠ったのである。

仕事と人生に活かすために

ベンチャーキャピタリストのベン・ホロウィッツ（訳注 119ページ参照）は、経営者やCEOには「何にでも効く魔法の銀の弾丸」など存在しないと主張した。新しい市場を創造しようとしてこれまでとまったく違うことをするとき、あるいは上位市場や下位市場に割り込もうとするとき、CEOは競争相手と直接ぶつかって、血みどろの戦いを繰り広げるしかないとホロウィッツは考えていた。確かにそうかもしれないが、企業が最初から自分だけの市場を確保してしまえば、そんな戦いの必要はなくなる。

「敵が守っていないところを攻めれば、必ず勝つことができる」

これは『孫子の兵法』で孫子（訳注　中国の春秋時代の武将・軍事思想家）が説く戦略の一つだ。「敵が守っていないところを攻める」、そして「敵が攻めてこないところを守る」という兵法は、典型的なブルー・オーシャン戦略である。孫子の兵法の要点は、戦場でも日常生活でも、自分が持っている資源を十分考慮し、最もインパクトを与えられるところに活路を見出すことだ。そうすれば敵と真正面からぶつからなければならない事態はたまにしか起こらないだろう。この戦略を実践するには、徹底した分析によって自分が最も強みを持つ分野を知る必要がある。「敵の城を攻めるのは最もまずい策である」という孫子の言葉を読めば、ブルー・オーシャン戦略の原則がどの時代にも通用する普遍性を持っているのがわかるだろう。「突き詰めれば、戦略はビジネスのためだけにあるのではない。芸術家、非営利団体、公共部門、そして国家も含めて、戦略はあらゆる人に欠かせないものだ」とキムとモボルニュは述べている。

46

2016

Simplify

リチャード・コッチ / グレッグ・ロックウッド

ビジネスで本当に大きな利益を手に入れるのは、
イノベーターではなくシンプル化の成功者である。

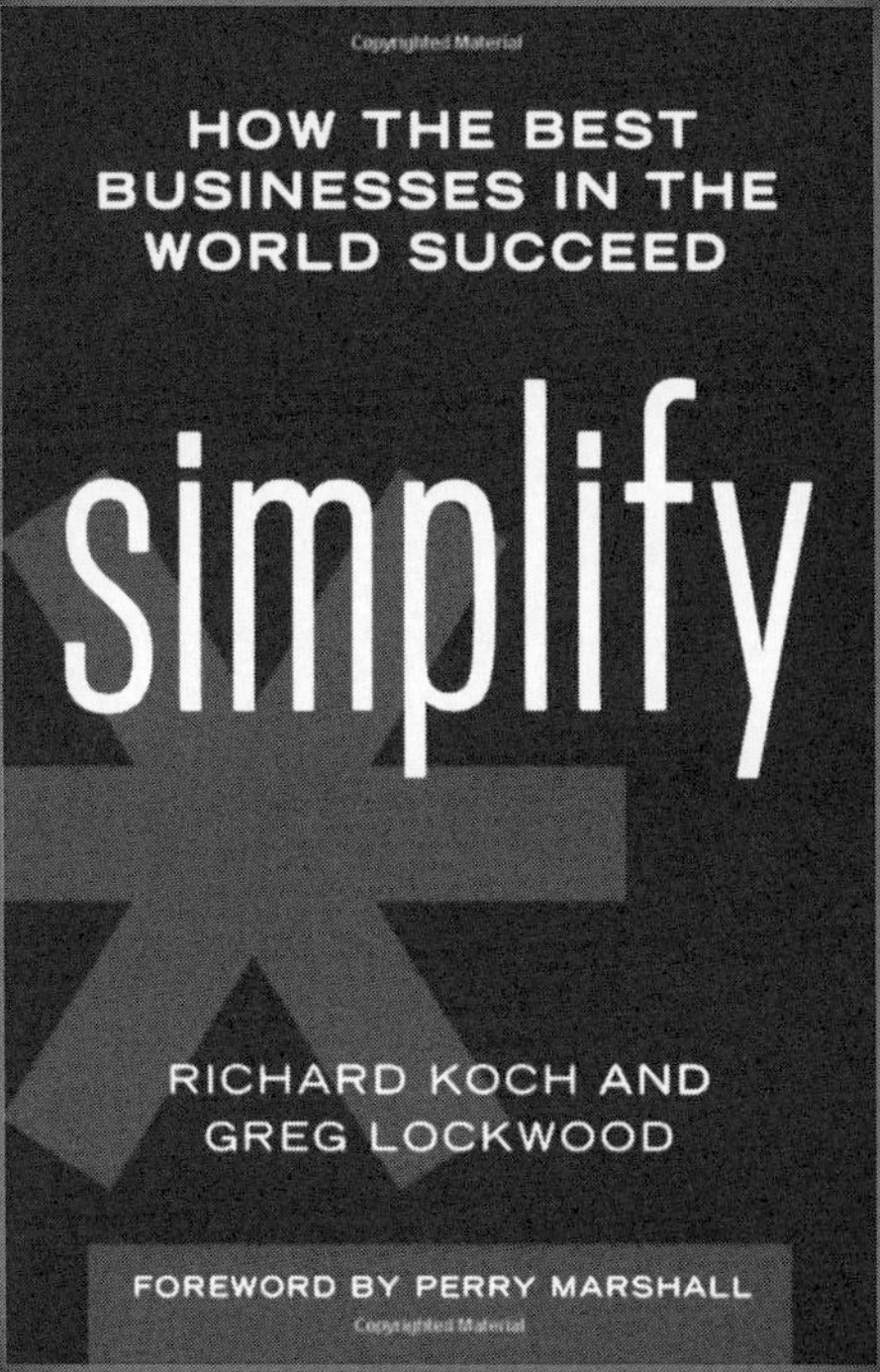

邦訳

[Simplify]

ダイレクト出版　夏井幸子 訳

シンプル化は、私たちが生まれた頃から、そして私たちの親や祖父母の時代から、ビジネス史に流れている目に見えない一本の赤い糸だったのだ。

一九世紀の哲学者ラルフ・ワルド・エマーソンは、「方法に関して言えば、その数は無数にあるかもしれないが、法則はわずかしかない。法則を理解している人間は独自の方法をうまく見つけるが、方法にとらわれて法則を無視する人間は必ずや苦労するだろう」と述べている。

ビジネスには方法や戦術とは異なる普遍的な法則が存在するだろうか？投資家のリチャード・コッチは、長年ビジネスの法則を探し求めてきた。コッチは八〇対二〇の法則を広めたことで知られている。これは、成果の大部分は努力のほんの一部から生まれるという法則だ。しかしコッチによれば、彼が富を築けたのはもう一つの法則を実践した成果だという。それはSTAR《スター》の法則、つまり急成長市場の最大手企業、いわゆるスター企業に投資するという法則である。

コッチは、超優良企業とは単に急成長市場をリードしているだけでな

Richard Koch / Greg Lockwood

リチャード・コッチ

コッチは一九五〇年にロンドンで生まれ、オックスフォード大学で近代史の学位を取得後、ペンシルベニア大学ウォートン・スクールでMBAを取得した。卒業後にボストンコンサルティンググループに入社した。その後ベイン・アンド・カンパニーに移って共同経営者になった。一九八三年に独立してコンサルティング会社L.E.K.コンサルティングを創業し、七年後に投資と執筆に専念するために引退した。コッチはシステム手帳のファイロファックス、レストラン・チェーンのベルゴ、ジン蒸留所のプリマス・ジン、ベットフェアなどに投資して成功し、イギリスの『サンデー・タイムズ』紙が発表する英国在住の富裕層上位一〇〇〇人の長者番付に名を連ねている。他の著書に、『人生を変える80対20の法則』（一九九七年）、

く、シンプル化をきわめた企業でもあることに気づいた。コッチとベンチャーキャピタリストのグレッグ・ロックウッドが本書を執筆するためにリサーチすると、過去一〇〇年間のビジネス上の華々しいサクセス・ストーリーは、徹底的なシンプル化を抜きにしては語れないことが明らかになった。イングヴァル・カンプラード（イケア）、ハーバート・ケレハー（サウスウエスト航空）、アレン・レーン（ペンギン・ブックス）など、偉大な経営者はたいていシンプル化の成功者だった。物事を深く考える人やイノベーターや投資家が脚光を浴びるのは自然なことだが、「人類に大きな経済的利益をもたらすのはシンプル化に成功した人たち、大衆市場に発明と発見の成果をもたらす人たちである」と著者の一人、ロックウッドは述べている。「影響を受けた人たちみんなが利益を手に」することが、ビジネスを左右する決定的な鍵になると著者たちは主張する。幸運な一握りの人間だけが新しい製品やサービスの恩恵を受けるのではなく、無数の人たちがそれを手に入れられるようになって初めて、世界は大きく変わるのである。

『楽して、儲けて、楽しむ80対20の法則』（二〇〇四年）、『Superconnect: Harnessing the Power of Networks and the Strength of Weak Links（つながりを活かす―強力な人的ネットワークと緩やかな関係をビジネスにつなげる方法）』（二〇一〇年）、『お金を引き寄せる「STAR」の法則』（二〇一〇年）、『並外れたマネジャーになる80対20の法則』（二〇一三年）などがある。

グレッグ・ロックウッド

ロックウッドはオンライン取引所やマーケットプレイスに投資するロンドンのベンチャーキャピタルファンド、ピトン・キャピタルの創設者で取締役を務めている。それ以前は通信業界やコーポレートファイナンスの分野で仕事をした。ケロッグ経営大学院でマネジメント学の修士号を取得している。

シンプル化の方法

シンプル化には二つの戦略がある。一つは価格のシンプル化、もう一つはプロポジション（訳注　顧客に提供する製品の価値）のシンプル化だ。企業にとって最悪なのは、自分たちの製品が性能の点でも価格の点でも市場をリードできない状態である。必然的にこの企業はどちらか一方に全力を投入する企業に追い上げられるか、大打撃を受ける。企業は製品のシンプル化と価格のシンプル化どちらを選ぶのか、明確な戦略を持つ必要がある。

価格のシンプル化

これは商品やサービスを思い切って半値以下にすることだ。品質を大きく下げないで、提供手段を改革して量と効率を上げ、コストを大幅に下げる。製品の価格が二分の一になると、思いがけないことが起きると著者たちは言う。予想に反して需要は単に二倍になるのではなく、しばしば「5倍、10倍、１００倍、いや、１０００倍以上に増えることもある」。本書は全体の四分の一を割いて、価格を半値以下にするという離れ業をやってのけ、驚異的な利益を手にした企業の例を紹介している。

プロポジションのシンプル化

プロポジションをシンプル化する場合、最優先すべきなのは、「商品やサービスをほんの少しとかではなく、桁違いに向上させること」だ。「そうすれば、市場で他との差が明確になる」と著者たちは言う。使い方が簡単で、有益性が高いだけでなく、シンプルさの中に「芸術性」の要素があって、ユーザーが使う喜びを感じるような製品にする必要がある。たとえばアップルのｉＰａｄ、グーグルの検索エンジン、ウーバーのタクシー配車サービスアプリなどがそうだ。このような製品やサービスは、それまで複雑さや難しさが原因で満足していなかった隠れた需要を掘り起こすため、一般的にまったく新しい市場を生む。

同じ業界にいる複数の企業がそれぞれまったく違うプロポジションを提供するなら、それぞれの企業が異なる顧客層の需要に応え、同一業界に多数の成功した企業が共存する余地が生まれるとコッチとロックウッドは指摘する。しかし、一つの業界のすべての企業がほぼ同じプロポジションを提供している市場に、価格のシンプル化を推し進める企業が現れたらどうなるだろうか。その企業は他社より安く売ることで、他のすべての企業を圧倒してしまうだろう。プロポジションをシンプル化してすぐれた製品を生産する企業は、市場を奪う企業の出現に常に備えていなければならない。消滅を免れる唯一の現実的な方法は、他社には真似できない独自のプロポジションを開発することだ。競合する企業よりはるかにすぐれたものを作るか、うんと安いものを提供するかのどちらかであり、どっちつかずの戦略が一番危険である。

価格をシンプル化する企業は巨大な大衆市場を創出するが、プロポジションをシンプル化する企業が見返りとして得るのはプレミアム市場だ。プレミアム市場は小規模だが利益率が高いため、価格とプロポジションのどちらをシンプル化する戦略を選んでも、最終的な投資収益率は大体同じになる。ときにはアップルのｉＰｈｏｎｅのように、プロポジションのシンプル化によって生まれた品質の高い製品が大衆市場を生み出すことがあるが、それは非常にまれだ。

価格をシンプル化した天才フォード

ヘンリー・フォードは四五歳にしてかなり成功した自動車会社の経営者になっていた。しかしフォードは自伝『My Life and Work（私の人生と事業）』（『世界の成功哲学50の名著』参照）の中で、彼が作る自動車は他社と似たり寄ったりで、製造方法も当時の自動車業界の標準と変わらなかったと述べている。その頃の標準的な生産性はきわめて低かった。二〇世紀の最初の数年間は、フォード社は一日に五台製造するのが精いっぱいだった。自動車の市場は運転に情熱を注ぐ裕福な自動車マニアに限られていた。

しかしフォードは、自動車は金持ちの娯楽だけでなく、大衆の必需品として何百万という人の生活をもっと便利で生産的にできるはずだという、世間の常識から外れた考えを持っていた。一九〇五～一九〇六年の一年間に、フォード社は一〇〇〇ドルと二〇〇〇ドルの二種類のモデルを販売した。総販売台数は一五九九台だった。しかし翌年フォードはこの二つのモデルをシンプル化し、価格を六〇〇ドルと七五〇ドルにした。これによって販売台数は二倍くらい増えると普通は考えるはずだ。しかし実際には、値下げ前の約五倍に当たる八四二三台が売れたのだ。これだけでも大成功に見えるが、フォードによる価格のシンプル化はまだ始まったばかりだった。一九〇九年、フォードは設計とデザインを究極までシンプル化した単一モデル、T型フォードの販売を決断した。

安いということは、劣っていることと同じではない。T型フォードを軽量化し、耐久性を上げるために、フォードはシャーシに初めてバナジウム鋼を採用した。その結果、普通の鉄鋼を使うより生産費が安くなった。また、軽量化によって燃料消費が削減され、自動車所有者に喜ばれた。続いて一九一三年、フォードは流れ作業の組み立てラインを導入し、自動車の製造に革命をもたらした。流れ作業によって製造にかかる時間が格段に短縮され、一九一四年にデトロイトにあるフォード社のハイランドパーク工場では年間二五万台が生産された。それだけでなく品質も向上した。大勢の職人が群がって一台の自動車を組み立てる方法に代わって、最低限の訓練しか受けていない非熟練工でも、一つの作業だけを任されればすぐに完璧にできるようになった。こうした改革によって、一九一七年にはT型フォード一台の値段は三六〇ドルまで下がった。

値下げに伴う需要の増加はフォード自身でさえ驚くほどだったとコッチとロックウッドは指摘している。六〇〇〜七五〇ドルのモデルを四〇パーセント値下げして、単一モデルを三六〇ドルで売り始めると、需要は七〇〇倍も増加した。競合他社の自動車よりはるかに値段が安いのに加えて、T型フォードは操作もずっと簡単だった。誰でも運転できる自動車を売るのがフォードの夢だったのだ。T型フォードはシンプルだから製造コストが安く、しかもあらゆる部品が検査され、信頼性が立証されていた。使いやすさ、信頼性、そして低価格の組合せに勝るものはなかった。

大幅な値下げに伴う飛躍的な需要の増加は、「経済を動かす世界共通の大きな要因」であり、販売数の増加がコストと価格を下げ、さらに販売数が延びるという好循環を生み出すと著者たちは指摘している。フォードの徹底したシンプル化と自動車の大衆化によって、巨大な世界市場が生まれ、周辺産業と新しい仕事が創出されて、二〇世紀の文化が形成された。コッチとロックウッドは、徹底した価格のシンプル化が大きな利益を生み、シンプル化に成功した企業は長期的に存続できる（現代ではウォルマートやアマゾンがいい例だ）だけでなく、その恩恵は社会に広まるという重要な法則を発見した。「ロウソクは金持ちしか使わなくなるくらい、電気を安くしよう」というトーマス・エジソンの言葉が、この法則を象徴している。

簡単で芸術的＝使う喜び

プロポジションをシンプル化する企業は市場を劇的に広げることができる。なぜならプロポジションがシンプル化された商品は使いやすく、使う楽しみがあり、芸術性の要素もあって、人々がもっとたくさん使いたくなるからだ。ウーバー、スポティファイ、エアビーアンドビーのように、アプリやウェブサイトのシンプル化に成功した企業がそのいい例だ。スポティファイのすぐれた点は、ｉＴｕｎｅｓのように一つの曲に一ドル払ってダウンロードするのではなく、手ごろな価格の定額制でいくらでも好きなだけ曲が聴ける配信サービスにしたところだ（お金を払いたくない人は、広告を我慢すれば無料で聴ける）。包括的なサービスとシンプルですっきりしたアプリとサイトによって、スポティファイのユーザーはもっと音楽を消費するようになった。エアビーアンドビーを利用して宿泊先を見つける方法は非常にシンプルで、どこに滞在してもホテルに比べて本物の体験ができる。物件を貸し出す人は、本来ならお金にならない空き部屋を使ってお金を稼げる。エアビーアンドビーの部屋代はホテルに比べてはるかに安いので、このサービスは利用者にもっと旅行したいと思わせた。

スティーブ・ジョブズは、初期に製作したコンピュータのマッキントッシュの「外観を親しみやすいもの」にしたいと考えた。その後に開発したiPodやiPad、iPhoneについては、「私たちは、近代美術館に収められてもおかしくない品質を目指している」と述べている。製品が梱包される箱でさえ、美しく手触りがよくなければならないとジョブズは考えた。もちろんアップル製品の美しさには、信じられないほどの複雑さとさまざまな技術の統合が隠されている。著者たちは、「複雑さを超えた先にあるシンプルさなら、是が非でもほしい」というオリバー・ウェンデル・ホームズ（訳注 アメリカの医学者・作家）の言葉を引用している。人々は生活をシンプルに、簡単に、そしてより美しくしてくれる製品なら、しばしばかなり割高でも購入する。製品の「芸術性」は、ユーザーとの精神的つながりを生む。それは競合製品がひしめく市場では、何物にも代えがたい価値がある。

スティーブ・ジョブズがアップルの経営に復帰した一九九七年、アップルの時価総額は二〇億ドルをわずかに超える程度だった。ジョブズが製品のシンプル化と製品ラインアップのシンプル化を進めた結果、二〇一五年に時価総額は七〇〇〇億ドルに達した。なんと三三〇倍になったのだ。これがシンプル化の効果だ。製品の利便性、有益性、そして美しさを向上させながら、徹底したシンプル化を実現できるほど成熟した産業が他にどれくらいあるだろうか？

建設的な妥協

価格のシンプル化によって創出される大衆市場を目指すと決めたら、顧客にとってメリットのある妥協点を見つける必要がある。コッチとロックウッドは、それを「建設的な妥協」と呼んでいる。建設的な妥協とは、サービスから何らかの要素を削る、あるいは無料で何かを提供することによって、マイナス要素をプラスに変えるということだ。家具量販店のイケアは、店内に安くておいしいレストランや子供が遊べる託児スペースを設置しているが、そのコストはイケアにとって「損失」ではない。お客は家族連れで来店し、午後を店内でゆっくり過ごし、たくさんの商品を買ってくれるからだ。イケア創業者のイングヴァル・カンプラードは、顧客が郊外の店舗まで車を運転し、購入した家具を車で持ち帰り、自分で組み立てるという手間と引き換えに、すぐれたデザインの家具を手ごろな値段で提供することに成功した。多くの人にとって、それは喜ばしい妥協だ。

一九三〇年代に、イギリスの出版者アレン・レーンはクオリティの高い本を大衆市場に提供したいと考え、それには現代の一流作家の作品を安価なペーパーバックで出版すればいいと思いついた。読者は上質なハードカバーの本をあきらめる代わりに、有名なペンギンマークの入った安くても質のいいペンギン・ブックス（『ペンギン・ブックスとレーン兄弟』161ページ参照）を喜んで購入した。

企業が成長するにしたがって、製品はより高性能で複雑になり、しばしば顧客の要望を超えた機能を持つようになる。既存の大企業とは反対の戦略を取る企業、すなわち、製品から機能を取り去る決断のできる企業が、大衆市場を手中に入れることができる。コッチとロックウッドが指摘しているように、クレイトン・クリステンセンも著書『イノベーションのジレンマ』（573ページ参照）の中で同様の主張をしている。クリステンセンは、大企業は業界の先端にいなければならないという意識にとらわれて、人々が本当に必要とする安価でシンプルな製品の市場を見過ごしがちだと述べた。

仕事と人生に活かすために

コッチとロックウッドは、「『価格のシンプル化』で大成功を収めた者は、金銭的な余裕がない人たちの生活を少しでもよりよくすることが自分の使命だと考えている」と述べている。ヘンリー・フォードは自動車で、マイケル・マークスとトム・スペンサー（訳注　衣料品店マークス&スペンサーの創業者）は労働者階級でも買える安価で質のいい服を売ることで、そしてイングヴァル・カンプラードは見栄えのする安い家具によって、その使命を実現した。

しかしフォードやイケアのように、その産業を改革する、あるいは新しい産業を創出するアイデアはどうすれば見つけられるだろうか？　最も確実な方法として、「小規模でも世界展開できそうな既存のシンプル化システムを探してみよう」と著者たちは言う。これはマクドナルドを世界的なチェーン店にしたレイ・クロックが実行した方法だ。もう一つの方法は、既存の手続きを自動化することである。ウーバーはタクシーを呼ぶ手続きを自動化した。出会い系アプリのティンダーはパートナーとの出会いを自動化した。オンライン専門の賭博運営企業ベットフェアは賭けを自動化した。バンガード・グループは株式指標と同じ値動きをする銘柄で構成された投資信託、つまりインデックスファンドを考案して、投資を自動化した。インデックスファンドはファンドマネジャーの仕事を不要にし、運用にかかる手数料を大幅に減らすことができた。

自分が所属している業界の現行の習慣に黙って従うのはたやすいが、それに異議を唱えるのは勇気がいる。しかしフォードは自動車の製造とマーケティングの手法にあらゆる点から異議を唱えた結果、「ありきたりのビジネス手法は最善の手法ではない」という結論に達した。ある業界の内側にいる人たちは、業界の慣行を複雑だとか、わかりにくいと言いたがる。しかしこれまで最大の利益を手にしてきたのは、その業界に不満を感じ、もっとシンプルに、今よりずっとシンプルにしたいと考えたアウトサイダーだった。

47

1960

マーケティング近視眼

セオドア・レビット

企業が失敗するのは、
事業の目的を正しく理解していないからである。

『マーケティング近視眼』
（『ハーバード・ビジネス・レビューBEST10論文』収録）
ダイヤモンド社　ハーバード・ビジネス・レビュー編集部 編訳

主要産業といわれるものなら、一度は成長産業だったことがある。いまは成長に沸いていても、衰退の兆候が顕著に認められる産業がある。成長の真っただなかにいると思われている産業が、実は成長を止めてしまっていることもある。いずれの場合も成長が脅かされたり、鈍ったり、止まってしまったりする原因は、市場の飽和にあるのではない。経営に失敗したからである。失敗の原因は経営者にある。

昔、石油会社は石油会社と名乗っていた。今、彼らは「エネルギー供給業者」と称している。バス会社はかつてはバス会社だったが、今では「輸送業者」だ。こうした包括的な名称は、ハーバード・ビジネススクール教授のセオドア・レビットが一九六〇年に『ハーバード・ビジネス・レビュー』で発表した影響力の大きい論文に由来している。レビットは『マーケティング近視眼』の中で、企業、そして実際には産業全体が、事業を正しく定義できないという単純な理由で衰退するかもしれないと主張した。

レビットが挙げた例の中でよく知られているのは鉄道産業である。こ

Theodore Levitt

セオドア・レビット

レビットは一九二五年にドイツのフォルマーツで生まれた。レビットの家族はユダヤ人で、レビットは一〇歳のときに一家でアメリカに移住し、オハイオ州デイトンで成長した。第二次世界大戦に従軍後、アンティオキア大学で学士号を、オハイオ州立大学で経済学博士号を取得した。ノースダコタ大学で教鞭をとった後、石油産業で数年間コンサルタントとして働き、一九五九年にハーバード・ビジネススクールの教授陣に加わった。一九八五年から九〇年にかけて『ハーバード・ビジネス・レビュー』の編集長を務めている。レビットは一九八三年の論文『市場のグローバリゼーション』において、国家間の差は縮小しつつあると述べ、「グローバリゼーション」という言葉を広めた。二〇〇六年にレビットが亡く

れまでに大きな鉄道会社が衰退したのは、旅客や貨物輸送市場が縮小したせいではない。実際には市場は拡大したのだが、問題は鉄道会社が自分たちを鉄道業者と考えていたことだ。輸送業者だと考えれば、鉄道会社は自動車、トラック、あるいは航空産業に進出できたかもしれない。鉄道会社は自分たちの製品――この場合は鉄道輸送――だけに注意を集中し、移動したい、あるいは荷物を運びたいと考える人々、すなわち顧客のニーズに目を向けなかった。

同じことはアメリカの大きな映画会社にも当てはまる。映画会社の事業はもちろん映画産業だが、映画産業をエンタテインメント産業と考えていたら、映画会社はテレビという新しい世界に進出したかもしれない。実際には彼らが取ったのはその正反対の行動だった。「ハリウッドはテレビの出現を自分たちのチャンス――エンタテインメント産業をさらに飛躍させてくれるチャンスとして、テレビを歓迎すべきだったのに、これを嘲笑し、拒否してしまった」とレビットは言う。

企業が衰退するのは市場や産業が飽和するからではなく、経営者が企業の目的をはっきり理解していないからだ。経営者は会社が現在提供している製品やサービスのことしか考えず、消費者が何を必要とし、何を望んでいるかを考えようとしない。

なったとき、『ハーバード・ビジネス・レビュー』は『マーケティング近視眼』の売上は八五万部に達したと述べた。レビットの他の著書に、『マーケティング・イマジネーション』(一九八三年)、『レビット教授の有能な経営者』(一九九〇年)などがある。

代替品のない市場に安心してはいけない

二〇世紀初めにボストンの大富豪が、遺産は市電事業の株に投資するよう遺言状に指定した。「市電は効率のよい都市交通機関であるから、永久に莫大な需要がある」という理由だったが、結果的に相続人は貧困に追いやられた。市電は都市交通機関の一時的な手段に過ぎないのを、この大富豪は理解していなかったとレビットは言う。現在繁栄している成長産業は、これからもずっと成長産業であり続けると人々は思い違いをしている。レビットが本書を書いていた頃、将来性があるのはエレクトロニクスと化学産業だと考えられていた（一九六〇年代の映画『卒業』で、ダスティン・ホフマン演じる若者は、「これから有望なのはプラスチックだぞ」とアドバイスされた）。今日では、それらの分野はすでに陳腐化している。

あらゆる産業は、その製品やサービスに「代替品がない」ため、最初は成長産業に見えるとレビットは指摘する。ドライクリーニングのように地味な産業でさえ、ウールの衣類が短時間で簡単にきれいにできる――これはすごい！――というわけで、かつては急成長産業とみなされていた。ドライクリーニング業者は輝かしい未来を思い描いていた。しかし洋服の素材や流行が変わり、木綿や合成繊維が多用されるようになると、ドライクリーニングの必要性は減ってしまった。

「競争のない」産業への投資は、必ず失敗する運命にある。たとえば電力会社は送電網に電力を供給する事業を独占しているから、電力会社に投資すればいいだろうとあなたは考える。しばらくすると代替エネルギー（風力、太陽光、原子力など）が登場し、あなたが得られる利益は減少してしまう。何年先も、ときには何十年先も前途洋々に見える産業があるとしても、ある日突然代替品が現れれば、状況は一変する。昔、石油ランプは有望な産業だったが、エジソンが電球を発明して石油ランプは不要になった。あらゆる企業は、「生き残りをかけて、現在の糧をみずから陳腐化させなければならない」とレビットは言う。言い換えると、自社の既存の製品の売上を奪う製品を開発しなければならないのだ。それが新しい市場で先頭に立つ唯一の方法である。

昔、人々は街角にある大規模食料品チェーン店で食料品のほとんどを買っていた。スーパーマーケットが登場したとき、それらのチェーン店は自分たちの行き届いた親身なサービスを犠牲にして、ほんのわずかなお金を節約するために顧客が遠くまで車で買い物に行くとは考えもしなかった。彼らは自分たちの商売に自信満々だったが、気づいたときには顧客がいなくなっていた。食料品小売産業に君臨する新たな巨人は、顧客のニーズに最も合った熱意あるスーパーマーケットだった。

「拡大する市場」に安心してはいけない

成長産業というものはなく、あるのは成長する企業だけだとレビットは主張する。産業全体が今後も成長すると信じ、「自動的に上昇していくエスカレーター」に乗った気でいる企業は、すぐに下り坂に直面するだろう。企業を成長させるのは適切なアイデアと経営であって、産業そのものの性質や、人口の増加ではない。企業や投資家は自社の製品やサービスを利用する人口が増え、しかも経済的に豊かになるのを見ると、金のなる木を植えたと思い違いをするとレビットは言う。メーカーは大量生産さえすれば、規模の経済によって製品の価格が下がり、作ったものは必ず売れると誤解している。実際には人々はある程度豊かになると、今手に入るものがどれだけ安くなっても欲しがらなくなり、違う機能を持った性能のいい製品やサービスを買い始める。市場が拡大していると、企業は考えるのを怠るようになる。うちの商品は売れているんだから、何も問題ないじゃないか、と思うようになるのだ。

アメリカの大手自動車メーカーがようやく売り出した小型車がすばらしい売れ行きを示すと、彼らは当然のように自分たちのすぐれたマーケティングの成果だと考えた。しかし実際には小型車が売れたのは、アメリカの大手自動車メーカーが知り尽くしていると過信していた市場の要求にこれまでちゃんと応えず、他国のメーカーに市場を明け渡していたことを示している。彼らは市場調査に数百万ドルを投じてきたにもかかわらず、顧客が本当に欲しいものを知ろうとしなかった。彼らはただ、すでに企画したいくつかの製品を見せて、微妙に異なる選択肢の中からどれがいいかを選ばせただけだった。アメリカの自動車メーカーは顧客の要望に真剣に取り組んでこなかったというレビットの指摘は、将来を予見していた。レビットの指摘から二〇年間で、アメリカの自動車メーカーは徐々に国外メーカーに市場を奪われた。アメリカの自動車メーカーの経営陣より、国外メーカーの方がアメリカ人のニーズや要望をよく理解していたからだ。

産業の怠慢と集団思考

石油は代替品がなく、しかも市場が拡大する産業の好例のようだとレビットは言う。大手石油会社は、世界中を走る何十億台もの自動車を相手に、一見専属市場（訳注　買い手が売り手を選択する余地のない市場）に見える市場を各社で分け合って巨額の利益を手にしている。新しい市場を創造する必要などない。市場はすでにそこにあるからだ。各企業の目標は、効率性を高め、コストを削減し、利益をさらに増やすことにある。

しかし資本主義の本質は創造的破壊であり、ある製品に代替品がない状態はたいてい長続きしない。起業家や科学者が利益や報奨を目当てに、安価でよりよい代替品の開発を進めるからだ。レビットは本書を執筆していた一九六〇年に、石油産業は遅かれ早かれ石油産業以外の産業によって一変させられるだろうと述べた。石油は時代遅れの燃料になるかもしれないし、大手石油会社が関与しない新しい石油の需要が生まれるかもしれない。ちょうどいい時期に自動車が登場したのは、石油会社にとって非常に幸運だったとレビットは指摘する。電球の発明によって石油ランプの市場が奪われ、石炭を使用する家庭用セントラルヒーティングの普及によって石油を使う暖房器具はいらなくなった。自動車の燃料に使われ始めたガソリンは石油産業の救いの神となり、後に航空燃料としても使われるようになった。自動車も飛行機も石油産業以外で生まれた発明だが、幸運にも大手石油会社はそれらの発明から利益を得ることができた。しかし石油産業は石油以外に目を向けようとしなかった。その近視眼のせいで、新たに誕生した天然ガス産業に進出するどころか、天然ガスの将来性を鼻であしらった。ガスだけでなく、燃料電池、蓄電池、太陽光や風力エネルギーも石油産業以外で誕生した発明であり、石油産業は状況を見守るだけに甘んじていた。

ほとんどのドライバーは、自動車にガソリンを入れるために毎週のようにガソリンスタンドに寄り、目に見えず悪臭しかしない製品を買うのは面倒臭いと思っている。その面倒臭さを解消する自動車（あるいは電気自動車のように家庭で燃料を補給できる自動車）ができたら、生産者は市場を独占できるだろう。

本当のマーケティングとは何か

マーケティングとは、あなたの会社が今やっていることを顧客がどう思うか、あるいは既存の製品やサービスについてどう感じているかを探ることではないとレビットは指摘する。本当のマーケティングとは、消費者の基本的なニーズや要望を引き出すことだ。業界誌を見ると、たいていその産業がいかに成功しているか、あるいは効率のわずかな向上などに関する自画自賛的な記事ばかり載っている。その産業の伝統的な仕事のやり方が問い直されることは決してない。長期的に見ると自分たちの製品やサービスにどんな代替品がありそうか、他産業の発明によって足元をすくわれる可能性はないかといった問題は考慮されない。しかし、産業や企業の命運を左右するのはそういう問題なのである。

皮肉なことに、多くの企業は「研究開発」には科学的な態度で臨むが、自社の本来の目的は何か、あるいは潜在的顧客が何を欲しがっているかを実証可能な仮説を用いて確認することにはほとんど関心がない。それは確かに困難な作業だが、マーケティングが事業の「じゃま者」扱いされている限り、産業は衰退し始めてから慌てふためき、企業は顧客が自分たちの製品を欲しがらなくなってからショックを受けるだろう。

一九世紀から二〇世紀に変わる頃、鉄道は栄華を極めていた。鉄道は最高の投資先であり、未来の象徴だった。しかしそれからわずか三〇年後にトラックや自動車の時代が到来すると、鉄道は破綻寸前に陥り、政府からの助成金でかろうじて生き延びるありさまだった。そんな結末を避けるために、現代の企業は「顧客創造と顧客満足のための有機体」でなければならないとレビットは書いている。経営者は自分たちを製品の生産者ではなく、価値の創造者と考える必要がある。その点で経営者の役割は特に大きい。組織全体の想像力、創造性、思考力を高めるには、経営者がこの企業は将来どこを目指し、何をするのかという目標を示して、社員や一般大衆の共感を促す必要があるからだ。企業はただ製品を大量生産する巨大な工場やオフィスではなく、人々のニーズや要望に親身に応えるきわめて人間的な場所にならなければいけない。

仕事と人生に活かすために

電気自動車や自動運転車の分野で、現代の大手自動車メーカーが新興企業や自動車産業以外の企業（テスラやグーグル）に追い越されそうになっているのをレビットが見たら、思ったとおりだとうなずいただろう。フォードやGMが、自分たちは内燃機関自動車メーカーではなく個人輸送産業だと考えていたら、今よりはるかに高く評価されていたかもしれない。

しかしアル・ライズ（653ページ参照）が指摘した（「近視眼的マーケティング再考」、『アド・エイジ』誌、二〇一三年）ように、レビットの論文は企業を助けるよりも、足を引っ張る結果になったとも言える。レビットの論文に触発されて、何の経験もない専門外の事業に手を出して失敗した企業が数多くあった。たとえばメインフレーム・コンピュータ産業のトップだったIBMは、事業の主体だったハードウェアからソフトウェアやサービスに手を広げたが、数々の難題にぶつかった。一方、鉄道会社の中には無理に「輸送会社」になろうとせず、自社の強みを活かし、鉄道に集中することで生き延び、成功した例もある。二〇〇九年にウォーレン・バフェットが経営するバークシャー・ハサウェイは、アメリカ西部に広がる路線網を持つバーリントン・ノーザン・サンタフェ鉄道を二六〇億ドルで買収した。この鉄道会社は最も得意な事業である貨物輸送に集中し、収益を上げ続けている。

しかしレビットの論文が企業に目的と戦略について深く考えさせるきっかけとなったのは確かだ。企業によってなすべきことはそれぞれ違う。集中と専門化によって現在の顧客のニーズを満たすと同時に、将来の市場で優位に立つため、あるいは将来の市場を創造するための準備も進めるべきであり、その二つのバランスを取らなくてはならない。

産業は発明、行動、発見から始まると従来は言われてきた。しかし産業の本質は「顧客を満足させるプロセス」であるとレビットは言う。まず顧客のニーズがあり、それをどう満足させるかを考えるところから始まるのである。

48

1991

キャズム

ジェフリー・ムーア

新しい製品が市場に受け入れられるプロセスには明確なパターンがあり、それを知らない数多くのスタートアップは失敗に終わる。

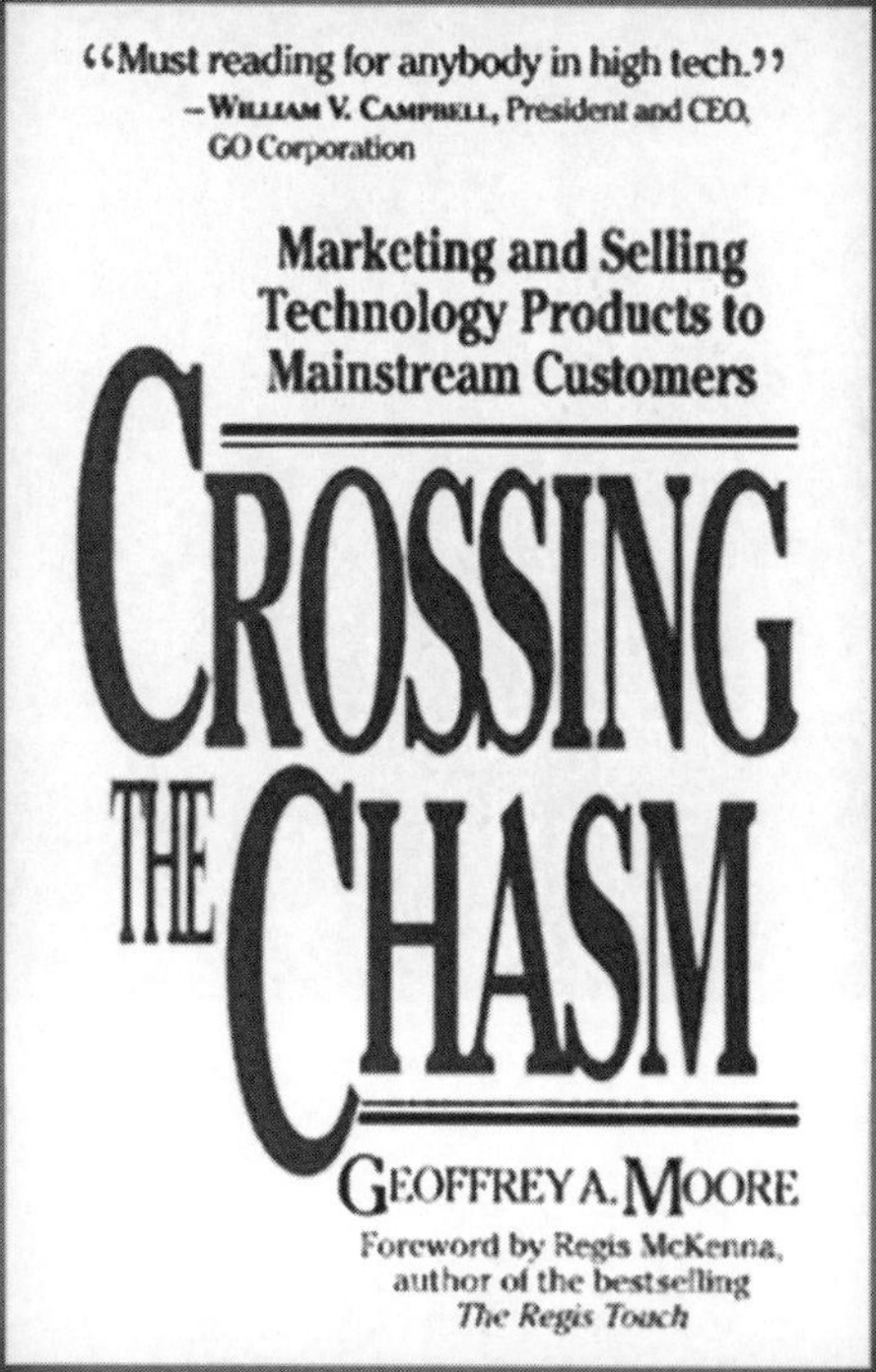

邦訳

［キャズム］

翔泳社　川又政治 訳

本当に革新的なハイテク製品というものは、例外なく『一時的な流行』から始まる。その製品には既存の市場価値もなければ、用途も確立されていない。あるのは、一部のアーリー・アドプターだけが認めた『何かすごい機能』だけである。これが初期市場なのだ。

❀

競合製品より機能が劣っている、あるいは明らかに「ベストの製品」ではない製品が、ある分野でナンバーワンになる場合がある。それはいったいなぜだろうかとジェフリー・ムーアは問いかける。後れを取った製品を開発した企業は、非難の矛先を向ける相手を探す。そしてリンクトイン（訳注　ビジネスに特化したSNS）がプラクソに、セールスフォース（訳注　クラウド型顧客管理アプリケーション）がライトナウにマーケティングで打ち勝ったように、すべての責任はマーケティングにある、と彼らは考える。

しかし、ベストセラーとなった本書『キャズム』において、ハイテク製品の失敗にはもっと根本的な原因があるとムーアは主張している。製品やサービスが、小さな初期市場から大きなメインストリーム市場に移

Geoffrey A. Moore

ジェフリー・A・ムーア

ムーアは一九四六年に生まれた。大学で教鞭をとった後、カリフォルニアに移り、ハイテク業界で企業トレーナーの仕事を始め、続いて営業およびマーケティング担当役員に就任した。ハイテク・マーケティングの権威レジス・マッケンナのもとで仕事をした後、独立して、現在のキャズムグループの前身となるコンサルティング会社、ジェフリー・ムーア・コンサルティングを設立する。また、教育およびコンサルティングを行なうキャズムインスティテュートも創業した。ムーアはベンチャーキャピタル会社のモーア・ダビドウ・ベンチャーズおよびワイルドキャット・ベンチャー・パートナーズのパートナーでもある。

ハイテク業界のマーケティングとポジショニングに関するムーアの著書は、他に『トル

行する過程を理解していないことが原因なのだ。この二つの市場の間には、危険なキャズム（深い溝）が横たわっている。これまで何も知らない無数のスタートアップ企業がこのキャズムに沈んできたし、これからも沈むだろう。「キャズムを越えた者がハイテク分野で財をなし、失敗すればすべてが水泡に帰すのだ」とムーアは述べている。

本書は、ムーアがハイテク企業に対して行なってきた数百件ものコンサルティング業務の集大成として書かれたものだ。ムーアの専門はハイテク業界におけるマーケティングだが、そこで得られた経験は他の業界にも応用できるとムーアは言う。本書は二度改訂され、最新の第三版は二〇一四年に刊行された。改訂されるたびに実例として挙げられる企業名や事例が新しくなっているので、キャズム理論をより身近なものとして理解するには、最新版（訳注　邦訳は『キャズム Ver.2』）を読むといいだろう。ムーアは英文学の博士号を持ち、英文学教授として教鞭をとった後、シリコンバレーに移った。そうした経歴から、ムーアの文章は内容が有益なのはもちろんだが、歯切れがよく、ユーモラスでさえあり、その点で他の多くのビジネス戦略やマーケティングに関する本とは一線を画している。

ネード』（一九九五年）、『エスケープ・ベロシティ』（二〇一一年）、『ゾーンマネジメント』（二〇一五年）などがある。

テクノロジー・ライフサイクル

新しいテクノロジーに基づいて作られた製品、たとえばテスラ社の電気自動車、モデルSについて考えてみよう。この車が静かで、温室効果ガスの排出が少なく、環境に優しいとすれば、マーケターの観点から見て気になる問題は、これがいい自動車かどうかではなく、消費者がそれをいつ買うか、である。

あなたが近所で誰よりも早くテスラを買いたがり、この会社のテクノロジーに強い関心があるなら、あなたはテクノロジー・ライフサイクル（訳注　新たなテクノロジーに基づく製品が市場で受け入れられていくプロセス）と呼ばれるモデルの中で、「イノベーター（革新者）あるいはアーリー・アドプター（先駆者）」である。電気自動車向けの充電スタンドが街中で見られるようになったら買うという人は、「アーリー・マジョリティー」、道を走る車がほとんど電気自動車になったら買うつもりだという人は、「レイト・マジョリティー」に分類される。新しいものに対する抵抗が強く、ガソリン車から電気自動車に乗り換えるなんてとうてい考えられない、という人は「ラガード（無関心層）」と呼ばれる。

アーリー・マジョリティーは、あるテクノロジーが一過性の流行に終わるのか、それともメインストリームになるのかを見極めてから買いたいと考える。そのテクノロジーがメインストリームになると彼らが判断すれば、新しい大きな市場が形成され始める。新たなテクノロジーを最初に市場にもたらし、そのテクノロジーを実用的な製品として提供できる会社は、新たに創出された市場を実質的に独占するか、五〇パーセント以上のシェアを獲得するチャンスがある。シリコンバレーで言えば、ソフトウェアのマイクロソフト、リレーショナルデータベースのオラクル、ルーターやスイッチのシスコ、検索連動型広告のグーグルなどがその典型だ。莫大な財をなすチャンスがそこにある。

テクノロジー・ライフサイクルの錯覚

テクノロジー・ライフサイクルの考え方は、新製品はアーリー・アドプターからラガードまで、顧客層をスムーズに移行しながら市場を拡大していくということだ。その典型的な例に、アップルのｉＰａｄがある。二〇〇九年に発売されると、ｉＰａｄは昔からのマック愛好家の間で大評判となり、たちまち会社役員や営業担当者に使われるようになった。そしてｉＰａｄはコンピュータらしく見えない最初のコンピュータであり、いろいろな楽しみ方ができたので、祖父母世代、そしてついには乳幼児までが喜んで使うようになった。

残念なことに、ｉＰａｄのようにうまくいく例はまれだとムーアは言う。実際には、テクノロジー・ライフサイクルは現実を反映していないのだ。一つの顧客層から次の顧客層への移行は、決して自然な流れではないからだ。新しい市場を創出すると期待されながら、損失を出して失敗に終わったスタートアップ企業は数多くある。その経験から言えるのは、アーリー・アドプターが購入する新製品の小さな市場と、アーリー・マジョリティーによって形成されるメインストリーム市場との間には、大きな溝、すなわちキャズムがあるということだ。

このキャズムを越えてメインストリーム市場に進出するには、アーリー・マジョリティーが「新製品を導入する際には、他の人間がそれをどのように使いこなしているかを必ず知りたがる」という性質を理解する必要がある。テクノロジー愛好家がある製品を称賛したからといって、誰もがその製品に興味を持つわけではない。アーリー・マジョリティーは自分と同じような人たち（多数派《マジョリティー》）がその製品を推奨し始めてから、ようやく購入を決めるのだ。

企業はしばしば、革新的な製品が初期段階に売上を急に伸ばすと、これから売上がどんどん増加し、メインストリーム市場に向かう上昇期に入ったのだと勘違いしてしまう。実際には、これは初期市場における一時的な急上昇にすぎないのだ。多くの人の生活を変える可能性があるという触れ込みで、新しいハイテク製品が発売される。しかしたとえばセグウェイのように、そうした製品が娯楽的な用途や、産業用に使用されるだけで終わってしまい、メインストリーム市場に到達できない場合がしばしばある。セグウェイについて言えば、階段のような単純な障害が邪魔になって、利用できる範囲が限られたのが原因だった。

企業間取引のキャズム

ハイテク業界では、新製品のアーリー・アドプターはビジョナリーと呼ばれる。ビジョナリーが企業間取引（BtoB）で自社に新たなテクノロジーを採用するのは、生産性向上や顧客サービスにブレークスルーを求めるからだ。ネットフリックス社のCEOリード・ヘイスティングスが自社の全事業をアマゾンのクラウド・サービスに移行したのも、メリルリンチのハリー・マクマホンがまだ実績のないセールスフォースをクラウド型営業支援システムとして採用したのも、ビジョナリーとしての決断だった。

残念ながら、実績のない製品の提供者にとって、ビジョナリーのような顧客は少数派だ。ほとんどの企業は、ブレークスルーではなく、現行のシステムを維持し、強化する手段を求めている。メインストリーム市場を構成するのはこうしたアーリー・マジョリティー、つまり実利主義者たちだ。この層に製品を売りたいなら、彼らと信頼関係を築き、彼らがどんな問題を解決したいのかを理解し、業界のコンファレンスにも顔を出さなければならない。「ベンダーは、品質とサービスの良さで評判にならなければいけない。要するに、実利主義者から見て、発注して当然というベンダーにならねばならないのだ」とムーアは言う。

実利主義者の次に攻略しなければならないのはレイト・マジョリティー、すなわち保守派である。保守派は、「自分たちにとって役立つものがあれば、それをずっと使い続ける人たち」だ。保守派に対するマーケティングを成功させるには、断る理由がないほど魅力的な製品にしなければならない。たとえばすべてがバンドル（訳注　ある製品に別の製品が付属している状態）されて、シンプルなパッケージになったサービスを格安で提供する。もちろん顧客が現在使用しているシステムとも完全な互換性がなければならない。顧客が必要なものをすべてつけ加えた「ホールプロダクト」を作る必要があるのだ。

保守派の次には、テクノロジー・ライフサイクルの最後に位置するラガード、つまり懐疑派がいる。懐疑派はベンダーを疑ってかかり、ベンダーがその製品でできると説明したことが、実際に使ってみるとできないと言う。懐疑派に対しては、反論したり、無視したりせずに、意見に耳を傾ければ得るものは大きい。もしマーケティングの内容と実際の機能との間にギャップがあるなら、結局ベンダーは信用もマーケットシェアも失うことになる。逆に懐疑派でさえ満足するような製品を作れれば、マーケットシェアは強固で長続きするものになるだろう。

キャズムを越え、橋頭堡《きょうとうほ》を確保する

企業が犯す最大の過ちは、初期段階で手当たり次第に売ることで、勢いに乗れると思い込むことだとムーアは言う。しかし実際には、メインストリーム市場を狙うなら、まず絞り込んだニッチ市場の獲得に全力を集中するべきだとムーアは主張している。このニッチ市場が、メインストリーム市場を攻略する際の橋頭堡になる。ニッチ市場を確保し、そこでマーケット・リーダーになれば、ほとんど競争せずにメインストリーム市場に進出できるのだ。ムーアはこの戦略を、第二次世界大戦中に連合軍がフランスのノルマンディーに上陸した際のDデー作戦にたとえている。それにならって言えば、企業はパリについて考えるより先に、ノルマンディーに橋頭堡を築かなければならない。

ニッチ市場を獲得するには、ユーザーが求める特定の用途に絞った製品やサービスのパッケージ、すなわち「ホールプロダクト」を提供する必要がある。ホールプロダクトによって顧客を獲得できれば、その顧客を起点として、さらに多くの顧客が得られる。反対に、多数の製品やサービスに手を広げすぎると、かえって努力が無駄になる。顧客を絞り込む作戦が効果的なのは、口コミが期待できるからだ。ニッチ市場に力を集中し、そこであなたの製品が評判になれば、同じ分野や業界で仕事をする人たちがその製品を話題にし始める。そうすれば口コミが広がって、やがてメインストリーム市場の顧客があなたの製品を支持するようになる。ところが幅広い顧客層にまたがって製品を売る販売重視の戦略を取ると、顧客基盤が分散し、口コミの効果が現れない。

新興のハイテク企業が直面する厳しい現実は、メインストリーム市場にいる実利主義者は、完全なソリューションを約束する「ホールプロダクト」を提供しているマーケット・リーダーからでなければ、製品を買いたがらないということだ。このことから、新興企業に残された唯一の希望は、「小さな池で大きな魚になる」、すなわち最初から自分の顧客セグメントを支配する戦略であることがわかる。顧客はマーケット・リーダーであるベンダーの製品に不満を訴えるかもしれないが、ある意味で、彼らは「支配」された状態に満足している。マーケット・リーダーから購入すれば、製品のコストや品質を心配する必要がなく、取引相手であるベンダーのこともよくわかっているからである。

アップルがマッキントッシュを売る際にターゲットにしたのは、大企業のグラフィックス・アート部門だった。この市場は比較的小さかったが、結果的にはそれが幸いした。顧客企業のIT部門はIBM PCを採用しようとしていたが、アップルはまず顧客企業のグラフィックス・アート部門を支配した。それを橋頭堡に、マーケティング部門、営業部門に市場を広げ、顧客企業と関係のある広告代理店やクリエイティブ・エージェンシーにも市場を拡大した。

ニッチ市場に対するマーケティングで重要なのは、顧客が抱えている問題の重用性であるとムーアは言う。一般的に、「問題が深刻であればあるほど、ターゲットとしているニッチ市場がベンダーをキャズムから引き上げてくれる力が強力なものとなる。そしてキャズムから抜け出せば、次のニッチ市場を支配できる可能性がぐっと高まる。というのは、このベンダーを強く支持してくれるニッチ市場がすでに存在するため、次のニッチ市場で、新興ベンダーと見られてまるで相手にされないという心配がなくなるからだ」とムーアは述べている。

仕事と人生に活かすために

以上が、ムーアが『キャズム』で説いた理論のエッセンスだ。本書ではさらに、メインストリーム市場の攻略に欠かせない橋頭堡を築く具体的な戦術を、Dデー作戦にたとえて、「攻略地点の決定」、「部隊の結集」、「戦線の見定め」、「作戦の実行」の四つの章で解説している。本書では実例をハイテク業界から取っているが、ムーアの理論がどんな業界にも当てはまるのはすでに述べたとおりだ。

おそらくムーアの理論の重要なポイントは、キャズムを越える前の企業と、越えた後の企業では目標がまったく違うということだろう。初期段階の企業が目指すのは、確実な顧客基盤を持つ製品を作ったという事実を投資家に証明することだ。たとえばオンラインのソーシャルメディア企業（フェイスブックやツイッター、インスタグラムなどの初期段階を考えてみよう）の主な関心事は、自社のプラットフォームがターゲットにしている顧客セグメントで最大のシェアを獲得し、ユーザー数を拡大することにある。初期段階の企業が利益を上げる場合もあるが、キャズムを越える前は、収益そのものは主な目標ではない。

この原則はオンライン小売企業の場合も変わらない。アマゾンは数年間利益が出ない状態が続いたが、その間中ずっとマーケット・リーダーの地位を確立するためにテクノロジーや設備に多額の投資を続けた。シェアの獲得やマーケット・リーダーの地位の確立といった目標が達成されてはじめて、投資家、そして企業は、組織的に収益を上げるために努力し始める。この時点で、企業はいやおうなく体質を変えなければならない。適切なマネジメントが必要になり、R&D部門は新しい製品を作ることから、既存のサービスやサポートを利用した「ホールプロダクト」を提供することに目標を変えなければならない。

これは企業の成長に伴う困難な仕事だ。ときには企業の初期段階を支えた「ハイテク開拓者」は会社を去っていくだろう。残念ではあるが、それは企業が可能性を最大限に実現させるために支払うべき対価なのである。

49

1980

ポジショニング戦略

アル・ライズ／ジャック・トラウト

ある製品やカテゴリーのリーダーのポジションを確立した相手とは、競争しても勝ち目はない。新しい製品やサービスを開発して、一番乗りを狙うべきである。

邦訳
［ポジショニング戦略］
海と月社　川上純子 訳

今日でさえ、企業はブランドより製品を作ることに集中している。製品は工場で作られるが、ブランドは頭の中で作られるものだ。今の時代、成功したければ製品ではなくブランドを作らなければならない。

製品やサービスを消費者の頭の中に位置づける《ポジショニング》方法を説いた『ポジショニング戦略』は、これまで出版された中で最もシンプルで最高のマーケティング書とみなされている。

❀

ポジショニングというコンセプトは、広告とマーケティング界に革命をもたらした。それまで、広告は「第一位」「ベスト」「最高品質」をアピールするのが普通だった（昔の商品に貼られたラベルを思い出してみてほしい）。ところがポジショニングの時代になると、企業はむしろ、自社製品が「〜ではない」という事実を進んで広告戦略に用いるようになった。たとえばレンタカー会社のエイビスの有名な宣伝では、エイビスはハーツに次いでレンタカー界のナンバー2だと認めた上で、「だからこそ、一層の努力を重ねています」と消費者にアピールした（業界二位を逆手にとって、努力を強調した）。

Al Ries / Jack Trout

アル・ライズ

ライズは一九五〇年にデポー大学を卒業後、ゼネラル・エレクトリックの宣伝部に勤務し、一九六三年にニューヨークで広告会社を起業した。この会社が後にマーケティング戦略会社のライズ＆トラウトに発展した。ライズは二〇一六年にアメリカ・マーケティング協会の殿堂入りを果たしている。他の著書に、『フォーカス！』（一九九六年）、ローラ・ライズとの共著で『ブランディング22の法則』（一九九八年）、『ブランドは広告でつくれない』（二〇〇二年）、『The Origin of Brand（ブランドの起源）』（二〇〇四年）などがある。

ジャック・トラウト

トラウトはゼネラル・エレクトリックでライズとともに働いていたが、ライズが立ち上げた広告会社に加わり、最終的にパートナーになった。ラ本書の成功は、アル・ライズとジャック・トラウトのキャリアを大きく変える結果になった。広告業界にいた二人は、企業が本当に必要としているのはポジショニングのコンセプトに基づいたマーケティング戦略であると考え、マーケティング戦略家に転身した。彼らはポジショニングの考え方が、ビジネスだけでなく人生にも応用できる強い影響力を持っていると主張した。企業と同様、人はたいてい、競争するより人と違うことをすることで進歩するものだ。

『ポジショニング戦略』は、パンアメリカン航空（訳注　アメリカの航空会社。一九九一年に倒産した）がまだ健在で、ゼロックスとＩＢＭがテクノロジー業界を支配し、Ｏ・Ｊ・シンプソン（訳注　アメリカンフットボールのスーパースター）がハーツの広告に出演していた時代に書かれた。二〇〇一年に、初版の余白に最新情報を追加した改訂版が刊行されたが、今となってはそれさえかなり時代遅れに見える。ポジショニングのコンセプトそのものは時代を超えた普遍性を持っているが、本書を読む読者はいくらでも新しい実例を思いつけるだろう。

イズとトラウトの二人三脚による主要な著書は、本書の他に『マーケティング22の法則』（一九九三年）がある。他の著書（スティーブ・リブキンとの共著）に、『ユニーク・ポジショニング』（二〇〇〇年）、『リ・ポジショニング』（二〇〇九年）などがある。トラウトは後にトラウト＆パートナーズを起業し、オバマ政権下で米国務省の顧問として大統領顧問のデーヴィッド・アクセルロッドと協力し、海外でのアメリカのイメージ向上のために活動した。製品やサービスを市場で抜きんでたものにする戦略として、トラウトは次第にポジショニングからリ・ポジショニング、そして競合他社の欠点を強調する方法へ関心を移した。トラウトは二〇一七年に亡くなった。

消費者の頭の中にポジションを確立する

ポジショニングとは、見込み客の頭の中であなたの商品を差別化すること、つまり彼らの目から見て、その商品がどんな商品か（ポジション）を明確にすることだ。情報と広告が日常的にあふれている現代では、消費者の頭の中に商品のポジションが確立できたらしめたものだと著者たちは言う。

消費者はすでにあなたの製品やサービスについて意見を固めてしまっているので、「クリエイティブ」で巧妙な広告で彼らの心を変えさせようとしても無駄だ。消費者がいったん意見を決めてしまえば、広告にどれほどお金をつぎ込もうと、その考えを変えさせるのは難しい。人々に浴びせられる大量の情報の中で広告が成功する唯一の方法は、製品やサービスをポジショニングすることだ。明確なポジショニングができれば、その製品やサービスが消費者の頭の中に入り込み（ボルボと言えば安全性、フェデックスと言えば翌日配達、ＢＭＷと言えば走行性のよさ、というように）、広告すら必要としなくなる。人間の頭脳は、とてつもない量のメッセージや情報を受け取っている。広告につぎ込まれる予算は膨大で、しかもますます増加している。この「情報があふれかえる現代社会」で、人々は大量の情報から身を守るために頭脳を単純化するしかない。自分が信頼している情報や明白だと思う情報だけを残して、残りは捨ててしまうのだ。

マーケティングの観点から言うと、大切なのはどんなメッセージなら消費者に伝わり、心に残るかを考えることだ。「どんな製品かという事実ではなく、見込み客がメッセージをどのように受け取るかに集中すべきである」と著者たちは言う。広告でも政治でも、そして実際には人生のどんな場面でも、重要なのは事実よりも認識の方だ。莫大な費用をかけても目的を達成できない広告が多い現状では、宣伝活動、すなわち人々の頭の中に、個人、あるいは製品やサービスに対する好ましい認識を形成する仕事が、産業として急成長しているのは驚くにあたらない。

一番乗りと最高級品

人類で初めて月面を歩いた人（ニール・アームストロング）の名前は誰でも覚えている。しかし二番目が誰かとなると、覚えている人は少ない。世界で一番高い山（エベレスト）なら誰でも知っている。しかし二番目に高い山が言える人は少ない。製品やサービスを売る場合、品質が最高かどうかより、人々の頭の中に一番に記憶されることが大いにものを言う。コンピュータを最初に発明したのはＩＢＭではない（ＵＮＩＶＡＣを開発したスペリーランド社だ）が、ＩＢＭは最初の大きなコンピュータ会社というポジションを人々の頭の中に確立し、何十年たってもそのポジションを保っている。コカ・コーラは最初のコーラだったし、今でもそうだ。ハーツは最初のレンタカー会社で、現在もナンバー1の座を維持している。もちろん二番目や三番目でも成功できないわけではないが、一番乗りが成功するのははるかに簡単だ。

統計によると、ある商品カテゴリーで最初に知名度を獲得したブランドは、二番目のブランドの二倍の市場シェアを獲得し、二番目は三番目の二倍のシェアを獲得するという。缶入りスープのキャンベルやコカ・コーラ、歯磨き粉のコルゲート、髭剃りのジレット、タイヤのグッドイヤー、シリアルのケロッグ、紅茶のリプトン、チューインガムのリグレーなど、一番の例を挙げればきりがない。マクドナルドの売上は常にバーガー・キングを上回っている。グッドイヤーは必ずファイアストンに勝り、ハーバード大学の知名度はいつもイェール大学より高い。しかし著者たちは、「リーダーのポジションにあるかぎり、『私たちはナンバー1です』といった自明の事実を繰り返す広告は必要ない」と指摘している。それよりも大切なのは、消費者にあなたの商品が本物だと印象づけることであり、そのためにナンバー1だと自慢する必要はないのである。コカ・コーラの「ザ・リアル・シング（本物）」というキャンペーンは、史上最高のうたい文句だった。この広告はシンプルで、真実を突いている。消費者は一つのカテゴリーに一番乗りしたブランドは、当然本物だと考えるからだ。ケチャップならハインツ、ライターならジッポ、コピー機ならゼロックス。その後に発売された製品はすべて真似とみなされる。

業界で一番になれなかったら、その立場を認めて最大限に利用することだ。レンタカーのエイビスはナンバー2だからこそ「一層努力しています」という広告で成功したのに、利益が上がり始めると、一転して「エイビスはナンバー1になります」という広告キャンペーンを打ち出した。以前の広告は敗者に対する消費者の共感が得られたのに、新しい広告はそれを裏切って、つまらない虚栄心を感じさせてしまった。消費者の頭の中にはエイビスがナンバー2だと刻まれていたのだから、エイビスはそのポジションを大事にするべきだった。セブンアップもエイビスと同じことを考えて、「アメリカはセブンアップを選んでいる」（訳注　一九七八～七九年の広告キャンペーン）という宣伝で、消費者がコーラやペプシからセブンアップに切り替えているとアピールした。しかし消費者の反応は、「そうじゃない」だった。この広告は莫大な費用を無駄にしただけに終わった。

どんなものも永遠には続かない。経営者の思い違いが原因で、徐々に輝きを失ったブランドはいくつもある。その代表ともいえるゼロックスは、コンピュータ事業に参入しようとした結果、すでに築いたポジションがあいまいになって衰退した。コダックもまた、本業の写真とは無関係な分野に打って出ようとした。コダックは何をやってもうまくいかなかったが、それは一般の人たちの頭の中でコダックの意味するものは一つだけ、すなわち写真だけだったからだ。

穴を探せ

たいていの企業は、成功した二番手、三番手という立場では満足しない。彼らはリーダーになりたいのだ。しかしリーダーになるには既存のブランドに真正面から戦いを挑むのではなく、消費者の心をつかむ新しい商品を作る必要がある。

追う立場にある企業が優位に立つ最もすぐれた戦略は、「穴を探す」ことだ。言い換えると、その業界が全体として目指している方向の反対側を狙うのだ。長い間、自動車業界はより長く、より低く、より流線型の車体を追求してきた。そこに登場したのがフォルクスワーゲンのビートルだ。短くずんぐりした不格好なビートルは大ヒットした。大きい方がいいというアメリカの自動車市場で、「小型車」という穴を突いたビートルのキャッチフレーズは、「シンク・スモール」だった。

新しいポジションを切り開くもう一つの方法は、高価格化だ。使い捨て社会では、消費者は逆に長持ちするものに喜んでお金を払う風潮がある。メルセデスベンツが売れるのも、シーバスリーガルが高価格を売りにしてスコッチのトップブランドになったのも、それが理由だ。「価格は(高価格でも低価格でも)他のあらゆる性能と同様に、その製品の特長になる」と著者たちは指摘している。

製品に一切変更を加えなくても、逆を狙うやり方は広告に生かすことができる。喫煙家の多くは男性なので、タバコの広告には魅力的な女性が登場するのが昔からの習慣だった。ところがフィリップモリスはマルボロというブランドのタバコを売るにあたって、広告に男性を使うことにした。男らしさの象徴のようなカウボーイを登場させたのである。他社とは違うやり方で自社製品を宣伝するにはどうすればいいか考えてみよう。

ナンバー1になるもう一つの方法は、すでにナンバー1になっているライバル会社を攻撃する、つまり相手のポジションを崩すことだ。アスピリンという薬が胃の粘膜を荒らす、あるいはアレルギー反応を引き起こす可能性があるという調査報告書が出たとき、医薬品メーカーのタイレノールは早速その点を突いた。ライバル会社のバイエルが販売するアスピリンを攻撃し、「幸いなことに、タイレノールがあります」といううたい文句で締めくくられる広告を制作したのである。タイレノールは現在アメリカで鎮痛剤のナンバー1ブランドになっている。

本物を強調するのはトップに立つ確実な方法だ。かつてアメリカ製ウォッカの三大ブランドがアメリカのウォッカ市場を牛耳っていた時代があった。そこにもう一つのブランドであるストリチナヤが攻撃をしかけた。ストリチナヤを宣伝する広告会社は、他のウォッカがスミノフやサモーヴァーというロシアっぽい名前を名乗っていても、実はペンシルベニア州やコネチカット州で作られているという事実を指摘し、ストリチナヤはロシアのレニングラードで生産される正真正銘のロシア製ウォッカというポジションを築いた。ストリチナヤの売上は急増した。「人は、バブルがはじけるように誰かのポジションが崩れていくさまを見るのが好きなのだ」と著者たちは言う。ロシアがアフガニスタンに侵攻した後、ストリチナヤを販売していたペプシコは、ロシア製を強調するのは得策でないと考えて広告を変えた。するとアブソルートという新しいブランドのウォッカが発売され、ストリチナヤはトップの座を奪われた。ストリチナヤはロシア製というポジションを捨てずに、嵐が過ぎ去るのを待つべきだったと著者たちは考えている。政治的な事件は、そのうち過ぎ去るものだ。重要なのは、消費者の頭の中に長続きするポジションを築き、それを維持することである。

ライン拡大の誘惑

最悪のマーケティング戦略はライン拡大だと著者たちは主張する。ライン拡大とは、定評ある商品名を使って新製品を売り出すことだ。たとえばライフセーバー・キャンディとライフセーバー・ガム、クリネックス・ティシューとクリネックス・ペーパータオルなどがある。業界や消費者からの受け入れやすさ、広告費の削減などを考えると、論理的にも直感的にもライン拡大は理にかなっているように見える。しかし実際には、ライン拡大はほとんど必ず失敗に終わっている。

ジンのブランドのタンカレーはタンカレー・スターリングというウォッカを売り出したが、それは大きな間違いだった。タンカレーと言えばジンだと誰もが考えていたからだ。ジーンズのリーバイ・ストラウス社は、消費者がリーバイス製のオーダーメイドのスラックスを買いたがるだろうと考えて、「リーバイス・テーラード・クラシックス」というブランドを立ち上げたが、当然のように失敗した。しかし、同じ商品を「ドッカーズ」というブランドで発売すると、世界中で大きな市場を獲得できた。

ライン拡大戦略が何十年も失敗を続けてきたにもかかわらず、大企業はいまだに懲りていない。最近では、他社ブランドを買収した大企業が、そのブランド名の横に「ゼネラル・エレクトリック社」とか、「コカ・コーラ・カンパニー」(飲料水の場合)といった社名を小さく入れたがる。そのブランドを所有しているのがどの企業かという情報は、一般の消費者にはどうでもいいのだ。消費者は商品にしか関心がない。しかしプライドの高い大企業は、そのブランドを自社が買収したのを消費者が知らないのが我慢できない。消費者にとって重要なのはブランドであって、そのブランドを所有する企業ではないのだ。

「自分のウリは何か？　そう考えるとき、人間も商品と同じ過ちを犯す。万人ウケをねらってしまうのだ」とライズとトラウトは書いている。一般の消費者にとって、GM製の自動車であるキャデラックは、アメリカ製の高級大型車を意味していた。ところがGMは小型のキャデラックである「シマロン」を発売した。おかげでGMの売上は急増したが、キャデラックというブランド名の力は弱まった。問題は、経営者や投資家が製品ラインを広げたがって、かえってブランドのポジションをぼやけさせてしまうことだ。ライン拡大は短期的には売上と利益を伸ばす効果があるが、長期的に見ると、ブランドそのものをだめにしてしまうことが多い。「大きな成功が消費者の頭の中に強力なポジションを築く、これが真実である。商品ラインを広げればポジションが強力になるわけではない」と著者たちは言う。ブランド名を、どっちつかずであいまいなものにしてはいけないのだ。

ネーミングの力

それでは自分自身をポジショニングするにはどうしたらいいだろうか？ 自分自身を売り込むには、売り込みたいコンセプトを一つに絞りこむべきだと著者たちは言う。万人ウケを狙わず、長期的なポジションの確立につながるコンセプトを絞り込むのだ。あなたが長年かけて取り組んでいる目標や関心を知ってもらえば、周囲の人はあなたの努力をただ見ているだけでなく、手助けしたくなる。そして、やってみる価値のあることには何度でも挑戦するべきだ。たとえ半分以上が失敗に終わったとしても、あなたに対する世間の評価は高まる。史上最強の騎手と呼ばれるエディ・アーカロも、最初の一勝をあげるまでに二五〇レースも負けたのである。

名声を得るもう一つの戦略は、ずばり改名することだ。ラルフ・ローレンが本名のラルフ・リフシッツのままだったら、ラルフ・ローレンというファッション・ブランドは成功しただろうか？ マリオン・モリソンがジョン・ウェインと改名しなかったら、あれほど大スターになれただろうか？ カーク・ダグラスがアイシュア・ダニエロヴィッチのままだったらどうなっていただろう？ 「ダメな名前は不良債権になるのみだ。反対に、名前がよければ業績は上昇する」と著者たちは主張する。あなたの名前が他の誰かと紛らわしかったら、名前を変えよう。往年の大スターライザ・ミネリは、大女優の母ジュディ・ガーランドの名前を受け継いで、「ライザ・ガーランド」と名乗っていたら、あれほどの名声は得られなかっただろう。注目されるためには、自分を差別化しなければいけない。洗剤やヘアケア用品で知られるプロクター&ギャンブル（P&G）は、洗濯用洗剤を発売するとき、同社の有名な石鹸のブランド名「アイボリー」を使わずに、洗剤には「タイド」という名をつけた。トヨタは高級車のレクサスを発売するとき、「スーパー・トヨタ」や「トヨタ・ウルトラ」といった名前をつけようとしなかった。

社名や新商品の名前を考えるときは、思いついた名前を紙に書く前に、声に出してみよう。そしてその名前が言いにくくないか、覚えやすいかどうかを他の人に聞いて確かめよう。「頭脳は聴覚に反応する」のであり、文字は脳内で聴覚に変換されるまで、理解されない。最新の例を挙げると、アマゾン創業者のジェフ・ベゾスは、呪文のような響きのある「カダブラ」という社名を考えていたという。気が変わったのは、「カダブラ」が「カダヴァー」（訳注　解剖用の遺体）と聞き間違えやすいと社員から指摘されたからだ。ベゾスが最終的に決めた「アマゾン」という社名は響きもよく、広大さや豊富さといったイメージと結びついていた。

商品でも人でも、ネーミングの力を侮ってはいけない。

仕事と人生に活かすために

ライズとトラウトは、どんな市場でもたいていい圧倒的に優位なリーダーと、ある程度のシェアを獲得したナンバー2のブランドがあると述べている。コカ・コーラとペプシ、ハーツとエイビスなどがそうだ。三番手以降は、どんどん小さくなる残りのシェアをめぐってしのぎを削っている。

しかし『ポジショニング戦略』が書かれた時代でさえ、この市場のバランスは崩れかけていたが、現在その傾向はいっそう強まっている。現代のオンライン業界では、あるプラットフォームの利用者が増えれば増えるほど、ネットワーク効果（訳注　顧客の数が増えると、その製品やサービスの価値が高まるという効果）のおかげでそのプラットフォームの勢力がますます強くなる。

この勝者総取りの性質によって、オンライン業界では一社が市場をほぼ独占する一人勝ちの状態が普通になっている。少なくともアメリカでは、ソーシャルメディアでフェイスブックにかなうサービスはなく、オンライン小売業はアマゾンが圧倒的シェアを占めている。検索エンジンではマイクロソフトのビングが健闘しているとはいえ、グーグルの敵ではない。ライズとトラウトが言うように、ナンバー1と直接対決しても成功はほとんど期待できない。ポジションが小さくなったとしても、別の市場で強力なポジションを築いた方がいい。インスタグラムはフェイスブックにはなれないが、写真共有アプリ市場で優位に立つことはできる。ツイッターはフェイスブックにはなれないが、短いメッセージを投稿するサービスとしてはナンバー1になれる。

さまざまなメディアが発する情報で飽和状態の現代社会では、企業は、たとえコンセプトが期待と違っていたとしても、自社ブランドが何らかの理由で有名になればラッキーだと考えた方がいい。テクノロジーやイノベーションに乗り遅れたのが原因で、これまでに数多くのすぐれたブランドが力を失ってきた。消費者の頭の中にあるポジションに手を加えようとするのも、それと同じくらいブランドを傷つける原因になると肝に銘じておくべきである。

50

2009

WHYから始めよ!

サイモン・シネック

人々や世界を進歩させるために何をすべきかという理念を持つことのできた人や組織だけが、本当の意味で偉大な成果を達成できる。

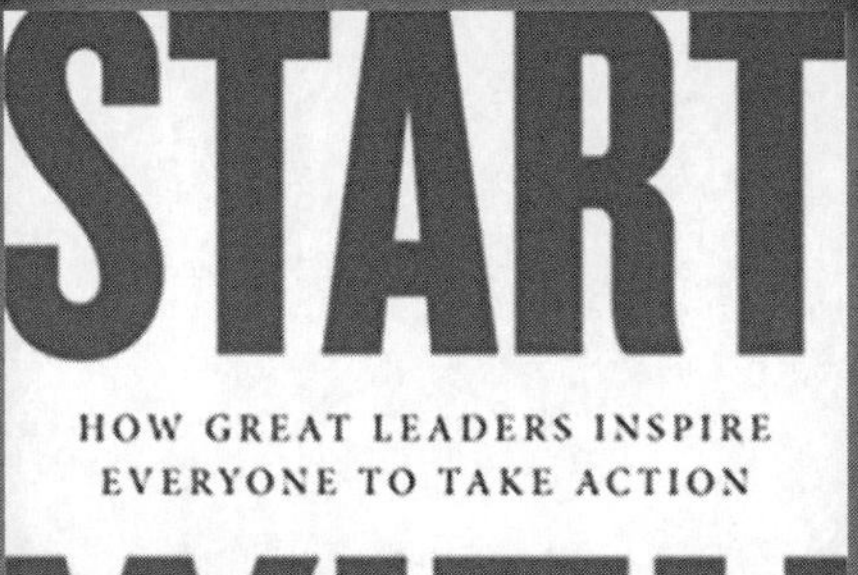

邦訳

［WHYから始めよ！］

日本経済新聞出版社　栗木さつき 訳

人々は、あなたのWHATを買うわけではない。あなたがそれをしているWHYを買う。

二〇〇〇年代の初め、サイモン・シネックは企業家として成功することを夢見てマーケット・ポジショニングと戦略を専門とするコンサルタント会社を設立し、最初の数年間は夢中で経営した。しかし事業は低空飛行を続け、二〇〇五年には破綻が目前となった。「もうダメだという気分で、企業家にあるまじきことを考えた。職探しをしようと思ったんだ」とシネックは当時を振り返って語っている。

何がいけなかったのだろうか？　後から考えると、シネックは自分と会社の成功ばかり考えていて、コンサルティングを必要とする人たちは、彼の会社が何をしたいのかわからなかったのだと気づいた。依頼が増えないのはそのせいだった。会社が危機に陥ってから、シネックはモチベーションについて考えるようになった。自己啓発セミナーで得られるような一時的な高揚感ではなく、自分がこの仕事をする根本的な理由、それがWHYだ。

Simon Sinek

サイモン・シネック

シネックは一九七三年にロンドンで生まれ、子供時代をヨハネスブルク、ロンドン、そしてアメリカで過ごした。ニュージャージー州デマレストで高校を卒業後、ブランダイス大学で人類学を専攻し、一時ロンド大学シティ校で法律を学んだ。

シネックが本書の内容に基づいて、「すぐれたリーダーはどうやって行動を促すか」というタイトルで講演したTED（訳注　教育や科学分野の著名人の講演会で、その内容は動画で無料配信される）の動画は、二九〇〇万回の閲覧数を記録した。シネックの他の著書に、『リーダーは最後に食べなさい！』（二〇一四年）、『「一緒にいたい」と思われるリーダーになる。』（二〇一六年）、『FIND YOUR WHY-あなたとチームを強くするシンプルな方法』（二〇一七年）などがある。

眠れない夜を過ごして明確な目標の重要性に気づいたシネックは、自分の発見を講演で語り、同時に本書『WHYから始めよ！』を執筆した。本書で実例として紹介された企業は数少なく（アップル、マイクロソフト、サウスウエスト航空が大半を占めている）、同じ内容を繰り返し語っているところもある（二回どころか三回繰り返されている話も多い）。しかし最良のビジネス書はしばしば非常にシンプルであり、大量の事例や調査の力を借りなくても、人々をインスパイアして行動させることができる。本書はその役割を十分に果たし、あなたの人生や仕事を変える発見をもたらすだろう。

ゴールデン・サークル

どんな企業も、自分が何をしているか、つまり自分のWHATはわかっている。企業が扱っている製品やサービスが、その企業のWHATだ。たいていの企業はHOW、つまりどうやってそれをするかも知っている。他に類を見ない提案、独自の工程、競争相手よりよい仕事や、競争相手とは違う仕事をする方法がHOWだ。しかし、自分がなぜそれをするのかを本当に理解し、明確に説明できる企業は少ない。従業員が毎朝ベッドから起きて出勤する気になる目標や使命、それがWHYである。

たとえばあるコンピュータ会社は宣伝コピーをWHAT（「われわれは、すばらしいコンピュータをつくっています」）で始め、HOW（「美しいデザイン、シンプルな操作法」）を説明してから、消費者に行動、つまり購入を呼びかける（「一台、いかかです？」）。多くの企業がWHATとHOWで人々を導こうとするのは、WHATが明確で具体的なのに対し、WHYは不明瞭で説明が難しいからだ。

三つの同心円を思い浮かべてみよう。内側の円にWHAT、二番目の円にはHOW、そして外側の円にはWHYが位置している。一般的な人や組織はこの同心円のように、WHAT、HOW、WHYの順に考え、行動している。この順番を逆にして、内側にWHY、次にHOW、最後にWHATが来るようにすれば、「ゴールデン・サークル」が完成する。WHYから始まるゴールデン・サークルには企業を変革する力がある。チャンドラーはアップルのメッセージを例に取り、アップルの考え方は一般的なコンピュータ会社とまったく逆だと述べている。アップルのメッセージは次のようなものだ。

◆WHY―私たちは現状に挑戦し、他社とは違う考え方をします。
◆HOW―製品を美しくデザインし、操作法をシンプルにし、取り扱いを簡単にします。
◆WHAT―すばらしいコンピュータを作りました。一台、いかがです？

人々はあなたのWHAT（していること）を買うのではなく、あなたがそれをしているWHY（理由）を買うのだとシネックは指摘する。アップルの例で言えば、「アップルの製品は、かれらの信念に命を吹き込んだものなのだ」とシネックは述べている。

今となってはもう忘れられているが、アップルが最初のコンピュータを発売したとき、コンピュータの未来は業務用の大型マシンにあると大半のコンピュータ会社が信じていた。それに対してアップルは、「いや、私たちは自宅の居間にいる個人に企業と同様の力を与えたい」と考えた。その後、アップルはiPodを発売する。このときもその製品がどんなものか、つまりWHATを語るのではなく、「一〇〇〇曲をポケットに」というキャッチコピーで、その製品がなぜ持っている価値があるのか、製品のWHYを伝えた。実はMP三プレーヤーの製造に必要なテクノロジーを開発したのはシンガポールが拠点のクリエイティブ・テクノロジー社だったが、同社はこの製品を「5GBのMP3プレーヤー」と宣伝し、製品のWHATを伝えたのである。

WHATを軸に自社を定義している企業の問題は、消費者が製品とその企業を同一視するところにある。たとえば、デルといえばコンピュータだと思われているために、デルはコンピュータ以外の製品に進出しようとするたびに苦戦してきた。しかし特定の製品やサービスを超えたところにあるWHY、つまりその企業を動かしている精神を基盤に自社を定義しているアップルのような企業は、時計だろうと自動車だろうと、これまで扱っていなかった商品に手を広げても何の違和感もない。消費者が買っているのはアップルのWHYなのだ。デルの場合、消費者はデルのコンピュータを買うのであり、デルという企業そのものには何の関心もない。

性能で買われるのではなく、感情で選ばれるために

どんな企業も、消費者が自社の製品やサービスを感情で選んで買ってくれるのを望んでいる。消費者があなたの会社から製品を買うかどうかを、いちいち実証的なデータに基づく費用対効果分析で決定しなければならないとしたら、会社と消費者の間には数年、あるいは数十年も続く長期的な関係が築けていないということだ。消費者があなたの会社の理念と製品に共感し、その製品を使うことでいい気分になれば、ずっとあなたの会社に忠実でいてくれる。それが企業の目指すものだ。企業は消費者に直感で選ばれたいと思っている。

家庭用デジタルビデオ・レコーダーのTiVo（ティーボ）が発売されたとき、TiVo社は潜在的な購入者に製品の明確な利便性を伝えた。今見ているテレビ番組を一時停止し、巻き戻し、コマーシャルを飛ばし、視聴者が気に入りそうな番組を勝手に録画してくれますよ、とアピールしたのだ。しかしTiVoは期待されたほどには売れなかった。なぜならTiVo社は製品の合理的な利便性――製品のWHAT――を売ろうとしたが、大衆のほとんどはそれが自分に必要だと思わなかったからだとシネックは指摘している。

TiVo社の創業者は自分たちが信じていることを語るべきだったとシネックは言う。そもそもなぜこの製品を開発したのか、この製品を使えばテレビの視聴を完全にコントロールでき、生活がどれほどよりよく、楽になるかを語るべきだった。製品の実際の機能は、その製品の基本的な理念を支えるものにすぎない。人々はテレビ番組を録画する行為を「ティーボする」と言うようになったが、TiVo社にとっては残念なことに、彼らはTiVoを使わないで、たいていケーブルテレビや衛星放送会社が提供する録画機能を使っている。消費者はTiVoを買う気にならなかった。なぜならこの製品には一揃いの機能はあっても、消費者を引きつける信念がなかったからだ。

人々がデルよりもアップル、フォードよりもテスラで働きたいと思うのは、自分が何か大きなものの一部になり、未来への投資に一役買っていると感じたいからだ。消費者がマックブックやテスラのモデルSを買うのは、自分が最先端にいると感じられるからだ。消費者がアップルやテスラを好きだといっても、企業そのものが好きなわけではない。どちらも結局は他の企業と同じ会社組織にすぎないが、消費者にとって大切なのは、これらの企業が作る製品が自分に何を感じさせるか、それを使う自分が世間にどんなメッセージを発信しているように見えるかということだ。

消費者に信条や理念を伝えることで成功する企業の対極にあるのが、どこよりも安く売ってマーケットリーダーになろうとする企業だ。ウォルマートは徹底的な低価格にこだわって大成功したが、低価格戦略には常に代償が伴ったとシネックは指摘する。ウォルマートに浴びせられた誹謗中傷の大半は、過剰な安売りのために従業員の賃金と供給業者の利益が不当に削られているという批判だ。企業は成長するにつれて、何を生産すれば利益が生まれるかはわかっても、その企業がなぜ存在するかは簡単に忘れてしまう。ウォルマートの創業者サム・ウォルトンが起業したのは、低価格の商品を売ることで人々の生活水準を高め、都会のショッピングセンターに車で行かなくても地元で買い物ができるようにし、地域に貢献するためだった。彼の死後、このＷＨＹは忘れられ、ウォルマートは低価格と決算しか頭にない会社になった。その結果、ウォルマートは従業員と供給業者の待遇をめぐって何件もの訴訟を起こされた。消費者は同じ製品をもっと安く売る店が道の向こうにあるなら、それがウォルマートでなくてもさっさとそちらを選んで行ってしまう。

信頼と成功

一九七〇年代初め、アメリカの旅行者に占める航空機利用者はわずか一五パーセントだった。ハーブ・ケレハーとパートナーのロリン・キングはこの状況を変えたいと考え、テキサス州内のいくつかの都市（ここが彼らの出発点だった）をこれまでよりはるかに低料金で結ぶ航空会社を設立して、庶民の味方になろうとした。サウスウエスト航空の最初の売り文句は「あなたはいま、自由に国じゅうを動きまわれるのです」だった。サウスウエスト航空の料金設定は二種類だけで、飛行機の旅は安く、楽しく、シンプルになった。

数年後、サウスウエスト航空を見習って、ユナイテッド航空は格安路線のテッド航空を、そしてデルタ航空は格安路線のソング航空を就航させた。しかし両方とも四年以内に失敗に終わっている。どちらの航空会社もサウスウエスト航空と同じ低価格の商品を提供したにもかかわらず、どうしてそんな結果になったのだろうか？　結局、消費者は価格や品質、性能だけで商品を選ぶわけではない。私たちは自分が知っているもの、シンプルで明確なもの、自分の中にポジティブな感覚、たとえば信頼や忠誠心を起こさせるものに引き寄せられる。テッド航空やソング航空が創立された理由は何だっただろうか？　私たちが知る限り、どちらも巨大な航空会社が自社の利益を守り、市場シェアを維持するための必死の手段だった。しかし私たちは消費者として、サウスウエスト航空が必ずしも一番安いと限らなくても、常に消費者である私たちのために努力していると感じている。

最良の伴侶は価値観を共有する妻や夫であるように、最良の顧客とは企業が信じるものを信じる顧客である。最良の従業員とは、企業が必要とするスキルに合った人ではなく、その企業がなしとげようとするものの価値を信じる人材である。シネックは同じ信念を共有するチームの強さを、南極探検隊のアーネスト・シャクルトンの実話を例に語っている。シャクルトンの探検は南極大陸横断という目標を果たせなかった点では失敗だったが、別の意味では大成功だった。彼らは何か月も南極の氷の上に閉じ込められ、生還する望みはほとんどなかったにもかかわらず、最後には全員が無事に帰還した。リーダーの資質に詳しい専門家はこの奇跡の理由を、シャクルトンが同じ志を持つ者ばかりでチームを組んだことだと述べている。シャクルトンが乗組員を集めるために『ロンドン・タイムズ』紙に掲載したとされる有名な求人広告には、特定の技術や資格、経験などの条件は見当たらない。広告には、ただこう書かれていた。

「男子求む。危険な旅。低賃金。極寒。闇のなかでの長い歳月。危険と隣り合わせ。生還の保証せず。ただし成功すれば名誉と称賛が贈られる。」

「人材を採用するときには、自社のWHYに情熱をもてる人をさがすことだ」とシネックは言う。「スター」と称されるセールスマンやマネジャーを採用する企業は多いが、二つの条件から生まれる企業文化を育てる努力をする企業は少ない。二つの条件とは、(1)会社全体で共有する使命、そして(2)信頼できる雰囲気である。偉大な組織とは、その組織にいる人が守られ、大切にされていると感じ、だからこそ全力を尽くそうとする組織だ。ハーブ・ケレハーは慣習に反して従業員を最も重視し、顧客は二番目、株主は三番目という企業文化を作った。他の航空会社が低い利益率と高い離職率に悩まされ、熾烈な競争を繰り広げる中で、ケレハーの率いるサウスウエスト航空だけは高い収益と安全性を誇る航空会社になった。

仕事と人生に活かすために

WHYで定義される組織を創造するのが望ましいのは、自分が何をすべきか、何をすべきでないか、そして誰と一緒に仕事をすべきか、すべきでないかが明確にわかり、決断が容易になるからだ。シネックはかつて、信頼できる「感じ」がしない依頼人からの仕事を断って、ビジネスパートナーをいらだたせた。そんなふうに感じたのは、相手の考えや信念がシネックと合わなかったからだ。人々をインスパイアすること（シネックが自分の使命だと感じていること）に何の興味もない人と一緒に仕事をしても、うまくいくはずがないとシネックは考えている。目標を明確にすれば、人々をインスパイアし、やる気を与えることができる。また、合わない相手と取引し、気乗りしないプロジェクトを進めることで多大な時間と労力を無駄にすることも避けられる。誰もが明確な自分のＷＨＹを持ち、その目標を人生と仕事に生かす世界を想像してほしい。そんな世界では、人生においても仕事においても人々の持つ可能性が最大限に発揮されるのが当たり前になるはずだ。

LIBERAL ARTS COLLEGE

世界のビジネス書50の名著

発行日	2021年　3月20日　第1刷
Author	T・バトラー=ボードン
Translator	大間知知子（翻訳協力（株）トランネット）
Book Designer	辻中浩一　吉田帆波（ウフ）
Publication	株式会社ディスカヴァー・トゥエンティワン 〒102-0093　東京都千代田区平河町2-16-1 平河町森タワー11F TEL　03-3237-8321（代表）03-3237-8345（営業） FAX　03-3237-8323 https://d21.co.jp/
Publisher	谷口奈緒美
Editor	千葉正幸　渡辺基志
Store Sales Company	梅本翔太　飯田智樹　古矢薫　佐藤昌幸　青木翔平　小木曽礼丈 小山怜那　川本寛子　佐竹祐哉　佐藤淳基　竹内大貴　直林実咲 野村美空　廣内悠理　高原未来子　井澤徳子　藤井かおり 藤井多穂子　町田加奈子
Online Sales Company	三輪真也　榊原僚　磯部隆　伊東佑真　川島理　高橋雛乃 滝口景太郎　宮田有利子　石橋佐知子
Product Company	大山聡子　大竹朝子　岡本典子　小関勝則　千葉正幸　原典宏 藤田浩芳　王廳　小田木もも　倉田華　佐々木玲奈　佐藤サラ圭 志摩麻衣　杉田彰子　辰巳佳衣　谷中卓　橋本莉奈　林拓馬 牧野類　三谷祐一　元木優子　安永姫菜　山中麻吏　渡辺基志 小石亜季　伊藤香　葛目美枝子　鈴木洋子　畑野衣見
Business Solution Company	蛯原昇　安永智洋　志摩晃司　早水真吾　野﨑竜海　野中保奈美 野村美紀　林秀樹　三角真穂　南健一　村尾純司
Ebook Company	松原史与志　中島俊平　越野志絵良　斎藤悠人　庄司知世 西川なつか　小田孝文　中澤泰宏
Corporate Design Group	大星多聞　堀部直人　岡村浩明　井筒浩　井上竜之介　奥田千晶 田中亜紀　福永友紀　山田諭志　池田望　石光まゆ子　齋藤朋子 福田章平　俵敬子　丸山香織　宮崎陽子　青木涼馬　岩城萌花 大竹美和　越智佳奈子　北村明友　副島杏南　田中真悠　田山礼真 津野主揮　永尾祐人　中西花　西方裕人　羽地夕夏　原田愛穂 平池輝　星明里　松川実夏　松ノ下直輝　八木眸
Proofreader	文字工房燦光
DTP	朝日メディアインターナショナル株式会社
Printing	大日本印刷株式会社

ISBN978-4-7993-2727-2